U0742841

广东服装年鉴

2023

广东省服装服饰行业协会
广东省服装设计师协会
编著

中国纺织出版社有限公司

广东服装

任仲夷题

「广东服装」——任仲夷题词

努力开拓进取 振兴广东服装

一九九三年九月 杜钰洲

「努力开拓进取 振兴广东服装」——杜钰洲题词

学术委员会

主　席

周永章（俄罗斯自然科学院外籍院士）

学术委员会委员（以姓氏笔画为序）

文丹枫	卞　静	石柏军	刘丁蓉	江少容	汤　胤	孙恩乐
李征坤	李　朋	李　填	吴秋英	余向阳	张丹丹	陈海权
陈嘉健	范福军	罗　红	金　憓	周世康	胡小平	贺景卫
梅林海	矫　萍	彭　凯	谢耀荣	睢文娟	蔡　蕾	熊晓燕

编委会

总　编

卜晓强　计文波　刘岳屏　黄　瑛

责任编辑

叶奕莉　陈韶通　温静华　左绪军　陆秀淮　梁俊涛

编委会成员（以姓氏笔画为序）

丁　宁	万金刚	王　珈	王俊钧	方建华	方俊楷	邓兆萍
邓剑鸿	卢伟星	卢浩江	申金冬	邝活源	冯耀权	曲　晶
朱丐强	许才君	许仰天	孙志平	李小燕	李亚平	李明光
杨志雄	杨昌业	杨　涛	杨紫明	肖长兵	吴武平	吴国胜
何荣坚	何炳祥	余书亭	张小祥	张　荣	陈永森	陈志光
陈灵梅	陈坤远	陈育懋	陈　晶	陈锦康	陈穗铭	罗国和
罗冠军	周　仑	郑衍旭	赵卉洲	胡　平	胡合斌	胡启明
胡　裕	钟　亿	钟承湛	钟课枝	侯东美	施　翔	袁　杰
夏国新	徐成彬	高　强	郭东林	黄秋权	黄益群	葛伟志
程祖明	温汉清	谢秉政	谢昭裕	谢海龙	蔡中涵	蔡纯涛
蔡振威	翟志辉					

栏目编辑

卢　茵　何志康　叶　颖　罗勇成　庞秀茵　郑凤妮　曹　苇
闵　静　杨家鑫

执行编著

广东省时尚服饰产业经济研究院

广东国际时尚艺术研究院

序

2022年，党的二十大胜利召开，擘画了全面建成社会主义现代化强国、以中国式现代化全面推进中华民族伟大复兴的宏伟蓝图，为纺织服装行业发展指明了光明前景、提供了根本遵循。纺织服装产业作为我国国民经济与社会发展的支柱产业、解决民生与美化生活的基础产业、国际合作与融合发展的优势产业，在新时期聚焦"科技、时尚、绿色"的高质量发展目标，加速由中国制造向中国创造、中国速度向中国质量、中国产品向中国品牌转变，科技创新、品牌建设、人才培养、绿色发展跃上新台阶。作为中国在世界领先的五大产业之一，纺织服装产业在全球价值链的地位稳步提升，产业规模优势、体系优势不断强化，行业生产制造能力与国际贸易规模稳居世界首位。

在新征程上，加快建设现代化产业体系，在中国式现代化进程中再建功勋，是纺织行业的使命任务。我们要坚持人民至上，始终站稳人民立场、把握人民愿望、集中人民智慧、尊重人民创造，以高质量发展让人民的获得感、幸福感、安全感更加充实、更有保障、更可持续；要坚持自信自立，强化历史自信，增强历史主动，在更加自主的产业体系基础上构建更加自信的知识体系、品牌生态，不断提升发展的主导权和主动权、时尚的引领力和塑造力；要坚持守正创新，在继承与发展、原则性与创造性的辩证统一中，守好中国式现代化的本和源、根和魂，塑造好高质量发展的新动能、新优势。

改革开放以来，广东迅速成长为中国经济体量

夏令敏

中国纺织工业联合会秘书长

最大的省份，制造业也因此成为广东经济的压舱石，以"珠江水、广东粮、岭南衣、粤家电"为代表的广东制造享誉华夏。乘着改革开放的东风，广东纺织服装产业奋勇先行、务实拼搏，形成基础雄厚、要素齐全、体系完备的产业体系，产业优势明显，发展前景广阔，持续发挥引领作用，推动我国纺织服装产业的发展壮大。直面新冠疫情冲击、地缘政治影响、世界经济低迷，广东纺织服装产业仍能在风雨如晦的形势中负重前行、攻坚克难，持续优化产业结构，加快创新调整步伐，加大发展动能转换，展现了较强的发展韧性和抗风险能力。

以史为鉴、开创未来。作为全省服装产业高质量发展成果史志性记录载体，《广东服装年鉴2023》全面、翔实地记录了广东服装人务实拼搏的前行步伐和伟大时代的发展巨变，汇聚了先行者的真知灼见和探索者的革故鼎新，分享了产业各方应变求变的具体举措和优秀经验，坚定了奋进新征程、建功新时代的发展信心，为广东服装和全国纺织服装产业高质量发展提供了非常有价值的参考。

希望广东纺织服装在现代化产业体系建设过程中，加快科技创新、数转智改、品牌提升、绿色发展，继续引领全行业的转型升级，不断满足人民群众对美好生活的需要，为纺织服装产业的高质量发展、为中国式现代化做出新贡献。

中国纺织工业联合会秘书长

2023年7月

目 录
CONTENTS

附 录 ·· 322

编著单位简介 ·· 336

特邀撰稿

编者按： 2022年党的二十大胜利召开，擘画了全面建设社会主义现代化国家、以中国式现代化全面推进中华民族伟大复兴的宏伟蓝图。在此背景下，为更好地发挥《广东服装年鉴》作为全省服装产业高质量发展成果史志性记录载体的参考作用，我们特别开设了"特邀撰稿"的全新类目，邀请品牌、供应链、专业市场、国际市场、战略咨询、产业经济、产业集群政府等领域的领军企业家、专家代表及政府官员等，分享各自的实践经验与前瞻预判；并特辟"新声"一栏，邀请新生代设计师代表发声，表达年青时尚人的视界与观点，希望为广东服装高质量发展提供一些启示和经验参考。

升级发展时尚商贸流通，畅通实体经济"血脉"

卜晓强

中国纺织工业联合会特邀副会长
广东省服装服饰行业协会会长

专业批发市场是我国纺织服装产业链中不可或缺的一环，对行业发展起到了非常重要的推动作用。改革开放40多年来，我国纺织服装专业市场走过初步形成、逐步发展、全面建设、高速扩张四个发展阶段。

随着我国国民经济和社会发展迈进新时代，我国经济已由高速增长阶段转向高质量发展阶段，正处在转变发展方式、优化经济结构、转换增长动力的关键期，专业市场也开始走进转型升级阶段。这一阶段的重要内容，就是实现专业市场的高质量发展，完成由大到强的转变。

2023年5月，二十届中央财经委员会第一次会议，强调推动传统产业转型升级的重要性，不能当成"低端产业"简单退出，要通过技术创新、产业升级等手段，提高传统产业的竞争力和附加值，实现经济转型升级。推动纺织服装专业市场高质量发展，一方面是顺应转变发展方式的需要，另一方面是专业市场应对主要矛盾转变、突破自身发展瓶颈的内生需求。

当前，宏观经济环境为行业高质量发展提供了背景和支撑，把专业市场带入了从高速增长转向高质量发展的阶段。此外，受生产成本上升、人口老龄化加快、环保压力加大等因素影响，传统经济动能正在持续减弱，新旧动能转换进程加快，新消费主力人群提供了强大的市场驱动力，供给侧结构性改革有效强化了市场功能，科技创新和技术扩散为高质量发展提供了技术支撑，全球价值链的变化为高质量发展提供了战略机遇。

高质量发展要以全面创新为动力

从纺织服装专业市场的角度解读，高质量发展意味着要以全面创新为动力，推动高质量供给，满足高质量需求，实现高质量配置和高质量投入产出，创建具有专业市场特色的"高品质、多品种、创品牌、快反应"的体制机制，而不再是以前那种仅仅以"量"取胜的发展模式。纺织服装专业市场的转型升级工作，必须以高质量发展为重要目标，这是适应当前经济发展形势和产业现实的必然选择。

现代纺织服装专业市场具有高度专业化、时尚化、国际化的特征和优势，我们必须改变以往单一、落后的"批发市场"观念，认识到现代纺织服装专业市场的先进性和关键作用。

一是其流通产类统一，具有高度专业性，是全国乃至全球纺织服装生产、制造、展贸、流通的集聚地。

二是其包含丰富多元的创意设计文化元素，具有高度时尚性。大量服装设计师、创意工作者、时尚机构等人才活跃其中，是时尚潮流创新频率、效率最高的策源地。持续不断满足人们对美好生活的向往，尤其是时尚服饰的需求；树立城市时尚地位，提升城市时尚精神面貌。

三是其扮演着国际时尚商贸交流平台的角色，具有高度的国际性。时尚是全球性产业，也是一门全球性语言，国际时尚商贸交流合作的发生、发展和创新，不断彰显和提升着地方乃至中国的国际经济地位。

现代纺织服装专业市场的蓬勃发展，在带动当地及周边地区乃至全国经济发展方面起到关键性的作用。

一是起到物资储备作用。在稳库存、保供应方面，能确保物资储备充裕、供给不断档、远端进得来、销售跟得上、末端送得进、价格基本稳。

二是起到消费引流的作用。专业市场云集丰富的资源，通过拉动商流、聚集客流、活动引流，打造消费流量引力场，吸引采购商和消费者大量涌入，直接提升城市活力和营造商贸氛围。

三是起到品牌孵化作用。通过发挥资源集聚优势，为具有市场潜力的品牌和设计师提供专业化、多元化、创新化的条件和空间，一站式、多元化解决品牌成长发展中所遇的困境。

四是起到稳定就业岗位、扩大就业容量的作用，尤其是促进服装类高校毕业生等青年就业创业。行业的数字化升级发展，带动新媒体营销、直播电商、国际贸易等领域催生大量新型岗位。

五是起到加速全产业链融合发展、全方位带动社会经济发展的作用。以链式发展带动地区经济发展，如在交通、房地产、物流、教育、医疗、餐饮、文旅、购物等多个方面都带来了消费需求和经济效益。

如今，纺织服装行业实现高质量发展的现实条件已经具备。巨大的产业规模和持续优化的供给结构奠定了高质量发展的坚实基础；完备的基础设施与产业配套形成了行业协同创新的良好生态，价值链上每一个环节的创新都可以在其他环节得到应用转化，创新的叠加效应、聚合效应与倍增效应得以充分发挥；科技的进步从快速反应、柔性制造、产业协同等各方面为行业高质量发展提供了技术支撑。

升级发展纺织服装专业市场的思路与建议

纺织服装流通行业要实现高质量发展，出发点是实现行业由大到强的转变，关键点是实现新旧动能的转换，落脚点是满足人民日益增长的美好生活需要；要建立"高品质、多品种、创品牌、快反应"的体制机制；要通过技术创新、品牌创新、渠道创新、模式创新、管理创新和服务创新等全面创新培育新的发展动能。

第一，地方政府在产业发展中应支持中小企业发展，推动专业市场高质量发展，引导产业创新升级。近年来，某些地方的纺织服装专业市场在"腾笼换鸟""产业转移"等发展趋势下，被地方政府勒令"退场"。这种做法割裂了高端产业与传统产业的联系，忽视了传统产业是新动能培育的重要来源；没有完全厘清政府与市场的关系，用行政化手段出清传统产业完成转型升级。

第二，传统产业转型升级不是一朝一夕就能够完成的事情，需要长期坚持和不断努力。产业转型升级是一个渐进的过程，需要付出艰苦的努力和长期的耐心。政府应以全局思维、长期目光，提高对现代纺织服装专业市场功能性、重要性、先进性的重视。

第三，纺织服装产业转型升级是一个复杂的过程，需要考虑多方面因素，实现全产业链上下协同发展。中央政府"坚持推动传统产业转型升级，不能当成'低端产业'简单退出"的表述，为中国纺织服装产业升级提供了指导思路。中国需要通过加强技术创新、提高产品质量、推动智能制造等方式，推动传统产业转型升级。

第四，产业升级的内生力量来自企业的创新。政府在推动传统产业转型升级的过程中，要充分发挥专业市场的专业化、时尚化、国际化优势，注重保护和培育市场需求，鼓励企业尤其是中小企业通过加强技术创新、提高产品质量、推动智能制造等方式，实现传统产业的高质量发展和升级换代，提高产业经济的质量和效益，实现高质量、可持续发展。

可见，专业市场要实现高质量发展，核心是实现新旧动能的转换。一方面，通过集约化发展，构建专业市场与产业集群良性互动的模式；另一方面，通过国际化发展，促进专业市场积极参与全球资源要素的重新分配，提升专业市场的国际竞争力和话语权。

新流通：焕新广州千年商都的"城市名片"

专业市场是广州都市消费产业发展的摇篮，是广货品牌出海的重要支撑，更是当代粤商文化的重要组成，广州火车站片区以流花商圈为代表的大批专业市场尤其重要，是广州成为服装商贸中心的重要力量。

广州作为商贸流通中心，依托"商贸带订单、订单带制造"支撑起了广东省以及部分省外地区的服装产业制造供应格局，也是广东省实施"百千万工程"的重要推手；流花商圈作为广州服装商贸内销、外贸双主阵地，内销交易额是广州市服装产品内销限额以上交易额的38%，外贸产品出口额占全市服装产品出口总额的45%，在广州亿元以上纺织服装专业市场中，流花商圈仅占据15%的档口，却产生了26%的交易额，平均交易贡献率达170%，是支撑广州成为服装商贸中心的重要力量。

以广州市的纺织服装专业市场为例，专业市场的优化升级可以为广州深化"消费+时尚+定制"城市建设，擦亮广州文化名片，尤其在广州火车站势能升级的背景下，推动流花商圈专业市场的高质量发展，深入挖掘和持续放大本土时尚商贸基因和内生潜力，继续擦亮流花商圈的国字招牌，成为国内外时尚行业高地，是广州火车站片区增强发展活力

并重塑品牌的关键，也是广州打造"国际消费中心城市"的重要抓手。

第一，整合产商资源，从专业市场到时尚孵化基地转变。借助中国纺织工业联合会高端创新资源，导入更多优质服务平台及时尚资源；高起点、高标准打造工信部"纺织服装创意设计示范园区""中国服装设计师协会大湾区新锐设计师联盟"等重点项目，完善品牌培育和推广体系；围绕设计师品牌的实际需求，提供品牌展示、渠道建设、培训提升及资本服务等丰富的商业配套及增值服务助力设计师品牌成功创建；在本土品牌及设计师的基础上，引入更多大湾区乃至全国的优质时尚资源，支持海外留学的时尚人才归国创业，凝聚富有潜力、具有创新思维和实践才能的新锐设计人才。

第二，整合功能，从贸易目的地到国家级文商旅融合地标转变。通过硬件升级与业态创新，放大独特的产业禀赋，推动文商旅全资源整合、全产业融合、全场景构建，提供"吃住行、游购娱"一站式服务，创新推出更多广州文商旅"必玩地""打卡点""新潮代胜地""城市地标"，高标准打造有颜值、有品位的城市窗口、旅游胜地、时尚地标，成为文商旅融合时尚消费的新地标和拉动经济增长的新引擎。

第三，整合活动，对内办好会、对外树品牌。一方面，发挥广交会、广东时装周、流花国际服装节、红棉国际时装周等重要时尚IP，持续引进海外优质品牌及设计力量，深度融合全球高端时尚资源，搭建中国原创服装品牌接轨国际的商贸交流平台，构建国际时尚发布中心。另一方面，内销外贸双赛道齐发力，内销市场向品牌化、定制化、批零一体化延伸，外贸市场向数字化、展贸化升级，推动专业市场形成功能业态更多元、产业生态更完善、消费活力更汇聚的发展格局。以红棉为例，聚焦完善产业生态，引领行业风尚——构建以原创设计为强引领、以时尚消费为特色的完整时尚产业链条，打造高端资源汇聚的时尚产业风向标。

设计师需要创造更多内容

计文波

中国服装设计师协会副主席
广东省服装设计师协会会长

我接受采访的时候经常会被问到一个问题："计老师，您觉得什么是时尚？"

其实我心中一直都没有一个固定的答案，因为我认为时尚是一种鲜活的产物，会不断地改变它所存在的形态、传播的方式、产生的效果。当前流行的言论、社会焦点的事件、国家推行的政策，甚至自然与地球的变化，都会引发人们思维方式的变化，时尚自然也如此。

毕竟时尚没有标准，它可以是绝大部分人思维审美的一致观点，也可以是小部分人群钟爱的独特风格，将其运用到服装设计师或者品牌上，倒是可以浅显一点儿用很多方式量化它，如传播流量、销售额、市场占有率等。设计师和品牌由于所要达成的目的不同，会将时尚转变成为不同形态、不同风格的产品，丰富人们的时尚生活内容。

我时常关注年轻设计师的品牌发布，以及他们的自媒体内容，我很好奇现在的设计师会如何理解时尚、表达时尚。我听过一些设计师分享的时候可以侃侃而谈，但看不透他的作品，我是说，我没有办法从一个固定的视角去理解他展示给人们的作品。

"设计师要像他自己，像他自己的经历，像他自己的行为。"时尚可以是流动的，但是设计师需要当一个固定的舵手，才能在茫茫流量中把控自己的

风格，找到自己的港岸。因此，你的设计一定是一致的，从灯光亮起到谢幕鞠躬，观众可以从你的作品中了解一个故事，获取一种情绪，了解你人生的一部分。

我寄予了很大的期望在中国设计师的身上，尤其是年轻设计师。因为我觉得现在是非常适合设计发展的时候，年轻的设计师有了更多的渠道去表达和传播自己，这是一把双刃剑，需要设计师呈现更加全面和完善的自己，因而你需要掌握更多的技能，如颜值、风格、语言、才艺、技术，设计师需要把更多原本存放在后台的内容展现出来，适应这个流量时代，这是一种风险和考验。

这两年来我一直在发掘明星设计师——像明星一样的设计师，有行业代表力的设计师，在我刚才提到的颜值、风格、语言、才艺和技术这几个方面，像明星一样能被大众接受和熟知的形象，我认为这是中国时尚环境发展升级必要的一个阶段，行业和产业需要这样的形式去破圈。时尚不是自娱自乐，时尚应该成为一种普遍现象，是任何一个人都可以去了解和追求的，我们需要有这样的意识和行动，才能得到精神的富足。

时尚教育的缺失会导致追逐大牌成为一种跟风行为，让我们缺乏真正的时尚教育和鉴美能力。甚至当下在我们的孩子成为消费者进入市场之前，就已经被灌输了某个品牌就是时尚、某个品牌就是奢侈、某个品牌就是财富和地位的象征这样的思想，这种时尚教育内容的不正常垄断在一定程度上导致了国产品牌的艰难处境，对于当下正热的国货复兴，我认为就是这种局面破冰的开始。

这是中国品牌的机遇，对于设计师来说，也是难能可贵的机会，环境如此改变势必会给设计师提供更多展示自身魅力的平台，如何让自己的设计更有内容可循、更有根可依，是需要设计师们认真思考的。

博士视角看广东服装高质量发展路在何方

文丹枫

广东省服装服饰行业协会首席数据官
广东省时尚服饰产业经济研究院首席研究员

服装究竟是什么产业

2015年，国务院印发了《国务院关于积极推进"互联网+"行动的指导意见》（国发〔2015〕40号），我也于2015年出版了《决战"互联网+"：互联网与传统行业的融合与创新》。2020年疫情突发，这个时候经过四年的"互联网+"的发展，我们觉得纺织服装产业与互联网的融合已经具备基础，所以博士团队开始研究纺织服装产业数字化转型在全链条的融合创新，特别是在制造环节的融合创新，也就是在2021年与广东省服装服饰行业协会共同成立了"纺织服装产业数字化协同创新中心"，开始在纺织服装产业全链条研究数字化转型的路径与发展系列工作。

作为一名数字经济研究者切入对服装产业的研究，我思考的问题是"服装究竟是什么产业"，行业内认为"服装是时尚产业中的核心环节"，那么跳出服装来看服装，行业外人士如何看服装产业呢？

在当前国际形势下，中国平稳完成从纺织服装大国到纺织服装强国的升级具有重要意义。目前，中国为全球第一大服装出口国，但出口份额相较2013年高点持续下降，越南、孟加拉国等获取了流失份额。同时，由于中国纺织制造业在出口上的强竞争优势，也面临着发达国家"去中心化"政策的挤压，中美贸易摩擦等事件将加速产业转移。此外，中国纺织制造业环保压力显著，或面临新型贸易壁垒。面对以上风险，中国纺织产业在过去十余年持续努力，顺应趋势，主动横向转移，同时大力发展纺织中间品，与东南亚等国已形成深度的供应链嵌套关系。

服装产业与造船、钢铁等产业还有一个名称，即国家传统支柱产业。2023年5月5日，二十届中央财经委员会第一次会议有一句分量很重的话：坚持推动传统产业转型升级，不能当成"低端产业"简单退出。这句话有两层含义：第一，传统产业不等于低端产业；第二，传统产业不能简单退出，而是要转型升级。什么是传统产业？传统产业主要指劳动力密集型的、以制造加工为主的行业，如纺织服装、食品、机械、电子等行业。什么是低端产业？低端产业是那些资源浪费严重，技术水平要求低，没有多少附加值的产业。两者维度根本不同，为我国传统产业的发展方向定了调。

我国传统产业作为现代化产业体系的基底，关系国家发展与安全的大局。推动纺织服装传统产业关键环节保留在中国，纵向突破实现相对可控。为了保证"全产业链安全"而投入资源去保留逐步失去比较优势的制衣业是不经济的，本轮产业转移与历史最大的不同，仍是中国的规模优势，或使得转移终局仅是部分环节的外迁，中国可以继续坚定推进纺织中间品和供应内需的制衣环节的保留。而在被转移环节上，中国纺织企业具备品牌关系优势，可以顺应转移趋势。

服装产业在新历史阶段得到重点关注的原因分析

我国一直重视纺织服装业的发展，只不过自2010年第三次产业转移浪潮后，很多地方政府一心发展新兴产业，同时也因在很多地方纺织服装业野蛮发展后出现了一些现象，使一些人感觉"富民不富财政"，多方面因素导致一些地方政府对"纺织服装"这个高度市场化的产业没有那么"重点关注"了。

为何2023年开年纺织服装业突然成为香馍馍？从经济学来讲，抓住消费、投资、出口三驾马车是恢复经济的核心。一是抓"消费"：三年疫情让经济受挫，为最大化减小服装行业的损失，政府相关部门出台了许多利好政策，从2021年开始从中央到地方大力抓促消费，而纺织服装是目前线上消费平台的第一大品类，而线下的消费集群开店最多的也是服装，所以2023年开年大量的地方政府都出台了纺织服装政策，并到广州开展服装招商工作。二是抓"出口"：受新冠疫情影响，各行业外贸都受到了重创，站在外贸视角，纺织服装产业是推动中国早期发展的、如今仍旧重要的国民经济基础型产业和贸易顺差行业。三是抓"投资"：投资对政策变化、经济形势的反应最为敏感，因此也是最受市场关注的经济变量，2022年，我国纺织业、化纤业、服装业固定资产投资完成额同比分别增长4.7%、21.4%和25.3%，行业投资实现平稳增长，充分体现了纺织产业链供应链的韧性和竞争力。

新形势下广东服装如何破局发展

纺织服装业是广东省的传统支柱产业，多年来通过自身区位、技术、竞争力、特色的专业化生产区域和产业集群、充足的劳动力等优势，已形成比较完整的产业体系，不管是在规模上还是技术上，在我国已经具备领先的优势，但目前来看遇到了困难，可能被江浙等省份追上，如何破局？

广东服装最近几年确实遇到了发展的瓶颈，有几个现象的出现不是孤立的。一是广东纺织服装产业招工越来越难。其原因之一是当年比较早的一批到广东从事纺织服装生产的产业工人如今均超过45岁（我们在潮州调研发现，当地婚纱晚礼服产业工人基本上平均年龄在40岁以上，甚至一些工厂55~60岁的工人还不少，用企业老板的说法，如果按照55岁退休，很多企业在潮州只能干5~10年），这批产业工人如今除了部分留在广东做了老板，绝大多数因各种原因都返乡了，而年轻一代进入纺织服装业的青黄不接，造成了广东纺织服装业的招工非常困难。所以，广东在纺织服装业的生产制造能力可能赶不上周边的湖南、江西、湖北、河南等省份。二是广州纺织服装业当年以商贸出名，成就了不少品牌，如今广州十大品牌几乎没有一家在广州生产。广州的作坊式工厂主要为电商批发的生产。目前，广州的纺织服装批发市场除了面料、辅料市场还比较火爆外，其余的专业市场经营都比较惨淡。三是广东纺织服装以外贸为主。2023年前几个月纺织服装业外贸形势非常不好，没有订单意味着接下来会引发一系列恶性循环，这对于广东纺织服装来说简直是雪上加霜。四是广东的纺织服装企业综合成本要高于其他省份。

谈到广东服装产业的破局，我认为新材料面料应用是关键点。面料问题已经成为制约中国服装业发展的"瓶颈"之一，我国是世界上纺织、服装生产出口的大国，但由于国内面料生产企业提供的大多是中低档面料，每年都要花60亿美元左右从国外进口面料，而知名的国内男装所需的顶级面料更是80%以上需要从国外进口。现如今，服装制造业要想在这一特殊时代顺风顺水，就一定要沿着两个方向做好生态环保型材料的研发：一是开发更多的生态新材料，以辅助服装制造业发展；二是尽量减少污染工艺的使用，从根源上解决污染问题，这也是生态型材料在服装制造业的可观前景。

做零售，脚要磨出血，嘴要磨破皮，脑子要迭代

方建华

茵曼品牌创始人
汇美时尚集团董事长

2023年，作为疫情后首个"618"，刷朋友圈、晒排名的人没有几个。大家更关注"经济回暖、消费复苏"在这一场"年中大考"后能留下什么，今后经济环境和消费市场怎么发展。

过去三年，很多公司积蓄的增长动能被透支，对于消费者而言，三年不确定性风险的深刻记忆，使大家花钱更为理性。

普遍削减消费的结果，让人感觉到行业发展的低落，同时担心我们会不会再次走向危机。我个人觉得，寒意虽存，春山可望！尽管市场也许会有一些寒意或失重感，但相信"寒冷"的状态不会一直持续下去。所以，接下来的日子，显然需要乐观构思、悲观计划、乐观实行……我一直坚信，"企业的发展，就是在一次又一次危机逆境中重生"，2024年甚至更长时间，大家依然面临新形势下的"重生"。

无论是社会、企业还是个人，都应下定决心解决老旧问题。简而言之：不破不立！

线上"癌症"：退货高、到账低

平台带着商家提升商品交易总额（GMV）固然是好的，但也带来了顽症——平台到账率已经跌到四成。这里面是促销策略游戏，还是平台唯GMV为第一导向，不得而知。但如果这个"癌症"得不到克制，商家等于"卖了个寂寞"。

每个平台都热衷于扩大GMV规模，不惜代价地"打激素"，以至于过度推崇退货便利性，把成本转移给商家，推高退货率。

良性经营的循环一旦被打破，可能会变相鼓励低质量的竞争。对商家而言，有质量的成交，才是经营用户的根本。

线下"癌症"：周一至周五没人流

购物中心在几个时段销售很淡，周一至周五，以及每天10点至18点，商场里面的销售导购可能比逛商场的客户还多，产出极低。

零售那么卷，还能不能增长

增长压力来源于以下方面。

一是市场份额结构转移。线上线下各个渠道的份额都变了。新场新平台消费入口增多，抖音、得物、小红书等都能成交。

二是用户对消费的价值取向发生变化。原来电商追求"性价比"，现在追求"质价比"，追求更高价值和精神满足感。

三是营收和经营成本不成正比。人工、税费、租金水电等硬成本高。企业利润率低的，卖多亏多。

怎么组织促增长

今年在做的几件事：优化组织机制，如选人和激励机制；渠道战略纠偏，确保执行不变形；看市场选铺位，开直营店、标杆店；签约适合品牌发展的代言；学习、培训、上课；思考明年及三年增长战略、路径。

第一，战略渠道梳理定位，针对渠道差异搭建垂直的组织架构。从产品开发企划到销售运营一条链路一竿子到底。开拓新业务或新渠道，选用领导者时首先关注的是，他是否具备调配资源的能力和决策权，否则等于慢性自杀。

第二，加速购物中心占比。茵曼2023年开店选址，原则上只选目标城市一线商圈的场地，宁做鸡

头不做凤尾。至今，仅广东已经开业的有广州美林天地、广州南沙万达、深圳COCOpark，目标是直营开到100家，直营加联营计划新开200家以上。以前有的联营商退出了一些好场地。后来发现，这些店铺没经营好，核心问题出现在人身上。原来零售靠努力加运气，现在零售靠品牌力、影响力和产品力、组织力。所以，2023年接手了一些重点商圈场子。对店长人选、经营问题重新复盘，调整到位，业绩提升立竿见影，翻了2倍多。对于购物中心选址，我们以前也踩过坑。追求效率第一，没去现场，靠远程评估。选址蹲点数人流，向购物中心打听楼层销售，以为场子旺就一定是好场子。结果发现"数据评估"很好的场，也有卖不动的。后来，十几个城市跑了一遍，去一些门店和购物中心。发现零售是现场有"神灵"，问题答案也在现场。通过走现场动线，观察平时和周末的餐饮人流，了解铺位稳定性，对相关人员进行访谈等得到很多客群习惯的变化规律。

第三，建晋升通道，加码激励。人是第一生产力，再好的场子，没有精细化运营团队或合作伙伴，终究走不长远。所以这两年，重新搭建了人才成长通道。2023年推出"店长合伙人计划"，让店长从销售管理者变成经营者，成为"老板娘"，拿到百万元奖金。对业务制订增量激励考核规则、业务竞争（PK）机制，令高贡献者享有高待遇、高福利、高奖励；在不同业务线之间，营造相互追赶、相互学习的氛围。

第四，品牌产品方面迭代。产品上，品质、工艺全面迭代，并推出文艺通勤系列，巩固优势品类地位。品牌建设上，在推出"舒适棉麻穿茵曼"价值主张的同时，先后邀请张佳宁、李一桐做代言人。全面推行茵曼门店5.0新形象，打造"引人入店"新空间，让客户逛店体验更舒适。升级销售方式，制订新的赋能计划，将总部成熟的"直播+私域+线上"等销售方式与门店进行打通。

第五，决策信息驾驶舱。利用数据提高决策效率和准确度，变成企业主、店主、零售商的大脑，成为业务增长的驾驶舱。全套自研的IT系统，涵盖商品、商业智能（BI）等从设计到销售全链路，利用系统搭建起门店和线上渠道销售标准化流程。利用信息系统驱动改变，使其成为业务抓手才有价值。

第六，组织学习和培训。过去内部开办了管理层研修班、专业学习班，2023年内部发起读书学习。老方会推荐一些书给大家读，然后同学们推荐一些给我读；还会进行测验，看装到肚子里的有几分。2023年新开了"店长训练营"，总部统一打磨输出课程培训体系，结合店铺实操训练，打通选人、留人、带人的流程机制。2023年复盘了终端人才成功模型、维度、方法、流程，更有利于快速上手复制迭代，让零售变得更简单。

总结心得：方法不对，努力白费。成功是设计出来的。所有无知都是认知上的盲区，都是思维的局限。做零售，脚要磨出血，嘴要磨破皮，脑子要迭代。

科技+纺织，以数智化助力纺织服装产业高质量发展

李亚平

致景科技联合创始人兼高级副总裁

2023年，是全面贯彻落实党的二十大精神的开局之年，也是实施"十四五"规划承上启下的关键之年。百舸争流，奋楫者先。站在新起点，纺织服装行业奋勇争先，擘画新时代纺织服装行业高质量发展新蓝图。

党的二十大报告提出，推动制造业高端化、智能化、绿色化发展。作为推动纺织服装行业高质量发展的"助攻手"，数智化既是产业转型升级的新基建，也是发掘产业新增长点、提升竞争力的新引擎。《纺织行业数字化转型三年行动计划（2022—2024年）》中提到，到2024年，数字化生产设备的联网率预计达到50%，工业云平台的普及率达到55%，ERP应用的普及率达到68%，MES应用的普及率达到28%。可以预见的是，在数智化的引领下，纺织服装行业将激发巨大的发展动能，释放全新的活力，迈入一个崭新时代。

行业转型升级发展的背后，也可窥见企业立足产业发展，坚持数智化布局，助推全行业转型升级的生动实践。以致景科技为例，我们通过"科技+纺织"，搭建产业互联网平台，赋能全产业链数智化转型升级。通过数字化、智能化、集群化，打破传统的生产模式，打通封闭的信息孤岛，使企业实现降本、提质、增效，进一步激发实体经济的发展活力。

立足数字化改革，切实打通行业堵点

中国是全球最大的纺织品服装生产国、出口国、消费国，具有完整的产业链配套优势。然而，纺织服装产业劳动密集程度高、管理粗放，同时存在纺织产业链条长、传统的管理模式依赖人力等问题，都制约着产业的转型发展。在数字化技术的赋能下，可打通纺织服装产业链生产、分配、流通、消费各环节堵点，推动产业加快形成协同高效、多维创新的发展新空间。同时，在生产、管理、流通、服务、经营等层面不断提供低成本、高效率、可用性强的数智化解决方案，帮助工厂迅速增强数字化能力，切实实现工厂从业务结构到管理模式的迭代升级。

另外，随着快时尚、电商直播的强势崛起，品牌及消费者消费需求的变化，小单快反、定制化服务正成为行业主流，这也让作为传统劳动密集型产业的纺织服装产业面临多重挑战。与传统的固定生产模式不同的是，企业需要快速应对市场需求，小批量多次生产，使生产方式变得更快、更灵活。在数字化的助力下，能进一步解决企业在"快时尚""小单快反"中遇到的堵点及难点，强化供应链数字化能力，重塑服装供应链体系，构建数智化一站式供应链服务。

瞄准智能化转型，有效实现降本增效

进入数字时代，消费者需求日益个性化、多元化，这对行业发展提出了更高的要求。纺织服装行业存在链条长、各环节分散的特点。智能化转型能促进产业实现深度融合，使上下游企业深度连接。智能化系统将为工厂安装一个"数智大脑"，为纺织服装产业链高质量发展提供核心驱动力。针对产业链上下游各环节，致景科技已研发了多款数智化系统、软件。例如，应用在上游生产环节的"飞梭智

纺"工业互联网系统，服务全国超9000家织厂，链接超70台织机；"边织边检"智能检测系统能实现织造环节零巡检，高效解决了人工巡检的缺点。此外，应用在中游环节的对布机器人，应用在成衣制造环节的"易菲"数字化系统、天工选款平台、Fashion3D等也已在行业内得到广泛应用。其中，天工选款平台实现从趋势研判、设计、采购、打板、生产到物流的服装全生产场景互联互通，形成从设计到推款的一站式服装制造供应链，以快速、高效、一体化的服务助推服装柔性化生产。这些都将为全产业链数智化转型升级、企业降本增效提供智慧支持。

加大集群化发展，为产业发展提供支撑

纺织服装产业集群是产业高效协同、激发韧性活力、高质量发展的有力支撑。换言之，纺织服装产业集群化发展将帮助每个供应链环节实现降本增效，提升供应链整体协同效应。集群化发展将聚合更多的要素资源，发挥企业龙头效应，带动更多中小企业转型升级。在集群化引领下，产业集群中的企业都能共享数字技术的最新成果，保持强大的竞争力，不断激发纺织服装产业生生不息的生命力，提升区域经济发展活力。

目前，致景科技位于宜宾的致景纺织智造园、位于佛山的致景智慧仓物流园已投入运营。此外，致景科技还与清远市、海珠区签订了战略合作协议，发挥清远、广州两地优势，共建广清"现代轻工纺织服装产业集群"，为推动现代纺织服装产业高质量、集群发展注入"创新力"。这些都将为加快建设纺织现代化产业集群提供坚实支撑。

浪潮奔涌千帆竞，踔厉奋发正当时。在时代发展的浪潮中，以数智化为主体，通过"科技+纺织"，驱动纺织服装产业加速转型升级，必将更好地增强产业链、供应链韧性，实现数字经济和实体经济的深度融合，助力纺织服装产业实现高质量发展。

全方位驱动企业高质量发展

李明光

URBAN REVIVO品牌创始人兼CEO

近年来，服装行业的市场环境一直呈现复杂多变的特点。自后疫情时代至今，"报复性消费"带来的经济景气效应"闪退"。反之，消费需求持续呈现理性主义和实用主义等特点，给服装行业带来了严峻的挑战。URBAN REVIVO（以下简称"UR"）能屹立于时代大浪淘沙的更迭中，很重要的原因是始终坚持企业全方位、高质量发展建设，通过不断增强品牌影响力及数智化竞争力，培育专业化人才梯队，完善标准体系建设，努力成为具有可持续性的绿色发展型企业。

品牌营销升级，打造行业破圈事件

践行"玩味时尚"品牌理念，UR于2023年5月首登天猫超级品牌日并落地一系列品牌传播大事件。其中，线上表现创下天猫服饰类目超级品牌日GMV新纪录（不含黄金珠宝），并且双双取得女装行业排名以及超级品牌日期间连衣裙品类排名第一，实绩令人瞩目。在品牌声量表现上，UR在微博、小红书、抖音等全平台矩阵中，获得惊人的20亿+阅读和触达数据。从官宣全球品牌代言人刘雨昕，发布"超模天团"品牌大使，再到时尚大秀夺人眼球，以营销事件接力打造传播闭环，UR既展示了品牌深入洞察消费市场的能力，也在传播中进一步锁定其作为快奢时尚品牌开创者在行业的领先地位。

数智驱动发展，时尚与科技并举

作为快奢时尚品牌，UR提出以"时尚UR，科技UR"为战略核心，坚持时尚为根、科技为本，持续加大对产品设计及数智科技的投入。因此，UR是一家数智化驱动的企业，已经实现了自研供应链协同平台以及自研商品数智化管理平台，并给企业发展带来了深刻改变。除艺术创意美学，柔性极速供应链是UR的另一大核心竞争力，以人工智能结合大数据打造了数智化决策体系。在设计上，可视化设计加上数字化打板，让创意美学精准落地。此外，数智化作为生产供应端的底层设计，实现了智能化排产、生态化生产、常态化快返，使UR始终走在时尚流行设计的最前沿。目前，UR产品已完成射频识别（RFID）软标的应用，实现了全渠道商品快速出入库，并能对产品进行动态跟踪，追溯产品去向和每一个环节的详情；UR还引入了流程自动化机器人（RPA），重复性低价值工作可通过机器人来完成，同时还建立起了UR自动化交付能力，推动效率提升。

深化校企合作，培育行业人才

UR不断践行政府倡导的"政行企校"合作培养制度，充分发挥市场主体的引导作用，深入推进产教融合育才。截至目前，UR已和13所省内外高等院校联合建立了实习实践基地。2023年4月，UR参与了教育部高校学生司主办的"第二期供需对接就业育人项目"，成功与10所省内外高校签订了11个项目，将在重点领域合作、人力资源提升、就业实习等方面与合作高校深入对接，实现共赢。

领跑行业标准，加速体系建设

为了更好地应对来自国际市场的竞争，建立健全标准化工作体系，UR更加积极主动地开展标准化工作，运用标准这一有力武器，提高产品质量和企业经济效益。截至目前，UR已联合广州市白云区服装服饰产业促进会、深圳市纺织行业协会，相继发布《箱包》（T/BYFZFS 2—2023）、《休闲服装》（T/BYFZFS 3—2023）、《优品羽绒服装》（T/SZTIA 015—2023）、《时尚单夹服装》（T/SZTIA 012—2023）四项团体标准。今后，UR还将结合企业的经营战略，继续参与更高级别的标准制定和修订工作，努力成为我国纺织服装企业的标准"领跑者"。

崇尚绿色时尚，迈向可持续未来

作为业内领先的时尚品牌，UR一直积极承担与之相匹配的企业社会责任，通过高品质的产品及多样性、可持续举措向消费者传递时尚生活之美。2022年12月，UR携手艺途公益基金会共同发起"错袜行动"，鼓励每个人通过"错袜"表达自己的独特态度和对多元文化的包容及接纳。除爱心公益之外，UR亦在可持续发展领域不断探索，积极描绘ESG愿景。2020年，UR和一个地球自然基金会（OPF）共同开展了为期一年的"守护中华白海豚"公益计划，同步推出环保胶囊系列，并捐出该系列销售所得全部利润。2019～2021年，UR连续三年推出环保胶囊系列，该系列面料采用由回收塑料瓶再加工而成的环保纱线，能够减少服装制造过程中的水污染。2021年通过邀请插画师创作"海洋保护"主题的艺术作品，共同创作环保胶囊系列，以线上线下艺术展的方式唤醒大众环保意识，号召消费者参与"守护濒危物种"的公益项目。在零售端，UR以优惠券、积分奖励等方式鼓励消费者自备购物袋，并发起"旧衣焕新"计划，倡导可持续的时尚生活方式，共筑人与自然的和谐关系。

持续推动高质量发展，勠力同心开启新征程

吴武平

广东省服装服饰行业协会副会长
东莞德永佳纺织制衣有限公司董事兼总经理

2022年，经济发展起伏不定以及国内外市场环境的复杂变化，消费结构变化、企业错失消费旺季、市场主体亏损、商贸流通受阻、物流成本上涨、企业停工停产、线下活动停办……纺织服装产业的各类问题不断出现，广东纺织服装行业也经历了至暗时刻。纵有千难万险，广东纺织服装人依然负重前行，坚守、坚持，始终心怀希望之光。

广东是中国纺织服装第一大省，纺织服装业是广东省的战略性支柱产业之一，隶属于现代轻工纺织业，在全省工业化过程中发挥了主体产业、先导产业、创汇产业、就业产业和致富产业的作用。改革开放40多年来，广东纺织服装业不仅形成了自己的产业特色，而且奠定了在全国纺织工业、广东经济以及国内外市场贸易中的突出地位，成为中国纺织服装第一大省，历年广东纺织服装生产总量、出口总额均居全国首位。

2023年2月17日，广东省工业和信息化厅印发《关于进一步推动纺织服装产业高质量发展的实施意见》（以下简称《实施意见》），争取到2025年底纺织服装产业营收达到7000亿元，到2027年底实现翻一番。根据《实施意见》，广东将推动全省纺织服装产业集群走时尚化、高端化、品牌化、数智化、低碳化、国际化和总部经济集聚地、创意设计策源地、服贸会展新高地的"六化三地"高质量发展道路，培育世界级先进纺织服装产业强省。

冬去春来，2023年对广东纺织服装行业而言仍是充满挑战的一年，如何有效地提升企业内部运转水平，从而应对不确定的未来，将会是我等共同需要思考的命题。

三年疫情给广东纺织服装行业造成严重冲击和巨大压力，同时助推产业数字化变革加速，设计智能化、生产自动化、管理精益化水平不断提升。结合国家的实施方向及我个人的经验想法，在这里，我提出如下建议，以供大家参考。

推动纺织工业智能化转型升级，抢占新一轮产业竞争制高点

随着生产成本日益上升、传统产业技术工人培训周期延长，越来越难招聘，纺织行业生产制造智能化势在必行。根据《中国制造2025》行动纲要，推动智能化工厂不是将单点的自动化再拼装起来，而是通过通信技术（Wi-Fi、5G、蓝牙）、硬件自动化、硬件与工业控制软件、工业控制软件与企业管理软件（ERP、MES）之间的互联互通及业务流程的打通，形成工业互联网平台，通过自动化去提升单点的生产效率，通过工业硬件互联实现工艺技术标准执行，通过业务与生产制造打通实现整条生产链条的生产线平衡，最终提升整体的生产效率。

优势互补协同创新，产业联动共赢发展

以往由于大批量、小品种的行业特性，纺织企业闭门做产品或者做大产品量即可，但是随着近几年快时尚概念的兴起、小批量市场需求的旺盛，供应链对产品交付的要求越来越高，传统单打独斗的方式已经不能满足市场需求，建议在行业协会的支持带领下，各市头部企业应结合自身优势，建立好自身的共创平台，实现产品云端展示，在线跟踪，线下生产，与所属供应链配套利用信息化技术（如CRM、SRM等）进行整合，发挥链条、链主优势，形成集群优势，从而增强订单响应能力。

致力产品开发，争创企业优势

随着全球化分工浪潮减退、政治局势不明朗、全球经济增速放缓，中国纺织企业停留在代加工模式将难以生存，企业应致力提高产品研发及质量，形成内部产品的独有优势，如服装3D虚拟打样技术、可持续产品回收技术、多功能多场合产品技术等，为终端客户提供更多的价值。

助力"双碳"目标实现，绿色供应链大有可为

近年来全球极端环境日趋严重，各国陆续提出碳达峰、碳中和及碳权交易，企业可持续发展成为未来生存的重要议题，纺织企业除了要关注能源技术（太阳能、天然气）、绿色生产技术（低水比或超临界染色技术、低功效纺纱）的发展，大型纺织企业不但要达到一级能源计量管控，更要细化到三级、四级计量管控，重点优化产品生产周期的碳排化。减少自身企业的碳排放的同时，需要关注下游合作伙伴的碳排放，创造供应链共赢的条件。绿色生产除了是社会责任外，更是未来必不可少的纺织企业竞争力。

2023年，在深化落实扩大内需战略同供给侧结构性改革有机结合的背景下，东莞德永佳作为广东省服装服饰行业协会副会长单位，将持续凝聚力量，与协会同心同行，致力加快推动行业企业的政策互通、空间互联、成果共创、消费共享，提振市场信心，挖掘消费潜力，助力推动广东服装行业经济稳步增长，进一步发挥广东纺织服装大省的行业引领作用。

市场瞬息万变，如大浪淘沙。展望未来，新的征途上，东莞德永佳将与全体广东纺织服装人一道，勠力同心、蓄能蓄力，持续深耕现有业务与技术，继续保持行业领先，为广东纺织服装产业的高质量发展、为国家构建"双循环"新发展格局作出更大的贡献。

当代服装行业的挑战与文化传承

陈永森

东盟—中国工商总会副会长

2023年，外贸服装行业发展严重下滑，这其中有许多复杂的原因。在国外某些地区，出现了报复性消费的场景，客户开始担心来自中国的产品供应链的稳定性。为了应对这一情况，大量的备货行动展开，这导致2023年库存量过多。另外，2023年农历新年过后，市场的消费欲望逐渐减退。之前备份的大量库存短时间内无法消化，这导致大多数服装商家停止采购行为。除此之外，还有其他原因，不在此详述。

在提到东盟国家的服装产业带时，真正能够给中国产业带来挑战的只有三个国家。首先是越南。虽然在某种程度上，越南无法被称为完整的产业带，因为它的原材料和某些产品的半成品都来自中国，也可以说，它只是伪装成产业带。其次是泰国。泰国拥有众多小作坊，但其中大多数面向国内市场生产。可以说，外国厂家很难掌握泰国服装的裁剪方式、尺寸及文化需求。此外，他们的大型零售商相对较少，无法将订单集中为较大规模，难以向中国厂家下单。尽管泰国的批发业务相对较繁荣，但市场的发展水平仍停留在许多国家十年甚至二十年前的阶段。如今，其他许多国家的批发商已经没有生意可做，甚至有些国家已经没有批发商存在。这种情况的保留可能与泰国政府多年前鼓励家庭作坊的政策有关，导致许多小作坊如雨后春笋般蓬勃发展，带来了灵活就业和个性化生产的优势。最后值得关注的是印度尼西亚。印度尼西亚市场具有相当大的吸引力，占据了东盟国家一半的人口。然而，他们

对自己市场的保护意识较强。这种保护主义态度让印度尼西亚市场变得封闭，把城墙建得高高的，"敌人"进不来，朋友也进不来，自己也出不去，我个人描述他们的服装市场，现在就是这个状况。在这个问题上，我并不是在批评印度尼西亚筑城墙的做法，相反，我可以理解他们的想法。最近我刚从印度尼西亚回来，其间我与当地服装业界的人进行了深入交流。我发现他们都有一个共同点，那就是他们正在努力保护本国的底层劳动力。无论是哪个行业，只要涉及劳动密集型工厂，都会受到热情接待。这是可以理解的，毕竟印度尼西亚是世界第四人口大国，必须解决人民就业的问题。因此，在他们的服装行业中很少提及使用高科技取代人工的情况，他们更关注的是如何谋生。让我们来比较一下中国和东盟国家在文化方面的情况。首先，我想谈谈为什么越南、泰国和印度尼西亚这三个东南亚国家给中国在服装制造方面带来一些挑战。首先，越南在服装方面一直保留着自己独特的传统文化，如他们的国服"奥黛"至今保存完好。其次，泰国吸引了周边国家如缅甸、老挝和柬埔寨的服装商人前来采购，原因之一便是共享相似的文化背景。最后，印度尼西亚可以说是东南亚文化底蕴最深厚的国家之一，他们的民众在日常生活中穿着传统的民族服装，如巴蒂克和克巴亚，并且这些服装也出口到马来西亚、文莱和新加坡等国家。

综上所述，目前中国出口的服装几乎都是现代化的服装。虽然扩大了业务规模，但如果想使纺织业变得强大，需要长期规划，重拾我们失去的近代服装文化。我们不能仅仅关注服装出口总额和国内生产总值（GDP），虽然经济利益很重要，但相较于文化的流失，我们需要思考何者更重要。

未来的某一天，如果中国出口服装中传统服装能够占据一定的比例，那将是中国服装出口真正强大的时候。我希望中国服装行业的所有人都能共同努力。让我们一起为中国的服装出口业努力，实现真正的强大，寻找回中华民族服装文化的魂。

推动广东纺织服装产业迈向高质量发展的关键因素

陈育懋

利华控股集团执行董事兼首席执行官

技术创新

技术创新是纺织服装产业实现高质量发展的关键推动力，是促使广东纺织服装产业迈向高质量发展的重要因素。在当前快速变化的市场环境下，纺织服装企业需要不断更新技术、提升产品功能和质量，以满足消费者的需求并保持竞争优势。以下是几个关键方面的技术创新，对广东纺织服装产业实现高质量发展具有重要意义。

第一，广东省应继续加大在纺织材料方面的研发投入。通过对新型纺织材料的研究和开发，可以提供更具创新性、功能性和环保性的材料，满足消费者在新体验、舒适度和可持续性方面的需求。例如，开发具备高性能的纺织材料，如抗菌纺织品、防紫外线纺织品和吸湿排汗纺织品，高伸展及回弹材料、高透气及极柔滑手感等，以提供更好的用户体验。

第二，制造工艺的创新对于提升纺织服装产品质量和生产效率至关重要。广东省可以引进先进的生产设备和工艺，实现生产过程自动化，降低技术依赖性。例如，采用先进的缝纫设备和生产线，提高生产效率和产品的一致性。降低行业对车缝技术的过度依赖，减少因工人老龄化流失的影响，提高从设计到生产的整体工艺水平，确保产品的精细度和品质稳定性。

第三，在数字化转型和人工智能技术应用方面，广东省应积极推动企业进行数字化转型，借助深圳

数字化领先优势，推动信息技术和互联网的发展，实现生产、供应链和销售的数字化管理和协同。例如，通过建立智能化的仓储和物流系统，提高库存管理和订单配送的效率。此外，人工智能技术的应用也能够优化产品设计和生产流程，提升生产的精确度和自动化水平，减少生产成本和资源浪费。

第四，除了技术创新，广东纺织服装产业还应注重知识产权保护和产业协同创新。加强对技术创新成果的保护，鼓励企业进行专利申请和知识产权保护，以激励企业积极进行产品研发。此外，广东省可以通过建立产学研合作平台和开展产业链协同创新，促进企业间的合作与交流，共同推动纺织服装产业的创新发展。

品牌建设

第一，品牌建设是推动广东纺织服装产业迈向市场发展的决定性因素之一。一个强大的品牌不仅能提升企业的竞争力，还能在市场中塑造良好的企业形象。广东省在特定产品类别（如毛衣、内衣、女装等）方面有自身的供应链优势，若能在这些类别中建立品牌，则有机会如福建在运动时尚类产品中名列前茅一样，对于广东纺织服装产业占领该类产品的强势市场位置具有重要意义。

第二，提高产品的附加值和知名度是品牌建设的关键目标。附加值是指产品除基本功能外所具有的附加特性，如工艺、文化、创新性等。广东省纺织服装企业应注重提升产品的附加值，通过提升工艺水平、注重文化色彩及创新，为消费者提供更有吸引力的产品。通过有效的品牌推广和营销策略，将品牌形象和核心价值传递给消费者，建立起消费者对品牌的认知和信任。

第三，纺织服装企业还应采取多样化推广手段。具体包括线上线下结合的销售渠道、广告宣传、参加行业展览等，通过不同协会（如广东省服装服饰行业协会等），扩大品牌市场份额和影响力。同时，注重与消费者的互动和沟通，了解消费者的需求和

喜好，以更好地满足市场需求，加强品牌营销和推广及助力品牌建设。

可持续发展

可持续发展是推动广东纺织服装产业迈向高质量发展的关键因素之一。在当前全球环境保护意识不断增强的背景下，广东省应积极树立绿色环保的理念，通过推动绿色制造和循环经济的发展，实现可持续发展的目标。

第一，广东省应鼓励纺织服装企业采用环保材料和改进生产工艺，以减少对环境的影响。环保材料的使用可以减少产品的环境污染和资源消耗，如采用有机纺织原料、环保染料和可降解材料等。同时，改进生产工艺，降低能源消耗量和废水、废气排放量，减少对环境的负面影响。广东省可以鼓励企业加大研发投入，推动环保技术的创新和应用，提高生产过程的环境友好性。

第二，加强供应链管理是实现可持续发展的关键。广东纺织服装产业的供应链涉及原材料采购、生产加工、物流运输等环节，有效管理供应链对于实现可持续发展至关重要。广东省可以鼓励企业采取可持续采购的方式，选择符合环保标准的供应商和合作伙伴。此外，通过建立合作伙伴关系，共同推动循环经济的发展，实现资源的有效利用和循环利用，如废弃纺织材料的再利用和回收利用等。

第三，广东省应加强相关政策的制定和落实，为纺织服装产业的可持续发展提供支持和保障。制定环境保护法律法规，加大监管和执法力度，促使企业遵守环保标准和规范。同时，建立激励机制，鼓励企业主动采取环保措施，推动行业向绿色、低碳、可持续发展的方向转变。

市场拓展

市场拓展是推动广东纺织服装产业迈向高质量发展的重要因素之一。广东省作为中国纺织服装产业的重要基地，应利用多年沉淀下来的出口市场优势，联合大湾区各城市，持续进行海外市场发展，以寻找新的销售渠道和增加产品的市场份额。

另外，应积极构建电子商务平台和拓展线上销售渠道。随着互联网技术的快速发展，电子商务已成为纺织服装行业不可或缺的销售渠道。纺织服装企业可以建立自己的电子商务平台，与腾讯、京东、阿里巴巴等电商平台开展合作，通过线上销售拓展消费者群体，提升产品的在线销售能力，力争迅速覆盖更广泛的地域和消费群体，实现销售额的快速增长。

品牌的下一个时代风口布局思考

钟 亿

蓝色时空品牌咨询创始人

品牌红利，时代十年

2023年，中国经济在疫情扰动因素减弱的背景下，"扩内需"和"促消费"成为国家发展的重要议题。在全球经济复苏前景黯淡的背景下，中国经济成为全球关注的焦点，被视为全球经济的核心引擎。

据MGI预测，到2025年，中国将有4亿中产阶级人口。中产阶级庞大的消费能力为中国市场带来了巨大的机遇。同时，中国企业正面临第三次出海良机，从"中国产品"转向"中国品牌"。在品牌出海过程中，提升海外消费者对品牌的认知度，加强品牌形象塑造是关键。中国企业需关注海外消费群体需求，从产品到品牌出海，抓住海外市场的重要机遇。

未来十年，中国将进入品牌红利时代，品牌将成为企业竞争力的终极目标。为了在这场竞争中取得胜利，做好产品是一个基础，蓝色时空团队认为中国企业更应该以品牌为驱动、以消费者为中心，形成战略、渠道、形象、商品、零售、组织六大维度的闭环思考，并围绕品牌自身特性找到投入的侧重点，从而形成品牌的增量路径。

品牌升级，闭环思考

当前外部市场环境的快速变化迫使我们回归未来品牌增量和业绩提升的问题。对企业内部来说，为了确保市场竞争力，品牌要不断调整和升级，这意味着一次重大的变革和投入机会，聚焦靶心成为企业品牌升级闭环的关键所在。心态涉及对品牌使命、愿景和价值观的思考和坚守，这将决定企业是否需要投入资源。方法则是在众多选择中确定的手段以取得效果，这是大多数企业面临的最大挑战。通过我们在时尚行业18年的积累和超过500个专案项目的实操经验，我们对品牌增量和业绩提升有以下思考，希望能为服饰企业的同行带来启发。

战略：许多人常常误将经营目标视为企业发展目标的先决条件，然而这种顺序并不正确。经营目标只是企业在达到发展目标自然而然实现的一个过程。它仅仅是一个量化的衡量指标，而企业在经营发展方面的选择往往更加关注长远目标，即品牌战略。通过明确企业自身的发展现状，结合可利用的资源和条件，抓准发展靶心，制定适合企业发展的战略模型。

在快速的、爆炸的、讲究流量的数字经济逻辑时代背景下，比音勒芬（BIEM.L.FDLKK）作为国内高端服装行业龙头，凭借精准的战略发展取得了显著成就。品牌20年来深耕高尔夫赛道，通过战略升级聚焦核心品类，开启以核心品类来引导品牌的发展战略。品牌以消费者为中心，不断塑造符合品牌价值观的形象，深化品牌文化内核，加速提升品牌影响力。

企业要做好战略一定是认知力和执行力的组合。认知力是帮助企业掌舵人洞察环境趋势，从而为企业战略做出正确的判断；执行力是企业确定选项后，通过上下一致的行动计划快速推动战略落地。

商品：在我看来，商品=产品+品牌，因为消费者购买的不只是一个产品，而是附有品牌价值的商品。在以产品为竞争力的中国市场，企业要抓住的不再是消费者的眼睛或者手，更多的是需要抓住他们的心，从而改变消费者的心智模式，或者让消费者在购买过程中获得愉悦感，更或者是在价值观上形成同频共振。

艾诺丝雅诗（ARIOSE YEARS）多年的发展中，

一直注重商品竞争力的塑造，通过优化产品面料和板型提升消费者的穿着体验。随着新消费时代的崛起，品牌升级要以消费者为中心做决策，需要更深层次地与消费者建立联系，形成品牌独一无二的消费体验。因此，结合蓝色时空的品牌定位系统，明确ARIOSE YEARS的品牌价值，以消费者为中心，锚定品牌发展方向，确定商品还原路径，构建有效的触达渠道，输出与品牌价值观相符的产品风格，更好地向消费者介绍自己。

商品是企业的根基，企业创造的价值一定是通过商品触达到消费者的手中，品牌升级更需要聚焦在消费者身上，从以往的"做好+买准+卖好"转变到现在的"做准＞做对"，从为商品而做商品到为消费者而做商品。

渠道：中国时尚零售市场的竞争加剧，无论是国际还是国内企业，都在进行新一轮的升级与洗牌。为了稳健地拓展市场，企业需要深入研究销售渠道的特性和消费者需求，并找到共性和差异性。但是在渠道升级时，企业将面临竞争差异、用户口碑和经营效能的挑战。

备受行业关注的ARIOSE YEARS，近两年能以强势姿态入驻广州、南京、西安、武汉、成都、无锡等区域标杆性商圈，并且在市场取得良好的用户口碑都是有迹可循的。在2013年，我们与ARIOSE YEARS在经营战略上共同梳理出品牌差异化价值，优化商品链条效能和提升经营利润，从而找到适合的发展路径，跑通盈利模式后进入快速发展期，并且通过进一步强化商品核心竞争力和提升运营管理效能，为单店盈利能力保驾护航，大大提升了合作经销商的信心。不管是传统品牌转型还是新锐品牌的崛起，其立足的根本在于对消费者需求进行重新定义后再做整体市场布局，找到破圈的有效路径。

形象：在新的消费环境下，品牌的竞争趋势已经逐渐从产品竞争、风格竞争转向品牌力的竞争。把产品优势变成认知优势，品牌需要加大对于自身价值的传播，让品牌成为消费者特定需求的首选。

个性化、品质消费时代，设计师品牌正迎来爆发式增长。我们与中国原创设计师品牌SANI一起聚焦品牌DNA，回归品牌核心理念，提炼DNA设计原点、规避产品同质化，实现品牌的差异化突围。并且以消费者需求提取灵感，重新赋予新Logo"生命力"的设计，通过品牌VI、SI升级制订差异化的品牌IP系统，连接品牌与消费者之间的情感沟通与共振。

品牌的持续更新迭代，需要从市场的可持续性发展角度考虑，确保市场竞争力。杭派女装片断Lovlife携手蓝色时空，根据品牌定位内容，配合渠道的升级和店铺形象升级，迅速在优质商圈进行布局。

在时尚行业，商品是最先让消费者看到的，它不仅是好看的，还要承载着品牌的价值和理念。不同于其他品牌视觉设计，蓝色时空视觉组稀有物种一直致力于在对时尚行业未来趋势洞察的基础上，联合行业商业资源优势，打造品牌独有的视觉战略系统。用图形打造"超级符号"，将品牌价值以可视化形式应用至产品、视觉、空间、IP系统，快速启动消费者的品牌联想力！

零售和组织：零售模块是企业在市场竞争中能力最直接的体现，因为零售门店能力的强弱代表着企业综合实力，部门之间组织体系是否打通了买与卖的信息沟通，跨区域零售远程管控决定了组织的管理系统机制是否强大，零售高销人才数量代表了培训部门投入是否足够。

未来品牌的竞争力一定是组织力的竞争。回归根本就是责、权、力是否清晰，企业的组织结构是否合理，部门之间工作流程机制是否通畅，部门与各级职位对于自身与角色定位的能力模型是否清晰。企业需要不断调整经营布局，完成每一个阶段的目标，让企业未来面临未知与抗风险能力的加码。

蓝色时空（Blue Space）自2006年创立以来，始终以"商品"为中心，并以品牌的发展现状为中心，以落地为导向提供综合性解决方案。在2013年提出"一切商品为战略服务"的理念：没有商品，战略为零；没有战略，企业所有工作将没有聚焦点。因此，企业要厘清品牌不同发展阶段经营靶心，构建从消费需求、价值塑造、资源聚焦到盈利模型的闭环系统，加速品牌在新消费时代的发展效能。越是在复杂多变的环境下，企业越要做少做精：精准定位、精准价值、精准消费者，找到企业经营发展的靶心。

2023～2033年，中国进入品牌红利时代，品牌将会成为企业竞争力的终极目标。时尚品牌不仅要关注市场的变化，更要关注品牌与消费者的心智沟通，以消费者为中心，进行闭环思考。蓝色时空深耕时尚服饰行业18年，汇集全球时尚行业的实战专家，专注于全球领先品牌创新与商品战略研究，为超过500个企业提供定制化咨询陪跑服务，助力品牌实现价值影响力和商业盈利的双向提升。并结合中国市场发展环境，将国际化先进品牌运营模式与本土实战技术相结合，推动中国品牌全球化！

聚力"中国针织服装之都"建设，赋能纺织服装产业高质量发展

徐成彬

中山市沙溪镇党委书记

聚焦高质量发展任务，沙溪镇坚持制造业当家，以思路、能力、城市、产业"四个重构"为切入点，锚定"中山西城市新中心，深圳西产业首选地"，传承休闲服装优势产业基础，快马加鞭推进"工改"、项目动工建设、企业服务、招商引资等工作，全面释放休闲服装产业优势，加快数字化智能化转型步伐，淘汰落后产能，注入创新活力，用高品质产品打造服装行业知名品牌，推动纺织服装产业高质量发展，奋力建设"中国针织服装之都"。

服装行业总体情况

沙溪镇位于广东省中山市中西部，与城区相接，人文历史悠久，交通区位优越，是外联内优的大湾区综合交通枢纽，与深圳的时空距离只有20分钟，与广州、珠海、东莞、江门同在一小时都市生活圈。服装产业是沙溪镇闻名全国的支柱产业，作为纺织服装专业镇，沙溪镇具有雄厚的设计、制造能力和完善的产业配套，产业规模和制造水平享誉全国，曾获"中国休闲服装名镇""中国服装生产基地""中国最具产业影响力纺织之都"等称号，业界素有"中国休闲服装看沙溪"的美誉。曾拥有多个全国知名休闲服装品牌，是海澜之家、优衣库、安踏等60多个国内外知名品牌的生产基地，森马、美特斯邦威等上市公司均发迹于沙溪。2022年，全镇约有11000家服装市场主体，拥有全市最大的专业服

饰批发市场及7000多家实体店。全镇规上工业企业92家，其中规上服装企业73家，占规上工业企业的79.3%，产值占规上工业企业总产值的64.3%。全镇纺织服装行业从业人员约10万人。2022年，沙溪镇通过了中国纺织产业集群试点复评工作。2023年，全镇规上工业企业103家，规上服装企业82家。

聚焦服装产业高质量发展的创新举措

第一，廓清发展思路，打造中山服装及西部产业升级高地。立足粤港澳大湾区建设格局，坚持系统思维，结合当前产业发展形势和服装行业整体特点谋划产业布局，提出打造"中国针织服装之都"目标。以服装产业为引领，构建"高端服装+高端泛电子+中医药基地"制造业高质量发展三大矩阵，借助"工改"全力推进中央活力区（CAZ）项目，加快"1+4+N"产业平台建设，着力打造凤凰产业园、厚山产业园、隆盛工业园和联合鸿兴产业园四大产业平台，将多个小地块改造成高标准厂房。

第二，举办品牌活动，全力打造"中国针织服装之都"。举办2022中山市工业设计大赛沙溪休闲服装设计专项赛决赛，带队前往广州承办广东时装周（春季）——沙溪日活动，高规格举办全市纺织服装企业高质量发展大会、2023广东省服装产业高质量发展大会等系列活动，叠加品牌效应，为本地服装品牌打造展示平台，推动产业升级迈出实质性一步。多渠道利用省、市活动平台推介沙溪，讲好沙溪发展故事，提高企业投资信心。积极推动企业抱团参展，鼓励企业抓住机遇、用好政策，动员全镇外贸企业参加国际性展会，提升沙溪休闲服装区域品牌形象。

第三，加快数字化智能化转型，打造产业矩阵。耐心厚植服装产业集群，支持重点服装企业通过数字化手段加快转型升级，激发传统产业生机活力。加快元一、霞湖世家、绅维纪等高端服装企业数字化、智能化转型，构建10亿级针织服装制造龙头矩

阵。通过举办抖音直播节、高端服装企业交流活动、数字化转型政策宣讲会、中国文化T恤高质量发展（中山）论坛等，着力打造服装产业智改数转交流学习平台，数产融合助力制造业企业高质量发展，树立智能制造标杆。2022年，沙溪镇新增15家省创新型中小企业、4家省专精特新中小企业和2家市专精特新企业，新增1间数字化智能化示范车间，转型升级取得了历史性突破。全镇高新技术企业16家，其中有6家为纺织服装企业，占比近40%，服装企业技改创新步伐逐渐加快。

第四，搭建高素质服务平台，优化公共服务体系建设。充分利用现有公共服务资源，为企业提供展示展销、研发检测、市场开拓、宣传推广等公共服务。发挥沙溪纺织服装学院、沙溪理工学校的产学研融合发展优势，推动本地服装设计、直播人才培养；积极参加省服协开展的广东时装周和服装设计大赛等活动，推进服装产业创新，提高沙溪优质针织T恤生产供应链基地品牌效应，扩大"中国针织服装之都"知名度。

第五，"直播+电商"多元发展，促进传统产业走出新路。大力发展电商经济，鼓励服装企业通过直播电商拓展营销渠道。孵化霞湖世家、波特邦威等本土服装品牌，连续两届举办"中山沙溪T恤节"，带动沙溪服装产业迈上销售新赛道。推动直播电商与云计算、大数据、人工智能（AI）、增强现实（AR）、虚拟现实（VR）等5G技术深度融合，大力打造展示清晰化、场景多元化、体验沉浸化的场景直播。霞湖世家、波特邦威、天驭等企业重金打造企业直播间，展示服装的T台空间宽敞，巧妙把服装行业的特色场景融入直播电商，促进直播电商优势资源集聚。

第六，释放人才创新活力，跑出招才引智新速度。一是聘请著名乡贤——中国服装设计师协会原副主席、亚洲时尚联合会中国委员会主席团主席、国际中国美术家协会副主席、北京时装设计师协会名誉主席张肇达为沙溪镇时尚产业发展顾问，借助张肇达等乡贤优质资源，研究如何对接深圳服装产业，加快与深圳产业一体化对接；聘请广东省服装服饰行业协会执行会长刘岳屏、广东省服装服饰行业协会首席数据官文丹枫博士为沙溪镇经济顾问，组建产业发展专家团队。二是举行2023年沙溪镇产业人才入库签约仪式，选取吸纳元一智造胡浩然设计师、凯施迪刘祝余设计师、女神战袍李冠忠设计师、极简服饰张杰设计师等首批四位服装产业人才进入沙溪镇产业人才库，表彰他们在服装设计领域取得的优异成绩。三是由沙溪直播电商协会与中山火炬职业技术学院、沙溪纺织服装学院签订直播人才培养协议，畅通直播电商企业与专业人才的链接渠道。

服装产业发展总体规划

立足休闲服装优势产业基础，沙溪镇将持续集聚高端要素，促进产城融合，以"'生产、生活、生态'三生共融+'文化'"的城市发展格局为目标，在优化营商环境、挖潜发展空间、打造产业矩阵、提高产业能级、提升城市品位等方面先试先行，聚合多家亿元级别企业，树立多个服装国内知名品牌，建成沙溪镇高端服装产业矩阵，全面推进沙溪镇服装产业扩大总量规模、提升创新能力、优化产业结构，打造"中国针织服装之都"高地，力争成为中山西部产业发展主阵地和主战场，助力经济高质量发展。

挑战极限，创造传奇

谢秉政

比音勒芬集团董事长

正所谓，一人难挑千斤担，众人能移万座山。比音勒芬从成立到现在，20年的发展，离不开各位领导的支持，离不开各行业朋友的帮助，离不开每一个用户的肯定和喜爱，也离不开每一个比音勒芬人的奋斗与奉献。在此，我向大家致以最诚挚的感谢！谢谢你们，因为你们，才让星星之火有了燎原之势；因为你们，才有了今天的比音勒芬；因为你们，我们才有底气畅想下一个十年，谢谢大家！

今年4月，我们并购了两个国际品牌——Cerruti 1881和肯迪文（KENT&CURWEN），正式拉开了新的十年的发展序幕。从国内迈向国际，迈向多品牌集团化运营。未来十年，我们将聚焦国际化、高端化、年轻化、标准化的发展方向。并通过差异化的战略定位和布局，促进集团多品牌协同发展。

首先，我们将重塑1881的定位，再现百年奢品辉煌。1881定位重奢，价格对标博柏利（BURBERRY）和杰尼亚（ZEGNA），采用大店模式，产品包括西服、奢华定制、奢华休闲、奢华男女装运动、鞋履等品类。肯迪文则是延续英伦绅士风格和板球运动DNA，打造轻奢设计师品牌，瞄准年轻人市场，品牌对标Ami等。

目前，我们正在紧锣密鼓地重组法国创意中心和研发中心，以及国内营运中心，开始筹备这两个品牌的产品研发和品牌运营，预计在2024年秋冬，1881和肯迪文将全新亮相，惊艳回归。

比音勒芬高尔夫加快发展步伐，在巩固高尔夫第一联想品牌的同时，抢占高端时尚运动风口。作为集团的主力军，比音勒芬主标则聚焦 T 恤，打造超级品类，持续强化比音勒芬·T恤小专家的用户心智。

威尼斯依然以时尚户外为主要风格，打造度假旅游服饰第一联想品牌。至此，集团的品牌梯队逐渐趋于完善。

未来十年，通过品牌矩阵发力，实现十倍增长，到2033年，比音勒芬集团营收将超过300亿元，其中，1881超过50亿元，肯迪文超过30亿元，比音勒芬高尔夫超过50亿元，比音勒芬主标超过150亿元，威尼斯做到20亿元。以主品牌快速增长，多品牌协同发展的策略，打造国际奢侈品集团，并通过创造精致有品位的生活，持续为用户创造价值，为社会创造价值。

未来十年，我们还将在责任与极致的文化引领下，践行"一专三有"——专注本业、持续创新，有激情、有韧性、有担当的集团价值观，永无止境地追求卓越与非凡。

未来十年，是充满挑战的十年，也是充满机会的十年；是砥砺奋进的十年，也是激动人心的十年。百舸争流，奋楫者先，千帆竞发，勇进者胜。唯有挑战，才能激发无穷的创造力，在此，我想和大家一起，在完成十年十倍增长目标的同时，去挑战一个更高、更极限的目标，在2033年，集团冲刺500亿元营收。

立鸿鹄志，做奋斗者，正所谓理想很丰满，现实很骨感，我们可以仰望星空，但必须脚踏实地。

新 声 | 给未来的自己

黄光辰

中国十佳时装设计师
今日青年FACEON LAB品牌创始人
周杰伦个人品牌 "MRJ" 首席设计师

"做好当下的每件事情，它决定着未来的样子"
"追求不完整而存在"

我是光辰，是个喜欢思考的人，我经常去思考未来的N种可能，其实我们当下做的每一件事都在决定着未来。

2岁，我就开始在家里的水泥地上"作画"。3岁，我被送去少儿培训学美术，却因为太淘气被退了回来。6岁，开始正式学画画，每天母亲骑着自行车载着我去少年宫，一画就是6年，但我却没画过一幅完整的作品，妈妈说我没耐心，但我明白，我是太过于追求完美，才导致很多作品半途而废。直到后来我才发觉，我是个矛盾的人，我是追求完美的人，也是追求那些不完整而存在的人。

19岁，高中毕业的我凭借着不怎么样的文化成绩和优异的美术专业成绩如愿以偿地考入了长春工程学院，大学生涯让我度过了美好的四年，也让我开启了新的人生——我竞选并担任班长、学生会部长、社团成员，去参加校园歌手大赛、舞蹈排练，头发的颜色也开始变化多端。在朋友与同学们面前，我就是那个最活跃最阳光积极的人。

大二，我去北京实习，看了人生中的第一场秀，是我最喜欢的男装品牌秀，散场时我无意间被挤到设计师身边，当时瞬间被灯光及话筒包裹着，周围

伴随着络绎不绝的鲜花与掌声。当时在聚光灯下的我突然有点眩晕，因为我人生中第一次感受到荣誉是那么的美好，仿佛我们身边都有美丽的光环。我也记住了那里——751D·PARK第一车间，那是我梦想的转折点，也是我努力的开始。那年我21岁，我决定好好读书。回到学校后我义无反顾地辞掉了学生会的工作，想专心投入专业创作中去。

接下来的学习生活中，我凭借着自己的努力，接二连三地入围大赛，也做了非常多的优秀作品，那时候不但成为同学们眼中的"大神"，也成为老师的"掌上明珠"。在一年多的时间里，我为自己和学校获得了诸多荣誉，这个阶段的我才发现，我找到了自己，我可以用心做好一件事情了。

FACEON初衷：微笑面对

回顾大学期间，每天的生活状态就是充满激情与期待，也充斥着梦想和不甘。那段时间，让我"野蛮生长"，那段时间也萌生出了早期FACEON的寓意，大概就是"微笑面对"。那时候我对品牌的概念是模糊而又憧憬的。深知自己的理想和责任，也深知自己的欠缺和不足。而这个品牌梦也深深地在我心底埋藏了十年。

这十年，我如愿地加入了最喜欢的男装品牌，也如愿成为一个优秀的设计师，我经历了成长、失去、挣扎、收获。每天的工作、加班、压力和重复的模式，让我日渐怀疑，这是否是我所追求的人生？我也差点从一个充满激情的男孩变成没有表情的人类。经历了无数的挣扎，我下定决心去完成我心中的梦想。

纪念曾经的自己，记住今天的自己——今日青年

2018年底，我辞去了稳定的工作，尝试一段新的开始，决定去找回那个富有激情、勇敢、担当、正直、有情义的自己。为了纪念曾经，也为了让未来的我记住今天的自己，我创立的公司起名为"今

日青年"，埋藏在心底的FACEON此时也有了新的诠释，寓意就是"向上看"，是一种不低头、不回头、不妥协的态度。我觉得无论在人生的哪个时期，他都赋予了我很大的能量和动力。

为了做品牌，曾经的衣食无忧也告一段落，当我再一次挤公交车，我发现已经时隔六年。我记得那时每天七点起床挤着公交去看档口，每顿不会吃超过12元钱的盒饭，推掉了所有应酬，删掉淘宝购物车里的所有物品，开始专心创作。其实当时的想法并不是要让自己过得很窘迫，而是我无时无刻不在告诉自己，我倾尽所有去做正确的事，哪怕有一天又跌到谷底，我也可以过从零开始的生活，触底反弹。

做品牌以来，我做了很多尝试，尝试过B端，走过直播带货，走过秀也摆过地摊，有时候也迷茫过，不知道我们要做的到底是好产品还是生意。但重要的是最终我们没有迷失，我坚信，没有感性的思维，就没有创作的灵魂。直到最后，我选择了最艰难的一条路，我认为也是最正确的一条路。因为FACEON的态度就是不低头，不妥协！

后来我们慢慢组建了团队，志同道合的人走到一起，那段时间，连过年我都独自留在广州，专心在工作室做创作，为我们的转型与坚持做基奠！那一切都会是更好的开始。2021年有幸被邀约去北京做发布，地址就在751D·PARK第一车间，那是我梦想开始的地方。

那次发布，FACEON带来的是前所未有的全新的演绎，同样我在十年后的同一个地方，得到了鲜花和掌声，以及无数的摄影机和聚光灯。区别是，这次是真真正正属于我自己的荣誉，我闭起双眼享受了那一刻的闪光。2021年9月，我在中国国际时装周发布了第二场秀"东方近未来"，受到了广泛的关注和认可，同年也荣获了"中国十佳时装设计师"的荣誉，次年我又凭借作品"冷墙之下"荣获了"中国最佳男装设计师"的荣誉，对此很多同行也对我开玩笑说我可以"毕业了"，但对我而言，这一切只是刚刚开始，无论我们获得什么样的荣誉，我们都要不断地自我反省，不断地认清自我，不要在赞美声中迷失自我，也不要在质疑声中怀疑自己。

回到品牌本身，现阶段我们对产品的理解并不是对市场和同行的过多关注，而是是否能够找到自我的缺失，并寻求一种自我突破。我也很庆幸能够找回了用心去做一件衣服能给予我的满足感，在这个阶段我们要做的就是自身的一种态度，一种对自己的表达。FACEON也会一直努力把衣服做好，把好的态度和认知分享给大家。

我很清楚，也许没多少人会喜欢看我的故事，也没有人会在乎我曾经付出了多少努力，但至少我经历了人间冷暖，也有太多人从我生命中走进淡出。我深知人不长情善于遗，但庆幸的是我始终活在自己的热爱里，而不是别人的眼光里。我庆幸我懂得没有不劳而获，也没有坐享其成。我永远都会记得那些大雨滂沱，却没有伞的日子。我希望很多年后，我再翻看回这篇文章时，我还是那个曾经的自己。

广东时尚发布图片专辑

图1　中国纺织工业联合会秘书长夏令敏出席第九届红棉国际时装周开幕式并致辞

图2　广东省文化和旅游厅党组书记、厅长李斌（左三）为2022年度广东非遗服装服饰优秀案例产品案例代表颁发证书

2022年度广东非遗服装服饰优秀案例

产品案例
（以案例名称笔画为序）

称：天意	案例名称：纱罗垂烟雾，锦绣昭霞光——霓裳广绣系列	案例名称：瑶魂
佛山市顺德区天意莨绸生态文化投资有限公司	作者：屈汀南	作者：成晓琴
称：生活在左香云纱服饰	案例名称：知否•岭南	案例名称：墩蓝青衿系列服饰布艺
广州市生活在左服饰有限公司	作者：邓兆萍	作者：黄秀丽、曾春雷、胡方
称：传统服饰•时尚演绎 钉金绣裙褂服饰	案例名称：香云见荻	案例名称：潮汕抽纱
唐志茹/小茹裙褂设计室	作者：深圳德玺良缇时装有限公司	作者：孙恩乐、赵亚坤、吴桐、祝书琴、黄玉玲、
称：自土地而生的艺术	案例名称：盛世华章	案例名称：潮绣龙凤褂裙
卜红霞	作者：康惠芳、佘可燕	作者：蔡中涵
称：连南瑶族刺绣工艺《瑶》系列服装设计	案例名称：瑶绣时尚应用	案例名称：鹭羽负月华香云纱的另一种可能——
连南瑶族自治县瑶艺堂文化创意有限公	作者：泰研究团队	阳浩健

图3　广东省文化和旅游厅党组成员、副厅长张奕民（左一）为2022年度广东非遗服装服饰优秀案例产品案例代表颁发证书

图4　广东省工业和信息化厅消费品工业处处长陈伟国（左一）为第22届广东十佳服装设计师颁奖

抗疫记忆

图5 2022年3月14日，东莞市奥盈纪元服饰有限公司ANOTHER ONE安那迪献援香港抗疫物资

图6 2022年11月2日，广州中大门在海珠区新港街道办事处开展"心系海珠 同心抗疫"防疫物资捐赠活动

图7 2022年11月8日，广州国际轻纺城向海珠区凤阳街道捐赠一批抗疫物资

图8 2022年11月15日，广清中大时尚科技城驰援广州海珠一线

图9 感恩守护 以衣暖心｜莱克斯顿最美的保暖卫衣献给支援海珠区抗疫一线志愿者

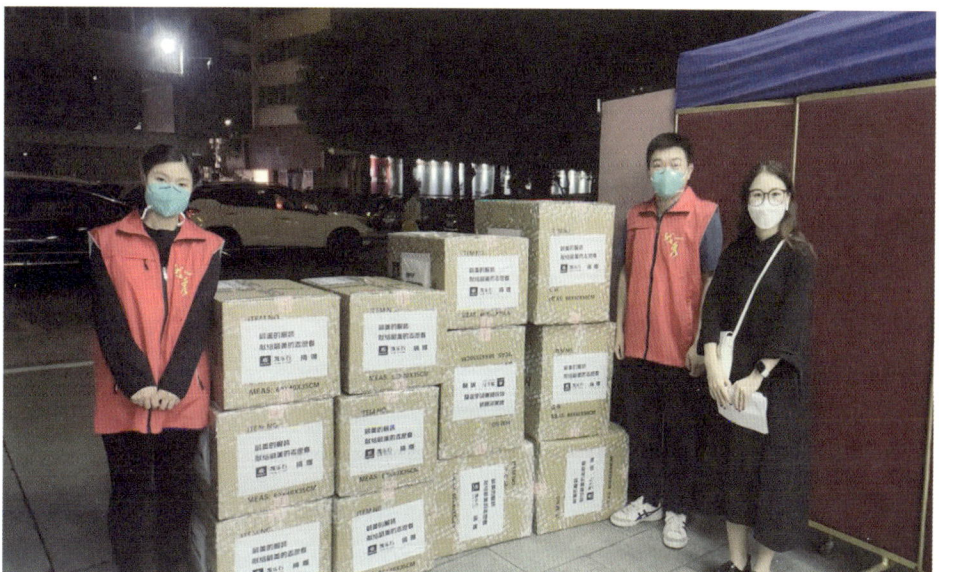

图10 感恩守护 以衣暖心｜凯乐石最美的保暖衣服献给支援海珠区抗疫一线志愿者

图11　感恩守护 以衣暖心丨汇美集团最美的摇粒绒外套献给支援海珠区抗疫一线志愿者

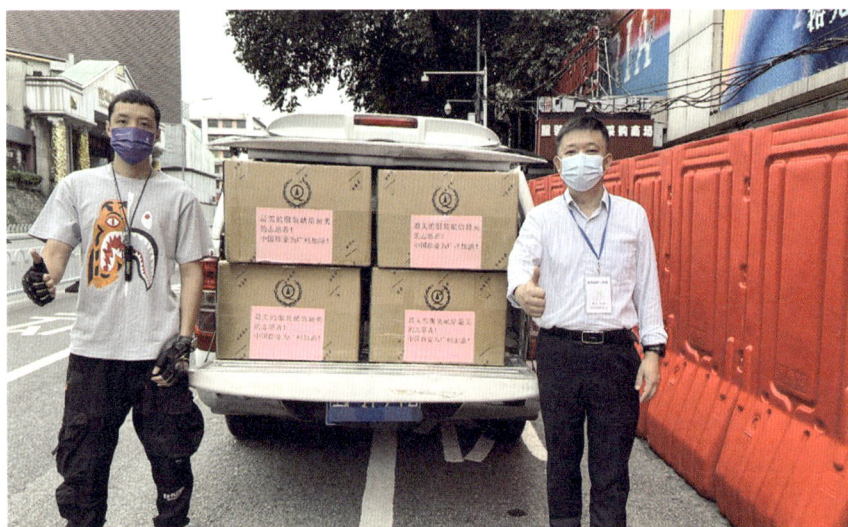

图12　感恩守护 以衣暖心丨群豪最美的保暖衣服献给支援海珠区抗疫一线志愿者

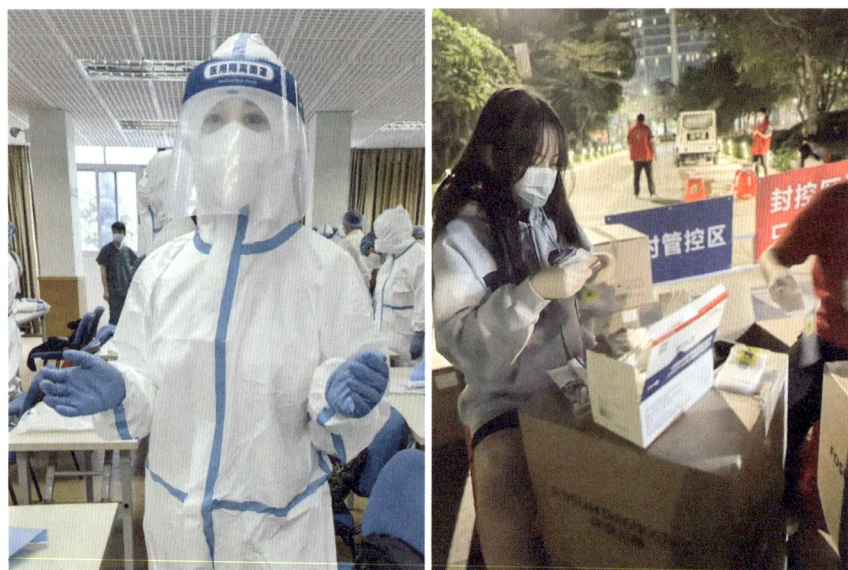

图13　为抗疫，齐出力！为广东服装人点赞！广东十佳服装设计师候晓琳（墨话）在抗疫一线工作，在方舱医院用曾经所学的医学知识抗击疫情（左），生活在左品牌创始人林栖及家人担任志愿者（右）

图14 2022年11月23日，广东服装界众大咖齐聚云端，纵论疫情当下的变与革

图15 做时代的设计师 | 广东服装设计主力军齐聚云端，共话未来

活动掠影

1月

图16　2022年1月24~26日，应中共玉林市委员会、玉林市人民政府邀请，在广东省服装服饰行业协会、广东省时尚服饰产业经济研究院组织下，为助力两湾融合，粤港澳大湾区产业经济博士团赴玉林考察调研

图17　玉林市人民政府与广东省服装服饰行业协会签订合作协议

2月

图18　2022年2月，北京冬奥会赛场上，谷爱凌身穿惠州宏星制衣厂生产的滑雪赛事服（南都记者黎湛均 摄）

图19　惠州宏星制衣厂为冬奥的工作人员、技术官员、志愿者、安保等生产官方服装（南都记者陈灿荣 摄）

图20　2022年2月28日，数字化产业集群转型升级引擎启动，"博士范·局"走进广州红棉中大门

3月

图21　2022年3月6日，十三届全国人大五次会议广东代表团专题学习贯彻习近平总书记在参加内蒙古代表团审议时重要讲话精神，来自连山壮族瑶族自治县的韦庆兰代表在发言时，现场展示壮族刺绣"石榴花"并邀请大家来做客

图22　壮族刺绣"石榴花"特写

图23　中国十佳时装设计师林进亮结合冬残奥会的各种比赛创作一系列门神宝宝IP

图24　2022年3月25日，聚焦数字化，赋能大国品牌｜"博士范·局"走进比音勒芬

④月

图25 2022年4月6日，"FASHION BOND大湾区时尚联结巡展"广州站开幕式在广州红棉中大门"广州设界"举行

⑤月

图26 东莞市以纯集团有限公司车缝组组长唐清兰荣获2022广东省五一劳动奖章

图27 2022年5月14日，香蜜闺秀与中国科学院深圳技术研究院成立"体感创新联合实验室"

图28　2022年5月18~22日，2022广东时装周—春季（第30届）在广州国际轻纺城成功举办

图29　2022年5月28~30日，首届中国·潮汕国际纺织服装博览会在汕头潮汕博览中心举办

图30　2022年5月28日，中国纺织工业联合会授予了汕头市"中国纺织服装产业基地市"称号，中国纺联产业集群工作委员会秘书长张海燕向汕头市人民政府副市长彭聪恩授牌

6月

图31　2022年6月8～12日，沙溪镇举办2022年抖音电商服饰行业·中山沙溪T恤节，首日销售超过1000万元

图32　2022年6月11～13日，第九届红棉国际时装周×云尚周在广州红棉中大门举办

图33　首届PARKING LOT广州红棉中大门男装订货展同期同场举办

图34　2022年6月29日，广东服装思享会走进UR，探寻时尚品牌打造心法

7月

图35　2022年7月12日，全国纺织工业先进集体劳动模范和先进工作者表彰大会盛大举办，北京设主会场，广东设分会场

8月

图36　广东省服装服饰行业协会与云纱星韵共建香云纱非遗文化园，推动南沙打造湾区非遗时尚新名片

图37　2022年8月11日，鸦片战争博物馆年度大展启幕，ANOTHER ONE发布青铜国潮联名系列

⑨月

图38　2022年9月6～8日，广东省商务厅组织广东服装企业赴广西梧州、玉林、贺州开展东西部协作经贸交流活动

图39　2022年9月9日，广东省第十一届"省长杯"工业设计大赛现代轻工纺织类专项赛举行复赛评审工作

图40　当贵州苗绣遇见世界时尚，HUI品牌创始人兼首席设计师赵卉洲于2022年9月25日在米兰时装周发布线下时装秀2023春夏系列"蝴蝶妈妈"

图41　2022年9月28～29日，由广东省服装服饰行业协会、广州市工贸技师学院共同主办，广州设界参与协办的广东省服装行业高技能人才培训班成功举办

10月

图42　2022年10月20日，"澳门服装节2022"在澳门威尼斯人金光会展中心拉开帷幕，广东十佳服装设计师韩银月、陈季红、邓晓明亮相开幕大秀

图43　2022年10月22日，潮起如壹逐光向前，广东时装周20周年大赏盛大举办

12月

图44　2022年12月11日，广清纺织服装产业有序转移推介会在清远举行，广东省服装服饰行业协会与清远市人民政府、忠华集团签约成功，将共同打造"湾区（广清）时尚产业创新中心"

图45　2022年12月9～10日，共赴时尚之约，共赏非遗之美——非遗与时尚融合大秀登陆2022珠海时装周

图46　2022年12月14日，广东省时尚服饰产业经济研究院在沙湾钻汇大厦挂牌落地

图47　2022年12月15日，2022大湾区（东莞）服装服饰云上博览会开幕仪式暨"数字时尚·粤贸全国"大湾区服装服饰产业数字化高峰论坛在中国大朗毛织贸易中心盛大举办

第一部分

2022广东服装产业概貌

一、总体概况

改革开放40多年来，广东服装业以粗放型规模扩张发展为主的模式夯实了产业基础，形成了自己的产业特色，奠定了在全国纺织工业和广东经济以及国内外市场的突出地位，成为中国服装第一大省，历年广东服装生产总量、出口总额均居全国首位。目前，广东拥有服装企业10万多家，规模以上4000多家，产品涵盖衬衣、西服、时装、牛仔服、休闲服、羽绒服、婚纱、晚礼服、真丝、针毛织服装、内衣、运动服、皮革服装、童装等十几大类，形成门类较齐全、具有相当规模的工业生产体系。同时，产业集群化发展优势明显，形成虎门女装、沙溪休闲装、新塘牛仔、潮州婚纱晚礼服、南海内衣、大朗毛织等29个服装特色产业集群，其经济总量占全省纺织工业的80%。

2022年，面对严峻复杂的国际环境，以及国内市场需求收缩、供给冲击、预期转弱的三重压力，广东服装行业主要运行指标持续放缓，企业经营压力持续上涨，行业经济运行严重承压，企业负重前行，积极应对挑战，持续优化产业结构，加快创新调整步伐，加大发展动能转换，展现出较强的发展韧性和抗风险能力。

1. 生产情况

2022年广东服装行业规模以上企业累计完成服装产量35.2亿件，占全国的15.14%，同比下降13.8%；工业销售产值累计2511.69亿元，比上年同期下降13.2%；工业增加值621.74亿元，比上年同期下降11.4%。

2. 出口情况

2022年广东省出口服装及衣着附件290.1亿美元，同比下降7.4%，占全国服装出口总额的16.5%，比2021年减少1.9个百分点，位列全国第二。

3. 经济效益

2022年广东规模以上服装服饰企业资产合计1777.58亿元，比上年同期下降5.7%；负债累计866.15亿元，比上年同期下降7.0%；主营业务收入2458.66亿元，比上年同期下降12.3%；主营业务成本2024.80亿元，比上年同期下降11.6%；利润总额80.69亿元，比上年同期下降36%；平均用工人数45.25万人，比上年同期减少9.2%。

二、行业特点

目前全球经济增长疲弱，通胀压力高企，国内外市场需求收缩趋势更加明显。面对严峻复杂的外部环境和艰巨繁重的改革发展稳定任务，行业保持恢复性增长的压力较大。随着国家稳经济政策措施落地显效，行业运行环境趋于稳定，产销循环更加顺畅，内需市场加速回暖，服装行业生产、内销和效益等主要指标有望实现平稳回升，行业复苏态势将进一步得到巩固。

1. 数字化赋能加速

当前数字化转型正在驱动生产方式、商业模式和企业组织方式发生深刻变革，疫情催生了新业态、新模式的快速发展，加速了企业的数字化步伐，设计智能化、生产自动化、管理精益化水平逐步提高。同时，随着虚拟现实、人工智能、区块链、大数据、5G、可穿戴设备等技术的应用日渐成熟，被认为数字经济发展未来的元宇宙热度高涨。服装企业逐步开启对元宇宙的探索，推出品牌虚拟人物，注册元宇宙相关商标。

2. 智能制造全面推进

服装行业的智能制造已经进入深度应用、全面推广的新阶段，优势企业正在以全新的数字化、平台化组织方式整合资源，以产业链数字化、全流程信息化为核心竞争力，开启业务中台、数据中台的"双中台"数智化建设，推进全链路数智化转型升级，基本完成了支撑包含测体、设计、试衣、加工的自动化生产流程及质量检验、仓储物流、信息追溯、门店管理、客户服务等各环节的信息化集成管理体系建设。工业互联网平台建设逐步进入实质性阶段，推动服装制造的生产模式和产业组织方式发生根本性转变。

3. 国货崛起助推品牌升级

随着消费者民族自信的增强和年轻一代消费群体的崛起，越来越多的国货品牌通过挖掘品牌传统文化与历史，融入新技术与新潮流，以全新的姿态走进大众视野，掀起一场国风新潮。国货品牌整体销量的迅速增长，体现出新一代消费者更看重产品的文化和底蕴。

4. 新零售、新模式加速演进

为适应消费习惯和消费方式的变革，企业借助新一代数字技术的深入应用，推动传统电商向线上线下一体化的全渠道数字化运营模式加速演进。在实体零售端，打造超级体验店、智慧门店，为用户提供购买前沉浸式体验。在线上渠道方面，企业在拓展多元化的社交媒体、快闪店、直播电商等新零售渠道的同时，加快线上线下一体化融合发展，打通消费者在公域、私域电商及线下门店的客户权益，建立消费者数据平台，并通过AI工具及大数据分析描绘出消费画像，借势达人合作、热点话题、主题活动，采取短视频和直播相结合的方式，实现全域会员通、货通、信息通，从而形成消费者需求驱动设计研发生产的闭环。

第二部分

2022广东服装行业

大事记

一、惠州市宏星塑胶工业有限公司成为北京冬奥会、冬残奥会滑雪赛事服唯一生产商家

事件概述 作为北京冬奥会、冬残奥会滑雪赛事服唯一生产商家，惠州宏星制衣厂为北京冬奥会的工作人员、技术官员、志愿者、安保等生产官方服装，总量为5万套。生产每件冬奥会服装需要328道工序，350名工人共同参与。经过两年的打样，和前后40多次的修改，宏星制衣厂完成了零下30摄氏耐寒、水压达到3000平方毫米水立柱也不会渗水的"冬奥标准"。

上榜理由 北京冬奥会上，谷爱凌的龙纹滑雪服，助阵"天才少女"两度"龙腾"夺金，冠军战袍也一度被外界津津乐道。惠州元素广东服装闪耀冬奥赛场，其背后是"两岸一家亲"的理念在发光，是对惠台企工匠精神的生动诠释以及广东服装持续发力的体现。

二、2022广东时装周—春季在广州举办

事件概述 2022年5月18～22日，2022广东时装周—春季在广州国际轻纺城成功举办。为期5日的广东时尚时间，呈现了原创设计、非遗新造、外贸新态、智库赋能、童装发布等主题系列活动，线上直播观看总人次达2429.6万，单场最高达481.7万人次。

上榜理由 创办20周年，广东时装周以智慧之光，照亮时尚的奋进之路。本届时装周以线上线下结合的形式，率先开启服装产业在元宇宙的探索，全方位展示广东服装力量、展现广东时尚魅力，同时提振行业信心，助力行业发展。

三、广东第八批省级非遗出炉，钉金绣裙褂和客家服饰成功入选

事件概述 2022年5月，广东省人民政府公布了第八批省级非物质文化遗产代表性项目名录。此次公布项目共115项，其中，第八批省级非物质文化遗产代表性项目名录43项，对前七批省级非物质文化遗产代表性项目名录中的72项进行了扩展。钉金绣裙褂和客家服饰两项中式服装制作技艺成为广东省级纺织服装非物质文化遗产代表性项目。

上榜理由 我省纺织服装非物质文化遗产资源尤为丰富，拥有广绣、潮绣、瑶绣、粤绣（小榄刺绣）、香云纱、抽纱、广州戏服、墩头蓝纺织技艺等多个非遗项目，而"岭南衣"是广东省传统优势行业，其设计、加工、制造能力强，供应链齐全，品牌多、知名度高，广东非遗项目与服装服饰产业的结合，既能促进非遗更好地融入社会，更具活力与魅力，也能满足群众不断创新的消费需求，推动创新传承和价值转化。

四、汕头市举办首届中国·潮汕国际纺织服装博览会，获得"中国纺织服装产业基地市"称号并被认定为省级纺织服装外贸转型升级基地

事件概述 2022年5月28～30日，首届中国·潮汕国际纺织服装博览会（以下简称"服博会"）在汕头举办，呈现了论坛、对接会、发布秀、游学等活动30余场，签约47.3亿元的意向订单。期间，中国纺织工业联合会授予了汕头市"中国纺织服装产业基地市"称号。2022年12月，省商务厅新认定汕头市纺织服装基地为省级"外贸转型升级基地"。

上榜理由 近年来，汕头市委、市政府立足"工业立市产业强市"理念，提出构建"三新两特一大"产业发展新格局。其中，纺织服装产业是汕头最大的支柱产业，也是汕头最有特色、最具优势的产业之一。在广东省政府出台的《广东省制造业高质量发展"十四五"规划》中，将现代轻工纺织产业列为省20个战略性产业集群之一，并明确将汕头列为沿海经济带东翼布局发展"现代轻工纺织产业"的核心城市。以"服博会"为对外窗口，汕头纺织服装产业的声音向全国乃至全球传播，知名度、品牌力和影响力得到大幅提升。作为省级外贸转型升级基地，汕头市将依托纺织服装基地优势，结合本地产业链特点，进一步开拓国际市场，推动企业出口进一步增长。

五、第九届红棉国际时装周×云尚周在广州红棉中大门举办

事件概述 2022年6月11～16日，第九届红棉国际时装周×云尚周新启广州红棉中大门为主会场，7天的官方日程中，不仅有新锐服装品牌首发当季新品，更有流行面料品牌与原创设计师联乘发布。

上榜理由 本届时装周以"境心相遇 未来已来"

为主题，融合国际潮流、趋势发布、原创设计、流行面料、品牌展贸、数字化营销等丰富的时尚元素；线下以"科技+时尚"的红棉中大门国际时尚发布中心为主场，线上则以抖音、快手等20多家直播平台矩阵打造"云秀场"，深度释放"时装周×云尚周"时尚势能。

六、《中国潮绣》专著出版面世

事件概述　2022年6月，《中国潮绣》著作与读者正式见面。《中国潮绣》编著工作由中国纺织工业联合会驻广东潮州传统工艺工作站整体统筹，中国纺织出版社有限公司出版，中国纺织工业联合会副会长孙淮滨指导，清华大学美术学院原院长、教授、博士生导师李当岐担任主编，名瑞集团董事长蔡民强、副董事长李春亮担任副主编，以及来自清华大学、北京服装学院的多位研究学者和众多编委的合力下共同完成。

上榜理由　《中国潮绣》是融潮绣史论、技艺、纹样研究等为一体，系统论述了潮绣文化及技艺的专著。该著作的面世，对潮绣发展的历史脉络、针法技法、材料工具、艺术特点等进行了系统性研究和梳理，给业界专家学者和刺绣爱好者带来了惊喜，这无疑是一本具有学术价值、艺术价值和文化价值的潮绣权威工具书。

七、全国纺织工业先进集体劳动模范和先进工作者表彰大会在北京举办，广东设分会场

事件概述　2022年7月12日，全国纺织工业先进集体劳动模范和先进工作者表彰大会盛大举办，主会场设在北京，广东设分会场。广东分会场由人力资源社会保障部、中国纺织工业联合会主办，由全国纺织劳模评选表彰办公室、中国纺织职工思想政治工业研究会承办，由广东省纺织劳模评选领导小组协办，得到了广东省人力资源社会保障厅、省表彰奖励办公室、广东省工业和信息化厅、广东省工业工会的大力支持。

上榜理由　本次纺织工业劳模评选工作自2020年10月启动以来，经过申报、推荐、初审、复审、公示、公布等评选环节，历时一年零九个月。受全国纺织工

业劳动模范评选表彰办公室委托，在广东分会场为广东省受表彰的全国纺织工业先进集体、劳动模范和先进工作者进行了表彰，充分发挥了劳动模范的示范引领作用，鼓舞广东服装人不忘初心、奋斗向前。

八、8家广东服装企业上榜"2021年服装行业百强企业"名单

事件概述　2022年8月，中国服装协会正式发布"2021年服装行业百强企业"名单，全国共有130家企业榜上有名。其中，广州纺织工贸企业集团有限公司、比音勒芬服饰股份有限公司、富绅集团有限公司、广州市汇美时尚集团股份有限公司、深圳市珂莱蒂尔服饰有限公司、深圳市娜尔思时装有限公司、深圳华丝企业股份有限公司、深圳三木希色服饰有限公司等8家广东企业上榜。

上榜理由　百强企业是服装行业的主力军，对行业高质量、创新发展的带动作用持续增强。"2021年服装行业百强企业"呈现三方面特点：一是产业资源加速向优势企业集聚，二是百强企业增长势头强劲，三是产能品质稳定、研发技术先进、市场反应敏捷的优质制造企业正成为行业稀缺资源。

九、广东省商务厅组织服装企业前往广西开展东西部协作经贸交流活动

事件概述　2022年9月6～8日，广东省商务厅组织广东服装企业赴广西梧州、玉林、贺州开展东西部协作经贸交流活动。在殷焕明一级巡视员的带领下，3天1100千米的行程里，广东省经贸代表团首次通过政府同行、智库同行、生态同行的创新形式，深入梧州市的岑溪市，玉林市的北流市、福绵区、陆川县，以及贺州市的平桂区等地考察，有24家广东企业参与，调研了5个产业园区、2个项目和1个基地，举行了2场经贸洽谈会，达成意向项目9个，预计带动投资金额超过5.63亿元，多层面深入探讨粤桂合作、产业与乡村振兴、产业融合发展、跨界合作等课题。

上榜理由　本次经贸交流活动是深入贯彻习近平总书记关于深化东西部协作和定点帮扶工作的重要指示精神的具体实践，是落实全面深化粤桂合作框架协议、推进粤桂东西部协作的具体举措，是推动粤桂纺

织服装产业协同发展、以产业助力乡村振兴的具体行动，希望充分发挥广东省纺织服装产业的优势，深化粤桂合作，打造一个产业协同发展、助力乡村振兴的新样本。

十、广东服装人齐聚云端，共议"广东服装产业的变与革"

事件概述 2022年11月23日，广东全省超100位服装企业家代表，广州、深圳、珠海、佛山、中山、东莞、惠州、清远、潮州、汕头、揭阳等地市20多个服装产业集群商协会负责人，纺织服装外贸转型升级基地工作站负责人，龙头专业市场代表，智库专家，媒体代表《南方日报》，在广东省服装服饰行业协会和广东省时尚服饰产业经济研究院的组织下，齐聚云端，广州市工业和信息化局代表到会交流。

上榜理由 参会代表就"广东服装产业的变与革"分享交流，为产业的下一步发展出谋划策、分享经验，起到了提振精神、蓄能蓄力、共同为行业复苏做好充足准备的历史性作用。

十一、2022首届珠海时尚周成功举办

事件概述 2022年12月9～13日，由中国纺织工业联合会、珠海市人民政府指导，中共珠海市委宣传部、珠海市香洲区人民政府主办，中国纺织信息中心、珠海传媒集团、珠海正方集团、瑰玮文化艺术（珠海）有限公司联合承办的2022首届珠海时尚周成功举办。

上榜理由 珠海时尚周的举办充分体现珠海以"时尚引领、设计驱动"为特色的发展优势，同时将为珠海一系列时尚创新项目的启动和发展提供了良好契机，更为粤港澳大湾区的创新发展全面赋能，将进一步带动湾区时尚产业升级，帮助挖掘和培养更多的本土独立设计师力量，从而为珠海市文化发展建设和深化改革发挥积极的推动作用。

十二、广清共建现代轻工纺织产业集群，打造首个专门"纺织服装产业"园区

事件概述 2022年12月，按省委、省政府关于推动产业有序转移，促进区域协调发展的工作部署，广州和清远共建现代轻工纺织产业集群，一个月内召开

了三次会议，启动了广清纺织服装产业有序转移园项目，加快推动了纺织服装产业链群向清远转移发展，将清远打造成珠三角产业有序转移的主战场、主平台、首选地，推动"广州总部+清远基地""广州研发+清远制造""广州孵化+清远产业化"合作模式深度实践。

上榜理由 政府重视程度之高，推动力度之大，落地速度之快，在广东省纺织服装产业发展历史上前所未有。广清纺织服装产业有序转移园项目，是广东省首个真正意义上的专门为"纺织服装产业"打造的园区，也是首个专门承接省内产业有序转移的园区。

十三、首届大湾区（东莞）服装服饰云上博览会成功举办

事件概述 2022年12月15日至2023年1月15日，首届大湾区（东莞）服装服饰云上博览会在中国纺织工业联合会流通分会和广东省工业和信息化厅的指导下，由广东省服装服饰行业协会、东莞市服装服饰行业协会和大朗镇毛纺织行业管理委员会联合河南、四川、重庆、山东、江苏、陕西等全国多地服装服饰行业协会以及专业服装市场共同举办，以"共建商贸新通道 共赢产业新未来"为主题，汇聚了超过1000家企业抱团参展，参展产品涵盖男装、女装、童装、毛织等，产品品类齐全，在满足众多服装服饰商家的选择和需求的同时，集中展现广东优势和东莞特色，充分展示了参展企业的强大实力和优质产品。

上榜理由 作为"粤造粤强 粤贸全球"广货促消费联合行动重点活动清单的组成部分，首届云博会将突破传统展会模式，以新技术搭建更便捷、更专业、更精准的服装行业商贸交流平台，助力纺织服装企业进一步开拓市场，提高企业的商誉和影响力，在全国范围内获得新的商机。

十四、第十一届"省长杯"工业设计大赛现代轻工纺织专项赛顺利举办

事件概述 2022年第十一届"省长杯"工业设计大赛现代轻工纺织专项赛由广东省工业和信息化厅主

办，广东省服装服饰行业协会、广东省服装设计师协会、广东工业大学承办，以"新设计·新发展·新格局"为主题，围绕我省战略性产业集群建设，聚焦推动制造业高质量发展的"强核、立柱、强链、优化布局、品质、培土"等"六大工程"，加快提升了工业设计创新能力，以设计引领制造和消费，积极发挥工业

设计的支撑引领作用，进一步打造"广东设计"品牌，促进先进制造业基地和创新聚集区建设。

上榜理由 服装类产品获得了史上最好成绩，凯乐石凭借登珠峰的硬核羽绒服，一举夺得总赛产品组金奖。

第三部分

年度关注

非遗新造

文化进万家——非遗新造

非物质文化遗产是中华优秀传统文化的重要组成部分，是传承中华文明、赓续中华文脉的重要载体。2022年，非遗保护基础不断巩固，非遗保护理念深入人心，非遗当代价值进一步彰显，非遗保护传承的氛围更加浓厚，非遗工作进入系统性保护新阶段。

一、政策导向

2021年8月，中共中央办公厅、国务院办公厅印发《关于进一步加强非物质文化遗产保护工作的意见》，系统阐述了当前和今后一段时期非物质文化遗产保护传承的指导思想、工作原则、主要任务和保障措施，是做好新时代非物质文化遗产保护传承工作的纲领性文件。文化和旅游部组织召开学习贯彻专题座谈会、与相关部委会商，各省（区、市）非遗保护部门积极推动《关于进一步加强非物质文化遗产工作的意见》学习、贯彻落实工作。

2022年，文化和旅游部按照《中华人民共和国非物质文化遗产法》和《关于进一步加强非物质文化遗产保护工作的意见》要求，重点推进以下工作：一是持续推进非遗法律法规制度建设，推动印发关于推动传统工艺高质量发展、非遗与旅游融合发展的相关政策性文件；二是健全完善非遗保护传承体系，开展第六批国家级非遗代表性传承人认定工作；三是稳步提升非遗保护传承水平，实施中国非遗传承人研修培训计划，探索非遗特色村镇、街区建设；四是积极促进非遗融入国家重大战略，制定黄河流域非遗保护传承弘扬专项规划；五是不断加大非遗传播普及力度，开展2022年"文化和自然遗产日"非遗宣传展示活动、第七届中国非遗博览会、"文化进万家——视频直播家乡年"等活动。

二、纺织服装非遗项目

2022年5月，广东省人民政府公布了第八批省级非物质文化遗产代表性项目名录，纺织服装类新增中式服装制作技艺钉金绣裙褂制作技艺和客家服饰制作技艺等2项。截至2022年底，广东省级以上纺织服装类非遗项目共有14项，其中国家级共有7项（☆标注），具体如下：

- 广州市海珠区、番禺区：粤绣（广绣）☆
- 广州市花都区：中式服装制作技艺（钉金绣裙褂制作技艺）
- 广州市越秀区：广州戏服制作技艺
- 佛山市顺德区：香云纱染整技艺☆
- 韶关市乳源瑶族自治县：瑶族刺绣☆
- 韶关市乳源瑶族自治县：乳源瑶族服饰
- 河源市和平县：墩头蓝纺织技艺
- 梅州市梅江区：中式服装制作技艺（客家服饰制作技艺）
- 中山市小榄镇：粤绣（小榄刺绣）
- 清远市连南瑶族自治县：瑶族刺绣（连南瑶族服饰刺绣）
- 潮州市：粤绣（珠绣）☆
- 潮州市：粤绣（潮绣）☆
- 潮州市：抽纱（潮州抽纱）☆
- 汕头市：抽纱（汕头抽纱）☆

三、协会工作

广东省服装服饰行业协会作为广东省文化和旅游厅认定的广东省非物质非遗工作站（服装服饰工作站），致力于推动非遗保护工作多方合作、跨界融合，吸引社会力量广泛参与，开展非遗新造物、非遗传播推广、非遗活化利用、非遗品牌塑造、非遗研学提升等多方面工作，探索非遗发展的新模式和新路径，进行非遗时尚化、生活化、价值化和数字化的多项实践，助力非遗传承、推动非遗双创性发展，链接全国各地非遗资源，为有公益心、有兴趣的非遗品牌提供公益性展示平台，持续、全力推进非遗传承创新工作。

2022年，在广东省文化和旅游厅指导下，工作站积极响应国家加强中国优秀传统文化创造性转化、创新性发展的号召，积极响应中共中央办公厅、国务院办公厅《关于进一步加强非物质文化遗产保护工作的意见》精神，按照《关于实施中华优秀传统文化传承发展工程的意见》《中国传统工艺振兴计划》《广东省传统工艺振兴计划》等文件要求，围绕非遗"见人见物见生活"保护理念，以"时尚岭南·非遗新造"为主题，开展了非遗服装服饰展示交流、产学研合作、人才培训等工作，在推动广东非遗在服装服饰产业的创造性转化、创新性发展方面起到了积极推动作用。

1. 梳理了广东纺织服装非遗项目和服装企业、设计师非遗工坊情况，建立全省服务网络

为更好地推进瑶族刺绣、广绣、潮绣、抽纱、香云纱染整技艺等国家级濒危非遗项目与服装服饰设计制作相融合，探索"非遗创新和活化利用"的新路径，工作站全面整理了广东纺织服装非遗项目相关资料，绘制了纺织服装非遗项目地理分布图和图谱，梳理了广东服装企业和设计师非遗工坊合作情况，建立健全了全省服装非遗共建服务网络，为相关工作开展奠定了较好的基础。

2. 开展了2022年度广东非遗服装服饰优秀案例征集活动

此次评选活动共收到102个参评案例，其中产品类案例88个、活动类案例13个，涵盖了瑶族刺绣、粤绣—广绣、粤绣—潮绣、粤绣—小榄刺绣、粤绣—珠绣、香云纱染整技艺、抽纱以及墩头蓝纺织技艺、麒麟舞、剪纸等十几类广东非遗项目。经专家评审，共推选出20个优秀案例，其中产品类案例15个、活动类案例5个。

3. 加强与服装设计类院校非遗产学研合作

服装院校是非遗人才培养和创新发展的重要力量。工作站与广州大学美术与设计学院等服装设计类院校就非遗产学研合作问题进行了交流合作。全面了解了广东服装院校在非遗人才培养与文创发展方面的情况，并对如何开展非遗新造、非遗传播、非遗活化利用、非遗品牌塑造、非遗研学等工作进行了专题研讨，共同探索非遗发展的新模式和新路径，开展非遗时尚化、

产品化、价值化和数字化的多项实践，助力非遗传承、推动非遗双创发展。

4. 开展了"非遗与服装产业融合发展"主题人才培训活动

为促进服装企业和设计师将中国优秀传统文化融入时尚产品设计中，工作站开展了非遗主题人才培训活动，针对"非遗时尚"的热点话题，带来了"5G背景下广东非遗服装创新发展政策研究""非遗传承与创新的新视角""非遗与服装产业融合发展的路径探索"等主题课程培训，结合当前5G技术的发展，为服装企业和设计师们解读了相关政策和非遗时尚融合发展趋势，并通过生动典型的非遗创新案例分享，启发学员对中华优秀传统文化创造性转化、创新性发展进行新的探索。通过培训，提高了服装企业和设计师们对非遗双创的正确认识，激发了创新创意的灵感，为实际工作提供了多方面的启发，推动他们自觉加入非遗和服装融合发展的队伍中。

四、"时尚岭南·非遗新造"广东非遗服装服饰展示交流活动

在广东省文化和旅游厅指导下，以粤港澳大湾区"人文湾区"建设为契机，为积极探索广东非遗项目深度参与服装服饰产业融合发展的可能性，展示广东非遗在服装服饰产业双创发展的丰硕成果，由广东省非物质文化遗产工作站（服装服饰工作站）主办，广东省服装服饰行业协会、广东省服装设计师协会承办的"时尚岭南·非遗新造"广东非遗服装服饰展示交流活动于2022年4月正式启动。活动旨在以粤港澳大湾区"人文湾区"建设为契机，积极探索广东非遗项目深度参与服装服饰产业融合发展的可能性。

2022年度，广东非遗服装服饰优秀案例征集作为前期活动率先开展。在广东省文化和旅游厅《关于组织推荐服装服饰相关非遗案例的通知》（粤文旅非遗〔2022〕31号）的发动下，各地市文旅部门和服装企业、设计师对本次活动给予了热切关注，报名踊跃。最终评选出20组作品入围"2022年度广东省非遗服装服饰优秀案例"，涵盖了瑶族刺绣、粤绣—广绣、粤绣—潮绣、中式服装制作技艺—钉金绣裙褂、粤绣—珠绣、香云纱染整技艺、抽纱、墩头蓝纺织技艺以及

麒麟舞等十几类广东非遗项目，突出非遗在服装服饰产品上的创新设计，体现"见人见物见生活"的保护理念。"时尚岭南·非遗新造"广东非遗服装服饰展示交流活动于2023年3月举办，对入围的优秀案例作品进行了展示发布、扩大宣传，促进了省内各非遗项目之间的交流合作。

五、2022珠海时尚周·非遗与时尚融合大秀

2022年12月9～13日，由中国纺织工业联合会、珠海市人民政府指导，中共珠海市委宣传部、珠海市香洲区人民政府主办的2022珠海时尚周在珠海举办。广东省服装设计师协会组织了李小燕、邓兆萍、蔡中涵、孙恩乐、成晓琴、唐志茹、墨话、何莲等8位深耕岭南非遗服装服饰的设计师，在珠海大剧院前广场上演非遗与时尚融合大秀，为非遗和时尚搭建链接，以时尚为媒，让非遗与现代生活浪漫邂逅，共同见证传统文化的当代价值。此次非遗与时尚融合大秀展示了瑶族刺绣、粤绣—广绣、粤绣—潮绣、中式服装制作技艺—钉金绣裙褂、粤绣—珠绣、香云纱染整技艺、抽纱等省级非遗项目服装服饰作品，充分展示岭南非遗服装服饰的魅力，助力非遗传统技艺与创意时尚的巧妙融合，让传统非遗与时尚产业碰撞、交汇、相融。

六、云纱星韵香云纱非遗文化园

为推动香云纱非遗项目与服装服饰产业的融合发展，促进粤港澳大湾区青少年积极参与非遗保护传承，推动粤港澳大湾区人文湾区建设，广东省服装服饰行业协会与云纱星韵纺织品有限公司建立战略合作，在榄核镇共建"云纱星韵香云纱非遗文化园"项目。文化园位于广州市南沙区榄核镇湴眉村冼星海博物馆旁边，主体占地面积21亩，晒场面积150亩。文化园致力于香云纱染整技艺这一非遗项目的传承与发展，通过青少年研学旅游，促成非遗技艺在新生代的传播推广。协会与园区在文化园的规划设计、展示推广、设计师引进等方面展开深度合作，建立非遗服装展示中心，打造具有行业影响力的品牌活动，为南沙区粤港澳大湾区平台建设培育新名片。

外贸升级

2022年广东纺织服装外贸转型升级

2022年，国际市场形势复杂，在疫情冲击、物流不畅、运费飙升、原材料价格上涨等诸多因素影响下，服装出口在波动中承压运行，外贸面临着较大挑战。据中华人民共和国海关总署数据，2022年广东出口服装及衣着附件290.1亿美元，同比下降7.4%，占全国服装出口总额的16.5%，位列全国第二。

一、政策导向

为贯彻落实党中央、国务院关于推进内外贸一体化的决策部署，2022年5月，商务部等14部门出台《关于开展内外贸一体化试点的通知》（商建函〔2022〕114号）提出，力争用3年时间，在完善内外贸一体化调控体系，促进内外贸法律法规、监管体制、经营资质、质量标准、检验检疫、认证认可衔接等方面积极创新、先行先试，培育一批内外贸一体化经营企业，打造一批内外贸融合发展平台，形成一批具有国际竞争力、融合发展的产业集群，建立健全促进内外贸一体化发展的体制机制，形成可复制推广的经验和模式，为促进内外贸融合发展发挥示范带动作用。试点任务包括完善法规制度、促进标准认证衔接、培育一体化经营市场主体、打造内外贸融合发展平台、优化内外贸发展环境、创新推进同线同标同质、培养内外贸一体化专业人才。

2022年12月，商务部等14部门办公厅（室）出台《关于公布内外贸一体化试点地区名单的通知》（商办建函〔2022〕318号），广东省（含深圳市）被列入内外贸一体化试点地区名单。试点地区将聚焦若干重点产业，力争培育一批内外贸一体化经营企业，打造一批内外贸融合发展平台，形成一批具有国际竞争力、融合发展的产业集群，建立健全促进内外贸一体化发展体制机制。

二、重大事件

2022年下半年，根据《广东省外贸转型升级基地

高质量发展行动方案（2021—2025年）》（粤商务营函〔2021〕249号）等文件精神，广东省商务厅组织开展了2022年广东省外贸转型升级基地申报工作。通过各地市推荐、专家评估、商务厅确认、名单公示等程序，确定了新一批省级外贸转型升级基地名单，其中纺织服装类新增"汕头市纺织服装基地"。

外贸转型升级基地（以下简称"外贸基地"）是商务部围绕商务工作"三个重要"定位打造的外贸稳规模优结构重要平台之一，是产业优势明显、区域特色鲜明、创新驱动突出、公共服务体系完善的外向型产业集聚区，是贸易和产业有机结合的关键载体，是推动外贸转型升级、保障外贸产业链供应链稳定畅通的重要抓手，对促进国家外贸外资稳增长和带动地方经济社会发展作用明显。

截至2022年，广东省纺织服装类外贸转型升级基地共9个，具体如下：

• 广州市增城区新塘国家外贸转型升级基地（纺织服装）

• 深圳市龙华区大浪国家外贸转型升级基地（服装）

• 东莞市大朗国家外贸转型升级基地（服装）

• 揭阳市普宁国家外贸转型升级基地（内衣）

• 惠州市惠东县国家外贸转型升级基地（鞋类）

• 佛山市南海西樵纺织基地

• 中山市沙溪镇休闲服装基地

• 潮州市婚纱礼服基地

• 汕头市纺织服装基地

三、外贸基地发展情况

1. 广州市增城区新塘国家外贸转型升级基地（纺织服装）

新塘是全国最大的牛仔服装生产基地和出口基地。2022年，基地从事纺织服装的企业约3200家，规模以上纺织服装企业303家，基地纺织服装规上产

值80.03亿元，同比下降10.3%；出口额63.5亿元，同比下降18.31%。新塘牛仔服装产业拥有纺纱、染色、织布、整理、印花、制衣、洗水、漂染、防缩等完善的生产链，产业规模大、产业链完整、产业集聚效应明显。2021年漂染补链初见成效，在慢慢恢复该产业链供应链重组升级。新塘镇纺织服装企业按出口和内销可分为两个群体，一类是规模以上服装生产企业，超过八成是以出口为主，约占增城区出口比重的1/3；另一类是以电商销售带动的一批规模以下企业，据淘宝天猫平台统计，在该平台销售新塘牛仔服装的，以发货地为新塘的天猫店铺约有2000家，淘宝店铺有2000多家，合计年销售额约120亿元，其中男装80多亿元、女装40多亿元，是全国牛仔服装销售额最大的地区。

2. 深圳市龙华区大浪国家外贸转型升级基地（服装）

深圳市龙华区大浪国家外贸转型升级基地（服装）面积约12平方千米，入驻时尚企业700余家，超过八成的企业拥有自主品牌，其中中国驰名商标6个，广东省名牌产品17个，广东省著名商标9个，形成"全国女装看深圳，深圳女装看大浪"的产业格局。先后获得"全国时尚服饰产业知名品牌示范区""中国服装区域品牌试点地区""广东省首批特色小镇创建示范点""大浪·中国服装区域品牌试点"等荣誉，获批加入与中国纺织工业联合会共建"世界级时尚小镇"试点。建立以"金顶奖"大师为引领、以"中国十佳时装设计师"为中坚力量、以"青年设计师"为新锐力量的多层次设计师人才体系。凭借产业优势、品牌优势和人才优势，成为引领国内潮流、具有国际影响力的时尚设计高地。2022年，基地进出口约2亿元。

3. 东莞市大朗国家外贸转型升级基地（服装）

大朗毛织起源于1979年，经过40多年的培育发展，已成为全国范围内最具规模、产业链最完善的产业集群，大朗于2002年被中国纺织工业联合会认定为全国首批"中国羊毛衫名镇"，于2019年被认定为"共建世界级毛织产业集群先行区"。大朗22张国家级名片中有20张是和毛织相关的，毛织产业是大朗最具发展底蕴的产业，也是大朗最重要的名片之一。

全球每6件毛衣就有1件来自大朗。大朗毛织企业主要集中在巷头、巷尾、求富路、黎贝岭、高英、竹山、大井头一带。2022年，基地从事纺织服装的企业有近23172家，规模以上纺织服装企业有200家，其中出口占80%，基地纺织服装产值208亿元，出口80亿元，同比增长3%。此外，大朗还是国内重要的毛织产品交易基地，毛织服装、纱线、机械等全产业链年交易额超600亿元，仅纱线行业年交易额就超过300亿元。

大朗毛织，从研发到生产，从原料到机械，从人才到贸易，形成完善的全产业链。大朗毛纺门类全、品种多、成本低、市场竞争力强，吸引了20000多家毛织企业在大朗集聚。4个大型专业市场、6个毛织配套片区、12条毛织专业街，构筑国内产业配套最完善、综合实力最强的毛织集聚区，年产8亿件毛衣畅销海内外。

4. 揭阳市普宁国家外贸转型升级基地（内衣）

普宁是中国最大的衬衣生产基地，粤东最大的服装、纺织品集散地，纺织服装是当地最大的支柱产业，拥有5家上市公司和3家新三板挂牌公司。普宁内衣、衬衫占全国市场份额的2/3，形成了从纺纱、织布、印染、辅料、配件、设计、生产到销售的庞大产业链配套，实现了产研销全产业链一体化发展。2022年，基地纺织服装总产值1182.1亿元，出口28.76亿元，同比增长2.1%。涌现出柏堡龙、名鼠、天姿芳、名韩、鹏源盛、雅秀纺、金凯莱、宏洋盛、忠源、怡和盛等一大批知名企业及品牌。品牌影响力和辐射力大增，产品远销海内外。

普宁内衣基地形成了完整且优质的产业链规模，有着明显的竞争优势，10件内衣就有一件产自普宁。2018～2022年基地内衣出口值分别为19.24亿元、18.15亿元、16.9亿元、18.78亿元和19.4亿元。截至2022年底，普宁服装类商标有效注册量超过3万件，知名品牌近千个，其中多数为内衣品牌，涌现了瑞源、秋盛、天姿芳、名韩等一大批全国知名品牌及企业。基地巩固并扩大美国、欧盟等传统市场出口，进一步开拓了东盟市场，扩大纺织原料、面料等对东南亚的出口，积极开拓非洲、拉美、中东、俄罗斯等地区（国家）市场，产品畅销中东、欧美、香港及东南亚、中非等80多个国家和地区，内衣出口额位居全省第一。

5. 中山市沙溪镇休闲服装基地

沙溪服装产业，作为全镇的支柱产业、特色产业，经过多年发展，取得了"中国休闲服装名镇""中国服装生产基地""中国最具产业影响力纺织之都"等荣誉，并于2011年被认定为广东省外贸转型升级示范基地。在习近平新时代中国特色社会主义思想指导下，在镇党委的坚强领导下，基地积极融入粤港澳大湾区，统筹推进疫情防控和经济社会发展工作，全面落实高质量发展要求，综合精准施策，全面造势聚力，实施创新驱动，倾心做好服务，政企一心加快推进复工、复产、复商、复市，力促全镇经济走出疫情困局、转型发展，致力于为沙溪服装行业的外贸转型升级做出新的贡献。

6. 潮州市婚纱礼服基地

潮州是中国婚纱礼服名城，是中国最具产业影响力的纺织服装之都之一，也是中国主要的婚纱礼服生产基地和贸易出口聚集地。婚纱礼服是潮州颇具实力的特色产业。产品市场覆盖全国各地和世界各大经济圈，是潮州经济八大支柱产业之一。潮州是全国唯一一座"中国婚纱礼服名城"，经过三十多年的传承和发展，潮州已成为国内外最大的婚纱礼服生产集聚地和出口基地。潮州婚纱礼服将传承一千多年历史的潮绣手工工艺与时尚的国际流行元素结合在一起，目前，潮州市以生产婚纱礼服为主的服装生产企业有860多家，其中，规上企业近百家，年产婚纱礼服800多万件（套），90%以上用于出口，产品主要销往美国、欧洲、东南亚以及中东等20多个国家和地区。2022年度潮州市服装出口13.1亿元；同比增长35.1%。

潮州婚纱礼服产业集群发展具备优越的区域品牌优势和区域技术优势，2016~2020年连续五年被广东服装行业评为"最具影响力产业集群"荣誉称号，擦亮了"中国婚纱礼服名城"品牌形象。

7. 汕头市纺织服装基地

汕头市拥有8000多家纺织服装生产企业，是中国最大内衣家居服生产基地。纺织服装规模以上企业有750家，规模以上工业总产值1144亿元，纺织服装是汕头市进出口主要商品之一。有实际进出口业务的纺织服装企业近900家，占全市进出口企业总数超四成，纺织服装产品涵盖男女服装、礼服、毛衫、内衣、家居服等超20个门类。近年来，不断加大产业转型升级力度，通过新制造、新材料、新模式使产品亮点频出，并以物美质优的特性在全球抢占市场份额，主要市场有中国香港、美国、中东、欧盟和东盟等，深受客户赞誉。纺织服装规模以上企业750家，规模以上工业总产值1144亿元，其中外贸出口约占1/3。2022年出口总额106.5亿元，增长3.3%，占全市出口总额的16.8%；2023年上半年，出口总额45.16亿元，下降31.8%，占全市出口总额的16.5%。

政府重视，激发产业新活力。近年来，汕头市坚持"工业立市、产业强市"，市委、市政府高度重视纺织服装产业，全市企业形成发展合力，为产业高质量跨越式发展注入新动力。汕头市累计投资了72亿元建设潮阳区、潮南区纺织印染环保综合处理中心，坚持环保整治和转型升级相结合，实行统一供水供电供汽和固废污染资源化利用统一治理，立足"生态、环保、高效"的定位，整合产业链融入纺织服装产业集群。为向基地内纺织企业提供全方面服务，基地内配套建设了2个选品中心、4个检测机构、2个电商产业园。2022年成功举办中国·潮汕国际纺织服装博览会，以"中国潮·世界品"为主题，展会规模达3万平方米，取得佳绩。目前，汕头服装尤其是内衣产业在工艺、供应链方面具有国际比较优势，短时间内不会动摇，并通过新零售积极开拓东南亚市场。

四、外贸转型升级服务平台

为响应广东省商务厅《广东省外贸转型升级基地高质量发展行动方案（2021—2025年）》文件精神，加快外贸转型升级基地数字化转型，针对广东省服装产业发展现状和迫切需求，广东省服装服饰行业协会特建立了"广东纺织服装外贸转型升级基地数字化服务平台"，开展了推进基地贸易数字化服务工作。项目积极发挥粤港澳大湾区比较优势和粤东西北区域协调联动机制，向我省纺织服装基地企业提供数字化集成服务。项目面向外贸基地服装企业，开发了线上线下贸易场景，建立了线下"广东纺织服装外贸转型升级基地公共展示（展销）中心"和线上"广东纺织服装外贸转型升级基地贸易数字化公共服务平台服装星球"，举办了多场数字贸易交流对接及培训活动，为外贸基地及其企业提供全链条一站式贸易数字化服务。项目开展纺织服装产业数字化协同创新，整合全省服装数字化相关力量，围绕外贸基地企业数字化转型需求，提供数字化共性解决方案，帮助中小微企业解决在数字化转型中因能力不足、转型成本高、转型阵痛期长而存在的"不会转""不能转""不敢转"等难题。

同时，协会借助已历32届的广东时装周平台，打造"广东服装外贸基地转型升级成果展示发布推广平台"，开展外贸基地区域品牌宣传、企业产品展示和数字化转型成果推广等相关活动，为外贸服装企业提供面向国内外市场的宣传推广、市场推介、商贸对接等专项服务。通过线下展示和线上直播的方式，举办多场服装新产品动态推介发布会/订货会，吸引了服装企业、设计机构、知名品牌、商业百货、专业市场、行业机构、买手组织、权威媒体、产业资本、电商平台等全产业链的高度关注和踊跃参与。

此外，广东省服装服饰行业协会作为广东省外贸转型升级基地工作站联盟纺织服装专业委员会主任委员单位，整合各成员资源优势，构建产业链贸易链生态体系，与新塘、普宁等基地工作站开展共建工作，促进各工作站间交流合作、协调发展、互利共赢，积极开展基地区域品牌整体宣传推广、公共展示、对接交流等活动，在新的起点上巩固提升纺织服装外贸传统优势，培育贸易竞争新优势，推动广东纺织服装贸易高质量发展。

广州市增城区新塘国家外贸转型升级基地（纺织服装）

改革开放40多年来，广州市增城区纺织服装产业蓬勃发展，其中新塘镇成长为全国最大的牛仔服装生产基地和出口基地，被中国纺织工业联合会认定为"中国牛仔服装名镇"。

新塘是第一批国家级外贸转型升级基地之一，也是广州市唯一的纺织服装外贸基地。一直以来，新塘服装产业得到了各级政府的高度重视，"十四五"发展新时期，新塘服装也迎来了全新的发展。2020年《广州市打造时尚之都三年行动方案》提出"打造广州东部国际时尚中心"，新塘服装产业面临转型升级的新课题，如何打造时尚创意、设计研发、品牌推广、时尚发布、时尚服务、电商直播等全产业链的新载体，成为新塘企业共同关注的问题。

近年来，新塘牛仔纺织服装产业因长期积累的资源要素和环保问题日渐凸显，经历中央环保大督查，导致产业链洗漂印染环节断裂，又遭遇中美贸易战、全球新冠疫情冲击，行业发展困难重重。当前，受流动性泛滥、供需失衡、政策调整等因素影响，全球大宗商品价格大幅波动、海运费用持续攀高、劳动力与用能紧张，成本结构正在发生改变。疫情下的刺激政策引发通胀与通缩的彼此胶着，全球经济发展的预期不断转弱。新塘牛仔纺织服装产业如何通过补链强链转型升级尤为迫切。

2022年，新塘牛仔服装创新服务中心作为广州市增城区新塘国家纺织服装外贸转型升级基地工作站，积极发挥对外宣传和展示平台作用，带动增城区纺织服装企业走出去参加品牌发布会、展销会等活动，推动增城区新塘镇时尚纺织服装产业高质量发展和外贸转型升级，打造新塘时尚纺织服装等产业品牌的新名片、新形象，提升新塘镇时尚纺织服装产业的全球影响力，大力推动基地纺织服装外贸转型升级。新塘牛仔服装创新服务中心为新塘基地纺织服装企业提供了抱团参展服务，通过服务开展，搭建了公共服务平台，建设了"一站式"产业链管理服务体系，在基地区域品牌宣传、基地服装企业优势产品推介等方面为"新

塘纺织服装"发声，为基地企业积极开展服务、培育产业优秀人才，在全球疫情严重影响背景下提升了产业重振的信心，积极推进新塘纺织服装产业出新、出彩，推动外贸高质量发展。

2022年5月，在广州市增城区科技工业商务和信息化局、广州市增城区新塘镇人民政府指导下，新塘牛仔服装创新服务中心组织了一批新塘代表企业参与2022广东时装周一春季展示推介活动，以"推进产业数字化·培育竞争新优势"为主题举办了2022新塘国家外贸升级基地服装品牌展（发布会）和2022新塘服装贸易高质量发展对接交流会，为外贸转型升级基地企业提供产业及产品宣传展示推介。本次活动由广东省服装服饰行业协会、新塘牛仔服装创新服务中心主办，各级政府、行业、专家、企业、设计师等齐聚展会现场。

国内国外双循环背景下，新塘服装的发展得到了省市区镇各级政府部门的高度关注和重视，推动新塘服装企业紧抓发展机遇、积极拥抱数字化、合力推动产业升级，做好新塘服装的品牌特色，做大新塘服装的产业规模，将服装产业链做大做强，打造出新塘服装IP，助力贸易高质量发展。

韩国东大门曾经一度是亚洲最大规模的服装市场，东大门服装也成为潮流趋势的象征。对标"韩国东大门"，新塘正在发力打造"广州东大门"时尚中心，大力支持服装产业升级，推动产业完成数字化转型，同时引进和培育一批品牌，让新塘服装再创辉煌，引领牛仔时尚。在全新的发展背景下，"广州东大门"将创建新塘牛仔服装数字化实验室，在新塘服装外贸公共展示中心的基础上，加入数字化元素，共建"全省第一个牛仔产业数字化公共服务平台"，开展面向国内外市场的展示、展贸、展销，宣传、企业推介、商贸交流、产品对接等专场服务，扩大广东服装外贸产品的知名度和影响力，并对接产业链上下的相关资源，提升企业产品竞争力和市场开拓力，促进服装外贸转型升级。

深圳市龙华区大浪国家外贸转型升级基地（服装）：产业数字化转型赋能基地"世界级时尚特色小镇"新名片

作为服装产业外贸转型升级基地，大浪时尚小镇围绕完善体制机制、营造环境、数字赋能，全力推进传统产业数字化转型。

一、主要措施

1.完善体制机制，提升运行效能

大浪时尚小镇指挥部实施专班实体化运行，建立驻点小镇企业服务专班运行驻点服务长效机制；建立健全大浪时尚小镇指挥部工作推进会、专题会、重点项目调度会、重点企业调研座谈会等议事机制，统筹推进小镇发展各项工作；研究制订三年行动计划，形成总投资约612.6亿元的项目清单并进行重点落实。

2.营造良好环境，提升产业活力

聚焦帮助企业降成本、找市场、谋发展，出台一系列助企惠企政策措施以及工作方案，并开展"1+N+S"系列政策宣贯活动，加快惠企政策兑现速度；加快推进大浪北路市政工程、浪静路时尚街区改造工程、阳光时尚广场等重点项目，夯实高质量发展基础；与其他城市开展战略合作，组织企业参加经贸合作交流会和展会；举办"大浪杯"中国女装设计大赛、中国纺织创新年会等重要活动及时装疯狂"go"等特色配套活动；支持企业举办和参与国际性、全国性的时装周、大赛、论坛、新品发布会、订货会等重大型时尚活动及各类展销活动，增强行业发展动能。

3.强化数字赋能，加速创新发展

积极推动企业数字化转型，以龙华区政府名义与华为技术有限公司签订战略合作协议，依托华为在云计算、大数据、人工智能、区块链等方面的技术力量，推动数字与时尚、科技与时尚深度融合，带动全区时尚产业转型升级。推进电商直播基地打造，梳理形成产业链直播经济重点企业、"时尚+科技"企业招商清单，并加强跟踪对接和引进培育，将通过引进直播经济为上下游企业及头部企业强链补链。

二、成效亮点

1.产业经济发展亮眼

作为时尚产业集聚的时尚特色小镇，小镇的时尚企业品牌数量、经济总量、市场占有率在全国具有领先优势。2022年，小镇累计入驻时尚企业700余家，其中规上企业273家，同比增长49%，规上企业总产值291亿元；核心区时尚产业类规上企业74家，2022年产值共80.8亿元。

2.时尚新形象提升明显

持续举办"大浪杯"中国女装设计大赛，创新性引入虚拟IP、NFT等数字技术，全面升级大赛IP、宣传、赛制、奖项和奖励，打造粤港澳大湾区引领性的权威品牌赛事；深化与深圳时装周的合作，全面提升龙华大浪会场的影响力和话语权；承办中国纺织创新年会·设计峰会等多场国家级行业活动，吸引全球时尚行业领袖、全国顶级设计师集聚小镇。

3.数字化发展成效显著

推动影儿、赢家、歌力思、百丽、玛丝菲尔、卡尔丹顿等一批时尚品牌龙头企业搭建数字时尚平台，招引罗拉密码、九州电器、青铜盛夏等一批直播机构入驻小镇。其中，百丽、影儿已成为传统企业拥抱电商直播的标杆型企业，产生了影儿的"无边界零售"、赢家的"双轮驱动"战略、歌力思的"数据驱动设计"、百丽的"快速迭代"模式、玛丝菲尔的"试衣到家"、卡尔丹顿的智能型功能性新产品开发等多元化数字化发展模式。

三、下一步工作计划

一是持续优化发展空间。推进重点项目建设，优化小镇城区空间品质；积极引入商业运营主体，搭建运营平台；加强硬件设施改造升级，盘活产业空间，提升空间品质。二是继续推动融合发展。建设极具识别度的休闲漫步连廊和商业休闲二层平台，打造生态网红打卡地标集群；开展小镇核心区建筑艺术化改造，打造小镇特色门户迎宾形象；谋划以服装设计为主题的研学路线，打造周末嗨购一条街等一系列引流主题活动；加速推进大浪时尚学院和电子科技大学（深圳）高等研究院落地，建设虚拟大学产教融合基地。三是加强招商引资。持续开展招商宣讲活动，鼓励引进设计师在小镇就业创业，培育时尚自主品牌；加大直播企业引进力度，支持打造直播基地，大力发展网红经济；引进和培育一批带动作用强、附加值高的总部企业、高端项目、上下游企业，推动"强链""补链"。

供稿单位：深圳市龙华区重点区域建设推进中心

东莞市大朗国家外贸转型升级基地（服装）：新业态新模式助力基地企业开拓市场

一、基地基本情况

广东省东莞市大朗国家外贸转型升级基地（服装）是中国羊毛衫名镇，拥有2万多家毛织企业、10万多毛衫专业人才、1个国际采购中心、4个专业市场、12条专业街，涵盖研发设计、原料辅料、电脑横机、生产加工、环保洗水、展销物流、人才培训、新零售等全链条产业配套。培育有"大朗""大朗毛织"等区域商标，已在50多个国家和地区注册。基地持续推动毛衫产业转型升级，在市场开拓、平台建设、品牌打造、新零售等方面引领行业发展。2022年，基地特色产品进出口416亿元，其中55%的产品出口欧美、日韩、东盟等国家和地区。开展电商业务的企业达7011家，其中毛织类电商4179家；基地电子商务销售额176.3亿元，跨境电商销售额34.6亿元。

二、主要措施

1.组织直播带货，助力企业抢订单

针对企业在疫情期间复工复市困难等问题，以"直播+电商"模式帮助企业重新起航，联合电商协会推出大朗一系列"毛织"活动，举办了"乐购东莞，玉兰荟萃""品质东莞线上绽放"等多场直播带货活动，带动了大朗毛织企业参与直播带货的热潮。

2.举办电商培训，推动电商新业态发展

基地联合POP（全球）时尚网络、米奥兰特等专业机构，针对服装流行趋势、"外贸抗贸"、企业管理等内容举办网上公益培训活动近10场，参加企业超过5000家次。通过东莞市毛纺织行业协会、东莞市毛织服装行业协会参加"广东服装一起尚"公益助企线上促消费活动，拿出最优的产量、最优的条件，力促扩大销售，做好"云端"复市。

3.加强宣讲推广，推进市场采购贸易

市场采购服务中心联合银行机构、平台承建方以及外汇管理、税务、海关等监管部门举办政策宣讲会，就平台操作、简化申报、报关价格审核等业务进行宣讲，指导帮助基地企业开拓市场采购贸易业务。目前已开展12场市场采购贸易线上宣讲活动，约2000人次参与。

三、成效亮点

1.助力推动电商平台壮大发展

积极联合阿里巴巴（1688）、阿里巴巴国际站、拼多多、抖音、快手等各大电商平台共同举办电商培训以及平台对接宣讲会，2020年以来累计参与人数达5000人次，2000多家企业由传统接单逐步转为线上接单。基地内进驻阿里巴巴国际站的企业，从2020年的100多家发展到2022年的800多家。

2.补贴政策助力企业发展

基地工作站联合多个行业协会成立资金申报小组，为企业解读政策及提供申报指引。工作站共开展了10场政策宣讲活动，协助超百家企业申请参展、电商、工业升级改造等资金申报。其中2019～2022年，协助企业申报市电商补贴达100多万元。同时，基地研究制定外贸转型升级基地培育工作的政策措施，以加快和推动外贸转型升级、基地服装产业转型升级。

四、下一步工作计划

1.继续搭建平台，助力电商发展

坚持联合各大协会、直播基地进行网上带货、课程培训等活动，带动毛织企业进行网上销售。利用大朗毛织供应链完备等资源优势，着力引进一批头部网红、头部直播电商机构、MCN机构在大朗集聚发展，做大做强直播电商主体，打造毛织直播电商产业集群。

2.继续推进市场采购贸易工作

优化市场采购贸易联网信息平台功能，推动银行系统、第三方平台有序接入平台，做好平台终期验收工作。继续组织开展市场采购贸易政策宣传宣讲会和培训会，推动试点业务壮大发展。密切跟踪市场采购贸易业务进度，及时协助企业解决在市场采购试点推进中的困难和问题。

供稿单位：基地工作站"东莞市大朗镇经济发展局"

揭阳市普宁国家外贸转型升级基地（内衣）：
普宁内衣一枝独秀

一、普宁内衣先进产业集群形成以规模大、配套齐、分工明确为特点的核心竞争力

2021年，普宁市获商务部认定为"国家外贸转型升级基地（内衣）"，是全省新增的唯一一个纺织服装基地，纺织服装集群重回千亿级产值，成为广东省服装产业集群中工业总产值最大的县级市。

普宁市位于广东省东南部，粤港澳大湾区和海西经济区的连接点，是潮汕平原上的璀璨明珠，面积1620平方千米，总人口约250万人，是全国人口最多的县级市，也是粤东交通枢纽。普惠、揭普高速公路穿城而过，国道、省道贯穿全境，厦深高速铁路设站普宁，密集的公路、铁路勾勒出一张四通八达的立体交通网，实现了"两小时经济圈"，为普宁的发展注入了一股源源不断的动力。

普宁市场商贸活跃，特别是以纺织服装为龙头的专业市场不断发育壮大，成为闻名遐迩的"中国纺织产业基地市"。普宁面料、服装、市场的良性互动造就了产业的基本面，借助坯布和面料的强大原料优势，内衣加工业逐渐发展出以规模大、配套齐、分工明确为特点的核心竞争力，并传导给一级产地型专业市场，而市场通过良好的运行将这种竞争力转换成影响力和流量，并不断放大、扩散、反馈，进而带动整个产业持续迭代升级，最终促使普宁成为特色鲜明的业内先进产业集群。

纺织服装是普宁极具优势和发展潜力的产业，2022年普宁纺织服装产业总产值更是达到1182.1亿元。普宁纺织服装产业历经多年发展，拥有完整的市场化产业链，是全球最大的纺织服装生产基地之一，拥有纺织服装企业6000多家，纺织服装产业从业人员34万人，纺织服装产业电商从业人员超30万人，其中2022年内衣出口值约19.4亿元。

广东省普宁市国家外贸转型升级基地（内衣），是全国最大、最具影响力的内衣产业集群地之一，其以区域特色鲜明、产业优势明显、品牌知名度高、产品出口市场广而闻名于世。

二、普宁内衣基地公共服务平台及配套完善，形成了强大的商圈辐射

近几年，普宁市纺织服装产业集群着力于加强公共服务平台建设，加强人才建设、电商及物流服务、融资服务，多措并举地推动了产业的转型升级。在政府部门的引导支持下，投资29亿元建设了纺织印染环保综合处理中心，按照"产业集聚、企业集中、统一治理、土地集约"的原则，推动印染企业、印花企业、洗水企业入驻及升级，目前已有66家企业入驻。在装备方面，大量先进设备得到应用，如新松利印染购置的意大利比安可公司自动开幅机、布匹自动包装设备等，大幅提升了企业生产加工效率；多数企业采用小浴比、能耗低的气液色机，适应面料品种较多，可柔性化生产，提高了织物的匀染性，大幅减少了能源和水耗的同时也提升了产品品质，为实现产业绿色生态发展打下了坚实的基础。2022年园区实现产值约33亿元，被评为"广东省特色产业园"，成为普宁产业升级与生态保护完美融合的缩影。

此外，基地还拥有国家服装产品质量监督检验中心（广东），建有中国·普宁国际服装城、中国·普宁商品城、普宁市布料城、普宁轻纺城、金莎时代中心、万泰汇购物中心、华美汇悦等一批专业市场及融合商务办公、商业零售、酒店餐饮、休闲娱乐等功能于一体的城市商业综合体，背靠内衣产业基地，形成了强大的商圈辐射，为普宁加快振兴发展注入强劲动力。

普宁内衣基地公共服务平台及配套设施形成了一个强大的生态系统，为当地经济的发展和社会的进步提供了有力的支撑。同时，也产生了广泛的社会、文化和生态效益，增强了当地的创新能力，促进了当地产业的升级和转型，对当地的发展和改善居民生活水平起到了积极的推动作用。

三、普宁全力推动"电商强市"工程，电子商务持续高速发展

近年来，普宁市委、市政府高度重视电子商务发展，大力实施"电商强市"工程，依托纺织服装等支柱产业的资源优势，进一步优化电商发展环境，加强招商引资，引导和扶持电商集聚发展，不断探索有地方特色的电子商务发展之路，加快打造"新兴电商城市"，已建成县、镇、村三级电商服务体系，超40家快递公司及分支机构在普宁开展业务，行政村物流服务100%覆盖。

扎实的基础产业，为电商赋能提供了天然土壤，纺织服装等支柱产业，拥有明显的产业优势，特别是内衣产业，普宁精准推进"个转企、小升规、规进高、高上市、创品牌、提质量"工程，推动内衣产业实现从设计到成品的全产业链提升，促使内衣产业全面优化升级，为普宁电商行业的发展提供了产业的支撑和优势的产品。通过以数字化为基础的新型电商销售模式，推动内衣企业实现按需生产，并率先进入内衣产业供应链创新时代，协同代表性品牌企业打造数字化、柔性供应链，构建高质量产业生态。

10多年间，普宁电子商务呈现快速发展的良好态势，全市电子商务交易额由2011年的6亿元增长至2022年的852.78亿元，增长了142倍左右。"十三五"期间，全市电子商务交易额年均增长16.31%，成为普宁经济发展的亮点。目前，普宁市电商从业人数超50万人，网店超10万家，共有20个淘宝镇、104个淘宝村。2022年，普宁市电子商务交易额达852.78亿元，其中纺织服装交易额接近600亿元，快递业务量累计完成16.79亿件，位居全省县级市第一。2023年一季度，普宁市电子商务交易额为232.07亿元，同比增长5.30%，快递业务量累计完成3.73亿件，同比增长5.03%，展现良好开局势头。普宁还获得"广东电商十佳县""广东大众电商创业十佳县"等诸多荣誉，入选"2022年度县市电商竞争力百佳样本"等多个榜单。

四、普宁市不断激发高质量发展新动力，推动产业创新

为更好地培育、增强基地产业创新力、竞争力，

近年来，普宁市委、市政府制订出台了《关于推进科技"四众"促进"双创"的实施意见》《普宁市加快创新驱动发展若干政策》《普宁市落实揭阳市促进产业发展"1+1+12"政策体系的若干措施》，2021年印发《普宁市国民经济和社会发展第十四个五年规划和二〇三五年远景目标纲要》等一系列鼓励发展和创新的政策措施，基地研发创新支持更加有力。其中，普宁市"十四五"规划从深化经济领域改革、支持民营企业发展、创新招商引资机制、优化创新政策环境、加强人才队伍建设、推动产业园区扩能增效、培育壮大支柱产业、加快发展现代服务业、做大做强商贸物流业、培育发展数字经济等多方面，对普宁市纺织服装产业创新发展做出了全面的规划。

目前，普宁市拥有高新技术企业40多家，星河·领创天下、潮汕学院创业学院荣获"国家备案众创空间"称号，商标总量居全国县域城市第五，全省第一。基地重视研发创新，积极引导企业树立创新意识，与华南理工大学、东华大学等高等院校和国家、省内科研机构合作开展多种形式的技术合作、技术攻关，提高了研发和创新能力，增强了企业核心竞争力。扶持企业开展技术改造，推动企业开发纺织新材料、新产品，重点开发生态、环保和特殊功能纺织品，着重发展中、高端产品，实现产品升级换代。

基地企业秋盛资源产品获欧盟OEKO-TEX Standard认证，参与国家行业标准和规范的制定，多项科技成果经省级科技成果鉴定达到国际先进水平，成为国家废旧聚酯废旧纺织品循环利用生产研发基地、国家纺织行业资源综合利用技术应用示范基地；瑞源科技组建了"广东省无缝服装工程技术研究开发中心"，与东华大学联合开展"高品质超柔无缝针织服装加工关键技术及其产业化"创新，为企业的研发提供强大的技术支撑，根据人体工程学原理及人体体型测量方法及装置，利用自主研发的瑞源ERP、三维设计等系统设计出了艾沃芭、依雪妮等广受世界各地人们喜爱的内衣系列品牌。

近几年来，工作站非常重视基地企业的创新能力建设，积极引导基地企业发展新业态新模式，支持开展技术改造和创新，引进先进设备、智能化设备，实现生产机械化、智能化、数字化。广东创时尚智能股

份有限公司就是其中比较有代表性的一家企业，该公司先后投入大量资金建设数字化、智能化工厂，目前公司拥有22条自动化服装生产线和多个自主品牌，年产量达600万件/套。该公司的自动化服装生产线大大节省了人工成本，自动拉布机等智能设备让"工人跑"变为"机器跑"，既降低了工人的工作强度，又让总体工作效率提高了35%以上，过去4个人一起才能完成的排布工序，如今只需一位操作人员即可完成，智能流水线上，工人不需要移动脚步，裁剪好的布料便可有序地由生产设备传送至跟前，工人坐在工位上便可完成开袖、打钮、拉下脚等作业，实现了生产效率和产品竞争力的双提升。

目前，普宁有11家内衣生产企业共引进850多台（套）世界先进的无缝内衣生产设备，基地积极鼓励引导企业创品牌、争市场，形成创新品牌矩阵，深化"互联网+"应用水平，推动新一代信息技术与纺织服装业融合发展，推进纺织服装产业创新生态系统建设，促进行业向高端化、品牌化、个性化、绿色化转型，紧跟国际时尚服装潮流，引进国际知名设计理念和资源，提高时尚服装设计水平，培育高端服装设计能力，发展个性化定制、众包设计、生产制造、经营管理、销售服务全流程和全产业链的综合集成应用。

五、普宁内衣一枝独秀、享誉全球

"内衣"是普宁一张靓丽的"名片"，普宁内衣一枝独秀、享誉全球，当前普宁的内衣产业已形成完整的产业链条，在全国纺织工业、广东纺织服装产业以及海外市场中均居突出地位，享有"中国纺织产业基地市""衬衣第一市""时尚衬衣的王国"等美誉，成为我国内衣产业集群地的重要板块，也是中国纺织工业联合会命名的全国7个内衣产业集群之一。

普宁是国内体量巨大、特色鲜明的先进纺织服装产业集群，拥有良好的产业生态，具备建设世界级产业集群的条件和责任。历经多年发展，普宁产业已经形成了"内衣"特色，成为驰名中外的内衣产业集群地，并围绕这一特色集聚了众多产业资源，有着先进的管理制度和设计、极强的创新能力和营销网络，收获了极高的产业知名度，这是普宁产业最大的优势所在。接下来，普宁将以此为契机，进一步推动产业外贸转型升级，增强区域品牌影响力和辐射力，做大做强普宁内衣这一特色产业。

供稿单位：普宁市服装商会

中山市沙溪镇休闲服装基地

2022年，沙溪镇通过中国纺织产业集群试点复评工作。作为纺织服装专业镇，沙溪镇具备雄厚的设计、制造能力和完善的产业配套，产业规模和制造水平享誉全国。

一、沙溪镇服装产业发展情况

服装产业是沙溪镇闻名全国的支柱产业，有"中国休闲服装看沙溪"的雅称，该镇正在聚力打造"1+4+N"产业平台和"中国针织服装之都"，奋力实现"中山西城市新中心 深圳西产业首选地"。沙溪镇是外联内优的大湾区综合交通枢纽，与深圳的时空距离只有20分钟，与广州、珠海、东莞、江门同在一小时都市生活圈。2022年，全镇约有11000家服装市场主体，有全市最大专业服饰批发市场及7000多家实体店。全镇规上工业企业92家，规上服装企业73家，约占全镇规上工业企业比例的79.3%，全镇规上服装企业产值约占全镇规上工业企业总产值比例的64.3%。全镇纺织服装行业从业人员数约10万人。2023年，全镇规上工业企业103家，规上服装企业82家。

1.生产工艺领先

沙溪服装企业在服装生产中逐步实现"机器换人"，普及电脑控制平缝机、电脑花样缝纫机、电脑控制铺布机等数字化技术设备，不同程度地应用电脑印花绣花及自动裁床、拉布、上袋、开领、下摆等智能化、自动化装备和智能吊挂系统、扫菲系统。

2.针织服装产能强大

从产量来看，2022年沙溪镇服装产量约为3.26亿件，约占全省服装产量的9.3%，占全国的1.41%。从出口来看，服装品类出口额约占全镇出口额比例的70%。沙溪镇服装品类产品主要出口到欧美、日本及中国香港等国家和地区。从生产能力看，沙溪针织服装产品更新速度快、款式新颖、品种丰富，且产品品质高、工艺考究、做工精细，获得一线品牌商和消费者的认可。沙溪镇服装产业头部企业强大的标准供应链整合能力和生产能力，更是奠定了沙溪针织服装产业的基础。

3.品牌创新设计领先

品牌建设已成为沙溪服装产业高质量发展的重要之路，一批具有知名品牌的服装企业通过提高产品附加值实现转型升级。剑龙集团、元一智造、霞湖世家、巨邦公司纷纷斥资打造自主品牌，走品牌建设之路。

4.供应链模式成熟

整体来看，全镇纺织服装企业上下游协同程度、智能化水平较高，数字化系统相对完善，产业供应链逐步转型升级，服装产业快速反应能力逐步提高。沙溪服装企业主要以OEM或ODM模式生产，积极探索"服装+直播+休闲"的线上线下融合新模式，抢抓直播电商风口机遇，大力发展电子商务，拓展市场空间。

二、讲好沙溪发展故事，全力打造"中国针织服装之都"

2023年以来，沙溪镇召开全镇高质量发展大会，成功举办2022中山市工业设计大赛沙溪休闲服装设计专项赛决赛，到广州承办广东时装周—春季·沙溪日活动，承办全市纺织服装企业高质量发展大会、2023广东省服装产业高质量发展大会等系列活动，为本地服装品牌打造展示平台，形成品牌效应"叠加"，向"产业升级"迈出实质性的一步。成功举办"乐购沙溪2·28"消费节，创新推出买车送车位、打卡赢好礼等花式优惠激活车房市场，派发近万张消费券助力餐饮企业冲击一季度开门红。此外，沙溪镇积极推动企业抱团参展，鼓励企业抓住机遇，利用好政策，动员全镇外贸企业参加国际性展会。锐城、粤新等13家企业计划前往欧美、东南亚等地区参展，轮番出海抢订单，提升沙溪休闲服装区域品牌形象。

三、品牌和研发平台建设情况

近年来，沙溪镇不断擦亮服装产业的"金字招牌"。一方面，打造培育本土区域品牌。目前基地拥有沙溪（第40类）、沙溪（第25类）、尚艾诗（3S）（图形）（第16类）和中汉国智（CHCW）（第18类）4个品牌。另一方面，优化公共服务平台建设。依托现有的公共服务平台，为企业提供展示展销、研发检测、市场开拓、宣传推广等公共服务。发挥沙溪纺织服装学院、中山市沙溪理工学校的产学研融合发展优势，推动本地服装设计、直播人才的培养；积极参加省服协开展的广东时装周和服装设计大赛等活动，推进服装产业创新，提高沙溪优质针织T恤生产供应链基地品牌效应，提高中国针织服装之都知名度。

四、产业转型升级情况

1.加快企业数字化、智能化转型

沙溪镇着重以数字科技赋能沙溪服装智造。2022年，沙溪镇新增15家省创新型中小企业、4家省专精特新中小企业和2家市专精特新企业，新增1间数字化智能化示范车间，转型升级取得历史性突破。全镇高新技术企业16家，其中6家为纺织服装企业，占比37.5%，沙溪镇服装企业技改创新步伐逐渐加快。近年来，沙溪镇支持重点服装企业通过数字化手段加快实现转型升级，赋予传统产业以新的生机与活力，耐心厚植服装产业集群；加快推进元一、霞湖世家、绅维纪等高端服装企业数字化、智能化转型，构建10亿级的针织服装制造龙头矩阵。通过开展高端服装企业交流活动、举办数字化转型政策宣讲会、中国文化T恤高质量发展（中山）论坛等举措，着力打造服装产业智改数转交流学习平台，数产融合助力制造业企业高质量发展，树立智能制造标杆。

2.抢抓直播经济，打造市场新业态

大力发展电商经济，鼓励服装企业通过直播电商拓展营销渠道。孵化霞湖世家、波特邦威等本土服装品牌，连续两届举办"中山沙溪T恤节"，带动沙溪服装产业迈上销售新赛道。推动直播电商与云计算、大数据、人工智能（AI）、增强现实（AR）、虚拟现实（VR）等5G技术深度融合，大力打造展示清晰化、场景多元化、体验沉浸化的场景直播。霞湖世家、波特邦威、天驭等企业重金打造企业直播间，展示服装的T台空间宽敞，巧妙把服装行业的特色场景融入直播电商，促进直播电商优势资源集聚。在2023年4月"中山沙溪T恤节"活动启动仪式上，中山市沙溪镇直播电商协会与中山火炬职业技术学院、沙溪纺织服装学院现场签订直播人才培养协议，畅通直播电商企业与专业人才的链接渠道。

五、集聚高端人才赋能高端产业

1.聘请著名乡贤

中国服装设计师协会原副主席、亚洲时尚联合会中国委员会主席团主席、国际中国美术家协会副主席、北京时装设计师协会名誉主席张肇达为沙溪镇时尚产业发展顾问，借助张肇达等乡贤优质资源，研究如何对接深圳服装产业，从而实现深圳产业一体化对接；聘请广东省服装服饰行业协会执行会长刘岳屏、广东省服装服饰行业协会首席数据官文丹枫博士为沙溪镇经济顾问，助力沙溪镇全力争创"中国针织服装之都"。

2.举行2023年沙溪镇产业人才入库签约仪式

沙溪镇党委、政府在广泛听取意见、细致考查人才后，选取吸纳元一智造胡浩然设计师、凯施迪刘祝余设计师、女神战袍李冠忠设计师、极简服饰张杰设计师首批4位服装产业人才进入沙溪镇产业人才库。

集群创新

广东省纺织服装行业及产业集群发展情况综述
（2019~2021年）

一、广东省纺织服装产业集群概况

截至2021年12月，广东省与中国纺织工业联合会建立纺织服装产业集群试点关系地区共计28个，2021年广州市海珠区被中国纺织工业联合会授予"中国纺织时尚名城"。结合各个产业集群的优势和特色，广东省纺织服装产业集群可分为以下六大类。

1. 出口贸易聚集，外贸发展强劲的产业集群

目前，广东省有7个纺织服装产业集群试点地区被认定为外贸转型升级基地，分别是广州市增城区新塘国家外贸转型升级基地（纺织服装）、东莞市大朗国家外贸转型升级基地（服装）、广东省普宁市国家外贸转型升级基地（内衣）、深圳市龙华区大浪国家外贸转型升级基地（服装）、佛山市南海西樵纺织基地、中山市沙溪镇休闲服装基地、潮州市婚纱晚礼服基地。

依托雄厚的产业基础和出口贸易聚集的优势，在外贸转型升级基地的利好政策下，7个纺织服装产业集群试点地区不仅在全国纺织工业和广东纺织服装产业中居于突出地方，而且在全球市场具有重要影响力，是全球性的纺织服装产品生产基地，具备建设世界级产业集群的条件。如广州市增城区新塘国家外贸转型升级基地（纺织服装）是全国最大的牛仔纺织服装生产和出口基地；年产8亿件毛衣畅销海内外，全球每6件毛衣就有一件产自大朗；潮州是世界婚纱礼服最大的生产出口基地，产品90%以上出口，主要销往欧美等20多个国家和地区。

2. 以生产制造为主，产业链完整的产业集群

这类广东纺织服装产业集群以中小企业为主，具有规模大、配套齐、分工明确的核心竞争力，在生产制造和服装加工方面拥有突出优势，是全国纺织服装的生产基地。例如，"中国内衣名镇"广东省中山市小榄镇为全国男士内裤提供了60%的产能，"中国面料名镇"广

东省佛山市南海区西樵镇年产各类纺织面料40亿米。

3. 商贸属性突显，流通能力强的产业集群

依托千年商都的天然优势，广州市越秀区形成了以白马服装市场、红棉国际时装城为首的流花商圈，海珠区形成了以广州国际轻纺城、广州红棉中大门为首的中大纺织商圈，经过多年的发展，越秀区、海珠区成长为以专业市场为主、商贸属性突显、流通能力极强的产业集群，承担着纺织服装交易市场的重要功能。

4. 商贸与制造规模相当，业态完整的产业集群

得益于多年的发展沉淀，这类产业集群业态完整，不仅拥有规模庞大的制造企业、配套完善的产业链条，也拥有成熟发达的市场体系，成为广东纺织服装产业的中坚力量。例如，东莞市虎门镇形成了集研发、设计、生产、销售、服务于一体的完整产业链，除3100多家生产企业外，另有面辅料企业，物流、绣花、印染、洗水等配套企业，以及咨询、培训、设计、策划等配套服务机构共1000余家，实现了全环节生产销售及配套。

5. 作为中国纺织产业基地市的产业集群

广东省汕头市、普宁市、开平市是广东仅有的3个中国纺织产业基地市，均以纺织服装作为最大的支柱产业，政府高度重视产业发展，辖区内拥有一个或者多个特色产业集群，工业产值占据全市经济较高的比例，在全省纺织服装产业中具有重要影响力。例如，普宁市2021年全市纺织服装产业总产值达1200多亿元，拥有纺织印染服装企业4000多家、从业人员超过30万人，是广东省纺织服装产业集群中总产值最大的县级市。

6. 没有被命名为名城名镇，但发展潜力不容忽视的产业集群

区别于以单一品类取胜的产业集群，这类产业集

群无论是生产制造还是商贸流通均无突出优势，但产业规模已远超其他产业集群，发展潜力不容忽视。例如，2021年底白云区涉及纺织服装产业市场主体登记数74586户，占全区市场主体近15%；番禺区目前有超3.4万家服装企业，涌现出比音勒芬、希音（SHEIN）等一批聚焦快时尚服装产业的新兴龙头企业和知名品牌。

二、广东省纺织服装产业集群发展特点

国内产能增加空间有限、成本上涨、劳动力短缺、能源供应、内需增长等因素对我省纺织服装产业发展产生交叉影响。随着国家经济方向调整，各地政府的扶持、管理力度不同，全省各地产业集群呈现不同的发展特点。

1. 地方政府发力，产业发展逆势而上

针对广东省纺织服装产业集群的发展，省政府编制了相关的产业规划。2020年10月，广东省工业和信息化厅、广东省发展和改革委员会、广东省科学技术厅、广东省商务厅、广东省市场监督管理局联合印发《广东省发展现代轻工纺织战略性支柱产业集群行动计划（2021—2025年）》（粤工信消费〔2020〕119号），指出我省轻工纺织产业基础较好，是全球主要的轻工纺织生产基地之一，提出到2025年，形成产业特色鲜明、创新要素集聚、网络化协作紧密、生态体系完整、区域根植性强、开放包容，具有全球影响力和竞争力的现代轻工纺织产业集群。2021年7月，广东省人民政府印发《广东省制造业高质量发展"十四五"规划》（粤府〔2021〕53号），规划了现代轻工纺织产业细分领域纺织服装发展空间布局：优化广州、深圳时尚创意与品牌建设，增强品牌优势，提升纺织服装原材料产业物流与供应链的国际影响力；依托汕头、佛山、惠州、汕尾、东莞、中山、江门、湛江、阳江、潮州和揭阳等市纺织服装专业镇，强化纺织服装原材料及辅料、制品研制、设备制造等产业链优势环节，优化建设若干集研发、设计、生产等功能于一体的区域产业集群。

在规划的指引下，各地政府部门因地施政，出台了一系列相关政策。在当地政府的大力支持和利好政策的助力下，虎门镇、大朗镇、沙溪镇等产业集群逆势而上，突破多项困难因素，在稳定发展中实现逐步升级，向世界级产业集群迈进。虎门镇通过实施名师、名牌、名企、名园"四名工程"，拥有各类服装服饰注册品牌50000多个，形成"金字塔"形的服装品牌架构，逐渐成为华南地区最具凝聚力和影响力的区域服装品牌中心；大朗镇委、镇政府高度重视毛织产业的发展，设立了大朗镇毛纺织行业管理委员会，构筑了国内产业配套最完善、综合实力最强的毛织集聚区；沙溪镇政府积极探索抖音直播等新兴数字经济业态，主动谋划服装产业直播一条街，成功举办"抖音沙溪双十一嗨购节暨中山市第一届职业直播技能大赛"等活动，带动沙溪服装产业迈上销售新赛道。

2. 发力数字经济，推动产业集群走向智能化

在数字经济的背景下，广东省纺织服装产业集群已基本开启数字化转型的探索和实践，生产制造走向智能化，营销贸易走向电商化，产业上下游构建起具有系统效率的共生关系，企业的全链路数字化能力已然成了赢得当下和未来发展的核心动能。虎门镇积极与科研院所、研发机构合作，推动互联网、大数据、人工智能等信息网络技术与行业深度融合，不少企业通过装备升级和技术创新，开发新型智能产品，涌现了一批科技创新成果；以纯集团个性定制服装商业生态平台，实现全过程数据化驱动和网络化运作；欧点、乾道、贝娜丝、奔踏、峻邦、老虎服饰等多家企业运用模板化生产、自动吊挂系统、自动裁床等设备，促进供应链快速运转，加快推动虎门服装产业向技术高端化、创意多元化、产品时尚化、品牌国际化的时尚产业全面转型。沙溪镇正对12个村镇低效工业园进行改造升级，整备土地资源，建设标准化厂房，让传统服装转型升级有了物理空间，扶持更多的服装企业完成智能化、数字化的变革，占地7万平方米的服盟国际科技园已基本建成，新落成的广东元一智造服饰科技有限公司车间引进了国际先进的针织T恤衫智能制造设备，改进了T恤衫的整体生产流程。

3. 产业转移加速，生产部分集中外迁

随着人力成本、土地成本的不断提升和生态环境、环保要求的不同，广东省产业集群中的生产部分正在向周边省份及东南亚地区转移，湖南、广西等地成为

重要的转移承接地，纷纷出台利好政策吸引广东省纺织服装企业进行投资。

在东西部协作的背景下，粤桂纺织服装产业加强了合作，玉林成为广东牛仔产业集群的生产基地；东莞大朗60家毛织企业整体迁移纺织产业链，集中抱团进驻贵港；龙头企业泰森集团到岑溪投资兴建百亿级绿色生态内循环纺织产业聚集区。

4. 龙头效应明显，带动企业转型

广东省的纺织服装企业，注重技术改造、设备更新、产品研发，力图以创新驱动企业的自身发展。在各大产业集群中，龙头企业以国际性视野、前瞻性规划带动中小企业转型发展，发挥龙头效应，推动集群发展。以中山沙溪产业集群为例，霞湖世家仅用一年多时间，实现抖音涨粉近300万，直播单月销售额破千万，半年商品交易总额（GMV）达到1.54亿元，带动中山沙溪利用直播电商实现贸易高质发展。广东元一智造打造了首个智能车间，推动了更多服装企业开启智能化转型。广州番禺产业集群，跨境电商希音（SHEIN）与2000～3000家中小厂商建立深度合作，为全球市场提供时尚、种类繁多且极具价格吸引力的服装产品，带动动跨境电商在广东纺织服装产业高速发展。

5. 协会作用突显，公共服务逐步完善

广东省的各大产业集群，基本设立了协（商）会，服务于产业的发展，推动着产业的转型升级。各个协（商）会发挥着桥梁作用，协助政府贯彻落实政策，帮助企业和人才享用政策优势，争取政府扶持，同时积极为行业搭建不同的平台，建立起产业集群的公共服务体系，让集群的企业共享共赢，提供创新、展示、交流、推广等一系列服务。广东省服装服饰行业协会搭建了全省服装外贸转型升级服务平台，设立了广东服装外贸展示中心，推广产业集群区域品牌，帮助纺织服装产业集群和外贸企业转型升级。汕头市纺织服装产业协会着力建设全球纺织品采购中心、纺织工业园区、展会展览中心、纺织服装产业总部大厦"四大工程"，整合资源，畅通产业循环。

6. 重视人才培育，大力弘扬劳模精神

在纺织强国目标基本达成的基础上，行业已经进入高质量发展的新阶段。要攀登新的高度，需要以人为本，从人出发。当前，各地纺织服装产业集群高度关注人才培育，以顺应新时期劳动者队伍结构性、趋势性变化。例如，虎门发挥服装创意设计孵化器、万科创意时尚公社等平台作用，聚集了服装设计师约2万人，培植了数百名创业型设计师，包括中国十佳时装设计师、欧点创始人徐花，广东省十佳时装设计师、卡蔓创始人卡文等十余位省十佳时装设计师，纽方、意澳、艾加茜等知名品牌研发团队及俪闻工作室等拥有300多人的设计团队；大朗建成了全省首个毛织人才驿站，为大专以上毛织人才提供7天免费住宿；和东莞职业技术学院共建大朗毛织产业学院，力争通过培育人才，将学生的作业变作品、作品变产品；成立新中欧设计研究院，下设毛织品牌专委会、毛织供应链专委会等8个专委会，为大朗毛织设计赋能。

不仅在培育人才方阵上发力，各地产业集群还积极推先进、树模范，大力弘扬劳模精神、劳动精神、工匠精神，发挥先进典型的带动和示范作用，推动纺织工业先进生产力的巨大发展。2021年，《人力资源社会保障部中国纺织工业联合会关于表彰全国纺织工业先进集体劳动模范和先进工作者的决定》（人社部发〔2021〕93号）文件中，广东省服装服饰行业协会、广东省纺织品进出口股份有限公司、东莞市虎门服装服饰行业协会秘书处、比音勒芬服饰股份有限公司等11个单位荣获"全国纺织工业先进集体"称号，杨志雄、梁俊涛等32位荣获"全国纺织工业劳动模范"称号，曹宇昕、欧钜伦荣获"全国纺织工业先进工作者"称号，75%以上来自纺织服装产业集群试点地区。

三、广东省纺织服装产业集群发展趋势

"十四五"时期，广东纺织服装产业面临新的发展形势：数字化转型已成为传统制造业升级的重要方向；传统的生产模式正向全球供应链协同模式转变；世界级纺织产业集群建设正在加快推进，服装产业载体呈现功能相互融合的趋势；新业态新模式促使全渠道营销成为常态；文化自信与消费升级将推动时尚品牌不断创新发展。面临以上形势，广东纺织服装产业集群将在以下几大方面实现转型发展。

1. 蜕变为快时尚中心，布局全球时尚市场

为满足消费者日益增长的物质文化和生活需求，

同时顺应服装快时尚趋势，广东纺织服装产业集群将依托雄厚的产业基础和出口贸易聚集的优势，通过直播营销、跨境电商等新业态，布局全球时尚市场，在生产基地的功能上成长为全球快时尚中心。

同时，广东纺织服装产业集群将成为孕育中国"新一代时尚品牌"的重要平台，以新消费主力人群为目标，拓展聚焦细分市场，依托成熟的供应链体系，充分利用互联网时代下的全渠道、新模式进行营销，传递独特的价值观和文化内涵，进一步影响全球的潮流趋势。

2. 打造"集中式管理，分散式生产"的新兴产业生态

在数字背景下，以"大、智、移、云"为代表的新一代信息技术与纺织服装产业深度融合，促进时尚产业设计过程、生产方式、商业运营、消费模式全面变革，为纺织服装产业注入强大新动能，加快了现代时尚产业集群的培育发展。

广东纺织服装产业集群将构建线上线下相结合的大中小企业创新协同、产能共享、产业链供应链互通的新型产业生态，围绕产业发展需求，以科技为支撑，加快构建多层次的创新格局，突破传统服装产业发展的局限性，引领产业链各环节不断向高端提升，以"集中式管理，分散式生产"的模式成为全行业产品创新、技术创新、模式创新的示范中心。

3. 产业布局加速调整，促进区域协同发展

中国纺织工业联合会发布《纺织行业"十四五"发展纲要》，提出按照"创新驱动的科技产业、文化引领的时尚产业、责任导向的绿色产业"的发展方向，持续深化产业结构调整与转型升级，加大科技创新和人才培养力度，建成若干世界级先进纺织产业集群，形成一批知名跨国企业集团和有国际影响力的纺织服装品牌。"结构调整""科技创新""绿色发展"仍然是广东纺织服装产业的主旋律。

随着用工用地成本的持续上升和环保要求的不断提高，广东纺织服装产业集群将进一步加快生产部分的转移，保留并持续提高以数字为驱动的综合实力，与转移承接地形成良好互动，明确分工关系，实现两地服装产业协同发展。在全面深化粤桂合作的背景下，两广纺织服装产业将进一步对接交流，在良性互动的基础上率先实现两地产业的协作发展。

4. 立足生产服务业，重塑产业新优势

未来，面向湾区、立足全国、服务全球，广东将以广州、深圳为核心引擎，以珠三角沿海经济带、各特色产业集聚地为重点，构建以先进制造、供应链服务、数字贸易、现代物流、品牌零售为着力点的先进制造基地网络。

广东纺织服装产业集群将通过全国乃至全球范围内的资源整合与优化配置，逐步形成布局优化、分工有序、紧密协作、优势互补的纺织服装产业竞争新格局，推动集群企业与信息服务、数字创意、智慧物流、现代供应链、会展经济等生产性服务业融合发展，成为全球纺织服装供应链协同的核心枢纽。

▶ *产业集群概况*

广东省汕头市

一、集群概况

汕头纺织服装产业历经40多年发展，已成为全球纺织服装产业链最完整、供应链最先进的核心基地之一。汕头纺织服装成品销往全球各地，特别是内衣产量占全球40%，占国内全行业的65%。经过多年的发展和沉淀，以家居服装、针织内衣和工艺毛衫为主的汕头纺织服装产业，从"三来一补"加工模式，逐步发展成为汕头市重要的支柱产业之一，已形成纺纱、织造、印染、面辅料、成品到配套销售的完整产业链。产品涵盖男女服装、礼服、毛衫、内衣、家居服等超过20个门类，每年生产逾10亿件。2022年，汕头市纺织服装规模以上企业达750家，实现工业总产值1093亿元，占全市工业总产值的32.2%，产业出口额突破百亿元。

二、集群发展亮点

1.完善的产业链优势

汕头市作为国内大型内衣家居服生产基地，内衣种类齐全，是国内外知名的内衣产业集群。拥有8000多家内衣纺织生产工厂，形成了从捻纱、纺纱、织造、染整、面辅料到服装成品的完整产业链。

2.产品品类优势

汕头市拥有产品品类齐全的优势，而且多种品类占据国内生产和开发优势，包括文胸内裤、保暖内衣、无缝内衣、塑身美体内衣、家居服运动休闲内衣、泳装、吊带裙、保暖裤等。其中，文胸、常规内衣、家居服等消费者普遍接受的内衣产品是最具优势的产业。

3.集中的特色产业集群优势

汕头市拥有以潮阳谷饶和潮南两英、峡山、陈店四大"中国针织内衣名镇"为基础的潮汕内衣产业集群，是我国最大的针织内衣家居服和内衣面辅料、内衣配件原产地，其产能规模占全国同行业的50%。

三、集群未来发展计划

1.高标准筹办"中国·潮汕国际纺织服装博览会"

自首届中国·潮汕国际纺织服装博览会成功举办后，汕头市就实现在家门口举办展会，以推广品牌。未来还将继续吸引更多全国各地产业集群来汕头市参展、观展，全力将纺织服装博览会打造成为全国纺织服装界新的晴雨表、风向标和经济增长新引擎。

2.高质量建设纺织服装总部大厦

打造产业服务基地和产业智造中心，将汕头纺织服装产业总部大厦打造为汕头市新地标，为纺织服装产业发展提供顶层支撑。

3.高效推动产业"四大工程"建设

在加快建设总部大厦工程的同时，推进全球纺织品采购中心、纺织工业园区、展会展览中心等工程建设，为产业高质量发展注入强劲动力，实现从"纺织服装大市"到"纺织服装强市"的蝶变。

4.引进上游企业延链、补链

汕头市将继续引进全国产业链标杆企业、国际品牌供应链企业，吸引更多优质项目落地。通过打造各生产、服务环节，赋能纺织服装全生态，推动打造具有全球标杆效应的现代纺织服装产业链、供应链枢纽。

5.推进创新驱动，提升市场竞争力

近年来，汕头纺织服装正在进行产业升级。集群将继续推进全球纺织服装品牌设计师孵化中心落地，通过设计大赛增进行业产品设计开发的协同交流与能力提升，提升产品核心内涵，推动汕头纺织服装名品、名企、名产业走向全球。

6.发布《汕头纺织服装产业十条》

汕头市正聚力打造一流营商环境、厚植产学研发展土壤、强化配套设施建设，构建超2000亿元纺织服装产业集群。为释放投资强引力，《汕头纺织服装产业十条》提出通过固定资产投资、企业快速入驻、企业经济贡献、高层次设计人才、总部企业落户等方面的奖励措施，以及企业免租补贴、行业展览展会补贴等，助推汕头纺织服装产业高质量发展。

供稿单位：汕头市工业和信息化局　汕头市纺织服装产业协会

广东省开平市

一、集群概况

纺织服装产业是开平市历史悠久的优势产业，也是开平市三大支柱产业之一，经过改革开放40多年的发展，行业规模不断扩大，以区域为基地，以产品为纽带，通过龙头企业带动，已形成集化纤、纺纱、织布、染整、制衣于一体的完备产业链条。

截至2021年12月，开平市区有各类纺织服装企业约267家，2021年纺织企业工业总产值（当年价格）81.52亿元，规模以上纺织企业59家左右，主营收入超亿元6家，规模以上纺织企业工业总产值（当年价格）达60.67亿元，全行业从业人员约2.27万人，生产总值在全市支柱产业中位居前列，主要产品年产量合成纤维113562.2吨、牛仔布7833万米、规上牛仔服装3738.03万件，出口到近60多个国家和地区。

二、集群发展亮点

开平市纺织服装产业的特色和优势在于借助侨乡优势，与国际市场紧密相连，有着良好的产业基础，有着较大的行业发展规模，品质优良，设备先进，是广东省较大的化纤纺织服装工业制造基地、出口基地。

2019～2021年是攻坚克难的三年，面对百年变局，开平市政府、企业全面落实党中央、国务院决策部署，坚持"稳字当头、稳中求进"的工作总基调，持续深化转型升级，加大环保力度，传统产品在原来的基础上加大创新，纺织服装产业规模以上工业企业保持平稳运行。

开平市大力推进创新驱动，发展壮大高新技术企业集群，2019年修订了投资准入负面清单，2020年发布了《开平市关于开展质量提升行动的实施方案》，推动产业升级，力促经济发展。同时，开平市还将加快构建以创新为引领的现代服务业体系，加快发展商贸物流业、大力发展节庆会展业，以及积极发展科技服务业，多业并举，全面提升开平市现代服务业综合竞争力。

三、集群未来发展思路

展望未来五年，开平市产业发展将发挥传统化纤纺织服装产业优势，积极发挥骨干企业信迪、奔达等龙头企业的带动作用，加快新旧动能转换，带动服装行业健康发展。

打好"侨牌"。实际上，多年来开平市纺织产业集群的中小企业生产的早已不再是所谓的内销低档产品，而是已经参与到国际竞争当中。侨乡特有的气质使开平市产品具有一定竞争力，全球任何一个普通牛仔服装订单需求都能够快速地在开平市集群企业当中得到响应，供应链的配套能力、产业的协同效率都相对较高。企业之间劳动力的"认证"习惯，很好地解决了企业自己本身在旺季、淡季的人力资源切换，也让集群的生产力始终保持着旺盛的生命力。

加快淘汰落后产能，整治散乱污企业，完善污染治理、社会服务等配套设施。开平市区2019年以来，以前所未有的力度推进生态文明建设和环保整治工作，积极配合中央、省环保督察，全面办结上级交办案件；从严落实河长制，铁腕整治工业污染源，加强潭江流域综合治理，划定全市生态保护红线；关停、搬迁升级改造散乱污企业，潭江新美断面水质如期达标。

2022年是"十四五"规划的推进落实之年，纺织行业作为开平市国民经济的重要组成部分，肩负着义不容辞的光荣使命。新周期，开平市纺织行业将以习近平新时代中国特色社会主义思想为指导，贯彻落实中央经济工作会议精神，进一步加强与中国纺织工业联合会、兄弟协会及政府部门的沟通学习，提升纺织服装技术含量，刷亮"开平牛仔，时尚风采"名片，完善全产业链制造体系，推动制造向高端化、智能化、绿色化、服务化、安全化转型升级。

供稿单位：开平市纺织服装行业协会

广东省广州市越秀区

一、集群概况

据统计，2021年越秀区纺织服装规模以上（批发零售类）企业76家，亿元以上15家。流花商圈是越秀区纺织产业集群的主要分布区域。泛指以环市西路为中心，南至流花路、北达广花路、西接广园西路、东连解放路的"流花—矿泉商圈"，占地面积约2.3平方千米，商圈内聚集服装类专业市场47家，总商户12000多家，培育出凯撒、哥弟、歌莉娅、比音勒芬、路卡迪龙等众多国内知名服装品牌。

二、集群发展亮点

1.多措并举，推动专业市场"四化"转型升级

认真贯彻落实广州市关于专业市场转型疏解三年行动计划，坚持"五个一批"转型疏解思路，即"转型升级一批、转营发展一批、拆除关闭一批、搬迁疏解一批、规范整治一批"，通过技术、品牌、渠道和经营模式的改革创新，"一场一策"积极助推辖内服装专业市场走"品质国际化、平台展贸化、推广网络化、产业服务深度化"发展道路。

2.试点先行，提升时尚产业竞争力

越秀区抢抓市场采购贸易集聚区拓展试点机遇，推动新大地服装城成为广州市首批市场采购贸易试点集聚区，打通流花商圈时尚产业市场和产品参与国际市场竞争的"快车道"，包括推广"线上海关"提升通关效率，为中小微外贸企业量身定制信保方案，加大政策辅导，强化融资支持，构建符合中心城区实际和外贸发展特点的市场采购贸易运行规则和监管制度。

3.会展引领，加强时尚产业发展交流

越秀区以流花商圈为阵地，成功打造"中国流花国际服装节"金字招牌，并已连续举办12届。成功举办首届广州国际网红产业交易会开幕式暨2020国际网红经济发展（广州）论坛，头部电商平台、直播电商服务机构、行业领军人物、品牌方与供应链基地、网红带货达人等全产业链各方深度参与。

4.整合资源，汇聚时尚产业发展合力

越秀区率先于2020年8月成立广州时尚产业联盟。该联盟由美妆、服装、箱包、鞋业、精品等时尚相关产业商协会、龙头企业发起，汇聚区内时尚产业各领域的精英力量，致力于提升时尚产业品牌竞争力、分享时尚产业发展战略机遇、打好时尚产业联盟组合拳、打造全新行业交流与宣传平台。

5.完善配套，打造时尚产业发展生态圈

越秀区致力于推动数字技术、知识经济、会展经济发展，引领流花商圈时尚产业高质量发展。一是打造花果山超高清视频产业特色小镇。以花果山小镇为载体，引进扳手科技、雷曼光电、南方超高清等28家超高清视频全产业链企业和平台落户，为流花商圈时尚产业数字化发展提供保障。二是打造国家商标品牌创新创业（广州）基地、国家版权贸易基地（越秀）。

三、下一步举措

1.提升流花国际时尚品牌影响力

整合省、市区的商（协）会资源及各市场主体资源，打造流花国际服装节、越秀时尚周等王牌营销活动，重塑流花时尚特区、国际时尚消费及采购中心的品牌内涵，提升"流花"品牌的时尚影响力及国际影响力。

2.加大专业市场优化升级扶持力度

充分结合白马服装市场、红棉国际时装城、壹马服装广场、广州U：US等龙头市场创建国家级示范市场的契机，推动广州市鼓励建设品牌总部，给予市场改造试点等更大力度的相关政策扶持。

3.以会展为抓手推动时尚产业升级

进一步加大对服装时尚产业政策、资金支持力度，协助对接服装时尚产业高端资源，支持越秀区强化服装设计和品牌发布功能。鼓励企业用活会展资源，加强行业交流互动，提升时尚产业创新设计能力和品牌孵化能力，培育国内外知名的服装品牌展会及高端时尚发布会，进一步扩大流花商圈时尚产业知名度和影响力。

4.以设计师孵化平台为核心培育孵化基地

支持区内龙头市场聚集优质资源，打造青年设计师孵化平台，一站式、多元化解决品牌成长困境。促进专业市场向时尚创新、设计研发、品牌培育、营销推广等高端产业功能转型。

供稿单位：广州市越秀区商务局

广东省广州市海珠区

一、集群概况

海珠区位于广州市中心城区核心腹地，区位优越、交通便利、人文荟萃，作为"中国纺织时尚名城"，拥有雄厚的纺织时尚产业基础。区内的中大纺织商圈是我国纺织服装产业链枢纽，拥有广州国际轻纺城、广州红棉中大门、珠江国际纺织城、长江（中国）轻纺城等为代表的面辅料专业市场63个，总建筑面积约300万平方米，商铺约2.3万间，周边直接从业人员数超10万，关联产业人群超200万，主要经营面辅料商品10万多种，年营业额超2000亿元，年实现税收24.5亿元，是国内首屈一指的面辅料纺织品交易集聚区、服装时尚设计策源地，是辐射全国、影响全球的重要纺织产业枢纽，在业界素有"全国面料看广东、广东面料看中大"的美誉。

二、集群发展亮点

1.抓谋篇布局，强化顶层设计

海珠区委、区政府高度重视中大纺织商圈的提质发展，出台系列专项方案政策，设立国际纺织时尚中心推进建设办公室引导商圈逐步疏解落后业态，配合周边城中村更新改造实施"腾笼换鸟"策略，大力引进材料科技、时装设计数字经济等新业态，围绕纺织时尚产业"补链""强链"，打造中心城区专业市场升级改造、产城融合样板。目前，广州轻纺交易园、珠江国际纺织城被确定为广州市专业批发市场转型升级创新激励试点市场，培育了汇美集团、例外服饰等一批本土服装美妆品牌，汇聚了以金顶奖获得者邓兆萍为代表的设计师群体超2万人，中国（广东）大学生时装周、广东时装周、面料趋势周等具有业界影响力的时尚活动定期在区内举办。

2.抓试点建设，推动整体提升

为发挥龙头带动发展的示范效应，中大纺织商圈"4+2"综合提升项目自2020年正式实施。按照"不突破建筑总量、确保安全、有利于整体环境改善"原则，建立联合会审机制，优化审批流程，指导圈内龙头及骨干市场开展试点项目改造提升，成效显著。广

州国际轻纺城计划投入5亿元，构建"原创设计、科研创新、时尚趋势、产业联盟"四大中心，全面实现产业升级。珠江国际纺织城建立了全区专业市场中最大的直播电商基地，帮助产业搭上直播经济快车道，吸引近2000名设计师和500家服装企业集聚，多家企业年营业额破亿元。长江（中国）纺织城、银岭宽大辅料城、银岭海关东等专业市场也根据商圈转型方向开展外立面、内部装修等综合改造，实现市场面貌美化、硬件改善、经营环境提升。

3.抓数字赋能，助力提质增效

商圈主管部门与阿里云合作，运用钉钉App平台，开发商圈经济发展数据系统，摸查登记经营商户1.26万家，涵盖商户类型、主营产品、营收税收、人才结构等数据内容，并以数据摸查为契机，深入挖掘重点企业，优化地区商事主体质量。

同时，商圈依托"百布"成品布交易平台、FDC面料图书馆等信息化平台，通过物联网、云计算、大数据等技术整合升级纺织产业供应链，以科技、创新赋能推动面料贸易、成衣制造环节高质量发展。区内全国纺织服装"独角兽"企业致景信息科技有限公司为中小纺织企业提供集群数字化转型解决方案，助力传统纺织服装产业开展"云板房""云工厂""云仓储"等数字化改造，累计服务织厂8000余家，覆盖全国近30%的织造产能。

三、下一步计划

按照《中大国际纺织时尚中心推进建设总体工作方案》统一部署，着力巩固"中国纺织时尚名城"建设，推进中大纺织商圈向"国际纺织时尚中心"发展目标迈进，综合发挥重点市场示范带动作用、重点商协会纽带链接作用及重点行业活动宣传影响作用，推动商圈转型升级、高质发展。

供稿单位：广州市海珠区中大国际创新谷管理服务中心

广东省潮州市

一、集群概况

潮州是"中国婚纱礼服名城"。潮州婚纱礼服是非物质文化遗产潮绣与现代时尚元素完美结合的产物。经过30多年的传承和发展，潮州已成为国内外最大的婚纱礼服生产集聚地和出口基地之一。

潮州市不断擦亮"中国婚纱礼服名城"金字招牌，目前以生产婚纱礼服为主的服装生产企业600多家，年产婚纱礼服600多万件（套），婚纱礼服产业年总产值约40亿元。潮州婚纱礼服产品90%以上出口，主要销往美国、西班牙、智利、匈牙利、俄罗斯、芬兰和日本以及东南亚、中东等20多个国家和地区，在国际上拥有婚纱礼服制造出口基地的美誉。外贸出口年交货值4.3亿美元，在潮州八大特色产业集群中排名第二。近年来，潮州婚纱礼服产业集群多次被中国纺织服装专业媒体、行业协会授予"中国纺织行业十大活力集群"称号。

二、集群发展亮点

1. 出台政策，促进服装产业提质增效

近年来，潮州市通过"一篮子"政策措施，为服装产业高质量发展注入强大动能，有力促进潮州市服装礼服企业加快发展步伐，有效推进行业提质升级，努力把婚纱礼服产业培育发展成潮州市有特色、有规模、有竞争力的支柱产业，为潮州市经济高质量发展提供更加强有力的支撑。

2. 搭建平台，提升金字招牌的知名度与影响力

为进一步帮助企业开拓海内外市场，壮大婚纱礼服产业发展规模，潮州市积极搭建展示交流平台，与中国服装设计师协会结为战略合作伙伴，先后举办了潮州婚纱晚礼服时尚周和中国（潮州）国际婚纱礼服周。通过举办婚纱创意设计大赛、行业高峰论坛、礼服时尚秀等活动，汇集国内优秀婚纱礼服品牌企业和海内外精英时尚设计师，吸引来自美国、加拿大、西班牙、法国、德国、意大利等世界各地众多知名品牌和经销商莅潮参会，不断将潮州婚纱礼服的针尖艺术

和"中国婚纱礼服名城"的城市名片推向国际。

3. 传承国粹，推动传统与时尚融合发展

近年来，潮州市大力推动传统工艺美术产业与婚纱礼服产业的深度融合和创新发展，加快文化产业发展步伐，推动成立中国刺绣艺术研究院。

4. 培育扶持，促进服装企业发展壮大

潮州市积极推进工业企业"小升规"行动计划，完善中小微企业投融资机制，深入开展民营服装骨干企业走访及政策宣贯活动，不断优化服装企业营商环境。充分发挥财政资金效应，深入推动服装企业开展新一轮技术改造及创新平台建设，促进服装企业转型升级、提质发展。

三、下一步工作计划

1. 继续加大政策扶持

一是支持服装礼服企业建设研发设计中心，积极申报各级研发设计中心和工业设计中心。二是支持企业品牌创建推广，加强计划和项目化管理、考核。三是支持有条件的企业申报省产业重点企业、重点品牌以及国家、省品牌培育试点企业。四是加大科技文化创意园项目扶持力度，力促入园企业加快建设。五是对企业发展总部经济、两化融合、电子商务等方面继续给予有效支持。

2. 加强平台建设

一是提升科技文化创意园服务能级，引导企业做好与专业服装设计机构、品牌运营机构的深度对接，集聚一批研发设计、品牌营销、电子商务、教育培训类等专业人才，加快创意园功能提升，争创省级特色工业设计示范基地和中国工业设计示范基地。二是办好婚纱礼服系列活动，通过举办婚拍活动、服装设计大赛、婚纱晚礼服时尚周等活动，不断扩大潮州市婚纱礼服企业品牌影响力和市场知名度。三是加强电子商务平台建设，加快推动电商平台落户潮州市，以"互联网+"助力产业转型升级，依托大型电商平台的优势资源和服务能力，帮助企业建设电商集聚区。

3. 加强宣传和区域品牌推广

加强宣传推介工作，充分发挥潮州市各新闻媒体和相关网站、微信平台等媒介作用，加大对婚纱礼服产业成功经验的宣传力度，鼓励企业在国内外主流媒体和服装专业报纸、杂志等开展企业宣传，提升"中国婚纱礼服名城"区域品牌的知名度和影响力。

4. 加强人才保障

实施聚才引智战略，围绕行业紧缺工种开设专题招聘会。深化产教融合对接，构建婚纱礼服产业人才培养体系，探索订单式人才定向培养模式。

供稿单位：潮州市工业和信息化局

广东省汕头市潮南区

一、集群概况

纺织服装业是潮南区的支柱产业，占据潮南工业的半壁江山。潮南区纺织服装产业从改革开放初期的"三来一补"加工起步，到20世纪90年代开始高度重视技术发展，发展成为目前全国最大、纺织服装生产企业最密集的家居服装、内衣和内衣面辅料及其配件原产地之一。全区共创建国家级纺织服装名镇3个，潮南区获得"中国内衣家居服装名城"和"全国服装（内衣家居服）产业知名品牌示范区"等称号。2021年，全区纺织服装企业3395家，完成工业产值708.34亿元，同比增长8.97%，其中规上工业企业324家，完成规上工业产值568.24亿元，同比增长14.5%，占全区的60.8%。

二、集群发展亮点

1. 产业集群逐步形成

潮南区的服装产业起步早、发展快，产业链完整，基础雄厚，以纺织印染中心为核心和依托，聚合辖区内的服装加工企业、专业市场和销售主体，着力打造"一核多元"纺织服装产业平台，形成集原料生产、面料加工、服装设计、批发零售、出口物流于一体的完整产业链，提升产业集聚效应。

井都片区以纺织服装及配套为主导产业，目前片区内的纺织印染环保综合处理中心已建成，获评"中国纺织印染循环经济产业园示范基地""广东省首批特色产业园"，入驻企业138家，其中印染企业125家，2021年印染园区企业实现工业产值82.72亿元。

两英片区所在地两英镇是中国针织名镇、广东省科技创新试点镇，乡镇企业十分发达，片区以纺织服装产业链条的上下游环节延伸作为转型升级出发点，发展高端服装定制、品牌运作、设计研发、电商展销，推进产业向研发、创业创新的方向发展。

2. 规模优势比较明显

潮南区的纺织服装产业经过多年发展，不断调整优化产业结构，加快传统产业升级改造，提升区域品牌影响力和产业整体竞争力，目前已形成企业总量大、名牌品牌多、产业链齐全的规模优势。

全区拥有纺织服装生产企业3420家（规上351家），专业服装及原材料辅料市场23个，从事纺织服装上下游产品销售贸易商铺约7000家。全区拥有纺织服装类高新技术企业14家，省级工程技术研究中心5家、市级13家，市级企业技术中心9家。潮南纺织服装产业链门类齐全，以终端产品内衣家居服为龙头，形成了从纺纱、织造、印染到服装加工与服装配套的拉链、商标、衬布等整条产业链，缝纫线、绣花线、花边、织带、纺机配件等都能得到配套供应，服装面辅料自给率不断提高，构成了较为完善的服装产业体系。

3. "互联网+产业"结合度高

潮南区利用服装业品牌聚集地的优势，依托阿里巴巴、京东等大型电子商务服务平台，通过引导企业参加"中国质造"等有影响力的项目，推动内衣家居服等商品进行网上销售，大力培育集群产业、集群产品和集群网商。全区共拥有8个淘宝镇和50个淘宝村，荣获"全国淘宝村百强县"称号，是汕头市最多淘宝村的区县，峡山成为汕头市拥有淘宝村最多的镇（街道）。

三、下一步发展思路

打造纺织服装产业集聚区，以区委、区政府"2+2+4"产业发展格局为核心，顺应当前线上线下经济融合发展趋势，主动对接广东省轻工纺织战略集群五年规划，依托三个"国字号"纺织服装名镇，积极发展风尚内衣、家居家纺、品牌童装等细分产业，力争到2023年将纺织服装特色产业打造成为1000亿级产业集群。大力推广直播电商，促进实体经济与网络经济互补，加快制造业与服务业融合，积极适应大众消费模式。目前布局在两英、龙岭的纺织服装产业集聚区，已启动产业规划编制工作，规划面积675亩。

建设纺织服装综合市场，打造纺织服装产业从原纺织布料、辅料、成品到服务配套的集贸市场，作为纺织服装产业发展基础配套，打通供应链各个生产、服务环节，赋能纺织服装全生态，实现从"纺织服装大市"到"纺织服装强市"的转变。

供稿单位：汕头市潮南区工业和信息化局

广东省汕头市澄海区

一、集群概况

汕头市澄海区位于广东省东部韩江三角洲,濒临南海,下辖3个街道和8个镇,总面积345.23平方千米,户籍人口78.91万人。2004年1月,澄海区被中国纺织工业联合会、中国毛纺织行业协会授予"中国工艺毛衫名城"称号,并被确认为全国纺织产业基地市(县)产业集群试点单位。2021年,澄海区纺织服装产业集群企业数约3000个,从业人员约4.85万人,产业总产值约81.13亿元,服装产量约1.6亿件,60%出口欧洲、美国、俄罗斯、中东、东南亚、南美洲等50多个国家和地区。

二、集群发展亮点

1.明确目标,为产业发展提供良好的环境

在制订行业发展规划上,引导产业向集群化发展。在政策引导上,从项目引进、产业扶持、规费减免、企业融资、技术创新、人才引进等方面,认真贯彻落实《广东省进一步支持中小企业和个体工商户纾困发展的若干政策措施》《汕头市助企纾困十三条》《汕头市澄海区进一步扶持企业健康发展若干措施》等一系列扶持和服务纺织服装产业发展的政策文件。

2.建立完善公共服务平台

以市场采购为抓手,打造贸易新业态服务平台。建设宝奥城市场采购贸易方式试点,全面完善试点软硬件配套,搭建汕头市场采购贸易联网信息平台,配置建设汕头市澄海区市场采购贸易服务中心和市场采购贸易试点海关监管场所,进一步促进澄海纺织服装产业转型升级,带动区域内更多中小微企业参与对外贸易。

三、发展存在的主要问题

1.规模小,发展慢

全区纺织服装产业中企业占比低。中小型企业和微型企业户数占比每年均超过95%。近年来,纺织服装规模发展缓慢,全区纺织服装行业登记的生产企业增长速度还未能达到全区市场主体的平均增速。

2.品牌商标缺乏

一直以来,澄海区毛织服装业基本上沿着"自发式"的道路发展,缺乏明确的定位,发展方向不明确,重点发展战略不突出。目前"中国工艺毛衫名城"还未作为集体商标被实施应用,缺乏服饰类文化载体和展览中心。

3.产业链不够完善

产业高端增值链发展不足,面辅料基本依赖进口和外地供给,缺乏适应生产发展的毛织服装原辅料专业市场。现有纺织服装批发市场(成品销售市场)主要在仁美市场和中山南路沿街商铺,商住混杂,缺乏管理,难以形成产品专业展示平台。

4.高端人才少,研发投入不足

人才紧缺是制约澄海区纺织产业发展的瓶颈之一。企业管理停留在初级管理水平上,信息化管理在澄海区纺织产业中仍处于起步阶段,尤其是大部分小企业是作坊式的管理,很多企业仅依靠一两个设计人员从事产品开发工作,产品开发能力薄弱,只能以模仿产品为主。

5.贸易出口形势不稳定

近年来,随着原材料、劳动力成本的逐年上涨,以及人民币汇率不稳定等因素叠加影响,企业的利润空间进一步缩小。国际上纺织服装贸易保护主义有所抬头,对纺织服装出口产生较大影响。另外,越南、印度等国家的纺织服装产业在国际市场上逐渐兴起,也使我国出口优势弱化。

四、下一步工作思路

1.推动产业链协同创新和纺织服装产业集群优化

针对全区纺织服装产业集群产业链的薄弱环节和痛点,通过以支持核心企业发展的"强核"措施,促进核心企业形成集约化生产服务平台,推动产业集群企业集结成产业联盟,优化产业链分工合作。

2.培育龙头骨干企业

通过政策扶持,淘汰落后的生产企业,鼓励有条件的企业进行体制创新,促进其发展成为龙头骨干企

业，发挥龙头企业和知名品牌在产品辐射、技术示范和营销网络等方面的核心带动作用。

3. 支持鼓励企业积极开拓国内外市场

支持澄海区纺织服装协会举办澄海纺织服装博览会，构筑行业展销平台，展示澄海区纺织行业的整体实力；组织企业抱团参加海内外大型展会，借助重点展会平台，宣传推介澄海纺织服装区域品牌。

4. 充分发挥纺织服装协会的作用

完善和健全纺织服装协会的组织体系，促使协会在行业规划、行业自律、信息交流、标准制定、应对贸易壁垒、沟通政企关系等方面发挥作用。

供稿单位：汕头市澄海区工业和信息化局

广东省汕头市潮阳区谷饶镇

一、集群概况

汕头市潮阳区谷饶镇是经济人口大镇，也是中国针织内衣名镇。镇域面积72.8平方千米，下辖27个村（社区），户籍人口18.9万人，外来及流动人口近8万人，海外侨胞、港澳台同胞近10万人，是潮汕地区重点侨乡之一。

纺织产业是谷饶镇的支柱产业。经过近40年的发展和积淀，已形成从捻纱、织布、染整、经编、刺绣、辅料到成品生产的完整产业链，在海外市场形成了较大的竞争优势，培育了22个广东省著名商标和2个国家免检产品及"浪漫春天"等一批知名品牌，内销品牌企业的专卖店、连锁店及加盟店分布在全国各地。全镇从事针织内衣生产的各类企业约3500家。

2021年，谷饶镇完成工业总产值452.1亿元，其中，纺织产业工业总产值441.8亿元，占比97.7%；规上纺织企业208家，工业总产值339.5亿元，主营业务收入329.2亿元，利润总额31.2亿元，从业人数28862人；规下纺织企业3334家，工业总产值112.6亿元，主营业务收入110.9亿元，利润总额11.1亿元，从业人数24050人。

目前，谷饶镇纺织产品的种类主要有：传统内衣、内裤，年产量约26亿件，产值约134.1亿元；无缝内衣、内裤，年产量约21.6亿件，产值约129.4亿元；无痕内衣、内裤，年产量约9亿件，产值约90.4亿元；抹胸、美背，年产量约7.5亿件，产值约92亿元。

二、集群发展亮点

1. 全力打造纺织基地，推动产业集聚发展

积极配合上级做好汕头纺织服装产业基地项目规划设计土地收储、招商引资等前期工作，全力服务项目落地建设，聚拢纺织产业资源，赋能产业集聚发展。该产业基地项目规划用地面积约5100亩（3.4平方千米），打造集研发设计、生产制造、展示营销、批发交易、创客直播、快递物流等板块于一体的产业基地。

2. 积极探索电商模式，转变产业销售模式

积极探索以直播电商生态系统为依托，以茂兴电商产业园为支点，发挥领军企业带动能力，延伸纺织产业链，为入驻电商提供"一站式"服务，助力纺织产业发展模式转变。

3. 持续推进基建项目，办实产业发展基础

扎实推进基础设施项目建设，打造集交通、商业、办公娱乐和旅游集散等功能为一体的高铁交通枢纽经济圈，为纺织产业做大做强奠定基础。积极申请谷饶镇区13条主干道升级改造、高速出入口等项目落地建设，加快推动站前广场及进出站道路等项目建设，加快研究规划110千伏变电站基础设施建设，不断提升投资硬环境，促进纺织产业持续发展。

4. 加快推动"工改工"，促进产业转型升级

积极推进"工改工"、村镇工业集聚区升级改造，引导落后、低效的纺织企业转型升级，改革生产工艺水平，增强纺织产业整体竞争力，加快实现谷饶纺织产业高质量发展。首期共有16个项目上报申请"工改工"、村镇工业集聚区升级改造，面积共约1033亩（0.7平方千米），目前项目正在积极推进中。

三、发展存在的问题

1. 高端人才匮乏

谷饶大部分企业为家族式管理模式，高端技术人才及管理人才难以长久驻留，制约企业发展。

2. 核心技术落后

因人才匮乏导致大部分企业的技术创新和研发能力严重不足，技术创新和产品研发水平相对落后。

3. 产品成本上涨

受国内外形势影响，原材料价格不断上涨，企业利润空间被严重挤压，物流成本提高，产品销售压力增大，市场竞争激烈。

四、下一步工作打算

一是持续推进交通、电力环保等基础设施项目建

设，同时以汕头纺织服装产业基地项目为契机，全力推动本地区优质产业项目，运用"产业综合体"模式将产业链各个主板功能有机整合，聚拢纺织产业资源，赋能产业集聚发展。二是通过政策引导，充分调动各改造主体及社会资本参与的积极性，进一步推进智能化、数字化工厂建设，大力培育高新技术企业，改革生产工艺水平，提升新材料、新工艺、新设计的制造水平，促进纺织产业转型升级向精细化、自动化和智能化发展。三是鼓励企业加大人才引进力度，积极搭建校企合作桥梁，引进纺织专业高级技能人才、高端设计和营销人才，定期开展纺织产业生产、电商培训工作，加快本地区人才队伍建设，为纺织产业做大做强提供人才支撑。

供稿单位：汕头市潮阳区谷饶镇人民政府

广东省汕头市潮南区峡山街道

一、集群概况

纺织服装产业是峡山街道的传统优势主导产业之一，家居服更是享誉国内外、2004年12月，峡山街道被评为"中国家居服装名镇"。

2021年，峡山街道纺织服装产业实现工业总产值268.75亿元，占街道当年工业总产值的54.25%。2021年，峡山街道的纺织服装企业共573户，其中规上企业123户，工业总产值188.62亿元，主营业务收入188.58亿元，利润总额4.70亿元，年平均从业人数39257人；规下企业450家，工业总产值80.14亿元，主营业务收入80.11亿元，利润总额2.04亿元，年平均从业人数17862人。

峡山纺织服装产业的主要产品有布匹、服装、文胸。2021年布匹的产量为13000万米，总产值48.70亿元；服装的产量为17622万件，总产值133亿元；文胸的产量为11884万件，总产值56.8亿元。

二、集群发展亮点

峡山纺织服装产业稳步增长，2019年、2020年、2021年工业总产值分别为206.32亿元、247.53亿元、268.75亿元。推动产业发展的主要做法有以下几方面。

1.建立企业员工培训制度

组织企业园工到潮南区科学职业培训学校、旭阳职业技术学校、顶尚服装培训、1319直播基地等专业培训机构进行学习培训，提高企业员工技能。三年来，共组织企业员工2500多人参加学习培训80多场次。

2.宣传引导企业开展电子商务

鼓励企业开展"互联网+电子商务"活动，入驻京东商城、天猫、唯品会等第三方网络销售平台，利用微信、抖音、直播带货等形式开展产品销售业务，扩大企业销售渠道，拓展企业经营空间。据统计，目前峡山90%以上的纺织服装企业都有开展电子商务，其中芬腾品牌家居服的网上销售继续保持强劲势头。三年来，"双十二"网上销售额均在1亿元以上。

3.积极引导企业引进先进生产线、生产设备和技术

以设备更新、技术升级推进核心技术和关键共性技术的创新，推动产业转型、产品优化、提高产品竞争力。三年来，广东添华无纺布实业有限公司、广东洪兴实业股份有限公司等67家企业共投入资金5.3亿元、引进先进生产设备400多台（套），其中广东添华无纺布实业有限公司投资3500万元引进国外先进热轧机1台，配套国产纺粘系统、熔喷系统、电气控制系统及生产线公用设备等。

4.培育龙头企业，发展标杆企业

积极培育洪兴、安之伴、茂兴、美标等实力雄厚、发展办头强劲的公司升级上市，其中洪兴公司已于2021年7月在深圳证券交易所发行上市，成为中国家居服行业上市的"第一股"。

5.拓宽融资渠道，解决企业融资难问题

为缓解企业资金紧缺问题，街道落实专人负责，召开"银企"合作座谈会，会同企业与各银行机构对接，引导企业通过"信易贷"平台向金融机构贷款，多渠道解决企业融资难问题。

三、当前产业发展存在的问题

一是峡山的纺织服装企业中，中小微企业较多，大型企业较少，企业分布散，大部分产品档次偏低、科技含量也不高，大多数企业抗风险能力差。二是专业技术人员和研发中心少，企业转型升级用难。三是融资难，因历史原因，峡山企业用地基本为集体用地，厂房建设手续不完善，批抵押贷款困难。四是用地难，峡山人多地少，存量土地极少，企业发展空间受限。五是缺乏大型专业市场，产业集聚效应不明显、市场地位不突出。六是受国际政治环境影响，市场稳定性差，前景迷茫。

四、下一步工作打算

接下来，街道将针对纺织服装产业发展面临的问题，采取科学有效的应对措施，助力产业健康蓬勃发展：一是优化资源配置，协助企业解决资源、资金和

人才等问题，提高企业自主创新能力；二是依托龙头企业优势，引领带动产业发展；三是想方设法高起点规划建设大型纺织服装专业市场，突出市场地位，促进产业集聚，产生集聚效应；四是开拓创新销售渠道，规划建设电商产业园，紧跟时代步伐，主动适应经济发展新业态；五是大力推进"工改工""工改新"工作，改造低效土地，盘活土地资源，拓展企业发展空间，腾笼引凤，做好招商引资工作；六是发挥协会作用，抱团取暖，做强做大。

供稿单位：汕头市潮南区峡山街道办事处

广东省汕头市潮南区陈店镇

一、集群概况

纺织服装产业是汕头市重点布局"三新两特一大"产业中的特色传统产业，作为纺织服装重镇，陈店镇专注内衣领域，内衣产业成为陈店的支柱产业。2004年，陈店镇被授予"中国内衣名镇"称号。2017年，潮南陈店内衣小镇被广东省发改委确定为第一批特色小镇创建单位。2021年，潮南陈店内衣小镇被纳入广东省特色小镇清单管理名单。

2021年，陈店镇纺织服装企业1130家，完成工业产值103.10亿元，同比增长5.51%，主营业务收入221.53亿元，利润总额248亿元。其中，规上企业66家，完成规上工业产值71.64亿元，同比增长1.52%，主营业务收入158.23亿元，利润总额1.75亿元。全镇内衣生产从业人员6万多人，拥有织布、海绵、花边、肩带等配套工厂及文胸内衣辅料商铺，形成以内衣为主，涵盖花边、织布、织带、海绵、电脑绣花、配件辅料等所有环节构成的产业链条。2021年新增规上企业13家，其中内衣企业10家，内衣产业成为陈店经济社会发展的压舱石。

二、集群发展亮点

1.产业链条逐步形成，为全镇经济发展添能蓄势

陈店镇依托内衣这一主导产业，不断完善生产文胸内衣生产所需的织布、织带、海绵、电脑绣花等辅料产品产业链，形成了颇具规模的产业集群。凡内衣文胸生产所涉及的工序配件产品，均能在陈店就地取材，为货物运输的货运站有数十家之多，形成文胸内衣生产的全产业链。

2.线上线下融合发力，电商赋品实体经济转型升级

一是"企业+电商"模式已成为陈店内衣产业新的发展趋势，以网批、直播、厂家直供多种线上线下联合经营模式，形成了陈店沟湖都市广场电商大厦、陈店内衣文化创意街区为中心的电商、网批商贸区，每年销售额约15亿元。目前，陈店镇已跻身广东省22个淘宝镇、全国百强淘宝镇、全国千强镇之列，拥有9个淘宝村。二是陈店镇大力推动"企业+

电商"新业态的发展，积极鼓励企业开展"互联网+电子商务"活动。2021年，陈店镇成功举办淘宝直播中国行·汕头站"潮南内衣家居服直播节"暨侨创青年直播节，让内衣等优势产业的发展插上电商、直播的翅膀，更好地打响陈店针织内衣品牌。

3.软硬平台为支撑，不断做活镇域经济

陈店镇在特色产业发展上做专做优，从致力搭建软、硬两个平台下手。软平台就是全面开发线上销售渠道，大力推广引导电商、直播销售，倡导每家每户到淘宝、唯品会等大型销售平台注册、经营网店，开直播间。硬件平台就是创建"内衣文化创意一条街"，聚力散落在乡间的电商、微商、网批经营户，形成内衣销售规模营销地。同时，优化空间规划，留足打造地标性商业综合体的空间，届时积极引进专业商业团队进场，全面做大做强电商、直播产业，不断做活汕头"西大门"镇域经济。

三、发展存在的问题及下一步发展思路

一是产业发展成本上涨、压力较大，产业外迁动力增加，目前劳动力、土地等生产要素的成本明显增加，土地需求难以解决，招工难等因素导致产业发展外迁动力增加。二是产业发展需进一步转型升级，陈店内衣企业小微企业较多，无品牌、代加工等低端经营模式较为普遍，部分企业主要以价格战为营销手段，产业发展急需转型升级。三是受国际形势影响，出口贸易受影响，产业发展压力较大。四是缺乏大型专业市场，产业集聚效应不明显，市场地位不突出。五是中小微企业融资相对较难。

接下来，陈店镇将按照"工业立市、产业强市"的工作思路，主动融入"三新两特一大"产业发展，聚拢纺织产业资源，赋能产业集聚发展，促进纺织企业转型升级。同时加大项目建设力度，推动北新工业园区基础设施配套提升，建设内衣特色小镇基础设施等重点项目，依托便捷的区位优势延伸和完善产业链，实现集约化发展，不断擦亮"中国内衣名镇"的牌子。

广东省汕头市潮南区两英镇

一、集群概况

汕头市潮南区两英镇是广东省中心镇、广东省经济发达镇行政管理体制改革试点镇、广东省城乡融合发展中心镇省级试点镇和汕头市工业名镇。全镇总面积85.21平方千米，户籍人口22.28万人，下设30个行政村（社区）。

针织服装业是两英镇的支柱产业、特色产业、就业产业和富民产业，两英镇2021年完成地区生产总值82.24亿元，同比增长7.7%，工业总产值178.89亿元，其中规模以上工业产值为126.03亿元。截至2021年底，全镇各类注册企业1018家，其中纺织服装在册企业共251家，纺织服装规上企业产值占全镇的57%；其中，纺织业企业132家，服装业企业119家，纺织服装相关联的批发零售企业301家；全镇共有规模以上工业企业58家，其中纺织企业38家，服装企业9家。

两英镇委、镇政府积极应对各类经济挑战，精准助力产业转型升级，进一步增强品牌影响力，打造"睦隆""城德美""皮卡狄""佳伦仕"四个著名商标和"金纳王""乐奇婴""六尾龙""金爽曼""思创"等多个国内知名品牌。同时，鼓励针织服装企业持续开展技术改造升级，2019～2021年，两英镇共有10家企业进行技术改造，技改项目共有12个，共投入技改资金约20570万元。

二、近三年来的发展亮点

1. 加快转型升级

受印染企业过度入园等多方因素影响，两英镇以印染纺织服装为主导产业的本地经济经受严峻挑战。两英镇委、镇政府积极应对各类经济挑战，加快推进两英南山智慧产业片区规划建设、龙岭老厂房片区"工改工"升级改造，持续改造提升传统优势产业，发展大工业、建设大园区、引进大项目，推动传统制造业转型升级，实现经济产业高质量发展。

2. 打造发展平台

两英镇谋划推动总面积约10平方千米的南山智慧产业片区，打造成为传统针织服装产业的转型升级高地，狠抓片区纳入汕头市省级大型工业集聚区范围契机，成立片区管理办公室及投资建设公司。负责推进片区范围内基础设施的投资建设和运营管房等工作，成功申报了片区产业基础设施配套的地方政府专项债券项目，申请专项债额度10.8亿元。

3. 打响知名品牌

两英镇纺织产业集群顶住转型升级压力，打造"睦隆""城德美""皮卡狄""佳伦仕"四个著名商标和"金纳王""乐奇婴""六尾龙""金爽曼""思创"等多个国内知名品牌。同时，两英镇组织企业参加首届中国·潮汕国际纺织服装博览会，提升了两英镇的区域品牌影响力。创新德美、金荣华等企业产品入选工业攻关科技计划项目，企业的科技水平和创新能力持续提升。

三、发展存在的问题及下一步工作思路

一是产业转型升级迫在眉睫。自2019年原属两英镇的38家印染企业关停以来，两英镇地区生产总值增速逐年下滑，其经济产业转型面临重组、转型升级等压力。二是产业发展基础能力薄弱。产业档次提升困难，本地产业产品档次、经营理念急需更新，纺织服装产业缺乏大型综合贸易平台。三是主导产业面临资源瓶颈。本地土地资源紧缺、针织服装产业用工难、环保压力增大、资本技术数据等要素约束压力大。

接下来，一是深入推动"工改工"激活土地价值，探索多种模式推动"工改工"、吸引多方力量参与"工改工"、利用金融杠杆撬动"工改工"，深入挖掘片区工业用地发展潜力。二是谋划建设针织服装标准厂房，新建标准厂房有助于促进针织服装主导产业集聚集约发展，实现规模效应，集聚效益。三是谋划建设针织服装展销中心，两英镇坐拥潮南区最有潜力的产业增量空间，是新建针织服装展销中心最理想的选址地点。四是谋划建设电商仓储物流设施，带动生产和服务自动化、智能化趋势下过剩劳动力的新就业。

供稿单位：汕头市潮南区两英镇人民政府

广东省佛山市禅城区张槎街道

一、集群概况

中国针织名镇张槎镇，截至2021年，已集聚针织服装企业5800余家，针织服装行业规上工业产值约225.78亿元，占张槎规上工业总产值的25.41%；规上企业主营业务收入约383.86亿元，针织服装行业（含加工制造和批发零售）税收约8500万元。

张槎是全国最大的针织产业集群基地之一，也是全国最大的纱线交易聚集地和最大的丝光棉面料及丝光棉T恤的产业基地之一。年产针织布300万吨，日榨纱交易量平均1.2万吨，占国内生产总量及交易量的1/4。国内高档的针织服装面料张槎均能生产，全国各地绝大部分的棉纺企业都在张槎设置销售网点。现有针织产业工业园区将近40个，从业人员约7万人，针织大圆机超过3万台。厂房面积达到450万平方米，形成了集纱线销售、纺织加工、成衣制造和物流仓储等为一体的较完善的纺织产业链。大多数针织面料企业以内销为主、出口为辅，内销以广州中大、浙江柯桥和浙江织里为主；出口以东南亚为主，直接出口到欧美较少。

二、集群发展亮点

1.产业链完整

经过多年的沉淀，涌现了如东成立亿、安东尼针织、嘉谦纺织、健业纺织、启强服装、汇年丰等一大批面料和服装企业，形成了完备的生产产业值。为辖区内的企业整体发展提供了强有力的原料、技术和信息支持，通过整合各方面资源，让企业进入了原料采购、研发生产、营销服务为一体的快速反应通道，为企业全面快速反应机制的建立奠定了坚实的基础。

2.纺织人才效应明显

多次举办全国纺织行业职业技能竞赛等高水平职业技能竞赛和"禅城大工匠"等区域性人才评选活动，选拔出一批针织行业突出技能型人才，加快人才集聚，积极打造创新创业人才高地。目前辖区已有叶锦华等针织领域的"禅城大工匠"3人、全国劳动模范1人，集聚针织服装产业从业人员约7万人。

3.搭建平台促规模化

积极打造行业公共服务平台，先后引入中恒智能仓储、世必达物流、智布互联、中国针织工业协会T恤衫分会秘书处等央企、互联网平台、专业服务平台落户张槎，举办中国（张槎）纺织原料纱线面料大会暨展会，推动科技成果转化，实施优化升级改造，提升行业数智化、网络化水平。

4.参与国内外交流展示平台

自2012年以来，张槎总商会连续10年积极组织辖区针织企业组团参加"中国国际针织博览会"、深圳"国际服装·面料展"和东南亚及欧美面料展等国际化展示平台，极大地提升了"张槎针织"品牌的知名度。

三、当前产业发展存在的问题

1.品牌化不足，规模增长困难

一方面，多数企业满足于为知名品牌代工或贴牌生产，虽有企业与品牌商合作进行生产经营联混和股份结盟，但由于生产加工环节门槛低、竞争大，企业为求生存只能不断拉低价格，利润空间小。另一方面，中小企业受制于规模及营销能力，不善于建设品牌，同时受到技术制约，企业无法加强针织产品的质量及品质提高，从而使得其针织产品的附加值较低，无法形成品牌优势。

2.创新意识不足，转型升级效果不理想

一是经营理念落后。张槎大部分针织企业仍停留在接单加工、代工生产、成本竞争、赚取加工费的经营旧思维，既未能投入更多资金、人力研发新产品、新技术，也未能因应当前市场形势的变化转化为产销模式，特别是电子商务导致的产销模式变化，未进行迅速主动调整。二是技术创新乏力。除嘉谦纺织、健业纺织、安东尼针织等部分龙头企业外，大部分企业年度用于设计研发新产品的投入资金不足100万元，有的甚至仅有10万元左右，资源、资金投入不足，既导致企业生产技术、产品质量无法形成差异化效应，也导致企业无法有效培养、引入高级专业人才。

供稿单位：佛山市禅城区张槎街道办事处

广东省佛山市禅城区祖庙街道

一、集群概况

祖庙街道位于佛山市禅城区东北部，辖区面积20.86平方千米，常住人口约42万人，下辖59个行政村（居），现为佛山市的政治、经济、文化、商贸、文化中心。经过30多年沉淀发展，祖庙街道的童装产业逐步形成从童装设计、加工、生产到资讯、物流、面辅料供应、电脑绣花、印花等完整的产业集群，童装产品一应俱全，远销东南亚、欧美、中东及全国各地。辖区内拥有不同层次的童装品牌企业约3000多家，主要以集群式、园区式分布。据初步统计，佛山童装行业年产童装超过10亿件套，生产总产值近200亿元，佛山童装品牌占有率约占全国童装行业的30%。

二、集群发展亮点

1. 加快园区建设，优化产业布局

改造完成"289米艇头PARK"并开园运营，佛山市儿童用品产业协会率先进驻，还引进了佛山市童创之星文化艺术传媒有限公司、佛山市童乐儿童用品技术发展有限公司、佛山市一众传媒有限公司等一批童装相关产业企业。另外，2021年启动改造建设禅桂坊·数字视听文化产业园项目（原朝一童服城），将园区打造成汇聚影视、短视频、直播、文创、研学、商业等业态的综合消费园区，以"影视+"全产业链的模式，建设数字视听文化产业平台。

2. 互联网+传统产业，促进童装电商化发展

2021年，祖庙街道将简村童装城打造成简村童装抖音电商直播基地，通过创作创意短视频，引入直播带货等方式，打响佛山童装品牌，推动童装产业进一步发展。

3. 加强童装产业宣传，提升品牌放应

2019年，祖庙街道成功举办"2019佛山少儿国际时装周"活动，佛山童装区域品牌在首届中国童装博览会上获得"最具品牌时尚产业集群"称号。2020年，祖庙街道联合佛山市禅城区文化广电旅游体育局、佛山市禅城区版权局和佛山市版权保护协会共同承办了"2020中国（佛山）童装时尚设计周"活动，活动致力于将祖庙街道打造成为童装行业与IP、设计、电商等资源有效对接的平台，汇聚了熊出没、熊熊乐园、奥特曼、舒克贝塔等数十个国内外知名的动漫影视版权IP，还吸引了亚马逊、阿里巴巴国际站两大跨境电商平台进驻。

三、产业发展面临的问题与困境

一是缺乏产业发展空间。祖庙街道地处中心城区，土地资源紧缺，随着城市化进程和产业升级加快，现有村级物业厂房已无法满足现有童装企业发展的扩张需求，导致童装产业布局分散、资源未能有效整合。二是成本提高。近年来，随着产业转型升级不断加快，区域一体化发展提速，人力资源要素在珠三角区域加速流动，一线生产劳动力供不应求，不少企业涨薪后仍难以招到一线工人，导致童装企业劳动成本水涨船高。三是设计人才紧缺。由于童装"盘子"小，各大专业院校毕业生很少选择童装企业就职，研发人员严重缺乏，自主创新能力较弱，模仿跟风现象严重。

四、产业发展的思路及措施

一是借力村级工业园改造提升，加强产业发展保护，引导具备一定规模的企业升级"四上"企业，鼓励和引导生产制造型童装企业整体升级。二是紧随佛山市禅城区委、区政府"打造设计之都"的发展战略部署，依托祖庙街道产业布局，结合祖庙区位、产业基础、人文资源等综合优势，瞄准设计、人才、研发等方向发力，大力推进童装产业转型升级。三是拟成立童装产业分会，并举办中国童装产业博览会。形成一南一北、一春一秋的新格局，做到产业全覆盖、地域全覆盖、渠道全覆盖，为佛山童装产业搭建交流、交易平台。四是计划与九洲直播等电商企业及童服品牌打造童服直播基地，加速推动电商转型升级，打造高质量、高品质直播和拍摄基地，传播佛山传统产业，打响佛山童装品牌，推动童装产业进一步发展。

供稿单位：佛山市禅城区祖庙街道办事处

广东省佛山市南海区西樵镇

一、集群概况

西樵镇位于广东省佛山市南海区的西南部,辖区总面积177平方千米,下辖33个村、社区,常住及流动人口31.93万。西樵镇在"全国综合实力千强镇"排第25名,是中国面料名镇、中国妇婴卫生用纺织品示范基地、广东省"双提升"示范专业镇。

目前,全镇共有纺织服装企业850家(包括织造、浆印染、服装及其他配套企业),其中,规模以上企业134家,全镇纺织从业人员约5.5万人,纺织设备3.36万多台(套)。2021年,全年纺织产业工业总产值155.61亿元,同比增加5.91%;工业销售产值143.58亿元,同比增长7.75%,其中出口额为20.97亿元,同比增长11.90%。

二、集群发展亮点

1. 促进企业商标品牌培育和发展、打造区域品牌

发挥产业特色,引导企业走个性化、功能化路线。定位中高档产品,以质量水平、技术水平作为扩大产业知名度的抓手,实现区域品牌、行业品牌和企业品牌的有效叠加。同时,发挥行业协会主体作用,抱团申报集体商标。2014年,"西樵面料"集体商标在国家工商行政管理总局(现国家知识产权局)商标局成功注册,开展行业标准编制,促进集群企业集约经营,巩固了产业抱团发展,共同建设区域公共品牌的基础。

积极实施"走出去"战略,推进企业抱团办展参展。每年近100家纺织企业抱团参加我国的上海、深圳、香港以及美国、法国、孟加拉国等国家或地区组织的纺织展会,展示纺织新品。连续20年抱团参加上海"中国国际纺织面料及辅料(秋冬)博览会",多年举办"广东西樵轻纺城春季家纺布艺交易会""全国纺织科技成果转化与合作大会"等行业展会及专业论坛。2021年,西樵12家企业仍积极抱团参加上海面料展、深圳国际家纺布艺展、中国(虎门)纺织面辅料交易会、深圳大湾区国际纺织面料及辅料博览会等纺织展会,成为行业内的精品展示名片,进一步擦亮"西樵面料"品牌。

2. 积极发展多元化纺织产业,为产业发展注入新动力

深入实施创新驱动发展战略,积极布局发展产业用纺织品产业,抢占先机,通过积极引入环保、创新高科技的卫生用纺织品产业,进一步促进纺织产业结构多元化,为西樵纺织产业经济发展注入新动力。2017年被认定为"中国妇婴卫生用纺织品示范基地"后,卫生用品产业链配套进一步完善,形成了卫生用品产业集群新格局。

目前,镇内聚集了一批非织造布生产、包装材料、装备制造等卫生用品上下游企业,主要涵盖妇婴卫生用纺织品生产、包装材料等环节,形成了以产业用纺织品、纸尿裤、卫生巾等产品的产业集群。2016~2020年,卫生用品行业产值从15.41亿元增至41.48亿元,年均增长28.1%,税收从0.39亿元增至1.96亿元,增长达5倍。卫生用品产业迅速集聚、成长,成为西樵产业经济新增长点,并获"中国产业用纺织用品行业优秀公共平台",昱升公司获"中国产业用纺织用品行业竞争力20强企业"称号。

三、存在的问题及下一步工作计划

1. 行业关键问题

目前,西樵纺织产业的科技创新态势较为活跃,规上纺织企业基本上成立了研发工程中心,但普遍存在低端科研成果过剩、高端科研成果不足等问题,导致产品同质化现象严重,需进一步促进产业创新驱动突破,实现有效高端产品供给能力仍有待加强。同时,产业规模化、集约化水平依然落后,缺乏一定数量上规模、上档次的大中型骨干龙头企业作支撑。近年来,随着环保工作的不断加强,对环保治理工作也提出了更新、更高的要求。

2. 政策关键问题

完善产业发展机制,充分发挥财税杠杆和政策导向作用,是推动产业集群提质发展的重要措施。一是目前银行普遍存在对大企业"争贷"和对中小企业"惜贷"的现象,中小企业融资政策落地难,特别是纺

织传统产业，由于利润低，抗风险能力较差，投资回报周期长，导致很多中小企业融资困难。二是加大对企业科技研发创新投入的政策支持力度，扩大政策覆盖范围，进一步放宽企业申报条件，支持引导企业设立研发机构，打造高水平研发队伍。三是制定出台对节能降耗、循环利用等方面的扶持政策和完善行业环保指标制度，强化节能减排战略的有效实施，推动传统产业环保绿色发展。

供稿单位：佛山市南海区西樵镇人民政府

广东省佛山市南海区大沥镇

一、集群概况

以内衣为领军的纺织服装业是大沥镇的传统支柱产业之一。目前，大沥镇盐步内衣生产及关联企业已超过800家，涵盖内衣制造、研发设计、面辅料研发生产、销售、培训教育等领域，拥有超过300个自主品牌，成为全国中高档品牌内衣最集中的产业集群之一。

二、集群发展亮点

近年来，大沥镇政府大力扶持纺织服装产业发展，引导产业转型升级，产业链不断完善，取得了显著成绩。

2019年，独家冠名和联合主办"魅力东方·时尚盐步"第七届中国国际内衣创意设计大赛总决赛，获得2016～2018年度纺织产业集群地区优秀协（商）会称号，并通过"中国内衣名镇"复查。2020年，获得"AAA 级社会组织"和"产业推动奖"。2021年，获得全国纺织工业先进集体、2020年度慈善突出贡献奖；2019～2020年佛山市脱贫攻坚突出贡献集体；佛科产业技术转化研究院与盐步内衣行业协会合作共建南海区大新镇盐步内衣产业技术研发中心。

三、当前产业发展存在的困难

一是可用于发展的空间不足。目前，在南海区域内，存量大中型优质内衣企业已基本无法获得更大的空间去拓展产能，域外优质内衣企业也很难找到专业园区落户。二是由于缺乏专业园区，盐步内衣很难吸引高水平的设计、试验、检测等机构入驻，无法发挥产业提升助力。三是恶意竞争激烈。无牌无照小作坊多，这类工厂或小作坊分散游击，治理难，纳税少，对规范企业造成较大冲击。

四、下一步工作主要思路

1. 建集群、树标杆

一是大力推进盐步内衣产业集群申报"佛山市中小企业抱团数字化转型试点入库"，带动产业相关企业数字化转型。二是以洛可西西为示范，打造制造业数字化转型标杆，形成具有行业特色的中小微企业示范案例及可复制推广经验，并有力推动技术改造和智能制造发展，促进企业开展软硬一体数字化改造和设立企业技术中心。

2. 提升"盐步内衣"集体商标含金量和影响力

以联盟公司为抓手，打造"品牌、标准、资本、研发、服务、营销"六大联盟，营造专业镇氛围，增强产业综合竞争力，示范引领内衣传统产业优化提升。强化"盐步内衣标准"体系，鼓励优秀企业对现有内衣标准体系进行升级，实施品牌标准战略，继续组团参加全国专业性展会，主办内衣设计大赛、内衣模特大赛。

3. 打造内衣总部基地

计划建设盐步内衣中小企业总部大厦，该大厦以高标准打造内衣行业总部标杆，包括：内衣行业中小企业总部办公，以及内衣协会、联盟公司办公；建设内衣行业公共服务平台，包括国家级纺织服装检测中心、产业研究院，创新平台、融资平台、企业服务平台等；打造新零售营销基地，包括一站式垂直集采、网红直播、电子商务、跨境电商等；建设内衣人才培养基地，包括内衣专业高等院校、模特学校、职业培训等；打造内衣文化展示平台，包括内衣博物馆、品牌发布中心、品牌展销中心等；打造内衣产业游一条街。

4. 革新营销方式，拓展多渠道销售发展

新怡御秀大厦将结合繁荣佛山实施乡村振兴战略、大沥镇"百里芳华"乡村振兴示范带建设，以促进内衣产业发展为目的，走进产业、发掘和推出产业促销、展销、同业交流等系列活动。活动通过广东新秀网络公司内衣直播生态平台+视频电商平台+传统电商平台，结合南海内衣产业、大沥企业，进一步推动内衣文化和城市建设有机结合，塑造具有产业特色的"盐步内衣文化"，打造全新的"时尚盐步IP"。

供稿单位：佛山市南海区大沥镇人民政府

广东省佛山市顺德区均安镇

一、集群概况

均安镇是全国首批4个"中国牛仔服装名镇"之一，也是全国最大的牛仔服装生产基地之一。经过40余年的发展，均安镇已蜕变成年产值近百亿元、产量过亿件且具有完整产业链的牛仔产业集群基地。近几年，服装产业逐步转向精益化生产，2021年产业集群规上企业59户，规下企业2189户，主营业务收入超亿元企业10户。规上工业总产值57.80亿元，规下工业总产值35.42亿元。规上企业主营业务收入56.79亿元，规下企业主营业务收入34.81亿元。规上企业利润总额1.57亿元，规下企业利润总额0.96亿元。规上企业全部从业人员平均118人，现下企业全部从业人员平均72人。

二、集群发展亮点

2019年，第九届均安（国际）牛仔博览会（以下简称"牛博会"）通过举办一系列主题活动，使牛仔产业集群成功进驻昆山"时尚工园"，通过以展带会、以会带展，吸引技术，汇聚人才。为打造牛仔服装设计人才培养基地，2021年，广东白云学院FDC时尚产业综合体与佛山市顺德区纺织服装协会举行了"教学实习（实践）基地"和"战略合作"授牌仪式，双方正式建立起全方位、多角度、多层次的长期稳定的人才培养机制和数字化转型合作。

为配合牛仔产业更好、更快地发展，完善了三大功能配套（包括工业污水处理厂、工业用净水厂和高汽厂），使排污、供汽、供水一体化，实现了"四个一"即一支烟囱、一条排污管、一条供水管、一条蒸汽管。有效控制生产中的污染问题，既提高了土地利用效率，也使服装产业对环境的影响降至最低，奠定了"绿色牛仔"的地位。

继港汇环保污水处理有限公司2015年完成了中水回用改造，处理污水能力提高了30%后，韩洋水务工程有限公司于2020年7月取得新核发的取水许可证，取水量由每年350万立方米增至803万立方米，大大缓解了园区洗水企业的用水压力。

2020年，世源热能有限公司进行锅炉的煤改气工作。首期工程已于2020年底完成装配，2021年3月投入使用，由3台50蒸吨天然气锅炉取代原有的75蒸吨，日供气量翻一番，达到150吨，大大提高了蒸汽的供应量和稳定性。

同时，联同镇生态环境所、区环科院、港汇环保污水处理有限公司积极推进港汇技改扩容工作，落实港汇日处理量6万吨，排3回3的技改方案，以解决制约洗水行业的瓶颈问题。

三、存在问题

一是欧洲经济不景气和东南亚地区制造业的崛起，使出口企业风险陡增。二是国内人力成本上升，大幅提高了生产成本，传统制造业发展举步维艰。三是产品同质化，缺乏核心竞争力。四是企业招人难、留人难现象普遍存在。

四、下阶段工作计划

借助专业平台优势，助推牛仔产业优化升级。一是创新思路，办好第六届"均安牛仔杯"全国大学生牛仔设计大赛，把大赛打造成国内服装界有影响力的赛事。从刚结束的第十届牛博会和第五届大学生牛仔设计大赛情况分析，设计赛成了牛博会不可或缺的精彩部分，也是业界和众多媒体关注的焦点。鉴于此，经与服装协会商量，拟加大对设计赛的支持力度，围绕设计大赛的主干，把均安牛仔集体商标推广、企校合作、媒体宣传、商务对接等内容有机嫁接到每年一届的牛仔设计大赛主干上来，实现设计大赛社会化和商业效益最大化。二是激活牛仔城产业阵地，把牛仔城打造成"均安牛仔"商标统一形象输出中心。线下落地牛仔博物馆，重点打造牛仔IP文化形象店。线上与多平台（天猫、淘宝、快手、抖音等）合作，注册网上店铺，销售"均安牛仔"形象产品。三是力促均安牛仔产业补链、强链、延链。

供稿单位：佛山市顺德区均安镇经济发展办公室

广东省开平市三埠街道

一、集群概况

开平市人民政府三埠街道办事处（原三埠区、三埠镇，以下简称"三埠街道"）是全国著名的侨乡，是开平市最大的牛仔服装企业聚集镇。先后获得"广东省乡镇企业百强镇""中国牛仔服装名镇""中国纺织品牌建设先进单位"等称号，多年来建立起了高起点、高技术、高效益、重环保的牛仔服装产业聚集地。

2021年，辖区内化纤、牛仔服装等纺织服装产业工业总产值81.62亿元，年利润1.75亿元，全街道已有纺织牛仔服装企业近220家，其中销售超亿元的有4家，从事纺织、牛仔服装制作的人员近1万人，其中各类专业技术人员约1000人。2021年规上工业纺织企业生产牛仔布127万米、印染布884万米、帘子布20573吨，年产服装近2233万件、化学纤维31421吨。区内拥有联新、兴宇、逸宏、荣诚等一批规模较大、技术设备先进、品牌响亮的企业。

三埠街道"侨乡"优势明显，由于地处开平市中心，是开平市纺织服装产业的主力部队，占全市纺织服装产业总量的近70%。华侨多，造就了市场与国际市场紧密相连，有着良好的接订单和制造的国际市场销售基础和习惯，产品品质优良、设备先进。

二、集群发展亮点

2019～2021年，为进一步促进办事处工业企业增资扩产，加快传统产业转型升级，鼓励战略性新兴产业发展，提高企业技术改造和自主创新能力，三埠街道针对产业发展存在的问题，参考开平市政府从2009年起，围绕"重点突破、争先进位"的工作主线，创新工作方式、集中资源攻关，全力以赴，推进新区的开发建设。

随着各项优惠政策相继出台，三埠街道区域化纤产业开始了蓬勃发展。开平市荣诚实业有限公司新建厂房及购置设备，总投资12000万元，购地55亩（3.6万平方米）建厂房，项目建设完成投产后，年产5.3万吨涤纶长丝及差别化涤纶产品，年产值约6亿元，年创造税收约2800万元，实现每亩创造税收56万元。

为三埠街道涤纶丝产业注入新的活力。

开平市多次举办企业多层次资本市场培育辅导会暨"政信贷"融资推介会，全面贯彻落实"暖企行动"，引领企业深化改革，实施融资创新之路，扶持开平市优质企业挺进资本市场，促进实体经济发展。

三埠街道认真贯彻落实国务院关于"节能减排、清洁生产"的要求，着力抓好节能降耗、减排治污绿色生产工作，进一步强化节能减排目标责任，严格实行节能减排履职报告制度，抓好高耗能企业的节能改造。推广先进适用的节能技术，大力发展循环经济。引导企业采用先进的环境管理模式和清洁生产工艺，突出抓好列入市重点耗能的5家企业的节能降耗和国控、省控重点用能企业的减排工作。

三、产业发展存在的问题及下一步的规划

本地区纺织业大多数小企业缺乏创新力，技术装备相对落后，自身技术力量薄弱，市场开拓意识较差，贴牌加工比例高，模仿和跟风现象比较普遍，使企业产品过分依赖低成本、低价格和以量取胜的竞争模式。由于产业链发展并不完善，纺织服装业的主导产品主要集中在上游原料及下游终端产品，原料与纺织、成品服装企业之间的合作度低、专业协作性弱，未能利用各自的优势做到合力发展，而这些不足将导致本地区纺织业发展面临巨大的挑战。

未来，三埠街道将坚持"稳字当头、稳中求进"的工作总基调，贯彻新发展理念，积极推进本地区纺织业发展。一是加大招商引资力度。三埠街道将抢抓沿海经济发达地区产业转移机遇，狠抓招商推进和项目落地，形成全街道重视并参与招商的良好局面。二是加强关键技术突破，发挥纺织产业链完整优势，推动产业转型升级，建设创新能力强、附加值高、安全可靠的纺织产业链与供应链。三是提升品牌效益，加强对企业的培训，总结推广联新、荣诚等骨干企业的创新发展经验，大力倡导自主创新的价值导向。

供稿单位：开平市人民政府三埠街道办事处

广东省博罗县园洲镇

一、集群概况

目前，全镇有制衣及配套企业1100多家（其中上规模的服装企业22家），纺织服装行业从业人员约8万人，纺织服装产业总产值约110亿元，主营业务收入98.68亿元，利润总额约6亿元。年产各类服装4.7亿件（套），产品销往全国各地，以及美国、韩国、日本、东南亚、非洲等90多个国家和地区。

园洲镇纺织行业原本以中小微民营制衣企业为主力军，后来由于外来投资企业规模的扩张，推动了当地纺织产业进一步集约集群、创新发展，目前已形成集织造、染整、水洗、印花、制线、成衣加工、包装、物流等较为完整的服装产业链，并已成为广东省知名的休闲服装产业集中区。

二、集群发展亮点

园洲镇近年来充分发挥政府引导、协会引领作用，积极与中国纺联、省服装协会及周边商（协）会沟通联系，不断加强平台建设，强化宣传交流，加大人才引进和创新力度，大力推动园洲区域品牌，着力推动园洲纺织产业集群、转型升级。

一是随着产业转型升级的不断加深，面对成本高、融资难、订单少、用工难等难题，生产加工环节正在流向省外相对具有成本优势的国内外区域。而企业集聚品牌运营、设计研发等价值链核心环节的生产基地逐步往中心城市集中，基地建设需求日益强烈。2019年，园洲镇引进了由广东名杰服装实业有限公司投资建设的名杰服装生产基地项目，该项目总投资4亿元，规划为符合电商特色功能的企业总部，包括企业总部办公大楼、研发设计中心、时尚发布中心、B2R/B2C线下体验旗店、物流仓储配套中心、高管公寓等六大功能板块。

二是为了园洲服装企业更好地发展，筹建园洲服装产业集群云平台，目的是通过数据化和云平台让园洲服装企业融入数字化管理当中，提升企业竞争力、降低企业运营成本，让小微服装加工企业在闭环中容易接单和获得供应链金融融资的支持，让企业健康发展。

三是充分发挥园洲纺织服装行业协会协调组织作用，2020～2021年，两次以园洲服装整体形象参与了由澳门贸易投资促进局和广东省商务厅合办的粤澳名优商品展，对外宣传园洲服装制造的优势。

四是加强人才培训和企业管理。园洲镇依托华洋技工学校、祥瑞电商和商乾电商分布于全镇的培训点，培训了一大批服装专业及电子商务人才。同时，引入祥瑞电商和商乾电商的人才孵化项目，组织专业的培训团队，着力开创园洲镇电商平台新局面。

三、产业发展存在的问题

一是缺少一个完善的纺织服装供应链体系。二是生产设备落后，弱化竞争成本优势。三是技术创新和品牌运作相对落后。

四、下一步主要工作思路

一是全力推动纺织服装行业的数据库建设。政府将委托园洲纺织服装行业协会建立当地纺织服装行业的数据库，促进产业集群发展，帮扶企业转型升级。二是加大创新和研发力度，提高效率和产品竞争力。有数据支撑后，必须协同服装智能设备生产商，为服装企业有序提供设备，提升企业生产优势和竞争力，加速服装产业智能化生产。三是加强人才培训和引进力度。继续依托原有的人才培训平台，不断挖掘纺织服装产业生产、设计人才。同时宣传推广，加大对外的交流和引进力度，吸引优秀服装设计人才进驻园洲镇。到各大高等院校开展招聘活动及相关资质机构进行人才推介，引进一批专业技术人才。

供稿单位：博罗县园洲镇人民政府

广东省中山市大涌镇

一、大涌牛仔服装产业集群概况

大涌服装起步于20世纪60年代，改革开放之后，随着"三来一补"等外向型经济的兴起，牛仔服装产业逐步形成。2004年，大涌镇被中国纺织工业联合会授予"中国牛仔服装名镇"；2019年，大涌镇携手中国服装协会共建中国牛仔服装智能制造创新示范基地，开启"智能制造、绿色环保、时尚创新"的发展新里程。目前已形成集纺纱、染色、织布、绣花、印花、制衣、销售等于一体的完备产业链，拥有制衣企业1600多家，印染洗水企业16家，面、辅料销售企业800多家，纺织服装企业标准厂房面积达100万平方米，各类制衣设备近10万台（套），牛仔服装洗水设备3000多台，年均牛仔服装生产能力达3亿件。2022年大涌规模以上纺织服装行业产值达40亿元。

二、近年发展亮点

大涌牛仔服装产业整体发展形势较好，基于大涌牛仔良好的产业配套链条，其仍然是全国重要生产基地之一，尤其是国内销售板块，大涌牛仔仍然处于领先位置。

2019年制定了《中山大涌牛仔服装产业发展规划（2019—2023年）》，发布了《广东中山大涌牛仔服装产业集群2018年社会责任报告》，并与中国服装协会签订合作协议，共建中国牛仔服装智能制造创新示范基地，合力推动大涌牛仔服装产业的科技创新、产品升级、文化创造与责任建设，引导和推动企业朝智能制造、绿色环保、时尚创新的方向发展。

通过"政府+协会+企业"模式，合力对外推广"大涌牛仔服装"区域品牌，主动拓展内外两个市场。在中国服装协会和省服装服饰行业协会的大力支持下，政府积极鼓励企业"走出去"，坚持组织企业参加上海服博会、大湾区服装服饰博览会及深圳国际服装供应链博览会等大型展会，提升大涌牛仔服装的知名度，增强大涌牛仔服装产业的市场竞争力。

中国服装协会和大涌镇政府在前期合作的基础上，立足广东省和大涌镇发展方向，把握大逻辑，共同推进大涌牛仔突破性升级和发展。进一步强化"大涌牛仔"区域品牌建设，提升企业产品设计能力，加快产业从洗水加工向洗水时尚延伸，形成新优势。同时，开展供应链服务，扩大大涌牛仔服装产业规模。

为有效解决牛仔服装行业洗水环保问题，大涌镇积极推动企业开展升级改造，并先后建成大涌镇牛仔服装环保洗水研究中心和环保洗水示范车间，引导行业往绿色智能方向发展。

三、产业规划及发展方向

2023年2月17日，广东印发《关于进一步推动纺织服装产业高质量发展的实施意见》（以下简称《实施意见》），争取到2025年底纺织和服装产业营收达到7000亿元，到2027年底实现翻一番。大涌镇位于广东强化统筹规划布局重点推进的"一群两极三区"中的广州、佛山、中山，是产业发展核心区，也是我国重要的牛仔服装产业集群之一。大涌牛仔服装正式开启高质量提升发展阶段，结合市镇两级工改工作及主题产业园平台工作的推进，以打造"中国牛仔服装智能制造示范基地"为目标，继续鼓励优质企业加大技改投资力度，增强大涌牛仔市场竞争能力。

目前，大涌镇正在以信息化技术为手段、智能应用为支撑，全力建设牛仔创新示范基地，推动产业从生产制造向销售、研发两端延伸。通过已建成的节能环保洗水及智能流水生产示范车间的带动作用，鼓励大涌牛仔服装企业继续做优做强。借助中山市主题产业园发展平台机遇，用好工改政策，对低效厂房进行城市更新改造，建设智能服装创新园，构建以工艺环保、创新设计等为核心的新型牛仔产业体系，建设包含牛仔服装产业的设计与时尚发布、展销与检测、研究与培训、总部办公等生产性服务中心。鼓励企业将牛仔服装加工中心向采购中心、营销中心延伸，打响大涌牛仔自主品牌，打造大涌牛仔创意研发与品牌营销中心，扩大产业影响力，推动其高质量发展。

供稿单位：中山市大涌镇经济发展和科技统计局

广东省中山市小榄镇

一、集群概况

小榄镇位于中山市的西北部，是广东省的中心镇，是中山市的工业强镇、商业重镇，其中纺织工业是小榄镇的传统支柱产业和重要的民生产业，被授予"中国内衣名镇"称号。

小榄镇的内衣企业以生产制造为主，产业集群特点包括：产业分工突出，隐形品牌众多，无痕内裤与针织内裤分野；高、中、低端产品的设计与制造厂家层次清晰；企业规模制造与特色制造并驾齐驱；内裤、保暖内衣、家居服、内衣等OBM、ODM、OEM企业齐聚。大、中、小微企业集群，十余家大型企业以品牌输出为主；中型企业以ODM输出为主，近100家企业精准对接国内知名品牌与企业，为其物料、产品开发及生产制造等提供服务；小微企业则服务于大中型企业。供给体系完善，镇内及周边能提供包括以服装生产制造为核心的人力资源、内衣生产所需的设备、纤维、织造、染整、印花工厂提供的物料等，能够让企业真正感受到"足不出小榄"即可完成产品制造所需的所有环节的便利。

截至2021年末，小榄内衣企业超1600家，上下游企业数量超过1000家。拥有内衣品牌200多个，国家省名牌名标20多个。2021年，规上纺织企业产值超42亿元，其中产值超亿元企业7家，主营业务收入超41亿元，利润总额3022万元。规下纺织企业产值近50亿元，主营业务收入50亿元，利润总额近2.3亿元。全行业从业人数31万人。据相关数据统计分析，全国中高端男士内裤60%产能来自小榄，世界20%以上的男士内裤由小榄制造。

二、集群发展亮点

小榄镇政府十分重视产业发展，每年出台制定政策及促进产业创新发展的专项扶持奖励办法等，从制造业高质量发展、创新驱动、平台发展、市场开拓等八个方面支持、鼓励企业发展，推动企业做大做强。

小榄镇积极构建以研发设计、质量检测、人员培训、信息化、电子商务和现代物流服务五大支柱为主的产业创新公共平台。同时在加强企业社会责任建设、知识产权保护、品牌培育、融资服务等方面不断尝试，通过服务平台为企业提供有效服务，带动企业进行品质提升、两化融合、科技创新和人才队伍建设，促进产业转型发展，取得了可喜的成效。

小榄镇建立政企联动的创新机制，通过小榄镇商会，组建服装制鞋行业联会，搭建政府与企业交流平台，应对企业与市场之需，不断调整服务策略，强化服务机制，为深入开展产业调研建言献策，组织参观考察，拓宽发展视野，协同发力抓银企合作、抱团发展抓展会经济等暖企服务，协助企业高质量发展。

三、产业发展存在的问题及下一步规划

近年来，在整体经济增速放缓的情况下，小榄内衣产业集群经济发展也面临挑战。一是成本压力升级，原材料价格上涨、土地资源紧缺、劳动力向三四线城市回流等问题涌现。二是高端人才紧缺，缺乏学术性、权威性的专家学者、企业家与职业经理人等，缺乏适应产业飞速发展的实战型、技能型人才。三是营销新模式与新工具层出不穷，因区域限制及信息不对称等要素影响，企业面对这些新模式敏感度不足，造成与新市场脱节。

下一阶段，小榄镇纺织产业集群将围绕以下几方面开展工作。一是产业升级，以龙头企业率先进行机械设备升级换代，以点带面，推动整个产业制造向数字化、智能化转型，提升效率、创造更高的价值。二是打造管理先进、流程标准、运营科学的样板企业，引进并推广"工业4.0"的企业，对商业模式、生产工艺和运营理念创新的成长性企业给予奖励和推广。三是为品牌赋能，充分理解企业和品牌的内在需求及品牌定位，摸清品牌各自的消费群体和销售渠道，全方位参与企业的战略制订、产品研发各环节，让企业能够放手去专心做市场，为企业解决后顾之忧。四是政企联动，通过商会，搭建政府与企业的交流平台，发挥商会在资源整合、创新引导方面的积极作用，在资金、人才、技术、市场等方面帮助企业解决实际困难。

供稿单位：中山市小榄镇人民政府

广东省普宁市流沙东街道

一、集群概况

流沙东街道位于广东省普宁市区东部，总面积26.94平方千米，总人口12.25万人，有"中国内衣名镇"和"广东省技术创新专业镇"之称，工业基础雄厚。纺织服装产业一枝独秀，有中河经济技术开发区、新坛、斗文、湖东、华溪、郭厝寮、上塘、秀陇8个工业小区。普宁市18个淘宝镇之一，新坛、新安华溪、斗文、秀陇等5个村被阿里研究院列为2021年淘宝村。2021年，全年规上工业总产值84.90亿元，其中规上纺织产业集群企业39家，工业产值77.40亿元。

二、集群发展亮点

1. 推进"前店后厂"建设，构建高质量发展新格局

纺织服装行业的全产业链管理是有效帮助企业提升整体效率、提高产品品质及缩减成本的方式之一。流沙东街道纺织产业在电商化、数字化方面走在全国前列。大力促进普宁国际电商城建设，打造15万平方米的电商全产业链综合赋能平台。坚持规划引领，谋划纺织服装产业与电商发展"一盘棋"，形成"前店后厂"新格局，推动流沙东制造业服装供应链基地发展。

2. 加强纺织服装产业培育，夯实高质量发展硬基础

大力实施品牌战略，培育一批高新技术企业和民营科技企业，催生新的驰名、著名商标，认真落实"民营经济十条""实体经济十条""外资十条"等要求，大力支持民营企业发展。

3. 引导印染企业整合转型，推行高质量发展新模式

充分发挥流沙商会的桥梁纽带作用，整合行业资金、人才、物流等资源，实现产业资源互补共享，通过行业协会促进转型升级。推动辖区内纺织印染企业就地转型升级，鼓励印染、印花企业进行资源盘活合并，升级改造纺织印染助剂等化工产品，集中治污、优化处理工艺，实现资源共享、优势互补、提质增效。

4. 大力实施创新驱动战略，激发高质量发展新活力

实施产业"登高和引进"工程，加大科技创新投入，扶持企业上市融资、增资扩产，营造鼓励创新的社会环境。加快新旧动能转换，培育壮大战略性新兴产业，加大力度淘汰落后产能，发展更多适应市场需求的新技术、新业态、新模式。强化企业创新主体作用，引导企业加大研发技改投入力度，强化产学研合作，支持企业开展核心关键技术攻关和重大成果产业化。

三、下一步工作计划

1. 加大惠企政策宣传力度

继续落实"实体经济新十条""暖企行动60条"，推广减税降费工作，做到点对点精准滴灌与百分百覆盖相结合。积极开展政策辅导，让企业充分享受政策红利，助力优化普宁纺织服装业的营商环境。

2. 落实稳外贸稳外资的措施

落实国家、省进出口保障和优惠政策，扶持重点出口产品优化升级，引导企业加大技术攻关，积极引进国际先进技术及装备，支持企业开拓国际市场，鼓励企业积极参加境外展会。加强利用外资政策宣传引导，进一步加大"稳外资"政策宣传力度，确保外商投资企业知晓掌握并利用外资财政奖励、外资研发中心税收优惠、重大外资项目用地保障等相关政策内容。

3. 推动电商和工业互联网发展

继续开展上云上平台服务券申领工作，做好宣传引导，推动工业企业上云上平台。利用"直播带货"消费风口，借助普宁市国际电商城直播基地的翅膀，以产品直播等方式，助力工业企业复产复销，增加产品销量。加强电子商务公共服务体系和供应链体系建设，加快建设现代化仓储物流，优化电子商务营商环境，持续强化和创新电商人才培养工作，以电商产业发展驱动纺织服装产业发展。

4. 以品牌提升产品价值

以普宁优质企业为原型，将企业家创业历程、企业品牌核心价值、企业文化等内容制作成宣传手册，鼓励各企业进行学习，引导企业增强以质量和信誉为核心的品牌意识，支持企业创建驰名商标和名牌产品，鼓励企业积极参加各种展览会、展销会、洽谈会，运用各种媒体展示企业及其产品的良好形象，加大自主品牌宣传力度，提高产品在国内外的知名度。

供稿单位：普宁市流沙东街道办事处

▶**产业集群创新案例**

虎门服装产业集群年度创新案例

2022年以来，虎门服装产业紧紧围绕虎门的城市定位和中心工作，积极推进"世界级纺织服装产业集群先行区"建设，加强统筹，优化配套，助力企业做大做强，为打造服装产业新生态提供更大支撑，促进虎门服装服饰产业向更高质量发展，助力虎门建设粤港澳大湾区时尚中心、中国服装服饰时尚品牌名城、世界级时尚产业集群。

一、实施"四名工程"

为做强虎门服装服饰业，加快打造世界级纺织服装产业集群先行区，推动产业高质量发展，虎门出台了《实施虎门服装服饰业"四名工程"推动产业高质量发展的若干措施（试行）》（虎府〔2022〕25号）文件，实施名师、名牌、名企、名园"四名工程"，育名企、创名牌、树名师、建名园，即实施"名师"工程，强化产业的人才支撑，实施"名牌"工程，提升产业的品质魅力，实施"名企"工程，巩固产业的基础实力，实施"名园"工程，拓展产业的发展空间，以此完善虎门服装人才培育机制，打造更高附加值、更强竞争力的产业链体系，加快推动虎门服装产业向技术高端化、创意多元化、产品时尚化、品牌国际化的时尚产业全面转型。

二、打造区域品牌

以"东莞市虎门服装服饰行业协会"为申报主体，申报东莞市2022年度区域品牌示范区项目，从提升区域品牌组织管理水平、提升区域品牌产品竞争力、提升区域品牌影响力、提升区域品牌公共服务水平、加大区域品牌营销力度、提升区域品牌对行业经济的带动作用等方面上下功夫，着力打造"虎门服装"区域品牌。

该项目自开展以来，在提升区域品牌的市场价值和社会效益方面，取得了明显成效。其中，提升区域品牌组织管理水平方面，已成立了虎门服装区域品牌培育服务中心，办理注册区域证明商标，建立健全虎门服装区域品牌管理机制，制定相关管理规范等。提

升区域品牌产品竞争力方面，目前已引入智慧门店和智能工厂管理系统，帮助企业进行数字化、智能化管理，计划组织20家企业参加卓越绩效管理培训班，帮助企业建立卓越绩效管理机制，围绕虎门服装产业的关键技术，策划制定高品质校服团体标准和虎门服装标识团体标准两项团体标准。提升区域品牌影响力方面，协会已申请注册集体商标，并获得了受理；集体商标已初定授权50家区域内行业企业，引导中小企业积极运用、规范管理流程，形成区域商标和企业商标，促进共进的品牌运作体系。提升区域品牌公共服务水平方面，已初步规划公共服务平台，建立了虎门服装协会微网和虎门服装官网，同时正逐步建立舆情监控系统和投诉平台。

三、创新展贸平台

2022年6月8～9日，为期两天的第十三届俄罗斯国际纺织行业展销会在俄罗斯莫斯科举行，为帮助企业更好地把握俄罗斯市场机遇、开拓国际市场，此次虎门镇政府组织了纽方、恒悦、艾黛儿、男眼、柏惠信子、白马天使、童谣等一批服装企业参展，展品品类包括女装、男装、童装等，这是虎门镇政府第一次组团进军俄罗斯服装市场。镇政府除了安排虎门服装管委会协助企业做好展会对接、物流等相关事宜，还对参展企业给予展位费补贴，这些都给参展企业带来了极大的鼓舞和信心。为提升实效，此次镇政府还通过展会主办方邀约了众多专业采购商提前对虎门服装展品及企业进行了解，根据企业的产品风格特色和采购商的需求安排分组定向对接。在展会短短的两天时间里，虎门参展企业与俄罗斯专业客商通过视频连线进行了面对面交流，为虎门服装抱团进军俄罗斯市场迈出了成功的一步。

四、促进创新创意

2022年5月，第十届中国（虎门）国际童装网上设计大赛正式上线，面向全球征稿，主题为"童梦游乐园"，共收到来自全国各地的872份参赛作品，选

于专业性较弱，其中既有来自北京服装学院、武汉纺织大学、广东工业大学、西南大学、四川美术学院、华南师范大学美术学院等著名高校在读学生或毕业生，也有就职于各大知名服装公司的职业设计师们等。2022年11月1日揭晓了赛果。为更好地发挥大赛的作用、促进创意交流、活跃虎门的时尚氛围，组委会还于虎门服交会期间举办了本次大赛获奖作品展示。

2022年5月底，重启第22届"虎门杯"国际青年设计（女装）大赛，于服交会期间举行大赛决赛。初赛已于2021年举行，共收到来自俄罗斯、马来西亚、泰国、乌克兰、斐济共和国、日本、莱索托以及我国等8个国家和地区的2235份作品，进行了初评，从中选出30份作品进入决赛，决赛于第26届虎门服交会期间举行。经过激烈角逐，最终，广东选手宋祖耀以作品"城南花已开"一举夺得金奖，刘怡的"篾"和代骏顿/吴健仪组合的"无所为而为"获银奖，黄光辰、高磊、黄淑娟/肖琪组合分别以作品"未知链接""月破松梢晓""醒视"获铜奖。

为提升虎门城市知名度和美誉度，助力虎门引进国内外高端创意人才，虎门举办了2022"虎门杯"中国国际高校色彩设计大赛。大赛以"以色彩之名"为主题，由中国流行色协会主办，中国流行色协会色彩教育委员会、虎门服装服饰产业管委会等共同承办，旨在发挥色彩经济价值，以设计为驱动，推进产业时尚转型。大赛共收到作品2472份，选手来自308所国内外知名院校，如中国美术学院、北京服装学院、清华大学美术学院、中央美术学院以及英国皇家艺术学院、英国伦敦中央圣马丁大学院、英国伦敦艺术大学、美国康涅狄格大学、日本多摩美术大学、澳大利亚悉尼大学等。最终评选出金奖1名、银奖4名、铜奖8名。颁奖典礼于第26届虎门服交会期间在虎门举行。

五、拓展发展空间

虎门大力实施"服装兴镇"，结合"三区两带一核"产城格局，携手中国纺织工业联合会，共同打造世界级服装产业集群先行区，包括规划虎门高铁站TOD核心区、大湾区国际时尚谷、大湾区衣流时尚产业园"金字塔型"三个重点项目。并以此三大项目为核心，辐射周边专业市场，升级改造，形成具有世界级引领力、凝聚力、贡献力、责任力的千亿级服装时尚产业集群，推动服装产业高质量发展。

虎门高铁站TOD核心区占地约560亩（37万平方米），总投资240亿，预计2024年完工。其将立足粤港澳大湾区的潮流前线，打造集总部经济、时尚发布、研发设计、商务会展于一体的现代时尚产业集聚区（图3-1）。

图3-1

大湾区国际时尚谷将以以纯为龙头打造新型产业生态，建设集设计、研发、新品发布、品牌培育、展示、交易、文化、人才培训、金融服务于一体的国际时尚产业集聚区，同时建设一批国字号公共服务平台。项目占地约216亩（14.4万平方米），分三区建设，计划总投资22亿元，目前正推进报建（图3-2）。

大湾区衣流时尚产业园统筹规划面积约1500亩（100万平方米），一期更新改造范围约606亩（40.4万平方米），预计新建高标准厂房面积超过70万平方米。该园区以产业数字化为重点方向，致力于打造以服装制造为核心，以"产业大脑+未来工厂"为主导模式，以小单快返为引导生产模式，集服装原材料供销、设计、仓储物流、产品展销、产业综合服务为一体的综合性服装产业基地。预计近期有望实现首开地块拆除工作（图3-3）。

图3-2

图3-3

▶产业集群新篇

广州番禺：集聚3.4万家服装企业，
着力打造数字化快时尚服装产业生态链

一、产业基础雄厚，集聚优势凸显

服装产业是番禺区传统优势产业，纺织服装产业链是番禺区重点打造的13条现代产业链之一，也是广州市21条重点产业链中时尚产业的重要内容。番禺区拥有较为完整的服装制造产业生态链，形成了从上游纤维加工到研发设计、成衣制造、营销渠道、品牌管理等一系列完善的产业体系。

目前超3.4万家服装企业集聚在番禺区，其中有7281家为服装制造企业，主要集聚在南村镇、大龙街、大石街、洛浦街、石碁镇等镇街，尤其是南村镇在塘步东村方圆3千米的范围内聚集了上千家服装工厂，是广州十三行等众多专业批发市场及希音供应链的源头工厂。

截至2022年3月，番禺区服装产业"四上"企业共有199家，其中41家企业是新上规企业，占比20.6%，表明近年番禺区服装产业增长发展较快。2020~2021年，番禺区服装产业199家"四上"企业营业收入总额分别约为132.50亿元、185.01亿元，

分别同比增长约9.12%和39.62%；纳税总额分别约为3.95亿元、5.62亿元，分别同比增长约11.38%和42.44%。

二、服装品牌涌现，影响日益提升

经过几十年的沉淀，番禺涌现出一批聚焦快时尚服装产业的新兴龙头企业和知名品牌。

高尔夫服装龙头企业——比音勒芬；集商品设计、仓储供应链、互联网研发及线上运营于一体的服装出口跨境电商互联网公司——希音公司（SHEIN）及细刻网络（图3-4）。淘宝童装第一品牌——辰辰妈；集设计、生产、营销为一体的国内知名的女装品牌——诺曼琦、达衣岩、谜底等；致力于为用户提供在线预约、免费上门量体、全品类服装个性定制生产的商务男装定制品牌——众投科技；服装企业提供IE软件以及精益标准化管理体系建设整体解决方案——春晓科技；服装数字化龙头服务机构——众创衣联等。

图3-4

三、龙头企业推动，产业转型发展

服装龙头企业和知名品牌是番禺区服装产业体系建设的关键一环，对服装产业发展的带动作用日趋明显。

比音勒芬通过赛道精耕、特色创新、科技赋能等方式，实现了近10年业绩的持续高增长，成为高尔夫运动服饰细分领域的"隐形冠军"，具有"专精特新"企业特征。比音勒芬着力打造服装柔性供应链产业集群，建设服装文化产业园区，并利用人工智能技术推动服装零售行业智能化发展。

希音公司目前通过自建的数字化供应链与网站、App销售自营品牌，直接服务全球超150个国家和地区的消费者，并入选"2021年全球独角兽榜"。希音的品牌出海已获得全球海外用户的认可，品牌影响力不断扩大，产品销售持续增长，在番禺拥有一批黏性极高且合作多年的供应商。

四、产业链条完备，小单快反能力强

番禺区拥有强大的服装供应链生态系统，以完整的服装产业链集聚了大批优质服装生产工人，保证服装设计、打样、加工、销售等程序可以在极短时间内

完成，整个服装产业流程最多需时两周，最快只需7天（图3-5）。

图3-5

这种快速、高效、联动的服装供应链优势为服装创新、引领时代潮流奠定基础，非常符合希音这类小批量、多产品、高频次下单模式跨境电商平台的需求。因此，希音公司选择在番禺建立供应链中心。

截至目前，番禺区已拥有全国优质的服装产业生态，服装品牌企业、跨境电商平台、电商企业、生产制造企业的数量众多、规模庞大，服装产业基础扎实，成功凝聚一批服装企业在番禺南村投资设厂。

清远：千亿级产业平台——广清纺织服装产业有序转移园将打造中国快时尚智造基地

清远位于全国最大规模纺织生产基地——珠三角纺织产业集群，纺织服装产业历史悠久，市场化程度较高，自广清两市共同签署《深化广清一体化高质量发展战略合作框架协议》以来，广清两地充分发挥比较优势，交通互通、产业互连、城市互补、体制互融、服务互享，经济社会一体化协调发展取得积极成效。

2022年12月3日，"广州市海珠区—清远市产业梯度有序转移招商推介会"在广州召开，广清共建现代轻工纺织产业集群（图3-6）。

图3-6

广清纺织服装产业有序转移园是纺织服装产业转移全省一盘棋的重要落子，也是清远市承接产业有序转移主平台园区之一。计划未来5~10年，广清纺织服装产业有序转移园将力争打造成为"万亩千亿级"制造业大平台、中国快时尚智造基地。

广清纺织服装产业有序转移园位于清远最南端清城区石角镇，紧邻广州市花都区狮岭镇和佛山市三水区大塘镇，规划面积11898亩（793万平方米），首期核心启动区约2000亩（133万平方米），包括中大时尚科技城、天安进兴科技园、赛美科技园共3个园区约760亩（51万平方米），云尚产城约1200亩（80万平方米）。园区基于清远发展基础，与广州形成科学有序的分工：广州走"高端+时尚"路线、清远走"专业+特色"路线，梯次承接中大纺织服装产业圈及省内外

纺织服装产业，近期重点引入面辅料生产、服装生产和商贸服务三大功能，远期延伸面料研发和创意设计两大功能。

清远正全力加快承接产业有序转移主平台建设，高水平推进广清纺织服装产业有序转移园建设，首期已建成标准厂房100多万平方米，正加快建设棉纱交易市场、数码印花车间、共享车间、时尚创意园四个支点，建立"一针一线"培训基地11家。目前，园区基础设施、生活配套日趋完善，并出台"清远纺织服装产业八条"等系列政策，现已落户企业460余家。

2022年12月31日，广清纺织服装产业园项目集中签约集体入驻仪式暨纺织服装产业高质量发展高峰论坛在清远举行（图3-7）。

图3-7

为落实省委、省政府部署，广东省工业和信息化厅积极支持清远主平台，特别是广清纺织服装产业有序转移园建设，指导清远高标准谋划纺织服装产业有序转移，将清远纳入现代轻工纺织产业集群全省制造业总体空间布局，把广清纺织服装产业有序转移园纳入省重点支持建设主平台范围，发挥政策叠加效应，积极推动广州纺织服装产业向园区有序转移。

针对广清纺织服装产业有序转移园内的企业，清远高效制定了"清远纺织服装产业八条"，从支持招商引资企业固定资产投资奖励，支持企业搬迁、免租补

贴，支持企业经济贡献奖励，支持企业招工稳岗，支持企业技术改造、产业集群数字化转型，支持培育中小微企业、总部企业发展，支持企业科技创新，支持提供资源要素保障和综合配套服务等八个方面，促进广清纺织服装产业有序转移，打造千亿级纺织服装产业集群。

不仅把客商"引进来"，更要让企业"留得住"。清远通过设立"共享车间"、配套"产业基金"，利用信息化、电子商务等方式整合产业链，园区现阶段可承接2000家企业拎包入住，建成后可承接企业近1万家。同时，通过减免生产经营场地租金、提供免费员工宿舍及人才公寓、减免设备搬迁费用、发放设备购置补贴等一系列措施，鼓励一批纺织加工制造业率先

实现转移。

清远已启动"一针一线"技能人才培训行动计划，计划在三年内培养20万"缝纫巧手"，为广东纺织服装（时尚）产业高质量发展提供人才支撑。

清远成立广清纺织服装产业园金融服务专班，建立金融服务市场承接产业，有序转移银行行长值班制度，联合金融机构的力量，加大对广清纺织服装产业园及入园企业的金融服务力度。目前，各大银行机构出台"纺织贷""云纱供应贷""产业链贷""鑫园贷""厂房贷""线上贷""增信贷""众创贷""智享入园贷"等多款金融创新产品，为转移入园的企业提供灵活配套的融资服务。

珠海：人文、浪漫、时尚、智慧，国际化现代美学城市下的珠海服装时尚产业

依海而生的珠海，从宝镜湾摩崖石刻图腾那舞动的人形、翻滚的波浪和跋扈的龙蛇的抽象图案中可以发现，距今两三千年前青铜时代南越先民的生活和走向浩瀚海洋的最初人文记忆。近代史上，中西方文化在这里交汇，"睁眼看世界"，珠海又开中国风气之先。

1979年，珠海正式建市，1980年8月26日，珠海经济特区正式建立，经过40多年的发展，珠海成为现代化花园式海滨城市，浪漫也由此成为珠海的格调与品位。蓝天白云，碧水海风，水清沙幼，阳光明媚……香炉湾的潮声，述说着美丽珠海的历史，情侣路的波光，映照着一个城市的黎明。珠海渔女，亭亭玉立，"日月贝"，熠熠生辉，大自然赐予珠海这座城市碧海蓝天的禀赋，目之所及，珠海皆是大美风光、浪漫景致、时尚气息。

凭借与港澳毗邻的地缘优势，时尚迅速融入珠海并成为珠海的城市基因，其中服装时尚及服装时尚产业也同步迅速成长。

1978年，爱国爱港企业家曹光彪首开对内地直接投资的先河，与珠海政府签订了珠海第一家外商投资的毛纺（服装）企业——香洲毛纺厂项目，1979年1月，香洲毛纺厂厂房竣工，1979年11月7日，香洲毛纺厂正式投产，主要生产纯羊毛衫和羊兔毛混纺纱，不仅是珠海市最早以补偿贸易形式引进外资兴建的来料加工企业，而且是我国第一家"三来一补"外资企业。

到了20世纪80年代中后期，珠海的服装时尚企业逐渐增多。截至目前，珠海服装时尚企业总数有400多家，品牌企业40余家，拥有例外（EXCEPTION de MIXMIND）、威丝曼（WSM）、卡索（Castle）、奥伦提（Oritick）、利得威（Knitwell）等全国知名品牌。从外源性加工贸易发展起来的珠海服装时尚产业，通过自主发挥企业在设计、技术、管理和生产等方面的优势，不断创新，形成在设计创新、品牌建设、市场拓展、跨境电商、绿色低碳、数智构建及产业集聚等方面具备一定规模的服装时尚产业。

珠海服装时尚产业发展壮大的进程，与珠海市政府创造的良好投资营商环境和珠海市服装服饰行业协会不遗余力的引导、关心和支持密不可分。

2004年，作为著名的设计师品牌服装企业，状态服装设计有限公司从广州迁到珠海，成立状态服装设计（珠海）有限公司，2005年7月，欧洲服装名牌博柏利（Burberry）中国大陆地区总代理落户珠海，这意味着珠海服装时尚产业环境充满着极大的吸引力。

2006年4月22日，知名设计师马可在珠海创立中国首家社会企业原创生态品牌"无用"，从此致力于中国民间传统手工艺的保护、传承与复兴。

2022年12月10日，以"新时代的产业设计创新"为主题的时尚产业工业设计大会、以非遗与时尚融合大秀为内容的"2022首届珠海时尚周"闪亮登场，正式吹响珠海大时尚产业的集结号。

作为"百岛之市"的珠海，是珠三角海洋面积最大、岛屿最多、海岸线最长的城市，打造海洋产业"新引擎"，擦亮海洋文旅"新名片"，经略海洋开发、做强海洋经济、构建海洋文化，无疑也是珠海大时尚的极好内容。

山河海天怀抱之下，珠海正不断释放着蓬勃向上的活力，以产兴城、以城促产、产城融合的画卷徐徐铺展，最近几年，在群星璀璨的粤港澳大湾区，珠海犹如一颗冉冉升起的新星，光芒四射，吸引外界的目光，在经济高质量发展中展现珠海更美好的未来。

进入21世纪，因其得天独厚的地理环境优势，在国际化美学城市的积极打造之下，珠海服装时尚产业赶上了数字化、智能化和品牌化时代的发展机遇，由此将获得巨大的后发优势。基于新的消费场景，珠海开始成为时尚与潮流元素的集散地，因此，珠海具备了发展时尚、引领时尚的最佳生态，"珠海设计""珠海时尚""珠海智造"将成为珠海发展、珠海城市崭新的代名词。

珠水潮涌，伶仃澎湃，珠江口西岸的珠海，裂变、重构、跨越，在粤港澳大湾区时代，新征程、新担当、新使命，珠海责无旁贷，正在书写崭新时代伟大的城市篇章，未来十年，既是大湾区高速发展的黄金十年，也是珠海高速发展的黄金十年。珠海目前甚至未来十年是中国投资价值最高的城市、粤港澳大湾区高质量发展新引擎和幸福民生新标杆的未来之城，也必将是国际化现代美学城市下，汇聚、打造、构建和发展大时尚产业绝佳的城市。

美丽珠海，发展无限；时尚珠海，充满想象。

供稿单位：珠海市服装服饰行业协会秘书处

作者：陶然醉之　杨钊敏

重大活动

2022广东时装周—春季

时尚向前，广东时装周作为中国时尚之林最为老牌也最具活力的时装周之一，迎来了第30届时尚盛会。而立年，少年豪。5月18~22日，2022广东时装周—春季在广州国际轻纺城成功举办。

以智慧之光，照亮时尚的奋进之路。本届时装周在疫情防控常态化的背景下举办，以线上线下结合的形式，率先开启服装产业在元宇宙的探索，为期五日的广东时尚时间，呈现了原创设计、非遗新造、外贸新态、智库赋能、童装发布等主题系列活动，线上直播观看总人次达2429.6万，单场最高达481.7万人次，全方位展示广东服装力量、展现广东时尚魅力的同时，提振行业信心，助力行业发展。

作为中国老牌的时尚发布平台，本届时装周汇聚了国际、国内具有代表性的时尚品牌及时装设计师，一场场风格各异、精彩绝伦的时尚发布会给观众带来视听享受的同时，把具有广东风格、广东活力的服装产品推向全国乃至国际，展现广东服装的非凡魅力，引领广东时尚新风潮，凸显第一服装大省新优势。

比音勒芬、比华利保罗、金利来、富绅、群豪、佛伦斯、莱克斯顿、欧定等男装，茵曼、歌莉娅、铠琪、SANI、熙然等女装，耐克（Nike）、李宁、阿迪达斯（Adidas）、凯乐石等运动服饰，TIT、利工民、元一智造、望子成龙等广东名企，JOOOYS、卡蔓（CARMEN）、the hanah、KH Design、路尼裟（Rorrisa）、成晓琴（CHENGXIAOQIN）、芃莯等设计师品牌，婴二代、迦然等童装品牌以及胜宏衬布、能胜纺织、绿海花边、永泰纺织、尚纶纺织、益惠群纺织等优质面辅料商倾情参与，也有金顶奖获得者李小燕，中国十佳服装设计师赵亚坤、屈汀南，广东十佳服装设计师韩银月、孙恩乐、刘平、唐志茹、何莲以及新锐设计师徐雅婷、李居锜、关亚争、黄科修等惊喜亮相，同时还有包括Nega C.、YMDH等在内的香港新锐时装力量在Fashion Farm Foundation集结

的大湾区时尚力联合秀登场，更有文丹枫、李征坤等数十位跨学科、跨领域博士加持助力，从男装、女装、童装、休闲服饰、潮流品牌、婚纱礼服等服装品类，到面料、钻饰、皮具箱包等配套产品，广东时装周持续发挥广东服装力量展示窗口作用，照映出广东时尚产业在全球时尚语境下的发展脉络，展现着、引领着广东时尚的风向，加速着湾区时尚产业的融合，影响着中国乃至世界的潮流变化。

在数字经济、产业数字化、元宇宙、数字藏品、NFT大火的当下，广东时装周开行业之先河，率先给出了她的探索成果和答案。本届时装周特别联合恒信东方文化股份有限公司，共同打造"元宇宙"会场，以MR为核心技术，让元宇宙突破了原本的想象空间，成为现实场景中可感知的元素，致力于实现"现实+虚拟跨次元平行世界""外场+内场全域化沉浸空间"和"专业+大众破圈式社会事件"，以数字创意指向未来，探索时尚界元宇宙数字生态系统新革命，开启广东时尚产业数字化转型的新浪潮。虚实相生，就是2022广东时装周—春季。

不仅发力国内时尚消费市场，作为广东服装外贸基地区域品牌展示推广公共服务平台，本届时装周集中对纺织服装外贸转型升级示范基地产业及产品开展面向国内外市场的宣传推介、企业交流、产品对接等专项服务，开展2022新塘国家外贸转型升级基地（纺织服装）品牌发布会、2022新塘服装贸易高质量发展对接交流会等系列活动，扩大广东服装外贸产品的知名度和影响力，有效对接产业链相关合作资源，提升企业产品开发能力，增强国际市场开拓能力，促进广东服装外贸高质量发展。

守护非遗命脉，焕发非遗活力。广东时装周一直致力于"非遗"元素及其他传统文化的创意展示，致敬梦想的舞台始终向匠心守护文化瑰宝的时尚从业者敞开。一缕桃花入心神，林芝非遗采风成果发布会展

现了"广东设计+林芝非遗"的非凡魅力和无限可能；蘭悦东方携手禧媚莲依，将植物拓染工艺与传统古典丝质面料香云纱结合，晕染穿越千年时光的现代之美；国风服装品牌迦然以"江南梦华录"为题，打造新国风童装，织的是艺术，传的是情怀，载的是文化……

回顾30届印象，广东时装周不断创新，笃定前行，又初心不忘。2022广东时装周—春季稳字当头，积极开拓，助力产业稳定发展的同时加速数产融合，以强大的聚合能力连接全产业链，拉开产业变革的序幕，促进时尚消费，帮助服装产业实现贸易稳定增长，为广东服装产业高质量发展注入全新能量。

一、源·创——广州国际轻纺城"时尚源创平台"专场发布

2022年5月18日，作为备受期待的开幕大秀，源·创——广州国际轻纺城"时尚源创平台"专场发布在主会场盛大登场，正式拉开了2022广东时装周—春季的时尚帷幕。本次专场发布，能胜纺织×墨话、绿海花边×吴晓蕾、永泰纺织×池坊婷、尚纶纺织×胡浩然、益惠群纺织×冯璐等强强联手，让原创设计与创新面料相互成就，创造出具有广东风格、广东活力的服装产品，共同呈现了一个如梦如幻的视觉盛宴（图3-8）。

图3-8

二、FASHION FORCE大湾区时尚力联合秀

2022年5月18日晚，作为由香港特别行政区政府"创意香港"赞助，由香港非营利时装推广机构Fashion Farm Foundation策划打造的"大湾区—时尚

跃进 Fashion Forward GBA 2022"系列活动的重要组成部分之一，"FASHION FORCE大湾区时尚力联合秀"广州站在广州国际轻纺城登场。来自香港的设计师品牌YMDH，来自澳门的独立设计品牌NEGA C.以及香港知专设计学院、深圳职业技术学院艺术设计学院两所专业设计院校，联合演绎了最新系列（图3-9）。

图3-9

三、2022广东服装数字经济论坛

2022年5月19日下午，2022广东时装周—春季重磅系列活动：恒信东方元宇宙数字生态秀——广东服装数字经济论坛成功召开。论坛由恒信东方文化股份有限公司与广东省服装服饰行业协会联合主办，5届奥斯卡金像奖得主、世界级电影特效大师理查德·泰勒（Richard Taylor）线上致辞，童装产业数字化转型伙伴行动试点项目正式启动，行业代表、专家、教授围绕"服装产业数字化"，以"服装的未来"为主题展开讨论，为服装行业数字化发展问题献言建策（图3-10）。

图3-10

四、TIT品牌秀

2022年5月18日，广州纺织工贸企业集团有限公司（其为广州轻工集团重点子企业），以联合主办方的身份携TIT品牌再次亮相广东时装周，"线上+线下"，全方位触达，为广大观众呈现了一场绿色、简约的视觉盛宴。本次TIT品牌系列时装秀60套服装设计分别来自公司属下广州纺织品进出口集团有限公司、广州大学纺织服装学院及其合作办学单位ESMOD广州法国高等服装设计学院的优秀设计师。他们将中国传统文化融入当下绿色环保的理念中，以智慧和匠心展示着TIT对诠释时尚、传播时尚、引领时尚的执着梦想（图3-11）。

图3-11

五、一缕桃花入心神——林芝非遗服饰文化采风成果发布会

2022年5月19日晚，作为广东文化和旅游援藏的创新举措，在广东省服装服饰行业协会和广东省服装设计师协会的大力支持下，由广东省第九批援藏工作队主办的"一缕桃花入心神——林芝非遗服饰文化采风成果发布会"在2022广东时装周—春季主会场精彩上演，中国服装设计最高奖"金顶奖"获得者李小燕、中国十佳服装设计师屈汀南、广东十佳服装设计师孙恩乐、广东十佳服装设计师唐志茹以林芝元素、林芝色彩为灵感，将林芝非遗转化为可穿戴的时尚产品，推动林芝非遗走出西藏、走向时尚，让更多人可以感受到林芝的旅游及民俗文化的非凡魅力，引领非遗时尚新消费（图3-12）。

图3-12

六、2022新塘服装贸易高质量发展对接交流会

2022年5月20日，推进产业数字化、培育竞争新优势，为贯彻落实国家商务部《关于加快推进外贸转型升级基地建设的指导意见》精神，推动新塘基地服装外贸高质量发展，在新塘镇人民政府指导下，由广东省服装服饰行业协会及新塘牛仔服装创新服务中心主办、广州东大门时尚中心承办的2022新塘服装贸易高质量发展对接交流会在广州召开。政府、行业、企业、专家、设计师、院校及媒体等各方代表齐聚，围绕新塘服装外贸发展问题进行深入交流（图3-13）。

图3-13

七、2022新塘国家外贸升级基地服装品牌发布会

2022年5月20日，作为2022广东时装周—春季的重磅活动之一，2022新塘国家外贸升级基地服装品牌发布会成功举办，现场举行了新塘国家外贸转型升级基地服装产业高质量发展产学研合作项目首批签约，同时"东大门杯"首届大湾区时装搭配师大赛也

宣布正式启动。发布环节，芄茮、小魔怪牛仔、凯信服饰、濠创服饰、峻俏风服饰、广州立大、久航服饰、正神服饰等八个新塘本土服装企业进行了集中展示（图3-14）。

图3-14

八、蘭悦东方×禧媚莲依——植物染 香云纱新品发布会

2022年5月20日，在2022广东时装周—春季舞台上，蘭悦东方及禧媚莲依共同呈现了一场"植物染 香云纱"的新中式时尚大秀。本次走秀系列服饰的面料同时结合了两种传统染整技术，即植物染及香云纱染整技艺，禧媚莲依以新中式的原创立裁、拼色、礼服元素等设计——具有东方美却不守旧，时尚与潮流兼具（图3-15）。

图3-15

九、童尚专场｜婴为爱·美育下一代——婴二代新品发布会

2022年5月21日下午，童尚专场"婴为爱·美育下一代"——婴二代新品发布会在2022广东时装周—春季主会场惊喜亮相。潮流走天下，美育护儿童。本

次发布以"婴为爱·美育下一代"为主题，以创新大胆的裁剪设计与温柔浪漫的马卡龙色调相结合，用独特的时尚造型和颜色表达来培养儿童感受美、鉴赏美、表现美、创造美的能力以及不断提升童年趣味性（图3-16）。

图3-16

十、童尚专场《迦然·江南梦华录》发布会

2022年5月21日下午，迦然亮相2022广东时装周—春季主会场。本次发布以"江南梦华录"为主题，"织以传情、而衣以载道"，立足新时代新生活方式背景下，以国风日常、国风轻礼服、国风高奢礼服三大系列对应孩童不同场合国风服饰需求，倡导新国风时尚"古风＋国潮"多维穿衣哲学理念，打造新国风时尚孩童衣生活管家（图3-17）。

图3-17

十一、数字赋能 共享制造——2022广州服装产业链高质量发展研讨会

2022年5月21日，2022广东时装周—春季系列活动之"数字赋能 共享制造——2022广州服装产业

链高质量发展研讨会"在广州市番禺区召开。在众嘉宾的参与和见证下，广州市链长制时尚产业集群服装产业链链主工作专班办公室（番禺）顺利揭幕挂牌（图3-18）。

图3-18

十二、the hanah×KH Design

2022年5月21日，作为2022广东时装周—春季重磅发布会，the hanah与KH Design品牌深度联手，以"Inclusion包容"为设计理念，共同呈现了令人惊喜的联名系列。作为the hanah和KH Design联名款设计系列，the hanah以服装本身为原型，将女士衬衫领型运用在包包设计之中，不仅运用了服装的抽象轮廓，链条既作为提手，还如同脖颈处的项链装饰在其中，向我们展示了包包设计的无限可能性，摩登的造型与配色精致的菱形压纹相结合，帅气而又不失甜美（图3-19）。

图3-19

十三、2022恒信东方元宇宙数字生态秀

2022广东时装周—春季重磅系列活动恒信东方元宇宙数字生态秀——"广东服装数字经济论坛"和"小

熊数字资产生态秀"于5月22日落下帷幕。活动由恒信东方文化股份有限公司与广东省服装服饰行业协会联合主办，童装产业数字化转型伙伴行动试点项目正式启动，行业代表、专家、教授围绕"服装产业数字化"，以"服装的未来"为主题展开讨论，为服装行业数字化发展问题献言建策（图3-20）。

图3-20

十四、当智慧遇上时尚——2022广东服装名牌名企联合发布会

2022年5月22日，2022广东时装周—春季最具话题性的真人秀跨界活动"当智慧遇上时尚——2022广东服装名牌名企联合发布会"闪亮登场。本场活动由广东省服装服饰行业协会、广东省时尚服饰产业经济研究院特别策划，聚焦数字化赋能服装产业高质量发展，汇聚17个品牌、25位活跃于各行业领域的博士、教授，上演智慧与时尚碰撞的真人大秀（图3-21）。

图3-21

十五、夏·梦——番禺天河城2022年夏季时装秀

2022年5月22日，第30届广东时装周重磅活动"夏·梦——番禺天河城2022年夏季时装秀"在广东时装周番禺分会场圆满落幕。本次走秀汇聚了miss sixty、北欧时刻、UR，播、谜底童装、DAZZLE、歌莉娅、写生、达衣岩、bossini.X、Moussy SLY、艾诺丝雅诗、OCE、金利来、Adidas、New era、李宁、Nike、斐乐（FILA）、安踏、杰克琼斯（JACK&JONES）、KAILAS、CHENGXIAOQIN等品牌参与发布，带来了一场生命与力量相互碰撞、充满活力的时装秀。

十六、2022广东时装周—春季闭幕式

2022年5月22日晚，2022广东时装周—春季在广州国际轻纺城正式落下帷幕，作为当晚的闭幕大秀，JOOOYS 2022秋冬系列发布会以"双面嘉人"为主题，塑造出精致干练的都市女性形象，演绎成功女性的双面人生（图3-22）。

图3-22

第九届红棉国际时装周×云尚周

2022年6月11～16日，第九届红棉国际时装周×云尚周新启广州红棉中大门为主会场，融合国际潮流、原创设计、数字化营销等多元时尚要素，焕新打造了一个格局更高、影响力更大的时尚产业平台。

本届时装周由中国纺织工业联合会、中国纺织工业联合会流通分会、中国服装协会、中国服装设计师协会指导，广东省服装服饰行业协会、广东省服装设计师协会主办，红棉国际时装周组委会、广州红棉中大门、广州红棉国际时装城、广州十三行诚大时装广场共同承办，广东国际时尚艺术研究院、广东省时尚服饰产业经济研究院、广州市服装制版技术学会协办，广州市海珠区科技工业商务和信息化局、广州市海珠区人民政府新港街道办事处、广州市海珠区新的社会阶层人士联谊会、POP服装趋势网支持举办，以"境心相遇 未来已来"为主题，融合国际潮流、趋势发布、原创设计、流行面料、品牌展贸、数字化营销等丰富时尚元素；线下以"科技+时尚"的红棉中大门国际时尚发布中心为主场，线上则以抖音、快手等20+直播平台矩阵打造"云秀场"，深度释放"时装周×云尚周"时尚势能。

7天的官方日程中，不仅有新锐服装品牌首发当季新品，更有流行面料品牌与原创设计师联乘发布。永隆世家·鸿虹-TEX、逆写、Ace Stage、朗风Design×云泽-TEX、YUTONG×WANG CAI WORHSHOP×Chilly Sweet Pie、丽迪莎（LIDISHA）、QINGMU、德强-TEX、PINPINPLUS等酷感秀场将一一解锁。精品面料与先锋创意无缝链接，流行色、新材质、新工艺、新科技、新趋势、新爆款等元素纷呈涌动，全方位展示着这个"宝藏"时装周的深厚实力。

与此同时，首届PARKING LOT 广州红棉中大门男装订货展也同场举办。红棉国际时装周与PARKING LOT广州红棉中大门男装订货展两个时尚IP的梦幻联动，势必为广东时尚产业聚合更多优势资源，加快形成具有广东特色、国际影响、时代活力的时尚产业生态，引领广东时尚产业加速升级转型。

一、PARKING LOT 广州红棉中大门男装订货展

广州红棉中大门联动B端力量，集结全国供应链资源，为全国采购商提供便捷的一站式男装订货服务。首届订货展集结了个性潮牌男装、设计师品牌、创意研发品牌等100+精英供应商，超10000+秋冬新款，包括男装上衣、裤装、鞋包、饰品，全品类覆盖，倾力打造全新潮流男装订货展IP（图3-23）。

图3-23

二、国际设计师秀：红棉国际时装周 × 云尚周开幕仪式

由SLING STONE, JTK ZHENG, UNIX_T三个国际设计师品牌联袂打造的开幕大秀震撼登场。时装、科技、城市等多维元素在同一空间交织互联，现场观众立即被带进一个虚实奇幻的全息现场。舞台创意与服装设计灵感碰撞，与"境心相遇 未来已来"的时装周主题完美契合。本次开幕大秀也是红棉中大门国际时尚发布中心完成改造后的首次启用。震撼的灯光视觉效果、国际顶级的场地设备，将为更多品牌打造更具可塑性与创造性的秀场场景（图3-24）。

图3-24

三、原创品牌秀：永隆世家·鸿虹-TEX

2022年6月11日，永隆世家·鸿虹-TEX以"永隆老王和他的朋友"为发布主题，主打秋冬城市户外风格，为观众带来一场充满活力与呼吸感的轻奢露营之旅。本次发布以功能性为设计出发点，将面料材质优势最大化转化在服饰功能性与舒适性上，将防风、防水、保暖、收纳等功能搭载于日常头穿的服饰中，带来一系列时髦感与功能性兼备的防风衣、保暖夹克、多功能马甲等（图3-25）。

图3-25

四、原创品牌秀：逆写

本土新锐设计男装品牌逆写，2022秋冬系列新品发布以"游于光中"为主题，以"亥时"为主线，带观众窥视被光影无限拉长的生命能量，定格时装世界里的梦醒时分。逆写执着于中国十二时辰故事的精神表达，本季指针落至"亥时"，即光明降临前的至暗时刻，表达了对新事物、新希望的期待。设计师继续运用大量标志性的国风元素与街头潮流进行混搭，在细节处呈现藏在"时辰"里的古风美学，让观众在中国传统文化与现代摩登潮流中移步换景（图3-26）。

图3-26

五、原创品牌秀Ace Stage

走过大地旅程，以宁静心境步入秋冬。韩国原创服饰品牌Ace Stage 2022年秋冬发布系列，以雾蒙蒙的清晨街道为主题概念，以绳子为纽带，将时尚面料与新季流行图案交织串联，营造出清晨雾气弥漫的宁静心境。品牌本季系列新品全部由韩国原创设计师团队精心打造，用心甄选优质面料，从细节提升风格质感，并保持了品牌一贯温柔、细腻、雅致的色调，为当代生活提供愉悦、时尚、高性价比的着装体验（图3-27）。

图3-27

六、原创品牌秀朗风Design×云泽-TEX

秀场上，模特潮酷演绎朗风Design独特系列，尽显时装的潮流魅力。优质的服装面料与永不止步的创新科技从来都是朗风Design x云泽一直以来的坚持，此次为大家带来的时装秀则以一种近乎神奇的方式诠释时尚的无限可能。朗风Design x云泽-TEX系列成衣，呈现自由随性、因你而生的视觉体验。简洁又极富质感的装扮展现了兼顾经典与潮流的型男魅力（图3-28）。

图3-28

七、原创品牌秀YuTong×WANGCAI WORKSHOP×Chilly Sweet Pie

宇桐x旺财车间再度联手，同时注入新的血液"Chilly Sweet Pie"辣酷纯欲女孩潮牌，一起探索未来元宇宙，虚拟与现实、现代与未来的时尚潮流之界。宇桐纺织是敏感的调色高手，从符合主流审美的经典色中提取，大胆调配出"可盐可甜"的动感新色调。本季发布中，荧光绿、芭比粉、克莱因蓝、葡萄紫等高调色彩穿行其中。在旺财车间设计团队的脑洞中，浴袍式外套、长款风衣、工装裤、露腰短款卫衣等热门街头潮流单品与滑板鞋、渔网袜、太空棉拖鞋等吸睛单品混搭，以不羁、玩世不恭、随心所欲的造型击中热爱街头文化的年轻潮人的心（图3-29）。

图3-29

八、丽迪莎（LIDISHA）2022冬季新品发布会

冬季最亮的夜空是猎户座指引的方向。本季发布，丽迪莎以"星辰"为灵感，将观众带入一场浪漫渺远的星空探索，演绎别样的星际旅人造型。擅长北欧田园、清新雅致的轻复古服饰风格的丽迪莎在本季倾心打造沉浸式星际秀场，突破空间的边界，用想象力带领观众，亲历亘古壮丽的宇宙之美（图3-30）。

图3-30

九、原创品牌秀QINGMU

轻慕（QINGMU）是一个为当代设计师打造的"异想天开"的平台，一个不安于现状、对未来富有幻想的时尚品牌，是满足25～35岁奢华圈层女性的宝藏。品牌在本季发布中延续"未来与科幻"的设计理念，将"循以此慕"的主题灵感融入当季流行演绎服饰，不仅呈献了一系列充满酷美感的款式和拼接、挖空、解构等手法，重塑后裆弧长通勤装束，强调都市女性特质与都市时尚质感；又推出紧身廓型、截短款、局部露肤等点睛单品，诠释年轻女性追求穿衣个性化、敢于表达自我的活力风格（图3-31）。

图3-31

十、原创品牌秀德强-TEX

作为与"千禧一代"一同成长起来的品牌，德强纺织稳重的产品研发之下，骨子里藏着一股不循规蹈矩的自我意识。本季发布会上，率先登场的四个造型就为秀场定下了神秘、意识大胆的基调。设计团队跳出灵感边界，以挑战传统时装的视角，赋予了单一品种面料多样化的特色和风格场景，交融呈现年轻世界新潮前卫的明亮色彩、年轻人对传统文化的遐想，以及对未来新生活的向往（图3-32）。

图3-32

十一、原创品牌秀PINPINPLUS

本次品品加（PINPINPLUS，PP+）以"Girl Power女孩力量"为主题，携三个发布系列闪亮登场红棉国际时装周，并特别邀请抖音服饰潮推官"小熊出没"、快手首席时尚星推官"徐杉Sherry"两大人气电商主播，将可爱、自信、坚韧、自由的魅力能量向全网传送，传递PP+独特的品牌时尚观，鼓励每一个女孩做最真实的自己，在不同社交状态下，都能随心所欲地穿出自带高光的人设风格（图3-33）。

图3-33

第十一届"省长杯"工业设计大赛现代轻工纺织类专项赛

广东省第十一届"省长杯"工业设计大赛现代轻工纺织类专项赛由广东省工业和信息化厅主办，广东省服装服饰行业协会、广东省服装设计师协会、广东工业大学共同承办，以"新设计·新发展·新格局"为主题，围绕我省战略性产业集群建设，聚焦推动制造业高质量发展的"强核、立柱、强链、优化布局、品质、培土"等"六大工程"，加快提升工业设计创新能力，以设计引领制造和消费，积极发挥工业设计的支撑引领作用，进一步打造"广东设计"品牌，促进先进制造业基地和创新聚集区建设。

2023年8月16日，现代轻工纺织类专项赛颁奖典礼隆重举行。本届现代轻工纺织类专项赛收到共17个分赛区超过1900组作品参赛，分为产品设计组、概念设计组两个组别，类别涵盖纺织服装、服饰配件、塑料、皮革、箱包、鞋、日化、五金工具等，数量、质量全面跃升。经过初赛、复赛、公示公布等环节，从入围复赛的产品设计组100组、概念设计组94组作品中各诞生出20%的优秀作品参加决赛，并分别评出了现代轻工纺织专项赛产品设计组、概念设计组复赛一等奖1名、二等奖5名、三等奖9名（图3-34）。

图3-34

其中，凯乐石"8000GT"连体登山羽绒服作为服装产品斩获第十一届"省长杯"工业设计大赛金奖（图3-35、图3-36）。

图3-35

图3-36

在现代轻工纺织类专项赛成果展上，广东省服装服饰行业协会秘书长陈韶通为广东省委常委、副省长王曦及广东省工业和信息化厅厅长涂高坤等介绍了凯乐石MONT Q60硬壳冲锋衣、比音勒芬小领T等获奖作品，并汇报了广东作为中国第一服装大省在推进建设世界级先进纺织服装产业强省的有关情况。

一、龙头企业，技术引领

本次现代轻工纺织类成果展汇聚了广东纺织服装龙头企业，集中展示了具有广东特色、兼顾美观性和领先技术的产品，有"衣中茅台"之称的比音勒芬带来了散热透气的功能性T恤（图3-37），全球高海拔登山领导品牌凯乐石展现了征服8000米的高科技羽绒服，中国原创设计品牌例外则呈上了非遗时尚精心制作……龙头企业在品牌发展、产品创新、文化自信等方面，充分展现了现代品牌实力，更为行业提供了"新设计、新发展、新格局"的样本。

图3-37

二、传统文化，时尚融合

在新发展格局下，文化产业的生产要素正在加速迭代，基础动能正在发生快速变化。服装行业作为基础消费行业，是与非遗结合最早、最紧密的行业之一。生活在左、墨话均是推动传统文化与时尚融合的优秀代表品牌，其依托创新设计，创造出深受消费者喜爱的产品，将非遗、传统文化与现代生活方式结合，焕发非遗价值，倡导文化自信（图3-38）。

图3-38

三、消费热点，潮牌当道

在消费时尚的年代，消费者越来越追求具有个性化、情感化的商品。在中国制造迈向中国创造的今日，广东纺织服装产业涌现出一批具有强烈风格的设计师品

牌，以极具前沿性的创新设计打动了大批消费者，提升了广东设计在国际潮流的影响力和话语权（图3-39）。

图3-39

四、数字服装，虚实相生

进入5G时代，元宇宙、数字服装成为备受热议的新兴事物。轻工纺织产业在积极推动数字化转型的同时，部分先行者同步开启了对元宇宙的探索。通过恒信东方数字童装，我们可以感受到虚拟技术在纺织产品中的实际运用，窥探到现代轻工纺织产业的未来（图3-40）。

"省长杯"大赛始于1999年"广东优良工业设计奖"，自2008年更名为"省长杯"以来，已成功举办11届，成为国内最贴近产业发展、最具影响力的设计大赛之一。本届大赛大力提升设计创新能力，征集作品3.6万件，最终决出钻石金银铜奖30个、单项奖40个及优胜奖806个，数量、质量再上新台阶。

下阶段，"省长杯"大赛将全面升级，做大做强做优广东设计品牌，进一步提升其国际影响力。广东工业设计将围绕省委"1310"具体部署，持续打造设计创新高地，深入开展工业设计进产业集群、走进粤东粤西粤北等系列行动，以设计赋能制造业高质量发展。

图3-40

第四部分

年度创新案例

产业项目创新案例

广州中大门："新潮代"时尚智慧生态港

一、项目简介

广州中大门，简称"中大门"，于2022年1月1日由广州轻纺交易园更名而成（图4-1）。中大门致力于推动纺织服装向时尚产业高质量发展，以科技、时尚、绿色为导向，为纺织服装企业提供展贸、潮流发布、设计工厂、信息化等一站式平台。创新时尚产业与潮文化商旅街区融合发展模式，创建"新潮代"时尚智慧生态港；旨在提高"东方设计"的国际时尚市场份额，构建国际时尚发布中心。设有潮文化商旅COMM中大里年轻力磁场和时尚产业T11服装设计师品牌中心、纺织总部BASE、UOMO男装面料、SOHO中央版坊、THE HUB18产业信息化中心等。

图4-1

项目占地面积约15万平方米，建筑面积达28.3万平方米，吸引商户近2000家、服装及轻纺面料设计师约3500名，有完善的纺织服装时尚产业服务运营体系，荣获国家工信部授予全国首批"纺织服装创意设计试点园区""全国十大著名品牌市场""中国商品市场百强"等荣誉称号。联手中国服装设计师协会、武汉纺织大学成立"中国男装高级定制研究中心"，与中国服装设计师协会共同为中国新锐设计师打造"大湾区新锐设计师联盟"（图4-2）。

图4-2

二、项目创新案例

在广州市和海珠区的政策支持下，中大门近年从空间革新、产业升级、数字融合等维度，积极构建多元化的产业环境，并打造一站式服务结构，以创意设计与商业落地并重为目标，大力打造纺织服装时尚生态港，为行业企业打开全新的价值空间。

1.持续推进产业环境优化提升，塑造多元时尚生态空间

中大门近年来围绕打造"纺织时尚生态港"的发展目标，加速推进了空间形象的整体提升，打破传统批发市场的刻板印象，建设满足当代产业发展需求的兼具现代时尚活力的产业运营空间，并成功打造出T11服装设计师品牌中心、纺织总部BASE、UOMO男装面料、SOHO中央版坊等多个产业功能载体。

同时，中大门精心打造国际时尚发布中心、T11艺术中心、水上演艺广场、网红摄影基地、屋顶运动工场等产业内及延伸配套功能场景，结合已有的国际时尚交流中心，并缀以室外裸眼3D LED数字大屏、夜景灯饰、景观小品、艺术装置等，逐步提升中大门的空间品质及产业服务能级。回应产业服务需求，不断强化中大门的产业属性和社会属性，为纺织服装企业提供多元时尚交流的产业生态空间，并通过空间环境的优化塑造，推动门面硬件脱胎换骨、品牌业态升级换血，引领纺织服装专业市场及产业高级化发展的新方向（图4-3）。

图4-3

2. 聚合品牌设计力量，全面提升纺织服装时尚产业能效

在新一轮改造当中，中大门重点打造了18万平方米的T11服装设计师品牌中心，其以原创设计为内核，是中大门布局整个纺织服装时尚产业链生态闭环的战略支点。该功能载体的发展规划是围绕设计供给，聚焦电商渠道的供应需求，为设计师和设计品牌打造资源汇聚、功能复合的展贸设计工厂信息化平台（图4-4）。

图4-4

T11服装设计师品牌中心着力引进国内外知名时装品牌设计总部、服装品牌企业、服装直播电商企业、服装设计师/高级定制工作室，建设融设计、制板、品牌旗舰店、总部办公、展贸、直播、分享等功能于一身的复合型空间，通过物理形态的聚合，促进纺织服装产业柔性供应链反应速度和效能的进一步提升，并与中大门内的面料研发、制板服务等功能板块形成产业互促，进一步激发本土服装时尚企业的创新动能，培育更多服装原创设计品牌。

T11服装设计师品牌中心最终将汇聚500家设计师品牌、服装公司进驻，实现创意聚集、设计师聚集和潮人聚集，带动规模化的时尚创意产业经济发展。

3. 搭建资源嫁接价值平台，打造国际时尚蓬勃发展的产业高地

中大门持续投入培育发展红棉国际时装周、PARKING LOT男装订货展等自有活动平台，链接"广东时装周"等行业IP，组织策划行业沙龙、时尚快闪、游园集市活动等，以时尚活动和时尚事件持续激发产业活力。为创意设计产业打造一个融合潮流趋势、原创设计、数字化营销及好玩新潮等多元时尚要素的产业交互平台，在展示服装创意设计和面料品牌创新研发实力的同时，不断进行创造性嫁接和亮点打造，孵化了纺织服装的流行性与创造力。

中大门通过打造自有时装周、专业赛事、培训教育、时尚体验等线上线下活动平台，在营销活动、人才培养、产业合作、品牌宣发等方面提供多维度的品牌孵化服务，对推动中小型、具有发展潜力的新锐品牌成长做出了积极贡献。

4. 坚持产教融合，促进教育链、产业链与人才链的有机衔接

中大门一直关注服装设计师、制板师的职业成长与价值提升，一方面通过"金棉花奖""精匠奖"等表彰活动激发创意设计人才的进步，另一方面持续举办十佳服装制板师大赛、服装制板师职业技能竞赛等来发掘和培育制板技能人才，孵化工匠型制板大师。同时在培训教育领域发力，通过打造"商学院"，定期举办创意设计、产品运营、供应链管理、视觉营销、商品企划等主题课程，全方位培养设计人员和企业的产品力、品牌力、时尚力及创新力。投资孵化产业供应链创新服务平台"广州·设界"，通过设界平台的"产业+数字化科

技"服务功能，辅助商户打通产品创新开发、服装创意设计、供应链服务、数字化营销等方面的壁垒。

此外，经过多年的行业积累，作为中国男装高级定制研究中心成员单位之一支持推动了国内首部男装研究巨著——《中国男装四十年（1979—2021）》的编制出版。同时，中大门现已与北京服装学院、东华大学、武汉纺织大学、西安工程大学、上海技术工程大学、华南农业大学、广州美术学院、广东省轻工职业技术学院等近20家国内知名纺织服装专业院校形成校企合作关系，共同建设产学研合作及社会实践基地。

中大门通过构建"产业园区+行业协会+专业院校"的产学研合作机制，形成了"创意设计+供应链资源+市场平台"的优势运作模式，能为创意成果的转化提供有效、稳定的空间平台。

5. 创新"产业+消费"融合新模式，引领传统商贸市场破局提升

2022年，在海珠区委、区政府的支持指导下，中大门与国际顶尖商业策划机构戴德梁行携手合作，从纺织服装产业B端向C端消费升级延伸，建设潮文化街区，发展时尚定制、设计师集合店、潮牌服饰等终端新消费业态；同时不定期举办潮文化中秋主题市集、布衣young原创市集等主题市集活动，整合轻饮、轻食、服饰、潮牌、创意潮玩、花点、手作等多种时尚元素，配套国际滑板场，植入年轻人喜爱的"潮文化"，营造时尚、艺术、餐饮、娱乐、休闲等体验式新消费场景，从内容创新、消费导流、休闲体验等方面，推动产业、消费双升级并实现动态平衡，以科产商文旅的融合发展推动传统商贸升级发展。

三、项目效益

经过多年来的升级调整，中大门现已初步构建集研发设计、制板服务、会展发布、展示展贸、产业信息化、时尚孵化、产学研互促等纺织服装产业核心及延伸要素的产业时尚创新生态体系，并持续发力落地更多的创新举措，推动纺织服装产业向产品品质与创意、品牌和创新的经营管理模式转变。进一步弱化传统面料现货交易功能，聚焦面料研发及服装设计等产业链价值链的核心环节，帮助商户提升研发设计能力、创新经营发展模式、塑造品牌培育优势，引领纺织服装专业市场及产业高级化发展的新方向。

未来，中大门的创意设计、科技创新、时尚服务等新业态将更加丰富多元，并凭借精准的产业定位、强大的产业整合能力和优质的营商环境，吸引更多优质的产业品牌企业及高端产业人才荟萃其中。同时，延伸发展更多的智能科技、银行金融、供应链物流、商务服务、零售餐饮、文化体验等创新资源和商业配套设施，打造泛时尚产业生态图景，满足高端人才、时尚人群、新生代人群等对工作场景、生活场景、休闲场景的需要，实现产业业态和经营品质的协同提升，助推纺织服装产业链条的强链、补链和延链。预计升级完成后，项目整体总产值突破百亿元，带动就业人口超过5万人。

广州红棉国际时装城：时尚引领创新

红棉国际时装城（图4-5），位于广州流花商圈黄金地段，营业面积约6万平方米，云集全国各地、欧美日韩等知名服装厂商。服装品牌商户超1000家，设计师品牌约600个，拥有丰富的自主品牌孵化经验，致力于打造原创设计集聚地、国际时尚潮流策源地，是一座汇聚品牌孵化、设计展示、创意交流、流行趋势发布、设计培训及产学研联动的国际化平台，已成为国际品牌进入中国市场的桥头堡，国际时装流行趋势的风向标。

图4-5

红棉国际时装城先后荣获国家工信部、国家工商行政管理局、国家纺织服装行业、省、市、区各级政府授予的各类荣誉称号："纺织服装创意设计示范园区""中国时尚服装原创基地""中国纺织服装行业十大创新市场""中国纺织服装行业十大专业市场""中国纺织服装行业十大标杆市场""纺织服装产业平台经济试点单位""中国服装设计师孵化基地""中国服装品牌孵化基地""中国最具国际时尚影响力品牌市场""中国红棉国际服装时尚交流基地""全国诚信示范市场""中国时尚创新示范基地""中国优秀企业""中国优秀民营企业""广东时尚服装国际采购中心""广东省优秀企业""广东省自主创新标杆企业""广东省诚信示范企业""广东省守重合同重信用企业""广东省最具社会责任感企业""广东省清洁生产企业""广州市专业市场转型升级示范市场""广州市企业文化示范基地"等。"红棉国际"与"红棉国际时装城"先后荣获广州市著名商标称号。红棉国际时装城已成为纺织服装行业专业批发市

场的领军企业（图4-6）。

图4-6

一、升级举措

1.持续搭建产业服务平台

近年来，红棉国际时装城围绕新锐品牌孵化、创意设计交流、产业配套服务三大核心内容，通过平台搭建、品牌孵化、大数据应用、教育培训、物流升级等举措，为品牌企业打通研发设计、时尚营销等环节壁垒，加快时装城产业链、价值链的双提升。2022年，被国家工信部确定为"纺织服装创意设计示范园区（平台）"。

2.加强国际时尚交流合作

红棉国际时装城不断颠覆创新，先后推出"红棉国际男装周"、HIVEshowroom、云尚周等平台，并与Pitti Uomo等全球知名展会建立战略合作关系，进一步为中国男装产业引进国际高端时尚资源，有效提升了中国原创男装设计水平，推动中国原创男装品牌

深度接轨国际，助力中国男装产业的高品质发展，以创新思路、创新实践赋能中国时尚产业。

3. 持续发挥"红棉国际时装周"品牌效应

作为中国原创服装设计的优质商贸交流平台，历届红棉国际时装周成功吸引了众多国内外优秀的自主品牌及设计师，带着他们的强烈风格与原创作品在舞台上尽情闪耀。时装周平台坚持以国际时尚潮流融合为内核，不仅积极引进更多意大利、韩国高端原创潮流品牌，聚合本土原创品牌势能，而且联动广州中大门等产业链上下游战略伙伴，致力于打造后疫情时代全新升级的产业服务平台，激活产业新生态。除了官方日程发布的品牌，红棉国际时装城场内品牌商户也将新品订货会集中在时装周期间举行。以集聚之势，最大化时装周的平台效应（图4-7）。

图4-7

4. 积极探索数字商贸模式

红棉国际时装周以"时装周×云尚周"的双引擎模式，打造线上线下联动的数字时装周模式，通过线上直播、直播带货等形式面向全网发布推广，为本土原创设计品牌聚集能量，打开销售渠道。云上秀场和线上直播等形式的优势在于，在数字时装周的世界中，每个品牌都能找到属于自己的表达方式。强大的直播矩阵，不仅让国际时装新潮触手可及，让全网观众动动手指即可一键抵达时髦前线。还让潮流趋势、新季

选品和设计元素一目了然，利于全国各地时尚买手和采购商获得更高效、便捷的商贸效果（图4-8）。

图4-8

二、未来目标

未来，红棉国际时装周将进一步发挥具有国际影响力的时尚产业优势，用创新创意引领和数字化驱动发展，精心打造一个更新潮、更包容、更高效的数字时尚周IP，深度联动广州中大门等更丰富的产业链上下游资源，构建具有本土特色、国际影响、时代特征的时尚产业生态，助力打造广州国际时尚消费中心，全力构筑时尚文化发展新高地。

如今，"十四五"篇已经开启，中国正在加快形成以国内大循环为主体、国内国际双循环相互促进的发展

新格局。展望未来，红棉国际时装城的升级发展要与以国内大循环为主体、国内国际双循环相互促进的新发展格局联系起来。一方面着力抓好国内大循环，瞄准庞大内需市场的消费升级趋势进行转型；另一方面，面向国际市场则要与一带一路沿线国家建立更紧密的联系。

1. 加强国际时尚合作，孵化一批原创"新国潮"品牌

未来，红棉将进一步发挥云尚周、HIVEshowroom等平台的集聚效应，继续引进意大利、韩国等优质品牌及设计力量，深度融合全球高端时尚资源、搭建中国原创服装品牌接轨国际的商贸交流平台。

以"广州时尚之都""时尚湾区"的建设为契机，培育更多有实力的原创"新国潮"品牌，不断提升价值链层次，提升品牌竞争力。

2. 持续打造时尚周、云尚周等IP，数字赋能全产业链平台

打造品牌原创力是红棉国际时装城的根基，秀场则是展现品牌力的重要窗口。未来，红棉将把智能化、数字化转型作为打开双循环新格局的重要抓手。

持续打造红棉国际时装周、云尚周、HIVEshowroom等重要时尚IP，将线上线下联动、电商与新媒体互通、行业与消费者互联，打造兼容B2B、B2C服务行业与消费者的特色时装周；开启"云秀场+云直播+云订货+云购物"全新模式，打造线上线下相结合的数字赋能全产业链平台，使其成为时尚行业数字化转型升级的有力推手。

展望未来，依托庞大的产业资源、精细化的专业管理、前瞻性的市场运营、高效的团队执行、领导班子超前的思维模式，红棉国际时装城将不断变革创新，加快向中国服装行业的品牌孵化平台、产业服务平台升级转型，全力协助广州"国际时尚之都"建设。红棉国际时装城也一定会在国际化、时尚化、品牌化的道路上稳步前行。借助大湾区时尚建设的东风，聚合能量，砥砺前行，为地方经济发展和行业发展做出新的更大贡献。

广州国际轻纺城：时尚为源、消费为引，挺起产业高质量发展新脊梁

位于中大纺织商圈核心地段，于2005年开业的广州国际轻纺城是商圈龙头，经营面积近20万平方米。历经多年，紧紧围绕消费需求快速变化的匠心打磨与跨越创新，作为紧贴民生的大型流通型消费基础设施，广州国际轻纺城现已发展成为中国最大、最具影响力的纺织服装面辅料一站式批发零售兼具的主题商场，汇集3000多个国内外面辅料品牌商户，常年展示逾百万种最新、最潮面辅料，也是众多国内外纺织品采购商、时装设计师和服装买手采购、消费的首选之地。

与时代同行。近年来，广州国际轻纺城始终紧握趋势风潮，顺势而为、乘势而上，以城聚链、以链促产、以产兴城，逐步串联起产业与城市高质量发展的完整脉络，成为产业创新与价值创造的聚合中枢，一站式链接起纺织服装产业生态圈的各个环节。

一、"时尚源·创平台"再度开秀

坚持以"时尚"为主线，围绕人才、产品、信息及资源四大时尚生态要素，广州国际轻纺城正聚合产业优质资源，持续打造包括原创设计中心、科研创新中心、时尚趋势中心和产业联盟中心在内的"时尚源创平台"，通过对多样化的消费基础设施升级改造以及每年持续举办中国（广东）大学生时装周、中国纺织面辅料流行趋势发布等重量级活动，为院校师生、设计师与服装、面辅料经销/生产商、服装企业等搭建各类交流合作平台，促进各要素间的碰撞交流，引领产业走高质量发展路径，带动产业链上下游参与各方高水平互益共生。

2022年5月23日，作为2022广东时装周—春季系列活动备受瞩目的开幕大秀，源·创——广州国际轻纺城"时尚源创平台"专场发布盛大登场，呈现了一场时尚之源与原创设计精彩交互的视觉盛宴。这场大秀是广州国际轻纺城"时尚源创平台"自2019年11月启动以来推出的第六场重磅发布，特别诚邀了5位广东十佳服装设计师参与发布各自最新的原创设计。能胜纺织×墨话、绿海花边×吴晓蕾、永泰纺织×池坊婷、尚纶纺织×胡浩然、益惠群纺织×冯璐等，5位设计师匠心独运，将5家轻纺城优质品牌面料商各自创新面料的表现力与可能性发挥到极致，强强联手共同呈现了一个风格多元、如梦如幻的华丽秀场。T台上国潮风、新中式、岭南文化相互碰撞，让现场惊喜连连，或飘逸曼妙、或刚毅型格的霓裳展现了广东当代时尚风潮的非凡魅力（图4-9）。

图4-9

二、FATF面辅料采购节好戏连台

广州国际轻纺城以时尚为窗口，创办了多元化、多形式、线上线下结合的展贸活动，吸引众多采购商、设计师及业内人士前来互动交流。其中，自2015年开始，广州国际轻纺城便每年根据季节产品特色，以市场需求为导向，通过举办一年两届的FATF面辅料采购节，不断为商户、采购商和消费者搭建起专业、高效的沟通和买卖平台，创造更多的商机，实现与商户的共同成长，并为广大消费者带来了更多便利与价值。

作为商圈复工复产的标志性贸促活动之一，素有"中大商圈第一展"美誉的FATF面辅料采购节被赋予了更多的意义与期待。2022年（春夏、秋冬）两届采购节，累计展期共27天，期间举行了9期专题展、17场专题讲座、130+场配套活动，共吸引了近10万名采购商、设计师、专业人士等到场参与，有效提振市场信心，提升商圈消费活力（图4-10）。

图4-10

三、"纺城·云播"新招送出

解密人气门店背后的时尚密码、揭晓年度明星商户的最新单品、洞悉时尚源头的灵感趋势……自2020年起，广州国际轻纺城已连续多年推出"纺城·云播"活动，先后结合云直播、云逛街等创新手法，打造短视频线上探店体验新模式。

作为广州国际轻纺城首创的又一项专为激励商户创新、赋能产业升级、优化营商环境的品牌主题IP活动，"纺城·云播"每年都能收获累计近百万人次的线上观看，备受商户的支持与肯定，并持续引发热烈反响。2022年，"纺城·云播"活动邀请了8位年轻服装设计师分别担纲探店主播，以节奏更紧凑、内容更聚焦、视觉呈现更精彩的2~3分钟短视频，带领观众进入10家人气时尚门店内，从设计师的专业视角与商户主理人进行深入交流，探究最新面料的工艺技术、产品特性、应用场景和品控知识，让线上的采购商、设计师和广大消费者能在短时间内更高效地获取源自时尚上游最新的潮流动向（图4-11）。

图4-11

四、年度"人气时尚门店"新"妆"就位

一城链时尚，门店展风尚。自2020年起，广州国际轻纺城首创的"人气时尚门店"评选一直备受瞩目，不仅有效促进了城内商户的持续焕新升级，共同营造出更富时尚感、品质感与空间美学的采购环境，还有利于采购商、服装设计师等激发更多的灵感新意，助

推构建起高质量的时尚产业生态圈。

据统计,在广州国际轻纺城内,每年就有超过300家商户符合"人气时尚门店"焕新升级的评选标准。2022年度的评选则主要面向2021年9月至2022年10月进行了门店装修升级,并已完成竣工验收的商户,入围商户随后根据网络人气投票结果,最终选出前十强。

经过激烈角逐,2022年最终胜出的十强门店不仅颜值与实力齐飞,更再次刷新了大众对时尚门店的定义与理解:以展示艺术品方式展示布料的艺术沙龙馆、灵感源自太空舱的空间创作、糅合现代极简线条与科技灯光的留白设计、结合亚克力元素混搭而成的海上浪花、活力四射的黄色风暴、唯美温馨的简约小店等。他们不仅在店面装潢上极具特色、充满时尚气息,同时与各自面辅料产品特性间的融合更达到了一个全新的层次和高度(图4-12)。

五、首获"中国纺织时尚中心"殊荣

2022年11月,在以"时尚引领 协同共赢"为主题的2022中国(柯桥)时尚产业流通发展大会上,中国纺织工业联合会流通分会特授予广州国际轻纺城"中国纺织时尚中心"称号,以肯定其行业价值与市场地位。作为行业标杆,广州国际轻纺城一直不断抢抓产业迭代升级的新契机,充分发挥联动行业上下游价值链的协同优势,起到展贸引领、创新引领、时尚引领等关键作用。

中国纺织工业联合会秘书长、流通分会会长夏令敏表示,在行业面临不可逆的转型大潮之际,需要更多龙头企业持续创新,为行业发展提供示范带动作用。广州国际轻纺城以"时尚"为推手,在推进产业链、创新链、价值链三链协同,带动区域产业高质量发展,推动广州时尚之都建设等方面均发挥了重要的表率作用(图4-13)。

图4-12

图4-13

展望未来，广州国际轻纺城将继续立足产业集聚优势，持续顺应消费需求新趋势，优化消费路径、拓宽消费场景、提升消费水平，满足与激发更多样化的消费市场需求，努力打造成我国纺织服装面辅料流通型消费基础设施示范区、先行区、引领地，秉持龙头之姿，再次推动商圈及产业跨越创新、互促共进，不断打开更多新的想象空间，携手各方，在高质量发展道路上阔步前行（图4-15）。

六、纺织服装创意设计试点园区复审通过

2019年11月22日，2019中国纺织服装品牌大会在浙江桐乡濮院盛大召开。大会上，广州国际轻纺城荣膺由国家工业和信息化部颁发的"第四批纺织服装创意设计试点园区"称号。2022年期间，经省级工业和信息化主管部门推荐、专家评审和网上公示等程序，广州国际轻纺城成功通过国家工业和信息化部的复核评审，卫冕"纺织服装创意设计试点园区"荣誉称号（图4-14）。

据悉，"纺织服装创意设计试点园区"的创建工作，旨在通过试点示范、典型引领，建设一批资源集聚能力强、专业服务水平高的纺织服装创意设计园区，助力行业增品种、提品质、创品牌，进一步推进纺织服装产业供给侧结构性改革与高质量发展，同时更有效地满足人们对美好生活日益增长的个性化、多元化的产品和服务的需求。

图4-14

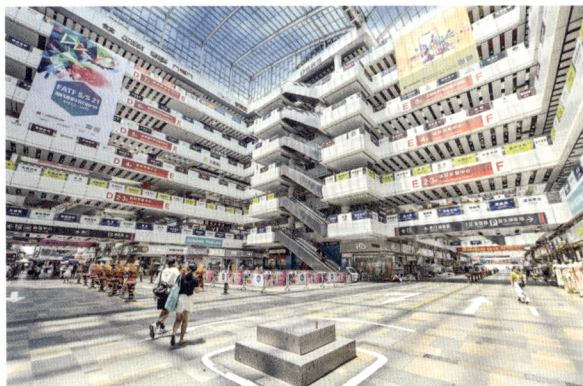

图4-15

广州白马服装市场：转型升级新招迭出，助推行业纵深发展

2022年是广州市提出时尚产业集群高质量发展行动计划的首年。白马作为广州"批发零售行业链主"企业——越秀集团核心成员，坚定不移以"高质量发展"为首要任务，创新搭建VIP采购商管理平台，实现白马平台价值的最大化；积极推进数智化发展，引领专业市场的转型升级；优化调整市场品牌，营造更舒适的营商环境图（图4-16）。

搭建VIP采购商平台，精准圈层服务初显成效。专业市场能够保持高速运营的条件之一就是具备持续

吸引大规模采购商的能力，具体表现在具备足够的辐射纵深和市场占有率、采购商采购价值（频次、数量、总价）高于竞争市场、新增采购商速度高于流失速度。白马凭借30年运营经验的沉淀，与其他专业市场的采购商相比，总量是惊人的，并且白马也是最早启用采购商会员管理的专业市场。先发优势加上原始积累，使白马走得更快一些，2022年白马组织成立采购商平台运营专项小组，赴杭州、株洲、深圳、清远、东莞等地进行考察调研，开展采购商信息采集及沟通工作，完成对场内1000名优质客户及场外500名采购商需求的调研及分析报告。同时通过采购商圈层、客户发布会、服装集散地地推等方式，链接河北信誉楼买手团、茂名采购团及山西、广西、东莞等省市多地域采购商团，掌握VIP采购商信息5789名，建立VIP专属采购群161个，通过包车接送服务，主动出击，组织多频率、高频次的采购活动，全年累积促成精准VIP采购商交易额数千万元（图4-17）。

图4-16

图4-17

同时面向长江以南区域的批发市场商圈开展线下宣传活动，渗透湖南株洲、广西南宁等省外地区及深圳、东莞等广州周边城市的专业市场采购商，宣传场内商户品牌的同时拉新会员，全年新增采购商会员同比去年新增提升27%。同时受市场环境影响，白马调整营销推广打法，资源倾斜与补贴采购商，联动越秀集团资源，创新推出酒店住宿、交通补贴等措施，降低采购商到场采购的成本，从而沉淀精准的采购商会员；自主开发线上小程序"白马严选相册"和"白马直播间"在线看板，建立582个采批社群，全年开展品牌直播对接专场250场，白马严选相册访问量同比2021年提升57%，达成线上促交易的闭环。

研发营销数字看板，提升专业市场数字化水平。以数智系统研发及优化升级、银行合作为抓手，数字运营及营销共同加持，助力市场营销运营，实现白马营销赋能闭环。2022年，白马通过数智系统研发、白马严选相册升级，持续完善会员系统，助力白马市场的营销推广，赋能商户经营，持续提升专业市场的品牌运营力、服务力。凭借多维度智能分析会员、采购、媒体运营等数据，进一步完善采购商会员画像，及时发现及反馈分析商户经营趋势，提供营销运营指标预警，助力业务管控提升及专业市场运营发展，全面提升数字化水平。基于市场现状及数智化转型升级需求，推出白马智慧支付。致力于打造线上、线下数字化服务新生态，通过提供一站式支付解决方案+服务人员专业培训，为商户经营提供持续和高质量的服务支持。通过大数据智能分析，全方位掌控市场交易情况，灵活赋能商家各类经营场景，助力品牌降本增效，提升经营效率。在数字经济蓬勃发展的背景下，加速推进数智技术与专业市场转型的深度融合。以数智力量驱动创新升级，成为当前产业转型的重要方向和实现高质量发展的必由之路。白马通过系统迭代更新等方式，为纺织服装市场带来降本、提质、增效多重作用，帮助市场实现数字化管理和监控。

优化调整品牌结构，多元配套完善采购体验。广州白马服装市场建筑面积共6万平方米，集原创服饰、轻餐饮、摄影基地为一体。作为全国知名的服装专业市场，在2022年市场经营形势严峻的情况下，白马凭借"攻坚克难稳经营，创新运营促发展"的经营思路，深挖优质客户资源，发掘符合白马市场定位的新品牌。在引进快时尚主流女装品牌后，又引进了国际知名男装品牌啄木鸟和意大利设计师品牌凯瑞奇，两大知名男装品牌在白马8楼开设大型旗舰店。以优质商户带动产品销售，以原创品牌带动场内客流，白马8楼高端男装基地现已汇聚不同风格的男装品牌，融合商务、潮流、定制、精品展贸、前店后厂等多元为一体，迎合市场年轻化、时尚化的发展趋势，新进驻的品牌为白马再添活力，向专业市场提供更多高品质的服装。为采购商提供更舒适、便捷的采购环境，白马在市场首层时尚之芯引进5家人气餐饮品牌，丰富配套业态组合。舒适的用餐环境、精致的装潢、宽敞的座位，为采购商提供更加便利舒适服务的同时，吸引商圈客流到白马用餐，增加场内客流量，促进线下交易。

1993年，白马作为中国首个入室经营的现代化大型服装专业市场，屹立于流花商圈。2023年，站在成立30年的全新起点，白马将传承过往、锐意生长、围绕产业运营和产业服务核心，进行品牌迭代升级，以"中国品牌服装国际交易中心"为全新定位，提出"时尚白马、品质首选"的价值主张，将其作为企业战略灯塔，照亮下一个30年的基业长青之路，引领全国服装专业市场的发展与升级（图4-18）。

图4-18

广州北·中大时尚科技城：中国快时尚智造基地

广州北·中大时尚科技城位于广清经济特别合作区，占地2000亩（133万平方米），建筑面积400万平方米，总投资150亿元，未来全面建成后将容纳近5000家企业，将打造成一个以纺织服装产业为主导的千亿级时尚产业集群（图4-19）。

图4-19

一、省市顶层设计，建设面向世界的现代纺织服装产业集群

2023年，广东省政府工作报告提出，以实体经济为本、坚持制造业当家，坚定不移推动高质量发展。在广东省委省政府的部署下，清远市谋划推动以广州北·中大时尚科技城为核心区，打造"万亩千亿级"制造业大平台——广清纺织服装产业有序转移园，规划用地超10000亩（666万平方米），是纺织服装全省一盘棋的重要落子，承接包括中大布匹市场在内的有关产业有序转移，高起点、高标准、高质量建设广东省产业有序转移新样板，建设面向世界的现代纺织服装产业集群（图4-20）。

图4-20

二、构建全产业链大生态，推动中国时尚产业高质量发展

作为广清纺织服装产业有序转移园首选地，广州北·中大时尚科技城不是简单的钢筋水泥厂房，而是着力构建纺纱、织布、制衣、数码印花、展销等全产业链一体化、数字化智能制造产业生态，通过信息化赋能，加快传统产业转型升级。项目全力推动东方国际面料馆、中联品检（清远）检验中心、云纱网产业互联网平台、绿色环保数码印花云平台、共享云仓+跨境仓储平台、阿米巴柔性生产纺织服装智能制造平台的建设。"一馆一中心四平台"将为纺织服装全方位赋能，实现产业链、供应链数据闭环（图4-21、图4-22）。

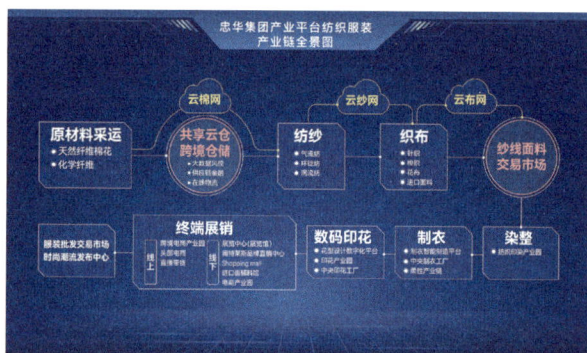

图4-21

图4-22

1.东方国际面料馆

打造立足国内、面向全球的东方国际面料馆，涵盖新疆棉纱、进口面料、花布、针织机织等展销，同时打通线上互联网面料交易平台，线上查阅即可在全球范围内寻找需要的面料，快速采集，为提升供应链的整体供货、设计能力等建立良好交流、交易平台。同时，探索开展保税仓、市场采购等外贸进口业态，

扩大面料进口渠道及保税贸易规模，提高进口面料交易的灵活性。

2. 中联品检（清远）检验中心

将引入中联品检（清远）检验中心、国家纺织面料馆清远分馆，双重赋能，为纺织服装企业提供完整的品质保障解决方案，提供涵盖纺织、轻工产品检验与技术支持、检测技术人才培训、实验室信息化服务、企业质量管理体系建设咨询、产品研发、认证服务、环境评价等众多领域，为园区纺织服装企业的产品质量安全、品质保障、产品创新保驾护航。

3. 云纱网产业互联网平台

2021年4月，忠华集团旗下广东云纱数字科技有限公司运营的"云纱网"正式上线推广，将打造以纺织最重要的原料产品"纱线"为交易主体的全产业链互联网赋能交易平台。专注纺织产业供应链综合服务，通过提供云单、B2B云端交易，实现线上发票流、资金流、合同流、货物流等四流合一。截至2022年6月初，注册用户超过5000家，有效链接交易额超过150亿元。

4. 绿色环保数码印花云平台

目前园区已引进3家国际知名数码印花设备商（以色列康丽、日本兄弟、日本爱普生），全国首个数码印花产业园已落户园区，推动形成集中统一的数码印花产业集群，为入园纺织服装企业提供绿色环保的数码印花服务，平台可以链接订单方、生产设备、耗材商、物流等，实现全流程数字化生产管理。通过数字化赋能，实现柔性生产智能制造。

5. 共享云仓+跨境仓储平台

共享云仓通过数字化管理，为产业园区实现仓储、物流配送一体化；利用物联网解决方案、覆盖供应链金融业务全流程的数字风控管理体系，进行大数据精准风控管理；基于共享云仓场景，与银行等金融机构合作，推出定制化供应链金融产品，帮助产业链与供应链上下游的中小企业拓展融资渠道、提高融资效率、降低融资成本，加快企业业务流转、资金流转、货物流转，降低企业运营成本，为企业全方位赋能。同时为跨境电商提供卓越的海外交付服务，为园区企业搭建通往海外的销售通道，为国产纺织服装企业出海强势赋能。

6. 阿米巴柔性生产纺织服装智能制造平台

目前，广州北·中大时尚科技城已与广东紫元素服装有限公司等7家企业签订协议，并引进中国纺织工业联合会检测中心等专业服务机构，共同打造纺织服装柔性智能制造工厂。通过构建SaaS（软件运营服务）平台，开展MES（制造执行系统）应用，有效优化用工结构、提高效率，实现全流程品质管控，已成功打造衣针衣线制衣智能管理平台，快速实现数据共享、车间共享、人工共享；引入阿米巴智造（智能制衣小团队）专家智库研发通用型管理系统，降本增效、提质增速，达到效益最大化，解决中小型制衣厂效率低下、管理混乱、品质不高的痛点，实现小单快反柔性生产。

7. 新疆棉花、棉纱、棉布大卖场

围绕纺织服装垂直生态链，利用云纱网产业互联网平台、共享云仓平台全方位赋能，对接新疆棉花、棉纱、棉布等纺织原材料，线上线下深度协同，打造新疆纺织品华南地区线上线下大卖场。

三、开启"工业上楼"新模式，突破产业发展的空间局限

广州北·中大时尚科技城作为专注时尚产业的全新产业园区，在深度考量产业发展趋势及需求后，开发"一楼展销，楼上研发生产"的创新工厂，打造产研一体、展销一站的新商业模式。其中，8层独栋厂房以更超前的理念率先开创"5+3"垂直空间模式，下面5层实行展销、研发、生产等功能，上面3层可根据企业需求打造办公、商务接待、直播等功能空间，开启工业上楼新模式，真正为企业量身打造"研展产销"百变多功能厂房，向上要空间，从功能布局、空间设计、降本增效等方面，全方位突破产业发展的空间局限（图4-23）。

图4-23

致景科技：以科技助推纺织服装产业数智化变革

致景科技成立于2013年12月，是领先的纺织产业互联网企业、国家高新技术企业。旗下拥有"全布""百布""天工""致景金条""致景纺织智造园""致景智慧仓物流园"等业务板块，致力于通过大数据、云计算、物联网等新一代信息技术，全面打通纺织服装行业的信息流、物流和资金流，帮助行业实现协同化、柔性化、智能化的升级，构建纺织服装纵向一体化的数智化综合服务平台。

发展至今，致景科技围绕数字化、智能化、集群化，通过"科技+纺织"，聚焦上中下游产业链，将数智化渗透到全产业链各环节，推动纺织服装行业数智化转型升级。

一、构建上游纱织染云上协同新体系

致景科技旗下的纺织工业互联网平台"全布"，以数智化赋能纺织产业链，实现上游生产全流程数智化。

针对产业链流程长且分散、数智化程度低等行业痛点，深入产业核心需求与应用场景，以纺织工业互联网数字化系统"飞梭智纺"构建上游数智新基建，带动纺织服装产业升级。针对上游纺纱、织造、染整等生产环节，飞梭智纺基于"AIoT+SaaS +大数据"连接生产设备，为其提供生产效率管理、产量瓶颈分析、质量管控、协同排产等全流程数智化管理，以数据驱动工厂的智能管理，并提供原料集中采购、履约可视透明、科技金融解决方案等360度全方位服务，助力纺织企业数智化转型。目前，飞梭智纺已覆盖全国超9000家织厂，链接超70万台织机。

致景科技自主研发的"边织边检"智能检测系统，整合视觉AI大模型、边缘计算、云计算等技术，以智能巡检替代人工巡检，推动织布环节全流程质量管理与智能制造更进一步。

在过去，织造环节的质量把关主要依靠经验丰富的车间工人不停巡查布面。但人工巡检不仅工作量大、效率低，且难以形成统一标准，容易出现漏检、错检等情况，导致成品质量不稳定，影响生产进度。现在，工厂在织布机上安装使用"边织边检"系统后，可以

通过高清摄像头模组实时全自动、全覆盖监测布面，实现织造环节0巡检，高效解决了人工巡检的缺点。目前"边织边检"智能检测系统已覆盖断经、双经、筘路、筘痕、成片纬缩、各类档子等全类别四五十种疵点，系统识别准确率90%以上，提高挡车工50%工作效率。

"边织边检"智能检测系统还解决了验布痛点。通过对布面质量实时监测与全程记录，在落布后立即输出质检报告，区分开"免检"与"需复检"布匹。"免检"类成品布无须人工验布，实现全速倒卷码堆入库，实现100%免验布，合格率超98%，让工人打卷速度翻倍。

二、"AI+大数据+智能硬件"解决找布难

致景科技旗下的成品布交易服务平台"百布"，致力解决"找布难"的问题，一站式提供布料交易服务。

一件服装的诞生首先要从一块布料开始。以前，布料采购主要以线下"以布找布"为主。有时，设计师和采购人员为了一块合适的面料，需要在面料市场寻找多日。既耗费时间，甚至有时还找不到合适的面料。百布平台以"大数据+AI+智能硬件"快速精准匹配布料，高效连接一批商户与下游中小服装制造厂，一站式提供布料交易服务，致力于解决纺织服装行业"找布难"痛点。

百布平台将面料参数"数字化"，按照针织、机织、颜色、纹路、成分比例、克重、密度等面料特性，将布料信息化、标签化，从而形成标准化面料数据库。使用者通过"对布机器人"扫描所需布料样布，同步记录参数，即可匹配百布平台的布料标准化数据库，准确获取该布料信息，大大缩短了找布时间，从而实现找布"快捷化""精准化"。

此外，百布平台还提供"一站式履约"服务，涵盖从找布、采购到物流各个环节，为服装生产企业打造了一站式服装面料采购平台。分布于服装生产企业周边3~5千米范围内，还专门设有"百布小站"。百布小站拥有行业齐全的面料数据库，通过面料数字化和图搜技术，大幅提升成品布交易环节的匹配效率，为

需求商提供海量物美价廉的面料。

三、打造一站式服装制造供应链

致景科技旗下的服装智能制造云平台"天工"，以数智化高效协同服装制造各个环节，为服装企业提供一站式柔性供应链服务。

在服装制造环节，致景科技推出"天工选款平台"，充分整合服装制造云工厂、云设计、云板房、面辅料供应平台、仓配一体等供应链资源与数智化优势，联动从趋势研判、设计、采购、打板、生产到物流的服装全生产场景互联互通，形成从设计到推款的一站式服装制造供应链，以快速、高效、一体的服务助推服装柔性化生产。

具体来说，在流行趋势数据指引下，Fashion 3D通过数字技术实现高仿真的3D数字样衣建模，无须制作传统的实物样衣，即可在线协同审板，推款效率更快。同时，依托数智面辅料平台，借助在数字化、选料、履约供应、面料加工的整合能力，实现90%的"T+1"齐套率。在此过程中，全智能化仓配一体化中心提升协同能力，使面料流通环节的供应链效率更高效。

在生产阶段，通过服装智能制造云平台"天工"、服装智能制造系统"易菲"，实现一站式服装生产，推动服装制造生产过程的可视化和数字化，精准链接工厂搭建生产中心。成衣云仓则可为其提供数字化仓储服务，可以做到边生产边发货（2C发货），将发货时间缩短至3天。

四、推动纺织服装产业集群化发展

致景科技在集群化方面进行积极尝试，通过共建产业园，推动纺织产业数智化、集群化升级发展。

目前，位于佛山的致景智慧仓物流园已经投入运营，率先将大规模自动化设备及平台化运营模式投入纺织仓储环节，利用物联网、大数据、智能设备等建立数智化、一体化及可定制的智能仓储物流中心，提升供应链整体协同效应与规模效应。

位于宜宾的四川致景纺织智造园也已投产运营。园区配备先进的自动化、智能化纺织生产设备，搭载"巡检机器人"实时检测倍捻机运行状态，大幅提升生产效率。致景科技也将大数据、云计算等新一代信息技术应用在生产环节中，打造产业园"纺织智慧车间"新样板。

此外，致景科技已与清远、海珠区签订了战略合作协议，发挥清远、广州两地优势，共建广清"现代轻工纺织产业集群"，促进区域协调发展。致景科技将积极发挥自身的技术、资源、供应链优势，提供科技创新支撑、供应链高效协同，推动现代纺织服装产业高质量发展、为集群发展注入"创新动力"，实现建链、强链、扩链。

领南跨境产业链：跨境电商产业链一体化集成，打造粤东跨境电商园区式经济先行者

普宁跨境服务一条龙哪里强？供货、开店、经营、物流仓储、孵化找广东领南跨境产业链股份有限公司。广东领南跨境产业链股份有限公司是首批对接"中国（揭阳）跨境电子商务综合试验区"项目落地的民营企业，是2022年揭阳市重点项目。公司以跨境电商产业链一体化集成为特色主题，打造粤东跨境电商园区式经济先行者。

公司位于广东省东部交通枢纽中心——普宁市，距离普宁高铁站5千米，汕湛高速2.5千米。周边往来便捷，距惠来揭阳港1小时、汕头港1.5小时、潮汕机场35分钟的路程。园区占地63亩（4.2万平方米），建筑面积超10万平方米。拥有现代化商务总部大楼、标准化生产工业楼、仓储和物流中心，海关、商检、公安、政务、物流、货代、报关及生活设施服务配套齐全，是一个适应跨境电商产业未来发展的一体化园区。

一、公司使命

产业园能帮助国内网商、贸易公司、生产企业、专业市场、商会协会、出口企业跨出国门，在更广阔的国际市场大显身手，也能帮助国内网商、生产企业、出口企业更好地进入国外市场。产业园为上述跨境贸易主体提供全体系、全过程一条龙服务，包括出口商品直供、出口商品推广、外贸综合服务、跨境创客孵化等。

公司设有三大商业板块：培训孵化、商务运营、供应链集成（线上平台线下选品中心）、标准制造车间、智能云仓（可适用于共享监管仓）、现代物流（含海关服务）等。通过企业内部供应链线上智慧平台管理，衔接几大板块之间的功能使优质资源配置到位，实现科学、高效、紧密、集约式的运作，发挥各板块的最大价值（图4-24）。

图4-24

二、培训孵化

产业园培训跨境电子商务、国际贸易专业人才，为了快速让企业跨境销售上轨道，领南跨境产业链特别引入了潮汕地区稀缺的专业人才，与广深地区规模化电商企业深入合作，从广州等地高薪引入了一批跨境电商专业经营和管理人才，并结合普宁当地的跨境回流专业人才，建立了一支经验丰富的跨境培训孵化团队，并引入大量普宁地区稀缺的跨境平台入驻、运营、服务资源。能通过园区专业的教学设施和设备，直接点对点、线上加线下为大潮汕和普宁当地的服饰企业提供最专业最完整的跨境电商培训、顾问和指导服务。

三、供应链集成

公司设有专门针对服饰行业的"进口出口商品体验中心"实现进口出口商品O2O全渠道拓展，为跨境贸易主体提供跨境贸易综合服务，包括国际商务、口岸、通关、商检、退税、结汇、售汇、外贸金融、仓储、物流、货代、营销推广、政策申请咨询等。通过跨境电了商务平台提供供需信息发布、推广、搜索、询盘、商品交易、商机撮合等服务。

四、商务运营

领南跨境产业链牵头大潮汕地区服装品类头部企业品牌入驻并孵化运营。针对进出口跨境业务分别设立了，Shopee、Lazada、Temu（拼多多海外版）、Ozon（俄罗斯）、亚马逊（Amazon）、TikTok、Shopify独立站、Alibaba等跨境零售和批发运营、孵化、支持团队。并针对有国内电商经营需求的企业提供腾讯视频号直播、视频销售顾问及孵化服务，以服务家产业集群优势对接优质产品打响视频号潮汕板块销售典范。

广东领南跨境产业链股份有限公司立足于园区完善的基建配套，为大潮汕地区工厂、贸易商家，提供从采购直供到平台经营再到跨境物流、跨境结算、跨境财税合规化一条龙服务，协助区域商家打通跨境营销，再创大潮汕地区跨境业绩辉煌。

秋盈纺织生态科技产业园：首创国内印染园区新模式

一、园区简介

秋盈纺织生态科技产业园位于佛山市高明区荷城街道西安片区，2022年7月18日上午正式投产。该工业园总投资超10亿元，占地超100亩（6.7万平方米），首期建筑面积达18万平方米，集研发、织造、印染、销售、物流于一体（图4-25）。

图4-26

秋盈纺织生态科技产业园已建设5栋厂房，产能设计最高达50吨/天，生产布局合理高效。产业园厂房整体设计以印染企业生产需求为导向，每层厂房层高设计7.8米，跨度为14.5米，每平方米1.0吨承载力，为印染设备的安装、使用预留了足够的空间（图4-26）。

图4-25

二、秋盈纺织生态科技产业园配套投建绿源水质净化中心

近十年来，纺织印染行业面临环保日趋严格的重大挑战，在此背景下，秋盈纺织生态科技产业园配套投资1.5亿元建设绿源水质净化中心，集中处理秋盈产业园及西安片区印染企业排放废水，首期系统处理能力达3万立方米/天。

2022年，绿源水质净化中心建设完成并正式投入使用（图4-27），其不断提标，引入全国创新水处理技术，第一期处理能力达3万立方米/天，可集中处

图4-27

理园区工业废水，出水执行地方标准和行业标准较严者，化学需氧量（COD）≤40毫克/升，且中水回用率≥70%，共建共享污染治理设施推动工业污水集中处理和中水高回用，整体提高污染治理效能。

1. 中水回用，促进区域"近零排放"

以绿源水质净化中心为核心构建大、小水循环体系。小循环：印染企业废水→绿源水质净化中心处理→印染企业回用水。大循环：自来水→第三污水处理厂→大唐热电→印染企业→绿源工业污水处理厂（图4-28）。双循环改造后：排放口从16个优化为1个（绿源工业污水处理厂排放口），可节约自来水876万吨/年，减少污水排放量766万吨/年，COD减排306吨/年，氨氮减排61吨/年，同时实现区域污水近零排放，经济效益与生态效益双赢互促。

2. 统一供能，推动企业互利共赢

高规格谋划实施冷、热、电、气、水"五联供"体系。依托大唐国际佛山热电冷联产项目，提供电力和电力生产过程中产生的冷水、热能、蒸汽、回用水等副产品，统一供给秋盈纺织生态科技产业园、润泽（佛山）国际信息港等园区内用能企业，大幅提升资源利用效率。

3. 监管提升，助力优化营商环境

高明区政府开展落实园区"污水零直排区"建设，全面接驳整改园区混流错接的雨污管网，实现园区"管网全覆盖、雨污全分流、污水全收集、处理全达标"全流程控污。政府投资1500万元建设水环境大数据监管系统，覆盖园区主要涉水单位和重点河涌，实时监控企业产污、治污、排污情况及水质水情，发现异常数据即时推送执法部门，实现以问题为导向的精准和科技执法。

三、广东省十佳污染防治攻坚战典型案例

2023年，世界环境日广东省主场活动在惠州市举办，现场对"广东省十佳污染防治攻坚战典型案例""广东省减污降碳突出贡献企业""广东省最美基层环保人"等进行授牌表彰，佛山捧回多项荣誉。其中，佛山高明：先行先试打造绿色低碳工业园区获得"广东省十佳污染防治攻坚战典型案例"荣誉称号。

绿水青山就是金山银山，改善生态环境就是发展生产力。秋盈纺织生态科技产业园、绿源水质净化中心作为园区重点引进项目，将继续坚持以习近平生态文明思想为指引，牢固树立生态文明理念。依据高明区政府擘画的绿色发展宏伟蓝图，为实现"绿色低碳循环发展工业示范园区"的高质量发展贡献更大的企业力量！

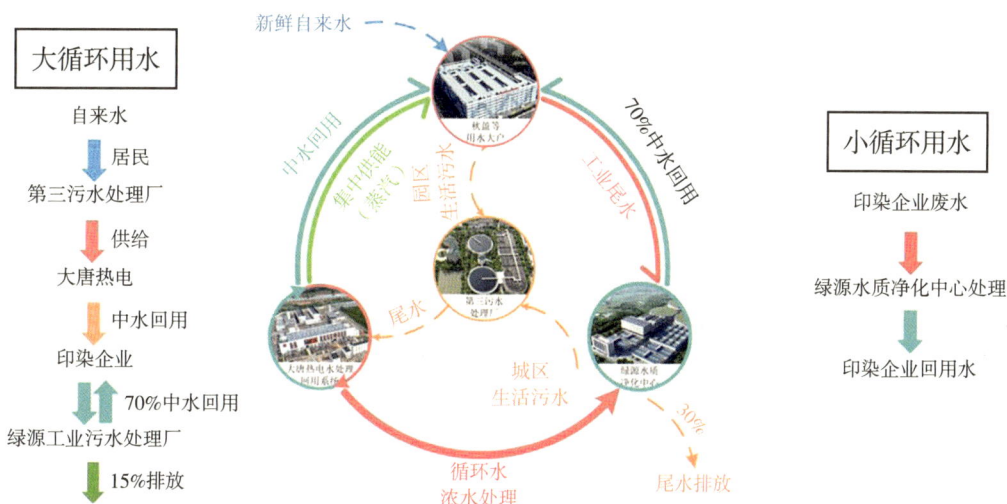

图4-28

德生科技：岑溪市西部创业园产业工人供应保障项目

一、项目背景

岑溪市作为广西对接融入大湾区的东大门"桥头堡"，"东融"战略的深入推进，以及珠江—西江经济带开发建设正式上升为国家战略的机遇，为岑溪市加快融入区域协调发展大格局带来新活力，为岑溪市承接产业转移、加快传统产业转型升级、提升园区建设水平、优化产业发展环境、提升基础设施建设水平、促进经济发展带来新机遇。

西部（岑溪）创业园（以下简称"园区"）是岑溪市打造的首个国家级园区平台，总规划面积约28620亩（19平方千米），其中大业核心园区位于大业镇，规划面积约15482亩（10.3平方千米）。园区注重产业链协同发展，培育壮大纺织服装产业集群，重点构建创新型、现代化的产业生态圈，未来将打造成为国家先进纺织服装制造基地、西南地区纺织服装创新高地、大湾区成果转化飞地园区。目前已有泰森、万利源等一大批纺织龙头企业入驻，致力于打造西部领先的针织印染产业集群。

随着产业链的可持续创新发展，人才链急需实现驱动创新。为了进一步解决岑溪产业集群发展壮大中"人"的需求问题，打造招商引资的"人力要素新优势"，争创西部乃至全国首个服装产业工人保障供应示范，2022年9月，岑溪市人民政府与广东德生科技股份有限公司签订了"岑溪数字人力基础设施建设项目合作意向"框架

协议，由广东德生科技股份有限公司在"十四五"期间，在岑溪市建设数字人力设施项目（图4-29）。

二、项目目标

广东德生科技股份有限公司是国内领先的民生综合服务商，是国内首家以社保民生服务为主营业务的A股上市公司，具有20余年人社领域政务服务经验。公司主营业务为面向人社、就业、金融、医疗、大数据等民生领域提供综合解决方案和相关运营服务，积极推进以城市为单位的人力资源与社会保障事业建设和发展，旨在让社保卡成为人民幸福生活的载体。

该项目的目标是在"政府主导+市场化运营"的原则下，通过基于大数据的精准服务模式及互联网工具，为"精准产业用工需求—高技能培训—高质量就业"提供全链条服务，完成园区企业用工的闭环，从而形成产业园区企业用工常态化、高质量的保障机制。

整体项目将分多期进行，首期以园区周边的村镇为核心，建设完成产业工人供应保障储蓄池试点工作，未来将根据岑溪市重点产业发展的需求，定位于全国首个针织印染产业集群的"产业工人大数据中心"，逐步面向岑溪50万劳动力，包括20余万外出务工人员持续提供精准、高质量的就业服务，最终在3~5年形成知名的纺织产业劳动力品牌集散地，实现向周边城市的影响及输送（图4-30）。

岑溪市数字人力基础设施建设
项目合作意向书
签约仪式

图4-29

图4-30

三、项目意义

一是制造强国、质量强国呼唤技能中国。二是产业转移呼唤数量多、质量高的技能型用工保障。在国内外新一轮产业结构调整不断加快的背景下，我国中西部地区正在抢抓机遇，积极承接产业转移，推进产业结构优化升级。其中人才占据着非常重要的战略地位，人才数量是承接产业转移的基础，人才质量制约着承接产业的层级，人才结构状况直接影响甚至决定产业结构优化升级的程度。中部地区是传统农业区，工业结构度相对较低，劳动力资源丰富，但大多外流或整体素质不高，缺乏促进人才流入的拉力及有效推进人才质量提高和数量增加的动力，严重阻碍了承接产业转移的有效推进。三是"政府指导+市场化运营"创新了产业用工服务新模式。岑溪市西部创业园产业工人供应保障项目首先解决了政府想干但没有机制干的问题，它以"政府指导+市场化运营"的模式，充分结合了政府管理体系与企业市场化经营能力；其次，它以"大数据+互联网+服务"手段，通过一套针对产业端、企业端、工人端的精准服务机制，可以实现持续、高数量、高质量的产业用工保障；最后，它通过不断地更新迭代，帮助政府及时精准掌握产业工人现状，优化产业发展规划，并形成招商引资的"人力要素新优势"。

企业创新案例：品牌篇

比音勒芬：谱写华章再启航

比音勒芬服饰股份有限公司成立于2003年，目前是国内高端时尚运动服饰上市公司，旗下拥有比音勒芬、比音勒芬高尔夫、威尼斯狂欢节、肯迪文（Kent&Curwen）和切瑞蒂1881（Cerruti 1881）5个品牌。在全国拥有1100多家门店、5家子公司和1家合伙企业、90家分公司，现有员工总人数6000多名。公司坚持研发创新，目前拥有473件知识产权，其中有效专利127件、有效商标363件。参与制定了1份国家技术标准、4份行业技术标准、1份广东省地方标准。比音勒芬高尔夫服装连续六年（2017—2022年）综合市场占有率居于第一位。2019年，公司与华为、中国中车一起荣获"新中国成立70周年70品牌"的大国品牌荣誉。

公司自2016年上市以来一直保持快速增长，2023年一季度，公司实现营收10.79亿元，同比增长33.13%；实现归母净利润3.01亿元，同比增长41.36%。2022年全年实现营收28.85亿元，同比增长6.06%，实现归母净利润7.28亿元，同比增长16.5%。公司是中国高尔夫服饰第一股（股票代码002832），被资本市场称为"衣中茅台"，也是粤港澳地区温商企业第一家A股上市公司。

近年来，公司已获得广东省知识产权示范企业、高新技术企业、广东省省级工业设计中心、广东省企业技术中心、广东省服务型制造示范企业、广东省工程技术研究中心、广东省"守合同重信用"企业等荣誉资质。

一、坚持"高端化+品牌化"发展战略，打造国际奢侈品品牌集团

比音勒芬公司以服饰研发设计、品牌运营及数字化运营、营销网络建设及供应链管理为主要业务，坚持高端时尚运动服饰品牌定位，深耕主业。公司以"专注本业，持续创新，有激情、有韧性、有担当"的"一专三有"为企业核心价值观，以"国际化、高端

化、年轻化、标准化"的"四化"为公司新阶段的建设目标，以"高品质、高品位、高科技和创新精神"的"三高一新"为品牌研发设计理念，坚持以"持续为消费者创造价值"为使命，致力于满足精英人群多场景的着装需求和对精致美好生活的追求，致力于成为全球奢侈品品牌集团。

为实现比音勒芬全球化的战略目标，公司抓住服装行业大整合时代的竞争机遇。2023年初始，比音勒芬收购英国服装品牌Kent&Curwen和意大利服装品牌Cerruti 1881。通过此次收购实现对上述国际知名品牌的商标拥有权，推进公司品牌多样化、国际化、高端化布局，提升公司行业影响力及国际知名度，进一步提升公司的竞争力。

公司聚焦于细分服饰领域，实施多品牌发展战略，专注于核心竞争力，打造细分服饰领域龙头品牌。

二、以国际化思维汇聚世界力量，做好一件衣裳

从一根纱线到一件成衣，比音勒芬在服饰创作上的极致追求堪称行业佳话。不褪色不变形的小领T恤、智能调温的Outlast®空调纤维系列、1/480000稀有臻品的黄金羊毛、有"人体第二层皮肤"之称的珂蔚蔻系列、防水透气防风的世纪之布GORE-TEX系列等。除此之外，始终遵循汇聚世界力量做好一件衣裳，比音勒芬坚持整合全球优势资源，始终与戈尔特斯（GORE-TEX）、POLARTEC、OUTLAST等国际知名面料供应商合作；组建国际化设计团队，现已拥有中、英、意、韩国际设计研发团队，并创办了中、日、韩、越等服饰研发基地。同时，坚守匠心与品质至上，不断深挖产品功能与科技。

根据中国商业联合会、中华全国商业信息中心发布的全国大型零售企业商品销售调查统计显示，比音勒芬T恤品类从2018～2022年已连续5年获同类产品市场综

合占有率第一，比音勒芬高尔夫服装从2017~2022年连续6年获同类产品市场综合占有率第一。

三、品牌定位差异化，塑造差异化"大国品牌"形象

比音勒芬公司在品牌定位方面精准地把握高尔夫运动和高尔夫服饰的神形特征，给消费者以鲜明的高尔夫视觉认知。将高尔夫"阳光、健康、自信"的文化通过工匠精神演绎在公司产品上，提倡高尔夫中蕴含的健康慢生活理念，通过差异化定位，在品牌、产品、风格、文化等方面形成了独有的品牌特性。高尔夫文化已经成为公司品牌的文化基因，通过多年的沉淀，已经在消费者心中形成了差异化的"大国品牌"形象。公司实施多品牌发展战略和差异化市场定位策略，卡位优质细分赛道持续深耕。比音勒芬品牌已经形成了全面、高质的产品体系，包括生活系列、时尚系列和故宫系列，针对不同的穿着场景，打造休闲、时尚、国潮系列产品，满足消费者的差异化需求。

在2020年紫禁城建成600年之际，比音勒芬与故宫博物院定下战略合作之约，推出故宫宫廷文化联名系列，取大家之作，以巧匠之技，传华夏之言。2022年，比音勒芬又与非遗苏绣传承人张雪合作，以苏绣技艺创造故宫精品，将传统文化的精髓发扬光大。

四、打造国家级服务制造示范平台，加快服装产业的数字化转型进程

近年来，比音勒芬在数字化方面实施了基于云计算、大数据分析、人工智能等技术的信息化建设和数据驱动的决策体系，优化生产、销售和服务流程，提高运营效率和客户满意度。

比音勒芬已打造国家级服务制造示范平台及广东省二级节点建设项目，搭建服饰制造云中台系统，实现智造中台订单柔性化，对云工厂的单量可大可小，使用更多、更小的灵活订单驱动云工厂生产，以首单+翻单的模式推进。生产反应时间快，面辅料先行，实时计划监控云工厂端的辅料并及时做出调整。全流程跟踪监控，研发、设计、生产打通云工厂的信息流，优化提升全链流程。物流效率高，打通采购与物流信息流，实时监控物品流动状态，建立物流效率评估及预警机制，加快服装产业的数字化转型进程。

五、加速布局绿色制造，公司积极开展绿色化+低碳化转型

1. 建立健全绿色标准

制修订资源消耗、污染控制、资源综合利用及绿色制造管理体系等标准规范，完善全生命周期绿色标准，制定绿色工厂、供应链标准。支持行业协会和联盟等共同参与标准制定，开展对标达标和领跑者活动，推进标准实施效果评价。

2. 创建绿色工厂

按照用地集约化、生产洁净化、废物资源化、能源低碳化原则，结合行业特点，分类创建绿色工厂，推行资源能源环境数字化、智能化管控系统，实现资源能源及污染物动态监控和管理。

3. 开发绿色产品

按照产品全生命周期绿色管理理念，遵循能源资源消耗最低化、生态环境影响最小化、可再生率最大化原则，以点带面，开发推广绿色产品，发布绿色产品目录，引导绿色生产。

卡宾：颠覆流行

卡宾（CABBEEN）服饰创建于1997年，由中国时装设计界最高奖——"金顶奖"得主卡宾先生创立。其"颠覆流行"的品牌理念，始终领先一步的个性时尚定位，以及对原创设计的坚持与付出，使卡宾成为今日中国领先设计师品牌。

卡宾服饰主理人卡宾先生为中国著名设计师，并担任中国服装设计师协会副主席、中国服装协会副会长、北京服装学院顾问教授、福建师范大学客座教授等社会职务。除此之外，卡宾先生还曾荣获"亚洲杰出青年时装设计师""中国十佳时装设计师"等称号。

2007年2月，卡宾成为首个登上纽约时装周的中国设计师品牌。2013年10月，卡宾服饰成功在香港上市，成为首家在香港上市的中国时尚服装设计师品牌。

创建至今，卡宾服饰一直秉持"经营以提升品牌价值为纲，管理以建设人力资源为本"的经营理念，不断构建与完善国际化经营模式。旗下已形成 Cabbeen、2AM、Cabbeen Love、Cabbeen Move、Cabbeen Home、KOYO、MARKET LIBERTY、This is IZ18等以时装业务为核心，延伸至时尚家居、时尚生活服务领域的品牌矩阵。

作为中国设计师品牌，卡宾以中华文化为愿景，将传统的艺术美学与科技元素相结合，通过个性化的原创设计概念，融合潮流趋势及街头文化，并以当下年轻人别具一格的生活态度为灵感来源；独具匠心的别致裁剪、对丰富面料的开发与创造性运用，使服装呈现先锋与传统并重的美学结构；以对细节的完美追求与多元化的创意精神，为时尚男装注入艺术性的审美特质，屡获业界殊荣，并备受新时代男士认可。

一、紧系祖国，展现中国品牌力量

2019年，中华人民共和国成立七十周年之际，卡宾先生作为北京服装学院的顾问教授，受邀参与设计并制作了国庆庆典游行服装，将长安街化为全球最长T台，向全国乃至全世界演绎国潮的魅力，展现了中国原创设计的实力。在短短两个月的67个日夜里，共计完成了五万多件衣服。

2020年2月1日，卡宾服饰紧急响应国家号召，短短数日试产出第一件防护服，后续仅仅用了20天时间就实现日产医用防护服上万件、日产医用口罩40万个，成为泉州防疫物资生产阵营的绝对主力，最高占据泉州医用防护服70%的产能，为福建及对口支援城市湖北宜昌提供了大量的高标准医用防护服，收到来自全国的上百封感谢信。5月15日，卡宾服饰成为福建省数十家转产防疫物资企业中首家拿到医疗器械生产许可证（正式）的企业。

2021年4月，卡宾先生受邀作为"长征五号B遥五"火箭发射任务队员服装总设计师，并接到发射队领导颁发的荣誉证书。代表着中国原创设计力量的卡宾服饰将创新作为设计理念，生产出该任务服饰，展现当下中国航天人的风采，致力推动国家形象工程建设。

2022年北京冬奥会，卡宾服饰携手中国先锋设计师王逢陈共同助力北京冬奥会开幕式，由王逢陈负责设计奥林匹克会旗护旗手服装，卡宾服饰承接本次服装的制作与生产。卡宾服饰始终坚守臻品的信仰，用精湛及严谨的工艺打造具备功能性与舒适性的服装。

二、再生计划，共建环保生态

卡宾作为中国设计师品牌一直积极履行社会责任。2023年，卡宾将"环保生态"理念正式加入品牌使命，致力于构建绿色低碳循环发展的供应链体系。同时，完善用能结构，可再生、可持续的替代发展将成为卡宾未来的关键引领。

为此，卡宾正式宣布加入"30·60碳中和加速计划"，成为行业领先开展气候创新行动，加速碳中和目标的30家重点品牌企业之一。卡宾率先探索时尚与自然的关系，诠释服装与环境融合共生的理念，以更加舒适自在、环保可持续的服装设计语言对话消费者。

2023年春季，卡宾以海洋废旧渔网为原料，注入创新纺织科技力量，推出全新"再生计划"环保牛仔系列，将有限变为循环永续的自然生命。该再生牛仔系列通过回收、物理切片法、纺丝、纺纱、成衣等工序，将废弃渔网再生为一条牛仔裤，并成功实现节能减排。再生可降解尼龙每吨纤维可节省二氧化碳排放量8.8吨、能量33630千瓦时、用水7.3吨。此外，再生牛仔系列注重舒适感，接触凉感系数达0.22（高于国际标准0.15的规定），吸湿性高于涤纶，公定回潮率为4.5，纤维断面为橘瓣形且纤维截面分割数增加，使牛仔面料透气性增强，瞬获海洋凉感。

为海洋清洁负责任，任重而道远。卡宾将持续致力于构建人与生态意识的共同体，解锁可持续绿色时尚。

三、多重维度，品牌全面升级

2023年，卡宾重启品牌经典双"C"标识（Logo），标志性的"C"以镜像效果成型，包围着"CABBEEN"字体整体，以既简洁又富于变化的花押字图案线条，让形态更显平衡、大气，展现出品牌突破自我的勇气和眼界。全新形象简约化、符号化，更富视觉张力，给品牌带来焕然一新的面貌。

卡宾品牌价值塑造将以中华文化、环保、科技三大核心为抓手，注入品牌价值，仕产品力、视觉形象、内容传播、店铺形象等维度全面升级，协同编织成品牌价值网络，多维度提升品牌形象。此外，品牌产品结构由早前卡宾旗下三大品牌卡宾休闲、卡宾都市和卡宾潮流重新整合升级，回归到卡宾主品牌，以三大系列的形式出线，在丰富产品线的同时，打造更加统一的品牌形象（图4-31）。

在品牌形象门店升级方面，首店于成都春熙路卡宾旗舰店揭幕，200多家店铺的新面貌将陆续出现。门店升级主要包含三大重点，核心位置将展示创新打造的兼容科技与环保的艺术装置，同时通过书法墙、鹅卵石装饰等具有中国意向的元素构造具有灵性和文化韵味的空间。另外，店内还开辟放置动感单车的锻炼区，采用经典卡宾黄全面铺陈，强调潮流感与运动激情（图4-32）。

未来，卡宾将继续颠覆之举，步履不停，超越不止！

图4-31

图4-32

茵曼：根基里流淌着流量思维

广州市汇美时尚集团股份有限公司（简称"汇美集团"）由董事长方建华先生于1998年创立，前身是一家以外贸代工业务为主的服装企业，经过数十年的发展，现已成功转型为国内领军的特色时尚品牌集团。

集团采取多品牌、多品类、多渠道的业务发展战略，目前已上线茵曼、初语、生活在左等多个品牌，年交易规模约20亿元，累计会员超1000万，目标是打造线上线下流量互通、运营资源共享、多重品牌风格互补、时尚创意人才聚集的"时尚生态圈"。

2008年，汇美集团创立茵曼品牌，入驻天猫商城。2015年7月，汇美集团正式启动线上线下融合的新零售战略，首创"实体门店+电商+社群"的品牌零售新模式，茵曼也由此成为第一个从线上走向线下的女装品牌。截至2021年，茵曼已在全国200个城市开设超过600家线下体验店，成为中国女装新零售的创新标杆（图4-33）。

图4-33

互联网品牌出身的茵曼，根基里本就流淌着流量思维。然而，品牌不分线上线下，只要是有消费者的地方，品牌就应该在那里。在新零售实践布局上，茵曼的重心也与其他传统女装品牌大有不同。通过"电商+门店+社群"的模式，茵曼的新零售重心是，通过搭建可长效经营的品牌私域阵地，模糊线上线下分化的概念。

一、零库存压力，解决服装行业库存之痛

库存管理对服装店降低成本、提高资金周转率具有重要作用，而服装店作为零售行业典型的代表，库存管理对服装店的重要意义是不言而喻的。我国服装店数量庞大，库存积压现象严重，占用大量的资金，直接导致服装店成本居高不下。

自营服装店除了店面，还需要足够大的仓库保证库存充足，以方便流转，其成本压力可谓巨大。作为品牌方，需要为客户解决库存问题，做加盟商背后的强力支撑。

茵曼在全国拥有5万平方米的仓库，可保障货源充足，店内无须提早压货，茵曼新零售商品部会提前一个季度完成开发及配货，按照营销节点发送货品到全国茵曼门店进行销售。

店内也无须过多囤货，可利用门店小程序系统帮助客户线上下单，在门店码数不足的情况下，下单即可配送至门店自提或送货上门，全国仓库就近发货。当产品在一个流转周期内没有动静时，可以调配回总仓，发往有需要的门店。总部调控所有库存问题，让门店没有后顾之忧，零库存压力。

二、2万平方米生产基地，为优质产品保驾护航

茵曼在江西于都投资建设了2万平方米的脉动智能制造生产基地，自动化生产及先进的面辅料管理，是其服装供应强大的发动机，实行全链路数字化操控，从缺货到出货，最迟15天完成快补，中间时刻监控环节节点，为优质的棉麻产品保驾护航，用产品说话，让消费者买得放心，让加盟商卖得安心。

脉动智能制造产业园肩负"智造中国·脉动世界"的企业使命，秉承"共创、共融、共享"的经营理念，旨在打造"网、云、链"三位一体的服装供应链云平台。

项目总投资20亿元人民币，占地面积70亩，总建筑面积14万平方米，拥有1栋现代化综合办公楼、6栋智能制造车间、6栋公寓式员工宿舍，以及8000多台国际先进的技术生产设备。

园区内包含了智慧办公展示、智能工厂生产、智能物流配送、智慧研发培训、智慧生活配套等多个区

域，涵盖了品牌研发、服装设计、大数据运营、电商培训学校及成衣生产等多项功能。

汇美集团希望，能将脉动智能制造产业园打造成为全球领先的时尚产业智能制造供应链生态平台。与具备代工国际品牌能力的供应商合作，利用更先进的生产设备提高品质和生产效率，打造汇美供应链升级的样本，为实现工业化4.0和中国制造2025的宏伟目标而奋斗。

三、线上线下融合，共享3300万粉丝流量

茵曼从2008年品牌创立之初就在电商领域崭露锋芒，而后成为一线电商品牌，实现销售及宣传渠道全覆盖，全国拥有3300万茵曼粉丝。

然而，服装产品带有显著的经验属性，需要亲自触摸、试穿才能真正了解产品情况，即使是同一型号的服装，不同人穿起来也会有不一样的感觉，因此服装产品是一类客户体验极其重要的产品。这些问题出现的最主要原因是服装电商忽视了服装产品的特性，缺少客户体验。

针对这个问题，茵曼开启新零售商业模式，将巨大的线上粉丝引到线下体验，让线上的经济力量支持线下门店，线上线下货品不相通，价格定位一致，保持茵曼风格。线上线下粉丝的互通，促使茵曼实现多渠道同步发展，为线下客户提供服务的同时，让线上客户拥有摸得到的安心；提供线上便捷通道的同时，也让线下客户可以随时随地了解茵曼新款服饰，接触无距离。

通过线上直播的模式，连带输出搭配。汇美旗下品牌的直播间除了直接输出商品，还输出搭配服务。很多服装类品牌仅关注单品，而茵曼品牌注重服装的实用性，提倡"一衣多穿"的理念。在推出新品单品的同时，给客户展示多种搭配方式，与过去买过的服饰相搭配，提升客户消费欲望的同时，提高客户的消费黏性。通过线上动态的方式，给客户提供"售后服务"，实施搭配教学。

四、多渠道赋能，为业绩保驾护航

茵曼新零售商业模式依然注重电商的应用，使线

下门店经营不再局限于门店，还可以赋能加盟商打开线上销售模式，打破时间和空间的壁垒。

疫情影响下，实体经济备受打击，茵曼门店通过线上直播的方式为线下赋能，每周进行"云培训"，实现新品提前看，提高门店的新品认知度、搭配技巧和亮点，加深消费者对新品的好感度。在"66直播节"中，14小时的直播内，观看量接近10万人次，评论数达2.1万，带动销售额超30万元，为线下门店引流3000人。

茵曼新零售商业项目在微信小程序、抖音、微信视频号同步进行线上传播。微信小程序的"茵曼商城"在用户注册时便终身绑定门店，在小程序上购买的茵曼服饰都会记入该门店的销售业绩，库存打通全国，通过小程序自助下单送货上门。抖音及微信视频号由茵曼总部运营，每日更新短视频为茵曼引流。更有培训组成员为全国加盟商提供培训，手把手教学开设淘宝C店、门店直播、社群运营等技巧知识，让销售方式和渠道多元化，抓住流量新风口。

五、数字化赋能，终端系统自动化管理店铺

汇美集团融合线上线下，运用粉丝、技术、大数据等优势打造新零售时尚集团，推动用户、场景、商家、产品等组成要素全面数据化。消费者所有接触、感兴趣、购买的环节，都可以被数字化度量和运营。

企业的良好经营能力及对社会责任的践行，也令汇美集团先后获得"国家商务部重点联系零售企业""国家电子商务示范企业""广州总部经济企业"等诸多荣誉称号。其秉承"一家企业对社会贡献的价值有多大，这家企业就能做大"的精神，持续在行业里深耕。

未来，汇美集团将继续弘扬企业担当精神，践行企业社会责任，并充分发挥其在品牌运作、数字化管理、供应链协同及新零售领域的优势，满足消费者需求，不断赋能、扩大品牌影响力，打造最具影响力的时尚生态圈。

例外：东方哲学式的当代生活艺术

例外（EXCEPTION de MIXMIND）品牌创立于1996年，秉承创新的价值追求与传承东方文化，10多年来一直致力将原创精神转化为独特的服饰文化及当代生活方式，是中国现存时间最长的运营较成功的设计师品牌。基于特立独行的哲学思考与美学追求，例外成功地打造了一种东方哲学式的当代生活艺术，更赢得海内外各项殊荣与无数忠诚顾客的爱戴，为社会名媛、国内外政要提供服饰服务（图4-34）。

图4-34

公司通过集团化发展，建立起原创设计、工艺研发、数智化生产、品牌建设、销售渠道管理等全产业链布局，核心企业为广州市例外服饰有限公司、珠海建轩服装有限公司等。品牌通过集团化运营，实现时尚化、高端化、品牌化、数智化、低碳化、国际化的高质量发展道路。

一、产品时尚化

产品承载对中国当代女性现代生活意识的思考：展现知性而向往心灵自由，独立并且热爱生活，对艺术、文学、思潮保持开放的胸襟，从容面对自己、面对世界，懂得享受生活带给她的一切并游刃自如。例外的产品设计时尚，引领国内女装行业潮流，致力传承东方美学文化，诠释中国当代生活方式。

公司各项产品屡获殊荣，先后参加巴黎时装周、伦敦时装周，代表了中国艺术设计的国际高度，并成为国家服饰名片。例外也是中国服装协会副会长单位、广东省粤港澳合作促进会时尚品牌专业委员会主任单位。

自建立以来，产品设计获得国内外行业顶级机构的认可，部分荣誉如下：

• 2012年伦敦时装周开幕"中英建交40周年"纪念活动，例外代表中国时装品牌呈现"山水·中国服装秀"，成功在中国驻英大使馆内举办。

• 2017年"例外"受邀在法国驻华大使馆官邸举办"畅神——法国大使馆·例外之夜"发布会，秉承匠心传袭当代美学，并寻求东西方文化共识。

• 2019年"南方力量——2019粤港澳时尚最具文化品牌"。

• 2020年，例外于北京中山公园音乐堂，开展叶嘉莹文学纪录片《掬水月在手》诗词朗诵暨电影鉴赏会。同时发布"指月"限定系列服装，邀月为引，以秀添彩，多元传递例外对继承并弘扬传统文化矢志不渝的坚守，集团投资的电影《掬水月在手》获中国金鸡奖最佳纪录片。

• 2021年获"花城时尚品牌"。

二、品牌价值化

例外的标识是反的，其内涵是外反内正，反的是那些束缚在创新上的旧框框、市场上的惯性，提倡的是反向思维，更关注自身内在的正面需求，更注重对生命、生活、生态正面主张的坚守。

例外忠于人本的服装设计及工艺精神，不断追求勇于重构风尚的理念。作为东方美学的当代发现者，例外坚持寻找杰出的手工艺，包括刺绣、印染、手工泼染、冷染、植物拓染等非物质文化遗产的记忆，并把它应用于当代服装产业生产制作中。例外坚持的文化属性、独立原创设计精神以及高精专的制作技艺，代表着中国服装产业的一流水平（图4-35）。

图4-35

三、流程数智化

流程数智化可推动企业研发、生产、管理降本增效，推进全流程数字化及智能化改造。

1. 数字化

集团公司已通过专精特新中小企业认定，其中数字化水平整体处于二级阶段，通过持续的数字化投入提升集团数字化水平。集团研发设计及生产已全方面采用数字化管理，包括设计采用产品生命周期管理（PLM）系统进行设计管理，采用打板软件、Photoshop等软件进行设计辅助；日常管理与控制实现仓储管理系统（WMS）、供应链管理系统（SCM）、ERP、WING、金蝶系统相结合，公司管理流程如研发管理、物料采购、样品管理、生产管控、质量控制、仓储物流、市场营销、财务、人力等均实现数字化管控，有效获取数字化转型的价值效益。

2. 智能化

集团通过深入实施技术改造及智能化管理，于2020年通过两化融合，获得两化融合管理体系评定证书，符合《信息化和工业化融合管理体系 要求》（GB/T 23001—2017），通过信息化带动工业化，以工业化促进信息化，生产管理流程具有信息化支撑，以信息化工具实现可持续发展。

四、制造低碳化

自2009年以来，例外一直致力于植物印染技艺的研发，这项技艺曾是古代中国劳动人民智慧与艺术的结晶，是中国传统民间染色工艺之精髓。植物染料具有较好的生物可降解性和环境相容性；同时可有效降低染色环节产生的苯胺物质、废水、废染料等有害物质对水体循环产生的污染。

随着多年不断探索，例外在植物染研发中逐渐取得突破。一是从富集色素植物中提取色素及固色着手，丰富稳定了植物染料色谱；二是积极参考标准色卡制作程序，对植物染色彩体系展开有效研究，完善植物染的色彩及性能标准；三是加快制定植物染的纺织品标准和规范染色工艺，建立适合植物染产业可持续发展的植物染系列标准。与多所高校、机构的专家学者合作，在植物染色方面推陈出新。与此同时，例外在植物染色技术创新方面获得"花椒天然染料及其制备方法和应用"8项植物染色相关国家发明专利授权。

植物染相关工艺的服装及配饰批量生产并销售后，受到市场青睐，获得了较好的经济效益。

五、企业国际化

集团成立之初即与国际行业顶流互通有无，活跃在各大国际服装行业盛会，设计作品得到国际同行的认可与赞誉。例外品牌在国际时尚、文化艺术领域扮演着重要的角色，是中国服装品牌走向国际的领军代表。例外是首个被邀请参加巴黎时装周展览的中国服装品牌，同时多次作为演讲嘉宾受邀参加伦敦时装周及米兰时装周。例外与蓬皮杜国际艺术中心、路易威登基金会艺术中心、意大利国家时装商会、法国时尚学院、法国高级定制和时装联合会等海外机构建立良好的伙伴关系。例外赞助法国耶尔艺术节，并聘请金奖得主进入例外集团工作。

歌莉娅：制造"可持续"的浪漫

广州市格风服饰有限公司是一家集研发、生产、销售于一体的女装企业，主打品牌为歌莉娅（GOELIA）。

公司总部位于广州市白云区的时尚基地，占地超过5万平方米，拥有2000多名员工，专业从事设计、营销和生产工作，具备先进的技术研发能力、智能化的物流、严苛的质检体系以及成熟的电子商务平台。此外，公司在我国内地核心城市及香港和悉尼均设有分公司，旨在吸引来自不同地区与国家的优秀人才。

一、品牌介绍

歌莉娅创立于1995年，相信"旅行就是活出美丽"，环球诚旅持续超过20年，历经30多个国家与城市，分享自然与文明的时尚品质生活方式，并为品牌注入源源不断的动力与灵感。在服饰研发上，歌莉娅始终坚持高品质与高性价比，专研"诚衣"28年，"诚衣"指诚意的面料、诚恳的工艺、诚实的价格；优选天然和可再生纤维等高品质面料，以不易过时的诚衣设计，与高性价比的诚实定价，希望让更多的消费者用更少的支出比例，享受更好的衣着品质，用好的品质长久陪伴顾客，为女性制造"可持续"的浪漫（图4-36）。

歌莉娅五大系列为不同年龄层的女性，提供不同场合的"品质诚衣"：LUXURY系列（不过时的高级诚衣）、COLLECTION系列（优雅百搭的通勤时尚）、JEANS系列（明星旅神的时尚态度）、HEADY系列（品牌萌宠原创设计）、RELAX系列（精致公主的浪漫风潮）。其拥有具备20年奢侈品技术管理经验的顾问和团队，深研亚洲及全球板型。自主研发和灵活调度的自有工厂构建完善的供应链，实现快速返单，以灵活响应全球市场变化。为了确保歌莉娅诚衣的高品质，公司自建"面料检测实验室"，对产品面料及特性进行自主检测，让每一件诚衣都拥有标准化的品质检验与控制环节；同时与第三方检测机构（广州检测检验认证集团、佛山中纺联检验技术服务有限公司、远东正大检验集团有限公司）合作，请专业权威的机构进行质量检测，确保产品实现高品质输出。

二、智能化产业转型升级

近年来，公司推动"智能制造、提效节能"，加速进行供应链智能化产业转型升级，持续购入先进生产设备，提升生产效率、降低生产成本，加速新技术产业化。在裁床车间、缝制车间、后整车间、模板组等核心环节，投入多款行业领先的专业智能化设备，大

图4-36

幅提升产能和产品品质。

裁床车间：为提升裁片质量与生产效率，引进2台上海和鹰自动裁床、4台欧西玛自动铺布机，车间产量由原来的5000件/天提升到6000件/天。

缝制车间：升级衣车生产设备，引进550台日本兄弟牌7300A电脑平车，更智能节能、操作更便捷、功能更齐全。后整车间：引进电脑钉纽机、兄弟牌花样机，改装升级自动送纽机，一人同时操作管理两台机器，实现智能化人机协作，大幅提升能效，有效改善传统手工钉纽扣工序对生产出货时效的影响，很大程度上突破了生产末端工序的瓶颈。模板组：引进17台日本川田模板机，组建专业模板化研发与生产团队，使以往的高难度、瓶颈工序的生产效率有效提升25%～200%，同时降低了高难度/复杂车缝工序对高技能车缝工人的依赖。通过引进智能制造新设备，进行生产流程创新改革，推行单件流的精益生产模式，持续不断进行工艺与流程的优化，有效促进企业年产能提升15%以上。

为了保障快速反应，使产品出货品质效率更高，在后整环节建立"寻源机制"，可接收终端专卖店需求订单，待产品生产检验合格后，直接派送给消费者，使生产更贴近市场需求，极大地缩短了产品的存储和周转期，令产品以最高效的方式到达消费者手中。不断夯实产业技术创新基础，加快推进新技术产业化创新体系建设，形成品牌新的竞争优势之一。

三、建立独家IP时尚体系

树熊Heady是歌莉娅的萌宠，来自歌莉娅树熊梦幻乐园，自2010年至今，一直陪伴歌莉娅环球旅行，一起发现世界的美好。歌莉娅以萌宠 Heady的形象衍生出原创IP服装、礼品以及鲜活的"人物"性格，形成独家的IP时尚体系（图4-37）。

"绿野星踪树熊梦幻乐园"是歌莉娅在全球的主题店形象，目前在全国一线头部商圈拥有200多家上千平方米主题店。并不断在海外拓展环球旗舰店，2022年11月澳洲悉尼旗舰店开业，位于地标悉尼塔之下，正处南半球最繁华的商业街彼特街（Pitt Street）临街首层（图4-38）；歌莉娅持续以市场本土化推动品牌全球化，通过品牌出海把中国文化与中国制造带向世界。现正在同步拓展更多的国际城市与核心商圈，未

图4-37

图4-38

来将以环球旗舰店的形式与更多国家的消费者在线下见面。

怀着对大自然的向往，对星辰大海的敬仰，歌莉娅将"自然+文明=时尚"的理念播种在"绿野星踪树熊梦幻乐园"，希望与更多的全球消费者一起分享世界的美好。品牌全球门店以关爱自然生态与动植物保育为设计理念，店内使用大量的真绿植幸福树，释放更多氧气，减少温室气体排放，践行低碳化，并逐步使用可循环的时尚环保袋替换掉纸质手袋，以行动呼吁消费者一同加入可持续时尚，为可持续发展贡献一份力量。

四、深耕国内，扬帆出海

近年来，歌莉娅以"深耕国内，扬帆出海"为核心经营策略，在国际化方面，还通过社交电商、直播等新零售渠道覆盖，打造了线上线下全渠道营销业务体系。除了拥有成熟的海外独立站外，歌莉娅还在诸多海外电商平台设有线上旗舰店，全球用户遍及85个国家。

歌莉娅喜获2022年腾讯微信"视频号创作先锋奖"，2021年被评为高新技术企业并被纳入广东省重点商标保护名录、上榜"中国最具价值品牌500强"（品牌估值95.91亿元），获得2019年度零售业数字化增长榜"最佳数字化触达大奖"等国内外荣誉。公司迄今已获得知识产权63项，包括外观专利36项、发明专利4项、实用新型专利8项、软件著作权15项。

迪柯尼：造服以情，匠成于心

造服以情，匠成于心，唯有专注和热爱才能极致。中国商务休闲男装领军品牌迪柯尼（DIKENI）创立于1999年，源自一份纯粹的初心。郑雪芬女士与先生许才君在游历意大利时，感叹于欧洲男士着装的优雅风度和用料考究，回国后就致力于为中国男士打造属于自己的得体、高品质、优雅的服装，这样一份纯粹的初心，奠定了品牌"简约、现代、优雅"的基因（图4-39）。

多年来，迪柯尼不忘初心，以消费者为中心，提供定位清晰的专业、专属的个性产品与服务模式（尼衣橱）及场景体验，由消费者定义业务能力和数字技术，基于数据赋能全域商业获取持续竞争优势；通过场景、互动、链接、体验来提高消费者黏性，坚守匠质、匠心，创新新客群、新需求和新服务，极致专注，让消费者每件穿搭都可以有自己明确的穿搭场景，享受品位搭配、热爱幸福的品质生活。与内部客户共创共赢，与合作伙伴共生共享，与消费者建立可信连接，同心共创迪柯尼品牌。

迪（DI）：爱迪生，人类历史上影响深远的发明家、科学家，代表了创造力。柯（KE）：柯达，百年柯达，巅峰时的辉煌，世界上最大的影像产品及相关服务的生产和供应商，世界500强中的佼佼者，在二十年前，代表了世界上先进企业的成功形象。尼（NI）：阿玛尼，世界知名奢侈品牌，全球时尚界最有价值的服饰品牌之一。阿玛尼有一句经典语录：所谓优雅，不是瞬间夺目，而是永远铭记。

DIKENI迪柯尼的名字并不是英文，而是一个拼音组合，源自上述三个全球优秀品牌。其不仅代表了DIKENI追求卓越的信念感，在学习国外先进品牌的同时，也保留了中国汉字注音符号，这是民族文化的取向和价值观所在，也保留着品牌创立的初心。

在迪柯尼发展的二十多年里，坚持深耕商务男装市场，以热爱为本，用"初心·匠心·同心"的理念，联

图4-39

合设计开发团队、商品管理团队和零售服务团队，持续打磨产品、提升服务品质，用过硬的市场口碑打造品牌。迪柯尼与国家宝藏IP联名、国际设计师联名、在全球选购顶级面料制衣，一直深度思考用户多元化的消费理念和消费需求，以专业、极致的态度打磨产品，不断探求更多可能，使产品更富有人文思考和关怀（图4-40）。

对于见证中国男装发展历程的民族品牌迪柯尼而言，迪柯尼2023秋冬系列发布秀是二十四年坚守的初心，是文化的匠心传承，更是未来新生。书写了品牌对未来美好生活的展望，无论前行多远，始终坚守初心，做有担当、有温度的企业，践行社会责任和企业理念，以热爱开启全新篇章（图4-41）。

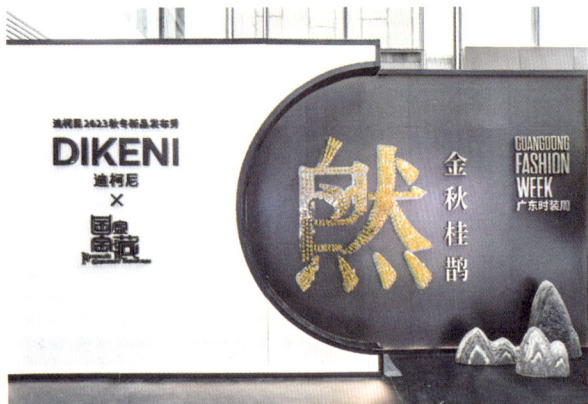

图4-40

图4-41

URBAN REVIVO：践行"玩味时尚"品牌理念

URBAN REVIVO（简称UR）创立于2006年，是中国最早应用快时尚商业模式的服装品牌。经过多年的商业模式创变与发展，UR于2015年品牌重塑升级，定位为全球首创的"快奢时尚"商业模式。UR颠覆和改变传统快时尚的原创性不足、品质不好、不够环保的三个核心痛点；肩负升级快时尚商业模式的使命，提供更具创造性的设计、更好的品质和可持续性的时尚，给消费者带来更好的时尚体验。在"快奢时尚"品牌定位之下，UR在注重品牌快速推陈出新的同时，不减任何对高品质、原创力和绿色时尚的持续追求。同时，UR构建了一套以"玩味时尚"为品牌理念，以都市、多元、先锋、品质、国际化、可持续为品牌基因的品牌价值主张体系，进一步引领UR未来品牌力发展。

践行"玩味时尚"品牌理念，UR于2023年5月首登天猫超级品牌日并落地一系列品牌传播大事件。其中，线上表现创下天猫服饰类目超级品牌日GMV新纪录（不含黄金珠宝），并取得女装行业排名以及超级品牌日期间连衣裙品类排名双第一，实绩令人瞩目。而在品牌声量表现上，UR在微博、小红书、抖音等全平台矩阵中，取得惊人的"20亿+"阅读和触达数据。从官宣全球品牌代言人刘雨昕、发布"超模天团"品牌大使，再到时尚大秀夺人眼球，以营销事件接力打造传播闭环，UR既展示了品牌深入洞察消费市场的能力，也在传播中进一步锁定其作为快奢时尚品牌开创者在行业的领先地位。

UR在全球拥有超过8000名员工，其中包括处于行业领先地位的超500人设计开发人员。在中国、新加坡、泰国、菲律宾等国家开设400余家线下门店，线上销售网络覆盖欧洲、北美及其他国际市场。UR依托引领性的创意设计团队、行业领先的供应链管理能力及数智科技能力，为全球消费者提供都市、多元、先锋、品质、国际化及可持续品牌基因的时尚产品，致力于让人们可以轻松拥有高品质的潮流时尚产品，打造成为全球最具影响力的时尚品牌之一（图4-42、图4-43）。

UR是一家数字化驱动的企业，其已经实现了自研供应链协同平台以及自研商品数智化管理平台，并给企业发展带来了深刻改变。除艺术创意美学外，柔性极速供应链是UR的另一大核心竞争力，以人工智能结合大数据打造了数智化决策体系。在设计上，可视化设计加上数字化打板，让创意美学精准落地。此外，数智化作为生产供应端的底层设计，实现了智能化排

图4-42

图4-43

产、生态化生产、常态化快返，使UR始终走在时尚流行设计的最前沿。

作为业内领先的时尚品牌，UR一直积极承担与之相匹配的企业社会责任，通过高品质的产品以及多样性、可持续举措向消费者传递时尚生活之美。2022年12月，UR携手WABC艺途公益基金会共同发起"错袜行动"，鼓励每个人通过"错袜"表达自己的独特态度和对多元文化的包容与接纳。在爱心公益之外，UR亦在可持续发展领域不断探索，积极描绘ESG愿景。2020年，UR和一个地球自然基金会（OPF）共同开展了为期一年的"守护中华白海豚"公益计划，同步推出环保胶囊系列，并捐出该系列销售所得全部利润。2019～2021年，UR连续三年推出环保胶囊系列，该系列面料采用由回收塑料瓶再加工而成的环保纱线，能够将服装制造过程中的水污染降到最低。2021年，通过邀请插画师创作"海洋保护"主题的艺术作品，共同创作环保胶囊系列，以线上线下艺术展的方式唤醒大众环保意识，号召消费者参与到"守护濒危物种"的公益项目中。在零售端，UR以优惠券、积分奖励等方式鼓励消费者自备购物袋并发起"旧衣焕新"计划，倡导可持续的时尚生活方式，共筑人与自然的和谐关系。

UR积极地在生产制造环节中留下更多环保足迹，回应当下理性消费和环保可持续的消费意识趋势，从设计理念到系列单品，对环保理念进行越发深入的探索，重塑大众对于快时尚品牌的印象，创领绿色可持续发展未来。

珂莱蒂尔：如何冲破女装市场的天花板

深圳市珂莱蒂尔服饰有限公司成立于2006年，在深圳市车公庙泰然立城上有近12000平方米的现代化高端商务写字楼作为办公场地，是一家具有独特的品牌文化理念、先进的研发设计中心、健全的营销服务系统、国际化的企划创意团队的时尚服饰公司。

珂莱蒂尔对于品牌的研发设计、品牌推广及终端销售，一直励精图强，致力于新理念、新文化内涵、新技术的开拓，把握服装世界流行趋势，打造自己的核心竞争力。经过持续高速发展，迅速完成了自己的渠道建设，塑造了特色的产品风格和品牌文化，建立了稳定的总部管理团队和专业设计创意团队，企业经营效益年年翻番增长，十六年的时间实现品牌零售规模从0达到30亿的成长，市场占有率达到中国中高端女装前五，成为深圳乃至中国女装行业的新奇迹（图4-44）。

2007年4月，珂莱蒂尔第一家门店正式开业；2010年2月，与首家经销商合作，同年12月，荣获"中国女性消费者熟悉/喜爱品牌"；2011年4月，与天猫正式合作开展线上销售业务，同年9月，开设第100家门店；2013年6月，公司在"中国服装企业百强排名一销售利润"位列63名，同年7月，门店数量突破200家；2014年3月，珂莱蒂尔荣获中国品牌风格大奖及深圳十佳创意品牌奖。

2014年6月27日，深圳市珂莱蒂尔服饰有限公司（3709.HK）成功登陆香港主板，成为深圳市首家上市的高端女装品牌。2016年，珂莱蒂尔被米兰时装周主办方邀请，在官方主会场发布了"韵律南国"的国际时装秀，同时花巨资先后签下米兰达·可儿（Miranda Kerr）、加勒特·惠特曼作为品牌代言人，强有力地提升了品牌国际影响力、美誉度以及时尚界的地位。目前，珂莱蒂尔在全国共有超过800家实体店铺，已有效、高质量地实现了全国渠道的总体布设。

在数智化方面，珂莱蒂尔进行了两方面的建设。

一是建设全渠道项目。坚持以"会员通、商品通、服务通"为建设目的，基于企业业务发展的需要，推进企业"数字化运营"战略的执行落地。该项目主要建设了会员营销业务中台（含会员中心、互动中心、规则中心）、智能商品管理（含商品的订货计划、季中OTB驱动商品需求计划、自动分配货三大流程）、大数据平台+数据中台的建设、分销管理（BMS/DRP的搭建、半自动商品补/配/发、全渠道空销寻源、集团库存一体化、分销体系结算）、会员管理（商城小程序/终端App/经销渠道会员管理）、终端支付及导购业绩分配等。实现线上线下一体化商业模式的布局。

图4-44

二是引进RFID（无线射频识别）提升供应链效率，RFID技术解决了单标签读取的问题，在不拆箱的情况下，可同时读取200张以上的标签，以RFID技术为核心，结合机械设计、多种传感器、电磁屏蔽、自动控制等技术，实现单次批量读取功能。同时，具有写入信息量多、信息可更改、使用寿命长、安全性高等优势。通过将RFID电子标签在产品生产过程中就植入商品内部中，可以实现商品进行生产—仓储—物流—销售全过程的监控和数据采集，避免了假货、渠道窜货的产品被拿到网上低价倾销，从而有效地维护了企业及代理商的利益。

一直以来，服装行业没有大规模启用RFID技术，主要还是因为RFID在服装行业不同应用场景所产生的价值能否超过RFID的成本这一问题还不明确。作为中高端女装行业的头部企业，珂莱蒂尔引进RFID技术并在企业内部的成功应用，让同行看到了RFID技术的价值和实际应用场景，进一步推进了RFID技术在服装行业上下游的应用，也进一步推动了RFID标签供应商、软件系统提供商、设备供应商的发展，对于整个行业都有非常大的促进作用（图4-45）。

珂莱蒂尔在低碳化方面推崇绿色设计，优选具有环保资质的面料，以及无漂色羊毛面料、可降解面料等：采用新疆棉，环保染色；采用的原料来源于我国内蒙古阿拉善的牦牛，牦牛生长过程不伤害植物根被，制造过程不添加染色剂；纺纱过程不添加化学原料，以全球顶级染厂定做环保染料，染色后的水过经过环保净化处理，能达到饮用水标准；采用环保花纱面料，粗纱和细纱交织而制成的面料具有重量轻、抗皱干爽、易打理等特质，面料采用涤纶和棉的混合方式编织，面料中的涤纶纱线使用环保纱，原料来源于回收塑料瓶的再加工，原料及纱线经过全球回收标准（GRS）认证，可减少对地球的碳排放；公司面料艺术再造关键技术攻关项目，研发绿色面料，采用咖啡渣回收循环咖啡纱，和聚酯纱线结合后进行纱罗织造，设计出行业领先的咖啡纱纱罗、真丝纱罗等新型面料并推广应用。

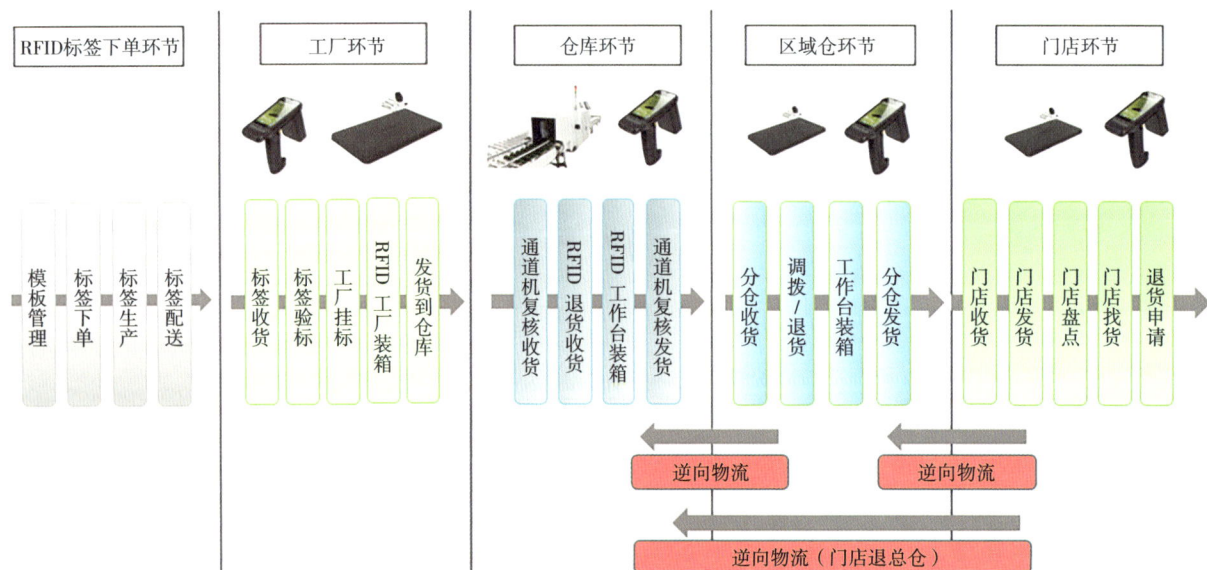

图4-45

歌力思：用时尚创造个性魅力

深圳歌力思服饰股份有限公司总部位于广东省深圳市，1999年成立，一直专注高级时装品牌的发展运营，于2015年4月22日正式在上海证券交易所主板上市（证券代码"603808"）。

公司以"成为有国际竞争力的高端时装品牌集团"为战略目标，以"用时尚创造个性魅力"为企业使命，以"拥有千位事业合伙人的共创共享平台"为企业愿景。上市后，公司通过投资、并购、合作经营等方式，已经形成了品牌风格差异化的国际多品牌集团。目前公司建立了涉及通勤、社交、休闲、商务、街头等多种风格的高端品牌矩阵，包括主张精致通勤、率性优雅的中国高端时装品牌ELLASSAY，主张都市经典、精英商务的德国高端女装品牌劳芮（Laurèl），主张潮流街头、大胆前卫的美国轻奢潮流品牌Ed Hardy，主张自由休闲、摩登浪漫的法国设计师品牌IRO Paris，以及主张多元社交、个性当代的英国当代时尚品牌self-portrait。其中，公司拥有ELLASSAY、Laurèl和IRO Paris的全球所有权，Ed Hardy在大中华区（含港澳台）的所有权，以及self-portrait在中国大陆地区的所有权。品牌间的风格与年龄段均有明显的差异化、具有独特清晰的DNA，主力消费人群可覆盖从20～50岁的年龄层消费者。

在构建多元化品牌矩阵的同时，公司凭借成熟的销售网络、行业领先的设计开发与供应链体系、高效的数字化系统以及快速裂变的营销体系等优势，将行业领先的高端品牌运营经验进行有效复制。随着公司旗下多品牌矩阵的发展，各品牌协同作用将进一步发挥，公司经营效率将持续提升。

一、在多品牌间有效复制的良好终端运营能力

公司重视终端单店的增长，不断强化对店铺的营运管理系统能力；通过升级改造、加强营业培训等方式提升店铺的形象，增加店铺有效营业面积；研究行之有效的顾客管理策略，精细化运营客户，全方位促进单店营收增长。这些举措使得ELLASSAY在行业内

享有名列前茅的单店平效。同时，公司将ELLASSAY的直营和分销管理的最佳实践复制并传播到公司旗下各品牌，极大地提升和改善了其他各品牌的终端管理效益。

二、有效助力多品牌协同拓展的渠道资源

公司经过多年耕耘，形成直营、分销相结合，覆盖全国各大城市核心商圈并有效辐射周边地区市场的销售网络，在SKP、万象城、太古里、IFC、德基等各大顶级商圈累计开设了上百家新店，并且连续打造地标性店铺，成为头部商圈不可忽视的品牌力量。在主品牌的渠道拓展方面，公司持续贯彻渠道优化策略，重点布局主要城市新兴综合商业体，聚焦"低成本开大店"和"新店一炮而红"策略并取得不俗成效。对于新引入的国际品牌，公司以直营模式为主，依托丰富的渠道资源和销售网络，各品牌根据其定位，选择合适的渠道进驻，快速推进其中国业务的落地（图4-46）。

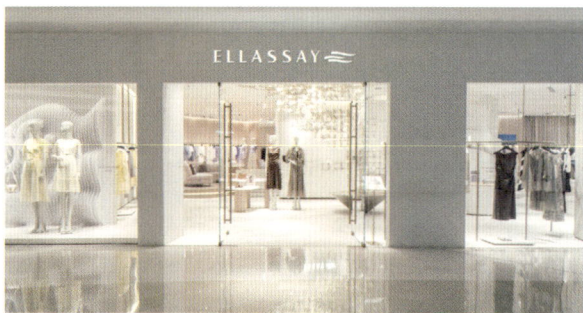

图4-46

多品牌集团化模式也进一步提升了公司对渠道的议价能力，与渠道的合作也更趋向于战略合作，有助于公司在竞争激烈的核心商圈中获得更符合公司定位的高质量店铺位置。随着公司旗下高端品牌的持续发展，各品牌协同作用将进一步发挥，公司经营效率将持续得到提升。

三、赋能多品牌运营的高效数字化系统

公司正逐步搭建可供各品牌使用的全渠道实时交

互数字化系统，打通消费者触达终端、商品、零售、会员管理系统以及业务处理后台三个层级并沉淀数据资产；实现客户关系管理、商品管理、订单管理与库存管理等功能的实时交互与数据反馈。企业通过数字化变革，突破性打造了可供各品牌线上、线下、直营、加盟同时全面协作的商品与会员数字化运营中台。在货品管理方面实现了线上、线下、直营、加盟渠道的打通，提高了货品流转效率。会员管理方面逐步打通了消费者在公域、私域电商及线下门店同享的会员权益，实现跨渠道的实时的数据采集与整合，通过数据回流分析，生成会员画像与相应营销互动策略，并结合多店版小程序商城与企业微信，借由自动化引擎实现全域内容管理与触达，全面提高转化效率。未来，随着中后台管理应用的陆续上线和零售系统的全面打通，企业能够及时监控各个品牌、渠道、店铺的表现，通过智能洞察实时发现问题与增长机会点，迅速响应并实施策略，以应对瞬息万变的市场与消费者。

四、资源共享、快速裂变的全渠道营销闭环

公司打造了适应高端多品牌矩阵的营销体系，覆盖不同细分市场需求，并在品牌推广端形成了明显的协同效应，形成覆盖全域消费场景的营销闭环。

在多元化内容产出放大品牌声量方面，公司突破性地推出通过全CGI数字技术创作的虚拟数字人@飒ELISA，以传达品牌个性主张，契合品牌年轻化与数字化的战略，助力多元数字营销。根据公司旗下不同品牌调性与发展阶段聘请代言人与品牌大使，已经形成了多品牌代言人矩阵，精准穿透圈层并形成稳定的视觉触达点来增强记忆。未来通过实体与虚拟代言人同框以及AI生成数字大片等各类数字时尚实践，有望不断引爆年轻一代的讨论热点。

在构造营销闭环方面，公司线上在小红书、抖音、微信生态圈的小程序直播、视频号、企业微信等社交媒体全平台覆盖，通过品牌大片发布、店铺导购种草、关键意见领袖（KOL）穿搭分享与核心用户传播等途径进行矩阵化内容产出，全方位触达消费者，并通过赞助博主、明星穿搭与热播剧造型等进一步放大品牌在社交网络裂变影响力，在线下通过创新的空间设计

进一步加强消费者线下体验。

在全域促进触达、加强转化留存方面，公司通过举办新款预览会进一步加强与KOL、造型师的互动交流。通过新店预热活动、VIP店内回馈活动、与VIP私享晚宴等多元高频的VIP活动，提前锁定客源并精细服务长期客户，实现新店引流预热并进一步吸引消费者注意。

五、全面推动可持续时尚理念

自2021年起，公司全面引入可持续时尚理念，以为我国力争2030年前实现碳达峰、2060年前实现碳中和的战略目标贡献力量。在产业变革中发挥建设性作用，共促负责任消费，持续为建立一个更加美好的世界承担起应有的社会与环境责任。公司可持续战略当下聚焦减少对气候的影响、倡导循环经济和保护生物多样性。减少对气候影响方面，公司自有工厂通过了国际环保纺织协会（OEKO-TEX®）的可持续纺织生产（STeP）认证，该认证专注于纺织和皮革领域，企业须满足化学品管理、环境绩效、环境管理、社会责任、质量管理健康与安全等六个方面的要求。此外，公司加入了由中国纺织工业联合会（CNTAC）启动的"30·60碳中和加速计划"，并加入CNTAC-LAC工作组，测量产品生命周期碳足迹。倡导循环经济方面，2023春夏系列中，ELLASSAY品牌的可持续产品库存量单位（SKU）占比达到15%，Laurèl品牌可持续产品占比达到18%。ELLASSAY、Laurèl品牌购物纸袋100%采用森林管理委员会认证（FSC认证）纸张，IRO Paris及self-portrait品牌包装纸盒也都采用了100%再生纸张作为原料。公司计划至2025年，实现所有品牌95%的FSC认证可回收包装，并消除塑料的使用。保护生物多样性方面，公司在阿拉善腾格里沙漠共认种抚育1100亩（73万平方米）沙生灌木林，累计种下234390棵绿植，并命名为"歌力思"林。沙生绿植由于其耐旱、喜光、适应性强的特点，在阻止沙漠对生态空间的侵蚀上具有至关重要的作用。同时，构筑沙漠锁边生态绿洲也有利于生物多样性的保护、恢复和再生（图4-47）。

公司持续坚持可持续时尚的实践，2022年获得由主办方中国服装协会、中国纺织工业联合会社会责任办 公室及WWD CHINA等联合颁发的"2022年度可持续时尚践行者"以及财联社评选的ESG先锋奖等荣誉。

图4-47

秋鹿：神鹿越千年·品享温馨家

一、企业经营管理概况

1986年开始创业，1989年创立秋鹿品牌公司，总部坐落于中国广州。以倡导和引领健康、温馨的生活方式为己任。拥有秋鹿和JENIZE等多个品牌，涵盖家居服、文胸、内衣、内裤、保暖衣、袜品等家居生活全品类。秋鹿实业供应链实力强大，全资拥有汕头与广州两大工业园。公司经过三十多年的发展，销售网点覆盖中国一、二线500多个大中城市，进驻全国各大知名一线核心商场开设精品专柜、专卖店逾2000家，其中直接管理400多家；线下规模不断扩张的同时，线上也完成了淘宝、天猫、京东、唯品会、微信小程序、拼多多、抖音等电商渠道的店铺建设，并且运营伊始就确立了以优质产品、优质服务提供给消费者的经营理念。企业深耕行业三十七年，所制订的工艺技术、质量标准、板型尺码已成为行业的标准与权威，是国内首家获得"中国驰名商标"的家居服企业，首家获得"国家免检产品"的家居服企业，首家开设家居服专卖店的企业，首家具备完整CIS视觉识别系统的家居服企业，首家原创设计多种家居服印花图案，入选国家印花图谱书册的家居服企业，也是首家通过ISO9001质量体系认证的家居服企业；是我国家居服行业及品类的开创者与引领者，也是全国家居服行业的龙头企业（图4-48）。

图4-48

二、时尚之鹿、高端之鹿、品牌之鹿、国际化之鹿

秋鹿肩负着"神鹿越千年·品享温馨家"的使命，致力于做和谐家园的爱心践行者。五谷丰登的秋天，繁衍生息的季节，秋鹿带着倾注爱与真诚的产品奔向千家万户，这也是秋鹿的愿景：千家万户，品尚秋鹿。

在品牌推广方面，秋鹿董事长提出"家·多点温馨"的家文化，在与深圳服装协会联合举办的首届家居服发展论坛中备受推崇的"家文化"营销概念由此在行业中发扬光大。每年两季的新品发布会，也让公司的品牌设计理念得到淋漓尽致的展现，不同设计师、不同理念、不同风格的家居服，在T台上绽放光芒。

秋鹿携手国际一线品牌迪士尼进行跨界合作，《小鹿斑比》以斑比的成长为线索讲述了生命诞生与成长的过程，展现了童心纯真与处处有爱的寓意。秋鹿把善良和勇敢，用最温柔的方式传递给客户，用爱守护和陪伴着每一位秋鹿的粉丝。随着社会发展，人们对于服饰的要求越来越高，对于服饰的分类也很细致，秋鹿在新产品研发上大力投资，组建了一支强大的产品设计队伍，以最快速度把握最新市场动态，并将国际流行元素与品牌理念完美糅合，设计出新颖独特的款式，以近乎完美的生产工艺、过硬的质量，赢得了消费者的信赖与支持。

多元生活形态延伸多模式合作共赢，从生活态度到生活仪式感，秋鹿力求打造多元居家生活形态，重新赋予了家居服新概念：2千米生活圈穿搭；打造"平台+品牌"的经营模式，通过产品线与品牌线的延伸，让每一位消费者尽享物超所值的产品和服务。

由秋鹿工程师研发的小分子聚合度长效抗菌抑菌舒适柔软的汉麻布料，采用经纱和纬纱在喷气织机上织成面料布，再处理，经过染色工艺，形成兼具汉麻和棉优异性能的混纺面料，能够达到美观舒适和长期保持抗菌功效，补足了汉麻纤维不易纺纱、染色、织造等短板，填补了行业技术的空白。秋鹿坚持以市场为导向，以技术为依托，迄今为止共获得40项专利，已有200多项成果落地，每年成果转化项目平均8项。

三、数智化、低碳化管理

秋鹿秉承工匠精神，贯彻"一针一线皆是爱"的原则，在设计、选料、纸样打板、裁剪、缝制等多道工序进行精心打磨，在研发与生产上严格遵守各类高标准检测指标与技术，在产品生产运营、供应链管理、设计研发、商品企划管理中均使用澜东系统进行管控，渠道管理、商品运营使用企业资源计划（ERP）系统，终端销售的会员管理使用驿氪系统进行管理，集团财务运营体系使用金蝶系统进行管控。生产过程中最关键且技术要求最高的环节便是裁床对布匹的剪裁，这一步关系到大货的质量以及公司整体的生产产能。为给市场提供质量更稳定、更及时的应季的新产品，公司斥巨资购买了电动自动裁床，使得裁床裁剪的速度提高了1/2，裁片的精准度也得到相应提高。

一系列环环紧扣的智能化管理，摆脱了原来落后且效能低下的人力统计工作方法，基本实现了无纸化办公，提高了工作效率。为节能低碳环保运营，公司在物流发货环节与第三方专业物流仓储公司合作，实现物流代发业务，由第三方公司统一发货，减少了由单独送货车辆运行产生的二氧化碳，车间锅炉的燃烧模式由原来的颗粒燃烧改为电燃烧，极大地降低了二氧化碳的排放，同时园区内规划绿植的覆盖率由38%上升到50%，为减少二氧化碳的排放贡献了一份力量。

秋鹿坚持"文化强企"的管理理念，根据企业与员工的发展制订合理的培训规划与课题，建造企业自身的人才生产线，打造出优秀的企业人才梯队。一代又一代的秋鹿人都有一个共同的梦想：共同打造一个驰名海内外，把东方匠人精神推向全球，把秋鹿打造成一个百年民族品牌（图4-49、图4-50）。

图4-49

图4-50

群豪：城市猎装＋新商务

广东群豪服饰有限公司是一家集商品研发、设计、生产、品牌推广、加盟、直营、联营、团购定制、电子商务为一体的服饰企业。品牌创建于1991年，专注服装领域的发展，公司旗下核心品牌"群豪"，在致力打造不同风格、不同消费需求的同时，实施差异化品牌竞争战略。面对激烈的市场竞争，群豪以国内首创"城市猎装＋新商务"的品牌理念树立起差异化的产品核心。并与时俱进地引入"线上线下资源共享，相互增值"的O2O新型营销模式，提高企业发展活力。截至目前，群豪已在中国开设几百家连锁店和专柜（图4-51）。

图4-51

群豪分为三部一基地：群豪连锁事业部、电子商务事业部、制服事业部和生产基地，各板块运用绩效考核进行经营管理，不断提高企业综合竞争力。

群豪创建以来坚持与国内外知名设计师合作，针对成熟男士、都市精英及白领的着装文化进行设计，巧妙地将时尚与需求相融合。产品款式独特、简约、工艺精湛、格调优雅，不断提升产品核心技术，不断创造与时俱进的款式引领消费者（图4-52）。精准的城镇化市场定位，在长江以南地区已形成完善的营销生产体系，并运用网络信息管理技术，使品牌稳健发展。统一的CIS形象、专业化的零售培训体系、合理的产品结构、顺畅的物流配送系统，保证了各大板块业务的健康发展。

群豪自创建以来高度重视品牌传播，2003年荣获"广东省著名商标"，2006年，被中华人民共和国国家质量监督检验检疫总局授予"国家免检产品"，2008年荣获"中国驰名商标"，2010年成为广州亚运会马来西亚代表团唯一指定服装；2013年荣获"全国产品质量消费者满意品牌""中国服装协会常务理事单位"；2014年荣获"中国职业装50强企业"；2015年期间先后荣获：连续18年"广东省守合同重信用企业""群豪牌衬衫优等品""广东省品牌百强企业""广东省创造业功勋企业"；2016年荣获"国家守合同重信用企业"及"高新技术企业"；2019年荣获广东省服装行业"制服标杆企业"；2020年荣获广东省服装服饰行业协会"特殊贡献奖"；群豪商学院成立暨互联网发展战略升级。从各省市卫视到各类媒体的广告投放，群豪已在消费者心中具有一定的知名度，在各界友人的关心和支持下，品牌得到茁壮成长。

图4-52

未来，在创造品牌价值最大化的同时，群豪将继续积极维护品牌信誉、回报消费者，实现与客户利益互赢，整合上中下游的产业战略伙伴，致力品牌事业的发展。

佛伦斯：服装产业转型新样板

广州市佛伦斯服饰有限公司总部坐落在中新广州知识城，佛伦斯（FOLUNST）致力于打造以"粤港澳大湾区时尚智造中心"和"港澳青年创新创业创造基地"项目为核心的时尚产业集群，聚焦智能时尚、科技时尚、文化时尚，将致力于打造成为全球领先的优质时尚产业智能化、自动化、数字化的平台，作为衔接广州市中心城区与中新广州知识城的纽带（图4-53）。

图4-53

旗下品牌及业务遍及中国各地区，涉及的业务涵盖四大核心模块：时尚品牌、大健康现代服务业、产业园开发运营、产业投资。

佛伦斯以"科技"为时尚产业发展驱动力，在全体员工的不懈努力下，形成了强大的产品交互实力、快速的货品响应能力、品牌的多元化发展，使得企业市场规模与社会影响力与日俱增。

"务实开拓"是佛伦斯集团的"灵魂"，由人化文，以文化人，其精神弥漫在生产、经营、创新的各个层面，使得佛伦斯人时时刻刻团结在一起。"脚踏实地，锐意进取，不断创新，共创双赢"逐渐成为主流意识充盈于佛伦斯人的思想空间，流溢于佛伦斯的发展中。

佛伦斯的发展始终坚持面向世界前沿、面向时代需求。因此，一直以来佛伦斯董事长全方面培育优秀人才、集团接班人，实现准确把握到数字化智造转型升级的突破，形成不囿于服装领域的"时尚"认知。佛伦斯的接班人传承父辈创业精神，并在创新方面更

有担当，前瞻性地将"时尚"与"数字科技"深度融合，全面提高生产制造的科技含量。

二十年风华，是佛伦斯深耕时尚、连接科技的思索之路，是升级产业、多元化发展的拓展之行。佛伦斯与时代同频共振，在探索与实践之中初心不改，如今构筑起了深度服务高端产业集群的"粤港澳大湾区时尚智造中心"。

2019年10月，"粤港澳大湾区时尚智造中心"在佛伦斯中心挂牌成立。聚焦于智能时尚、科技时尚、文化时尚的高新技术现代服务型产业园在知识城北部熠熠生辉（图4-54）。

图4-54

由佛伦斯集团创建的粤港澳大湾区时尚智造中心之佛伦斯中心产业园区——新型科技产业园，地处与纽约大湾区、旧金山大湾区、东京大湾区并列为世界四大湾区之一的粤港澳大湾区主轴中心位置，占地2.9万平方米，总建筑12万平方米；它是广东唯一的粤港澳大湾区时尚智造中心，也是中国唯一的粤港澳大湾区时尚智造中心，还是中新广州知识城高新产业聚集区的高端产业配套综合园区，筑就集研发、办公、研发配套生产、商业、酒店式服务公寓、人才公寓于一体新型产业园，服务于知识城北区高端产业。

佛伦斯以东方文化为品牌成长基因，结合全球时尚设计的创新理念，将东方非遗文化与服饰美学、新潮流生活方式相互融合，为全球精英男士提供高品质、高品位的生活着装。在中国，佛伦斯传承中国国粹，以新简中、新商务为品牌风格定位，推动国潮新文化，

让新时代男性更加注重自我感受和精神自由的生活追求，成为自己的生活艺术家。

佛伦斯服饰业务涵盖服装零售、高级定制、企业团体定制等，并集设计、开发、生产、销售于一体的完整产业体系。佛伦斯品牌零售于高端百货商场、购物中心、机场开设门店，并与主流电商平台合作，能更快捷地实现与消费者的互动和触达。其中，品牌服装定制模块包含企业团队服装定制、个人服装形象定制，并提供私人着装顾问及衣橱管理等服务，为消费者提供细致周全的产品体验（图4-55）。

佛伦斯品牌集设计、开发、生产、销售于一体的职业装定制，提供广阔的产品选择，不同材质、花色、纹理决定了面料的不同光感、触感和质地，也蕴含着不同的个性与品位。时尚、简约的款式，舒适、得体的剪裁，精湛的工艺，让消费者在挥臂举步间享受惬意的优雅风采。

图4-55

莱克斯顿：打造"赋能和服务产业链的平台"，激发供应链协同

广州市莱克斯顿服饰有限公司成立于1999年，经营至今已有二十四年，公司主营莱克斯顿（LAXDN）品牌高端男装业务，经营范围包括高级男士西服、夹克、衬衫、领带、T恤、毛衣、皮鞋、皮具等所有男士服饰。公司投入巨资，全面致力于品牌在中国市场的拓展与开发，为迎合中国消费者的需求，在广州、香港、上海设立产品研发中心，准确捕捉消费者的感觉与需求，并与自身独特的设计风格与品牌魅力融为一体。高峰时期曾在全国设立20多个省一级营销中心，全国连锁门店数量超过500家。

莱克斯顿自成立起，就遵循品牌整体发展战略，以科学的营销理论为基础、发展的市场理念为原则；导入个性的以品牌文化为纽带的CI管理系统、先进的营销管理体系、高效的培训体系、完善的支持体系、严谨的监督管理体系，以确保品牌形象及网络维护水准，使莱克斯顿尽显国际品牌之卓越风范，成为中国高端男装品牌的佼佼者，广受消费者好评及市场喜爱。

一、经营模式创新

自2013年起，传统服装产业的发展进入分水岭，在激烈的市场竞争下，各大品牌的经营陷入困境，甚至濒临倒闭。2015年起，在严峻的市场环境下，莱克斯顿开启了转型的变革，坚持以"利他为中心"，莱克斯顿大胆打破传统行业固有的买卖关系，打造全新的共享平台商业模式，完成了从高端男装转为时尚品牌男装的战略转型。以"全心全意为合作伙伴谋发展、谋幸福"为己任，莱克斯顿摒弃中间层层环节，通过高效运营，让产品回归本质。莱克斯顿的转型获得了上下游的鼎力支持，赢得了合作伙伴的高度认可，论证了"品牌+平台"的共享模式，顺应了时代的发展趋势（图4-56）。

为最大化激发供应链的协同，避免相互间恶性竞争，莱克斯顿以共赢理念整合优质供应链，制订了严格的合伙机制，坚持"好产品、真实价"的开发理念，最大化地让同品类供应商通过更深入走近市场、更深入研究消费者需求，通过相互勉励学习、共同协作，打造出高质价比商品。为支持合作伙伴可持续成长发展，新模式解决了原有加盟商的顾虑与经营压力，货品更新快、品质好、无库存，品牌形象不断创新提升，获得了合作伙伴的一致好评。再加以贴心舒适的服务，莱克斯顿广泛收获了市场良好口碑，并迅速在全国铺开，新店所到之处，很快成为各地市场的领跑者，发展经营逆势而上。

转型后的莱克斯顿，致力于打造"赋能和服务产业链的平台"，为推进新模式的发展，自上而下进行全方位的优化升级，全力打造高收益发展平台。为助力新模式的高效运转，莱克斯顿聘请专业的管理顾问机构，全年完善企业标准流程，优化组织架构，构建科学管理体

图4-56

系。在终端综合运营能力的提升上，莱克斯顿全面推进优化升级，让店铺标准规划化、流程专业化，同时推行"奋斗者梦享计划"，让员工不用投资也能当老板，激发更多员工积极参与到公司经营中，快速成长并共享利润成果。在物流优化上，莱克斯顿不遗余力投入巨资整合百世物流体系，借助百世强大而专业的仓储物流管理系统（WMS），助力商品快速流转、灵活调拨，让时尚以最快速度送达全国千万消费者的手上。

二、产品创新优化

"以消费者为中心"是莱克斯顿设计研发的关键点，公司参与多项服装国家标准与行业标准的起草工作，投入巨资组建强大的自有研发设计中心，积极赋能供应商，让产品回归亲民价格的本质，以丰富多样的款式满足男士各种场合的穿着要求，通过一站式的便捷购买，让消费者"省钱、省时、省思考"，赢得了消费者的信赖，也赢得了市场的尊重（图4-57）。

图4-57

围绕消费者需求，提供深受消费者喜爱的男装产品，莱克斯顿跳出原有局限，创新"以新商务为核心，以时尚休闲为重点，以正装为突破"的产品定位精准化。强化新商务系列，获得市场绝对竞争力，以时尚休闲系列赢得更多年轻消费者的青睐，以实现结构性突破

的正装系列有效扩大市场份额，通过研发创新，使莱克斯顿品牌获得稳步发展，实现量变和质变的突破。同时，莱克斯顿专注提升以裤子、T恤等核心优势品类的产品策略，并深化明确了"用真诚之心为顾客提供高品质、高性价比、满足不同生活场景的着装风格，用时尚服饰传递有爱有美的人生"的产品使命，始终保持初心，以满足消费者的需求、口碑为主导，全心全意为消费者打造优质、时尚、商务的国货男装品牌。

2022年，莱克斯顿再次升级提出了"革新产品、赋能品牌、提升专业、稳健发展"的年度战略，持续加大力度，持续打造产品力和服务力，进而赋能品牌力的提升；加快团队的学习成长，通过整体专业性的提升，促进企业市场竞争力的提升；通过持续提高单店的经营能力和盈利能力，实现企业的稳健发展。无论是现在还是未来，莱克斯顿做的是信任，更是责任。以"利他"为经营核心，以合作伙伴的发展为己任，赋能产业链，全心全意成就合作伙伴，竭尽全力满足消费者需求。今天，"以消费者需求为原点，为顾客提供服务和价值"，不仅是莱克斯顿的使命，更是零售业的未来。

公司拥有超过50人的专业资深设计研发团队，并先后与国内知名设计师达成合作，培养了一批自有专业设计师、工艺师、制板师等设计研发人员，以专业的设计眼光，结合行业、客户需求，开发更加舒适的版型和款式，满足不同行业、客户对产品的全方位需求，得到了客户和市场的好评。与诸如广州美术学院等高校达成合作，促进研发成果转化为商用，积极推动职业装面料在防皱、抗静电、防油抗污等新型技术的应用方面取得成果突破。

莱克斯顿中高端职业装定制销售依托于总部五大分公司，超40个零售营销中心，超500家全国线下门店，通过招投标的方式获取订单，为全国大中型企业、学校客户提供定制、售后专业服务。为加快提升职业装定制业务的专业度、专注度，自2020年起，莱克斯顿定制事业部正式独立，主推"校服+职业工装"两大职业定制业务，以"为自己的孩子做一件好校服"及"为企业及员工做一件合体的品质工装"为己任，在研发、生产、客服等多维度为客户提供价值与服务。2022年，职业装、校服定制业绩规模、增速均获得了超过100%的增长，成为公司主营业务的有力补充。

铠琪：彰显当代东方高端成功女性的灵动风采

广州铠琪（KAISERIN）有限公司（以下简称铠琪公司）创立于2000年。

铠琪女装采用欧洲、日本等进口面料，运用成熟的立体剪裁技术，通过简约流畅的线条展现稳重大方的穿着风格，彰显当代东方高端成功女性的灵动风采。多年来，铠琪公司秉持着"稳健发展"的理念和"以诚待人、以信处事、以质求誉、以新取胜"的原则，成就了公司产品多次获得服装行业专业奖项、商场销售奖项；在广州友谊商店、广百百货、天河城百货等一线高级女装商场销售业绩名列前茅；销售网点广泛分布于贵阳、成都、南宁等多个城市；拥有完整的生产制造、营销服务体系、一流的国内外设计师团队等200多名专业人才队伍（图4-58）。

铠琪公司始终以自觉承担社会责任为企业的天然职责。在企业内部，通过为员工设立待遇公平、机会均等、激发工作积极性，将员工短期、中期、长期收益与公司利益有机结合的薪酬管理，促进员工与公司的共同成长与发展；通过建立旨在提升员工能力和素质，加强员工与企业知识分享、信息分享的学习培训管理，为员工打通职业晋升路径；通过成立工会委员会，使劳资双方得以良性地反映意见、沟通情况、传达善意、维护权益……为公司创造了利于发展的稳定局面。2022年，广州市工商联授予铠琪公司党支部为广州市非公有制经济组织"双强六好"标杆党组织。

近年来，随着短视频、直播带货等互联网媒体的迅速发展，作为深耕实体百货的品牌，开始利用互联网，加强线上与线下相结合，通过现在的几大主流平台，如抖音、小红书、微信视频号等，以短视频等形式进行推广，增加流量的引流，最大限度地曝光，让未认识、未了解过铠琪品牌的新客户以现代化方式了解铠琪（图4-59）。

说到时尚，服装行业一直致力于满足消费者对时尚潮流的需求，我们不断推出具有独特职业高知女性风格的服装。另外，社交媒体的兴起也提供了更多时

图4-58

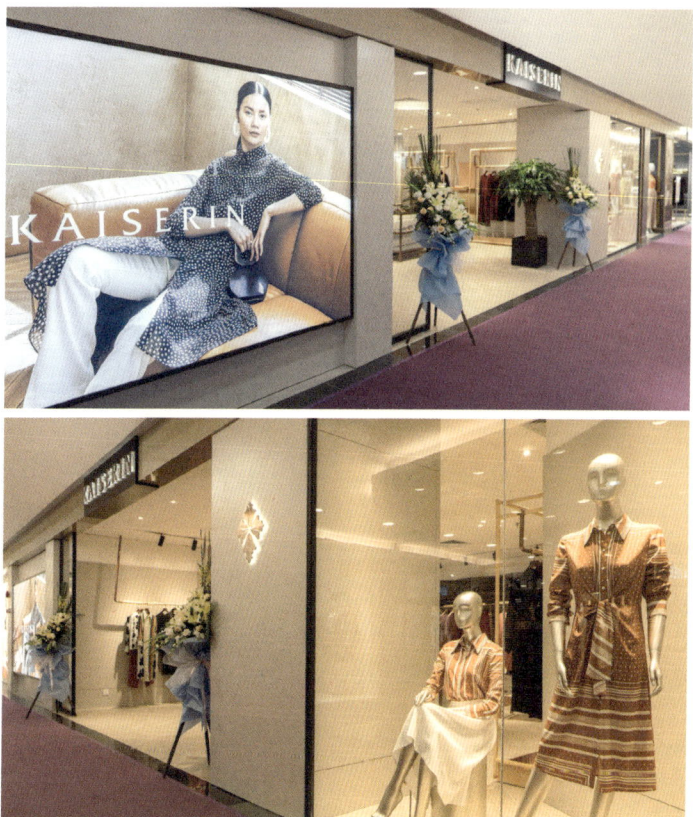

图4-59

尚灵感和传播渠道，使时尚变得更加多样化和个性化。

说到高端，铠琪品牌坚持一贯的作风——注重高品质材料的选择和精湛的工艺技术。致力于提供卓越的穿着体验，并将高品质与时尚元素相结合，满足追求高端、时尚的消费者的需求。这一趋势还推动了可持续发展和环保意识的兴起，促使品牌采取更加可持续和环保的生产方式。

铠琪品牌通过建立独特的品牌形象，树立自己在市场中的地位。重视品牌价值观、品牌故事和品牌标识。不仅是销售服装产品，还要打造一种特定的生活方式和社区感，与消费者建立更紧密的联系。

另外，数智化也在慢慢渗入铠琪品牌，人工智能、大数据和物联网等技术的应用，使得服装设计、生产和销售过程更加高效和智能化。通过分析消费者的购买行为和偏好，可以更好地迎合市场需求。同时，技术的应用还改善了供应链管理、生产效率和商品定价等方面。

低碳化是当前全球范围内的重要议题，也对服装行业提出了挑战。铠琪品牌在几年前开始关注减少碳排放和推动可持续发展，采用更环保的纺织材料，改善生产工艺，减少废弃物和污染。这些成果不仅丰富了消费者的选择，也推动了行业的可持续发展和进步。

诺蔓琦：为寻找时尚的生活态度而设计

鹿颜国际服饰（广州）有限公司总部位于广州番禺万博中心商务区，坐拥20000平方米甲级办公基地（图4-60），是广东省服装服饰行业协会副会长单位，南村镇总商会理事单位。业务范围涵盖设计、制造、物流、贸易、零售及特许经营等全业务链，旗下品牌RMK诺蔓琦®、RYK、Lcoamaxy朗蔻®，销售网络覆盖23个省市，VIP会员数累计逾150万，产品远销中东国家及地区。

图4-60

鹿颜国际坚持以市场多元化需求为导向，不断追求品质创新，让消费者获得品位优雅、完美舒适的产品体验，匠心制造率性洒脱、精致奢华的高级时装。

诺蔓琦®创立于2000年，取自法语"Romantique"。二十年的风雨磨砺让诺蔓琦®逐渐形成高性价比的高级时装品牌形象。秉持"敢为人先"的品牌精神，锐意进取，开拓创新，在行业内率先实施"明星代言"战略，十年来先后与多位一线明星合作，用时尚的设计、精湛的工艺和一流的品质，赢得消费者青睐，并组建拥有1200家店铺的零售网络和强大的销售运营队伍。

诺蔓琦®作为中国淑女装的佼佼者，倡导新时代淑女形象。"为寻找时尚的生活态度而设计"是诺蔓琦®的品牌理念。如今的诺蔓琦®不忘初心，把握时代脉搏，演绎现代都市女性时尚，坚持以市场多元化需求为导向，不断追求品质创新，让消费者获得品位优雅、完美舒适的产品体验，匠心制造率性洒脱、精致奢华的高级时装（图4-61）。

图4-61

鹿颜国际坚持走"品牌引领，打造时尚产业供应链高质量双发展"之路。2019年，公司投资15亿元建设淮滨临港（国际）服装城，构建集时尚、智慧、绿色、高端品牌制造、国际化服装加工贸易于一体的多功能示范平台。2021年引进500强上市企业、中国世界名牌江苏阳光集团，共同打造中国高端男装西服生产基地，致力成为世界上规模最大、效能最高的毛纺生产线。

未来，鹿颜国际继续坚持"守正创新、勇毅前行、敢为人先、不忘初心"的精神，在新时代新征程上，坚持党建引领公司发展，坚守主业，勇于创新，按时尚化、数字化、专业化方向全力发展，提升智能化供应链制造能力，成为时尚行业的主力军。同时，积极投身乡村振兴和各项慈善公益事业，履行社会责任，共同创造美好生活。

EIN：践行为生活而设计

深圳市玮言服饰股份有限公司（以下简称玮言公司）是国内专注于中高端品牌女装的知名企业之一，主营业务为中高端女装的设计、生产与销售。玮言公司旗下拥有自有品牌EIN、PURE TEA茶荼及 PLAIN PEOPLE，在海外投资品牌 RENLI SU，各品牌产品风格鲜明，以服装为媒介，追求自然与人性的和谐、身体和心灵的和谐，践行为生活而设计，力求向客户传达自身独立思考和生活方式（图4-62）。

图4-62

玮言公司研发设计团队稳定，研发设计流程管理完善，研发设计原创能力较强，研发设计模式成熟。公司创始人和品牌负责人叶琳女士，专注于女性服装设计领域，深耕服装行业近三十年，始终坚持自己的设计理念与风格，获得了业内专业机构的认可，被深圳市服装行业协会授予"30年30人，深圳服装行业功勋人物"荣誉。

玮言公司已建立较为稳定的设计师团队及人才培养机制。团队拥有101名研发设计人员，其中 35 人具备五年以上工作经验。设计师团队由经验丰富的资深设计师和具有创造性思维的年轻设计师组成，具有良好的设计基础知识和前瞻性的国际潮流视野，能准确把握市场趋势和消费者需求变化。玮言公司与英国皇家艺术学院（Royal College of Art）和伦敦中央圣马丁学院（Central Saint Martins）建立合作，提升设计团队的国际化水平；还定期邀请国内外知名学者对公司研发技术团队进行灵感赋能，深化团队对设计背景和时尚市场的理解。

研发设计原创能力方面，玮言公司具备涵盖面料、工艺与板型的全链条原创设计能力，每年设计并最终上市的款式数量保持在2000款左右且呈逐年增长趋势。面料方面，经过长期经验积累，玮言公司已形成核心DNA面料库；特殊花稿设计与后整工艺，保证了产品拥有较强的独特性和辨识度。制作工艺方面，玮言公司自产车间及供应商优良的制作工艺保证面料呈现不同视觉、触感和肌理效果，利用成衣炒色、件染等特殊后整处理工艺，使传统工艺和文化根植于品牌。板型设计方面，玮言公司建立了符合品牌风格的版型数据库，根据品牌风格定位和消费者画像，通过尺寸比例、造型打造具有独特气质的产品。玮言公司注重技术工艺创新和知识产权的成果转化，目前拥有商标344个、实用新型专利12个、软件著作权10个、在途发明申请2个。

玮言公司已建立线下线上协同发展的全国销售网络体系，销售渠道包括线下渠道与线上渠道。其中，线下渠道包括直营渠道和加盟渠道，线上渠道包括天猫等 B2C 渠道和唯品会等 B2B 渠道，且已建立多元化的营销推广方式，销售模式成熟。

全国性的中高端销售渠道有利于提升品牌形象和挖掘潜在消费群体，并有助于公司在全国范围内的业务布局。所以，玮言公司注重门店位置选择与消费者体验，终端门店主要设立在全国主要城市高端主流商圈以及购物中心内，通过直营、经销、代销等多元化模式运营线下销售，满足消费者购物需求的同时，实现与合作伙伴的共赢。玮言公司与华润万象城、王府井、武商集团、香港太古集团、北京 SKP、九龙仓集团等高端购物中心和百货商场保持密切的合作关系。根据中国连锁经营协会发布的"2021年中国购物中心企业TOP70"榜单，截至2022年6月30日，玮言公司69.23%的直营门店均设立在榜单企业旗下商场。

玮言公司诚信经营、遵守国家法律法规，近三年来，纳税额超1亿元。曾多次被评为南山区纳税百强、南山区税务局纳税百强，并获得广东省著名商标、广东省重合同守信息企业、深圳知名品牌、深圳市专精特新企业等称号。

金纺："可持续"的绿色选择

佛山市顺德金纺集团有限公司（Goldtex Group Co., Ltd.）创建于1984年，是一家以染整为龙头，热电为配套，集印染、服装、热电于一体的纺织印染领域高新技术企业集团。公司经营范围：面料、服装、染整及自营进出口业务（图4-63）。

图4-63

厂区面积20万平方米，现有员工1700人。年均设备改造投入2000万元以上，配套有国内外先进一流的节能高效设备，包括退煮漂联合机、冷轧堆机、轧染机、卷染机及溢流、气流、气液染色机，以及助剂配送系统、数控裁剪机等。主要产品的年生产能力为服装100万件，面料360万米；印染加工针织布2.5万吨、梭织布2亿米。针织产品远销欧美、东南亚，与李宁、九牧王、海澜之家以及AEO、GAP、Adidas等数十个国外品牌有良好的合作关系，被评为顺德区出口名牌企业。

公司重视新产品、新工艺、新技术、新材料的研发与应用，2017年被认定为国家级高新技术企业。2018年公司技术中心分别获广东省省级、顺德区区级"纺织化学与染整工程技术研究中心"。研发团队近200人，每年投入2500万元以上研发费用，其中2020年研究开发费用为3100多万元。2019年被广东省纺织行业协会授予科技创新优秀奖。积极与东华大学、华南理工大学、广东职业技术学院等高校合作，建立产学研基地，进行系统技术和产品的开发。拥有各类授权专利认证84项，其中发明专利12项、实用新型专利71项，外观专利1项。近三年，开展研发项目47项，投入总研发费用8000多万元。2021年获评"2021年度广东省知识产权示范企业"称号，2021年及2022年连续两年获中国纺织品开发中心授予中国流行面料入围企业，7大类面料产品获评优秀产品奖。

公司的发展，得到了社会各界的肯定，1994年被评为"中国明星企业"。2000年被农业部授予"全国质量管理先进单位"称号，是顺德区容桂唯一一家被广东省工商行政管理局评为"连续二十三年守合同重信用企业"。2007年起，连续多年被评为省节能先进单位并获得了奖励。2009年评为省清洁生产先进企业，且持续通过了清洁生产复评审核；持续通过ISO9001、ISO14001，以及国际生态纺织品标准等体系认证。2012年被评为顺德区"A级质量信用企业"，通过国家工信部对印染企业准入公告的首批现场核查。2017年起持续评为"容桂街道年度经济领军企业""顺德区纳税贡献奋进单位"等称号。2018年通过安全生产标准化二级企业评定，并入选容桂街道种子企业、顺德区骨十企业。2019年被省市区三级纺织行业协会评为"改革开放40年杰出贡献企业"；获评"佛山市棉印染细分行业龙头企业"；被佛山市工业和信息化局认定为"专精特新"企业。2020年，公司投入逾千万元更新检测设备，并于2021年通过必维国际检验集团（BV）认证。2022年获评顺德区"顺德制造业100强企业"称号。2023年获评容桂街道"2022年度产业发展杰出贡献企业"。

公司超前规划、注重投入，每年用于环保设施改造、污水废气处理的经费达2000多万元，累计投入超1.5亿元。配备完善的印染废水处理系统，以及废水物化、生化处理、污泥压滤等齐全的配套设施；废气处理系统配备烟气脱硫、布袋除尘等设施。废气、废水排放均实现24小时连续在线监测，各级环保部门监测全部达标，符合国家环保要求。2018年12月、2019年12月先后完成2020年废水排放提标和大气污染物超洁净排放的改造项目。坚定不移地走绿色、低碳、可持续高质量发展道路，持续通过省市清洁生产企业、节水型企业、省纺织行业能效（水效）对标企业认定，Oeko-Tex® STeP欧洲可持续纺织品生产认证，全球回收标准（再生棉）（GRS）认证，全球有机纺织品标准（GOTS）认证等国内外生态、环保认证。

公司在发展主营业务的同时，还积极拓展第三产业及对外投资。其中，出资6000万元成立全资子公司广东金纺创业投资有限公司，投资经营位于大良顺峰山景区旁的仙泉酒店（四星级），并不断利用自有资金投资相关证券业务。

佛山市顺德金纺集团将继续依靠科技进步和现代化管理，加大技术创新，全力拓展国内外市场，加速企业转型升级，不断增强竞争力，以"品质为先，真诚为本"为宗旨，与顾客及员工一起共享成果，共创辉煌的明天。

卡索：致力于打造轻奢高级成衣品牌

卡索自创立以来便注册了自己的品牌商标（Castle），卡索服装作为一家集服装设计、生产、销售、批发服务于一体的专业性服装公司，始终本着"打造中国人自己的轻奢女装民族品牌"为宗旨。凭借强大的设计研发团队、精湛的技术、先进的设备、严格的管理、周到的售后服务，为广大女性带来时尚、浪漫、优雅的设计风格，凸显性感内敛而又高贵优雅的淑女风格。一直以来卡索以稳定的产品质量、快捷的配送支持、精细的制作工艺、准确的交货时间、周到的客户服务赢得了广大客户的信赖和好评（图4-64）。

时尚做到完美极致。卡索是致力于打造轻奢高级成衣的品牌，将艺术化的设计完美融入卡索Castle特有的高级材质，传承精良品质，追求精致细节。蕾丝、3D手工钉珠、艺术压褶、拼接等工艺的每一个细节都体现着卡索对完美的不懈追求（图4-65）。

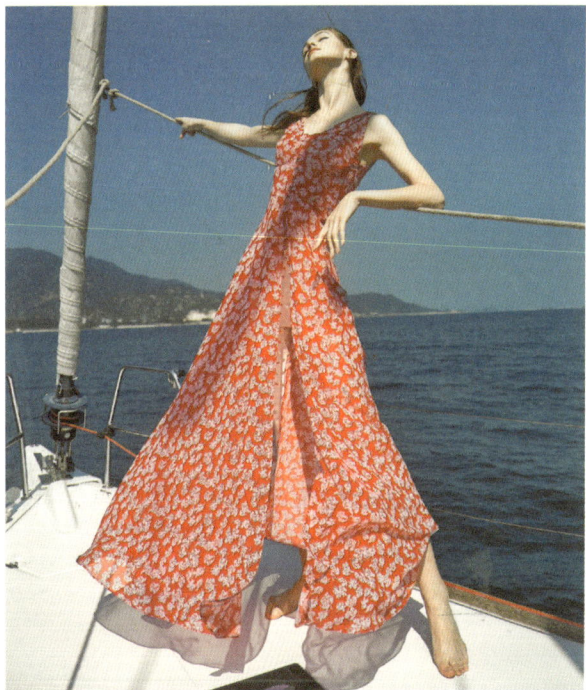

图4-64

卡索现共有600多名研发设计、生产技术及销售人员，有近14000平方米的花园式工业园，现全国有近300家门店。强大的设计研发、生产技术及销售人员团队，卡索立志做中国女装行业细分市场的龙头，打造中国人自己的女装国际品牌，走出国门，走向国际。

卡索在产品研发创新、时尚化、高端化、品牌推广、数智化、国际化等方面都有布局，并取得了一定的成果。为打造品牌高端时尚化，卡索聘请一批资深设计师，并与一些知名服装学院的设计人才及国外知名设计团队合作，卡索定位于都市轻奢原创流行品牌，将新时代一二线精英女性与名媛新贵作为主要客户群。产品款式经典、创意细节、高级裁剪，搭配大方的店面形象、干净艺术的陈列和高端的服务，务必将轻奢

图4-65

为应对和适应市场需求，卡索加速了企业的数字化建设步伐，积极推进数字化转型，制造端通过智能改造、单件流水、柔性化生产等升级供应链体系，设

计端通过创新潮流的产品设计驱动消费者需求增长，消费端则通过建立消费者数据平台，打通线上线下销售数据，精准定位目标人群。

在智能制造方面，卡索应用商业智能（BI）系统，为决策层提供大数据支持。从开发打样到销售、生产实现全流程业务管理。采用高级计划与排程（APS）系统，让工厂生产更加有序，管理更加轻松。采用智能车间MES系统实时掌握生产进度，生产数据更加及时、精准。

在品牌宣传和推广方面，卡索从产品研发、生产、销售到产品营销推广、品牌合作，多维度、深层次地构建品牌文化形象，并致力于通过品牌整合营销策略，提升卡索在中国女装市场的知名度与辨识度。例如，在品牌合作推广方面，卡索曾与《狮子山下的故事》《不知东方既白》等电视剧达成服装定制和赞助。

在节能减碳方面，通过中水回用技术改造、LED工厂照明改造、超高效电机更新改造等技术，并且引进能耗云系统，智慧用电、绿色用能，实现了能源效率的持续增长以及碳排放量的逐年减少。

卡索在营销方面的创新举措，主要是引进先进营销管理系统。通过系统对服装行业市场和边缘市场需求、客户等信息进行统计、整理、分析，从中挖掘销售机会，实现客户分类管理，为服装企业制订、提供不同的市场、产品营销方案，并支持市场营销计划、执行的预测、跟踪、分析、总结等应用。

销售信息集成到系统的数据库中统一管理，并实现广发的共享，销售人员可以通过登录系统便捷地获取系统中相关产品生产、库存、定价、历史销售记录、相似客户类型、应对措施的数据信息，同时能及时更新、修改数据库中的客户、销售信息；实现系统对企业销售经验、客户资源、知识等的管理、积累、集成，提升企业的软实力，提高了销售成功率。

营销管理系统将历史客户数据集中起来统一管理，同时提供客户动态自动跟踪监控功能、自动客户关怀功能，以最快的速度响应客户需求，通过高质的客服，提升客户满意度。

营销管理系统将客户、市场、销售等数据集成起来，通过数据分析，根据不同用途进行数据分类，并且通过数据关联性的建立，挖掘更多潜在信息，为企业提供详尽的、准确的、及时的服装行业市场、销售机会、客户信息。卡索采用线上和线下销售模式，在先进营销管理系统和销售技巧辅助下，其线下实体店经常在所在商场销售名列前茅。

奥伦提：在长线叙事中缔造与续写品牌传奇

一、企业和品牌的创始渊源、历史与发展现状

早在20世纪50年代，奥伦提（oritick）公司创办人谢氏家族，在香港就已经拥有集团企业，运营涉及时装、医疗等几大事业板块。1998年，奥伦提香港家族率先在珠海投资落地创建服装板块公司，2000年正式注册运营（图4-66）。

图4-66

作为一个花园式的海滨旅游城市和中国南海之滨的一颗璀璨的明珠，珠海四季鲜花盛开，满目苍翠，建市不久就被誉为中国最浪漫的城市。而奥伦提香港家族集团看中的正是这座中国美丽浪漫花园式海滨旅游城市所具备的发展服装时尚产业的优越条件和良好

生态。凭借着与香港得天独厚的地缘优势和家族关系，包括在资金投入、人才资源、设计风格、潮流信息、设备工艺等的便利条件以及国家和珠海特区政府的支持政策，奥伦提一步一步、脚踏实地，成长发展为一个独具品牌文化和产品风格的时装企业。截至目前，营销网络、加盟体系、旗舰门店，遍及全国各主要大中城市，并建立起顾客较高的品牌美誉度、忠诚度和满意度。公司在产品和服务、品质和品牌、效益和工艺等方面保持卓越追求，先后获得政府、社会、行业多种荣誉和奖项以及质量、管理、安全、健康、环境等认证机构的各种认证。

在时装营运的同时，十多年前，奥伦提开始研发设计生产防静电服装产品，至今拥有了防静电服装完善的设计生产工程链条（线），2020年后开始延伸到医用纺织品、医用服装领域（板块），持续加大科研投入和技术力量，成绩显著（图4-67）。

图4-67

至此，奥伦提从服装事业初始，发展到横跨服装时尚、医用服装、跨境电商相关的产业领域，成为一家日臻优秀的品牌企业。

二、独具特色的设计思想与品牌文化

西班牙奥伦提小镇上空的每一缕阳光都在亲吻着这片沃土，如亲吻身体的每一寸肌肤，小镇的每一处都充满甜蜜浪漫的气息……奥伦提正是以此作为自己

的品牌名称，开启自己的品牌之旅（图4-68）。

图4-68

　　如今，了解这个品牌的人，都能够感受到这是一个天赋卓异、既拥有西班牙式的优雅舒适，又带着浓郁的欧洲时尚风格的女装品牌。从2000年进入中国，奥伦提品牌女装符合不同时间、不同场合的各式风格时尚。无论是商务正装、度假旅行，还是宴会派对和日常会友，奥伦提都能够保持着极个性化和风格化的细节彰显，并遵循同一个原则——将女性打扮得更加光彩照人，这也正是品牌最吸引人和最具特色之处。

　　轻奢的材质、潮流的款式、时尚的色彩，所有这些具有独特美学观念、设计思想和品牌文化，都构成了奥伦提独立、自信、大方、高雅、时尚的女性形象。形象比语言更有说服力，精致考究的工艺呈现，材质与色彩的融会贯通，光与影的和谐表达，人体与时装的相得益彰，都十分贴切地代表了品牌的设计风格。

三、先进文化和稳健战略坚守下的品牌发展

　　奥伦提品牌独具战略，产品主义、品牌主义和长期主义，是创牌二十多年以来续写成功的三大要素。坚持产品是品牌的核心、品牌力就是竞争力和为顾客提供长期持续的品牌价值。从品牌创始之初，奥伦提就确立自己先进的品牌文化与稳健的发展战略，以独具设计思想和美学观念的产品设计和有竞争力的价格为产品主义，以文化构建和持续积累为品牌主义，以目标消费群体的有效锁定为精准市场定位和运营策略，以及以长期主义为特点的稳健的品牌发展战略，成为品牌的制胜利器。

四、在稳健和长线叙事中缔造与续写品牌传奇

　　奥伦提品牌人文情怀表达的是信仰与追求。当人文情怀与品牌产生碰撞，则更多地被升华为一种符号，帮助品牌凝练精神，从而达成一种品牌的连接与传承。面向全面数字化、智能化、低碳化的未来，奥伦提深谙生活与时尚之要义，追求设计的乐趣与真义，明晰美好的人文关怀，是所有科技和时尚的起点，也是终点。一个时代都有一个时代的精神注脚、生活样本和品牌主张，回溯品牌发展，正是因为在这样一种长线的叙事结构中，隐藏在背后的品牌沉淀与传承逻辑才得以完美呈现。

五、美丽城市的杰出建筑与时装理想

　　法国作家都德（Daudet）说过一句名言："最能说明一个城市的历史与文化的是两件东西——时装和建筑。"奥伦提这样的珠海时装品牌，也如同这一串串美丽的"日月贝"，点亮人们美好的生活。透过建筑，透过时装，珠海的美丽、珠海的时尚也被展现无遗且深入人心。

　　创造与创新不断，未来想象无限。

富绅：走进数字化应用

富绅（VIRTUE）集团有限公司创立于1990年，是国内最早开发高档服装产品的企业之一，是中国服装协会男装专业委员会的副主任委员单位。广东省首批获得"中国名牌""中国驰名商标"的服装企业之一。

富绅服装以其优异的品质获得了众多荣誉和奖项，先后被评为"中国十大男装品牌""中国十大名牌衬衫""最具市场竞争力品牌"，以及4A级"标准化良好行为企业"等荣誉称号，曾连续6年获评全国销售"金桥奖"，连续多年在中国服装协会举办的年度服装大奖中获品质奖项，公司连续15年荣列同类产品市场销量前十位，连续14年被评为全国服装行业销售收入、利润"双百强"企业，连续17年荣列全国市场同类产品十大畅销品牌，连续21年荣获"守合同重信用企业"。

当今世界数字化是制造行业的未来，数字化制造也已经成为解决复杂的生产工艺和改进生产车间业务的关键。数字化制造有助于促成产品创新设计和最佳性能的完美结合。只有拥抱数字化制造的企业才能加速产品上市、降低风险、增加利润、提高市场地位、提高产品质量、降低生产成本、缩短企业交付产品的时间等。为了适应国内国际服装发展潮流，加大产品开发力度，提高生产效率和市场占有率，公司于2021年，添置世界上最先进的服装设计工程软件（服装CAD系统）和智能数控切割机、电脑全自动裁床机等一大批高端智能化生产设备，根据服装流行趋势，进行产品与面辅料的开发与设计、服装生产加工、后整理等新工艺、新技术的开发，进一步提高无缝生产过程中的人员、系统和资源的联动，从而向大众展示更完善的私人定制效率，开发出更适合东方人的体型特征，设计更具国际工艺水准的富绅私人定制精品服饰（图4-69）。

2021年，富绅参加了在广州市举办的溯潮而尚2021粤港澳品牌发布会，作为首届湾区（广东）时尚文化周的重磅活动，此次活动具有重大意义，在发布会中，富绅以"千锤百炼，富绅精品"的质量理念立

图4-69

于市场前线，秉承"衣品如人品"的富绅企业作风，荣获"优质定制品牌"奖。2021砥砺前行继续为消费者带来更舒适的穿着体验。

悠悠几十载，富绅依然屹立在国内男装品牌的前线，严控品质、改革创新是富绅一路走向成功的密码，富绅实实在在地做衣服，让品质去做口碑，这样的品牌才会得到消费者的肯定和支持。富绅从未停歇，只

为在男装的世界里，永世流传。富绅精品，千锤百炼，以男正装、商务休闲为定位覆盖男士着装全系需求，致力于打造男装百年经典品牌，演绎精英男士自信、卓越、睿智、进取的个性品质，成为男士着装的形象顾问（图4-70）。

图4-70

名瑞：传统工艺可持续的传承与创新

名瑞（FAMORY）源于1955年，由13家绣庄组成丝绸顾绣组；2013年3月改制更名为广东名瑞（集团）股份有限公司（以下简称名瑞）。

公司现有员工300多名，占地面积93亩（62000平方米），厂区地上总建筑面积105583.58平方米，全地下停车场11947.54平方米。

名瑞遵循着两条腿走路的方针。一条是在传统绣品基础上，保持原有的特色发展下去，将刺绣文化与婚庆等时尚产业相结合，成功打造了"中国嫁衣"的时尚概念，实现了非物质文化遗产的生产性保护与产业化传承，探索出一条传统工艺可持续的传承与创新之路。另一条是闯新路，打出国际市场，植根于潮绣，并将潮绣的艺术注入现代西方的艺术时尚元素，创立了现代设计理念和中国元素相结合的名瑞钉珠婚纱晚礼服。名瑞把逐渐走向下落的潮州刺绣发展成为时尚的婚纱晚礼服产业，不但创造了一个国际化的名瑞，

也使潮州的婚纱晚礼服做大做强成为一大新兴产业（图4-71）。

2004年，名瑞在德国创立了AMELIE婚纱品牌，通过融合传统与现代的时尚元素，致力于打造完美嫁衣。在过去19年里，AMELIE的销售遍布德国、荷兰、意大利等十多个欧洲国家，并设置了地域专属代理，更好地将新季产品推送给代理商。品牌包含了主线系列AMELIE、高端系列DELUXE、大码系列BELLA、简约系列SAYES四大系列产品。国际化团队精心独到的设计、从轮廓线条到细节的雕刻，都使得AMELIE从众多品牌之中脱颖而出。

名瑞拥有雄厚的设计技术力量，拥有10多名独立设计师，20多名设计师助理，其中有多名高级服装设计师、中国十佳时装设计师、广东省十佳服装设计师，组成了全球规模最大的婚纱晚礼服设计团队，是全球婚纱、晚礼服设计中心和时尚发布中心。每年推出

图4-71

3000多个主流款式，分秋冬、春季两次发布最新流行时尚，使新产品源源不断地推向市场。

名瑞紧跟潮流，在不同领域善于挖掘不同的设计人才进行创新，为了扩大销售范围，迎合不同国家对婚纱礼服不同潮流模式的定位，分期外聘了黎巴嫩、日本等国家和中国台湾、香港地区的设计师进行婚纱设计。通过全面开花的模式，打造多方位的时尚理念产品。

名瑞在时尚化方面，做到了传统和现代的结合，西方和东方审美的融合。在自有品牌的建立上，也是具有前瞻性的，在全国婚纱礼服行业基本处于代加工状态时，名瑞已经在德国开始了自有品牌的运营，但想要打破国外对本土和外来产业的既定印象谈何容易。2022年，名瑞德国子品牌终于迎来了突破的契机，销售突飞猛进，一路高歌（图4-72）。

图4-72

随着近年来中美贸易战及国外复杂的经济金融形势，对进出口企业造成了较大影响，使出口订单锐减，一段时间生产不足，公司出现亏损，工人流失，招工难。2023年，国内外经济开始复苏，名瑞蓄势待发，公司沉积了几十年的技术力量及生产经验，维系了几十年的业务骨干及管理人才，经营了几十年的多种资源，都在等待一个爆发的时机，名瑞也将再次屹立于国际时装之林，其德国子品牌AMELIE预计2025年销售量将成为德国婚纱销售第一名，名瑞将再站上服装行业的巅峰。

名瑞从采购、下单生产、销售等一系列流程，都采用数字化系统操作，紧跟国际，采用定制的专属ERP、CRM系统对所有工序进行把控。生产方面可以利用机器代替的都使用机器代工，以减少人力资源，机械化操作或者电子产品的引入，也可以减少浪费，从材料方面节省开支。

婚纱礼服的生产过程，也是一个低碳化的操作过程，除了用电方面的支出，基本没有使用可产生污染源的原料、燃料等。真真正正做到了绿色低碳环保的高标准。

目前国际婚纱市场，基本还处于中低端水平，高端化产品在推广和销售上都有一定的难度，导致高端化产品不适合量产，一个是国际行情的低迷，另一个是高端产品需求的匮乏，导致了名瑞在高端化产品的道路上行走缓慢，名瑞也在寻求其他方法和途径来实现婚纱礼服产品的高端化。

2010年以来，名瑞深感中国经济的腾飞，带来了中国刺绣艺术的突飞猛进；作为中国刺绣资深行业，名瑞欣喜地发现，随着吸收与融合，从针法到技艺，再到表现形式，凭借几十年来对各地刺绣行业的交流累积的资料，从出题材、制作花稿、研究材料、定下刺绣色彩到提出刺绣针法，都别出心裁。名瑞刺绣，不再只是一个包罗各个绣种的代名词，而是刺绣技艺和现代技术创造出来的具有实质性的现代刺绣技术的综合体。无疑，这一刻，名瑞将成为中国刺绣发展史上的又一座里程碑。近几年，名瑞也在尝试把传统潮绣理念、针法融入婚纱礼服设计中，想要打造一种不同于社会上常规的样板，首先是要寻求到一个国际和国内都接受并且喜欢的平衡点，这也是任重而道远。名瑞正在努力地寻求进步，也期待再创辉煌。

SANI：执创新之剑，拓发展之路

SANI女装品牌于2014年由江小云创办。她本是一名优秀的大学服装专业教师，乐观自信，积极向上。源于丰富课堂实践教学内容的初心，秉承"共创·共享·共生"的命运共同体理念，她将十余年的服装教学与研究成果转化为商业实践，创建集研发设计、生产、销售、服务于一体的品牌服饰企业。

SANI以"自然·成长·喜悦"作为品牌DNA，坚持"初始之源，回归自然"，以初原的感知思考作为创作的灵感，深信自然是世界的本源，只有遵循自然规律，敬畏成长法则，保持旺盛的生命力，方能收获发自内心的喜悦。

SANI始终坚持独树一帜的风格和原创设计的初心，推崇自然与艺术融合的生活，摒弃繁杂的细节点缀和多余的无用堆砌，采用天然、舒适的面料，在柔和的女性气质中注入干练、自信与包容，呈现新式美感。因践行"聚焦顾客需求，为顾客提供独树一帜的产品和服务"市场战略理念，SANI根据顾客生活日历，提供商务、休闲、度假等不同生活场景的着装，以期带给顾客自然脱俗、与众不同的穿着体验。

作为集时尚服饰研发、设计、生产、销售于一体的企业，SANI的核心创意团队由各大知名院校毕业的设计师组成，同时与世界顶级时尚机构保持合作，以前沿的设计理念，创造性地将女性自然、自信的生活态度融入服饰设计，打造当代都市新女性形象。

一、高端化

尚睿总部大楼历经三年等待，于2022年12月如期完工并验收，这座位于广州市番禺东环街"金山谷·意库"核心地段的办公大楼建筑面积超过3000平方米，共7层，是一座集办公、研发中心、商务接待、影音活动中心于一体的综合性、多功能办公大楼。整个建筑空间遵循"自然共生"这一空间概念进行设计，这与SANI品牌宣言"自然不一样"具有相契之妙。"回归自然本真，是一场与自然的生动相遇，让空间成为情感与成长的剧场，自然共生。"

利用和谐、永恒的设计手法，用自然的形态传递一种随性、舒适的空间氛围；设计与周围环境形成互动，营造舒适的平衡状态；以大地色作为基础用色，通过不同材质的质感兼顾温润触感的苔藓植物等丰富空间感受，让空间阻隔喧嚣，创造边界感模糊为使用者服务。

一楼大厅的旋转楼梯可谓整栋建筑的"灵魂"，整体呈弧形，隐藏其中的美学定律——斐波那契数列带来独特的设计观感，兼顾力学与美学，贯穿了上与下的沟通，成为各楼层的纽带，使静态空间变成活泼互动的环境（图4-73）。

图4-73

二、数智化：智慧赋能时尚高质量发展

SANI参与2022广东时装周一春季博士跨界走秀活动，在本次活动上，SANI品牌主理人江小云老师携手李曼博士共同演绎SANI 2022年夏季黑标系列，系列以《山海经》和宇宙密码作为灵感来源，将复古与未来感

相结合，让智慧与时尚相遇，借由设计语言将人格具象化，传达了不一般的女性内在力量（图4-74）。

图4-74

1. 实行全域运营一把手工程

SANI实行线上线下一体化全域运营一把手工程，输送大量人员参加课程学习，通过实施各种类型的活动及赛事的方式培养一线营销人员新媒体运营的思维与能力。同时，SANI设立专属的私域运营团队及新零售部门，成立了公域抖音陪跑团队，并实行了线下私域企微获客常态化举措，做到真正实现全域运营模式。2022年SANI线上业绩占比得到较大提升，微商城有效GMV超出原定年度目标27%，线下私域获客同比2021年增长4倍以上，一线全员开展新媒体运营的思维及能力获得较大提升，为实现运营在私域、成交在全网的全域运营模式打下了坚实的基础。

2. 举办增长官培训班

以"蜕变聚焦成长——成为更有价值的数字化增长官"为主题，开展两天一夜的相关课程培训。本次大训实现了六个目标：达成做私域的共识，清晰私域运营的具体要求，对数字化增长官三角能力模型的认知（全域获客+全时连接+全位营销），全国店长年度团建，新品开季培训认知，线上线下一体化预售方法（图4-75）。

图4-75

3. 布局私域人才储备

2022年9月，尚睿服饰与广东职业技术学院展开了全新的"尚睿私域人才订单班"校企融合人才培养项目，是以培养线下营销管理人才为主要目的（尚睿店长订单班）的进一步升级。通过校园宣讲、面试及审核，本届私域人才订单班选拔了30名新生作为订单班成员。

三、品牌化

一直以来，SANI属于小部分人的代名词，她们注重自我的感受，内心仍有渴望而外表需要克制，她们厌倦枯燥，追求廓型包容，追求自由、舒适、自我个性，拒绝平庸。为此，SANI以行业及品牌DNA为切入点，以橄榄枝和不等号为设计原型，结合品牌SANI首字母"S"，于2022年完成对品牌视觉识别（VI）及空间识别（SI）的升级工作，对品牌传播视觉语言系统进行了专业规划，表现品牌自然优雅及与时俱进的新时代女性气质，最终为品牌创造具备流量且可持续性发展的IP资产（图4-76）。

图4-76

四、低碳化

SANI积极响应国家减碳号召，升级采用为环保而生的SORONA®弹力纤维，其核心原料来自植物淀粉糖，采用37%的植物性原料，和尼龙6（PA6）相比，SORONA®的制程降低了37%的石油资源消耗，节省了30%的能源，并减少了63%的温室效应气体排放。低碳化是实现高质量发展的关键环节，SANI必将跟随国家的步伐，将创新创意融入日常生活的方方面面，从而使企业得到更大更好的发展。

本来：新一代的基本款

本来（BENLAI）是由UR公司自主孵化的子品牌，以基本款为主打产品，从当下人们的穿衣需求出发，专注材质的挑选与细节的斟酌，强调"品质、国风、环保、舒适、功能"，让基本款更具内涵。

作为新一代的基本款，本来回归本真，赋予"新"意以更年轻的视角、更时尚的设计塑造基本款的全新姿态，拥抱与尊重多元，与不同年龄/风格的差异化个体和解，让每个人都可以轻松拥有高品质的时尚。

目前，本来已形成不同年龄层的设计单品，年轻系列、成熟系列、通用系列，融合不同年龄/风格的差异化个体，样式百搭又充满个性，女装区选择多样化，满足女性消费者在生活中各种场景的穿搭所需，男装区有商务系列、休闲系列、中国风系列、纯色单品系列等不同产品区域，满足了男性消费者在生活中各种场景的穿搭所需（图4-77）。

图4-77

2022年4月，本来的线下首店在广州万菱汇开业，主打简约纯色风格，以更年轻的视角、更时尚的设计，凸显现代穿搭理念。全店横跨3层楼，面积约为4000平方米，以亮橙色为主色调，高端大气又充满活力，竹编藤艺设计蜿蜒而上，延伸到整个空间，传递

艺术美陈的新观念，像是藏在商圈里的"小型展览"，为消费者提供良好的购物体验的同时具备可观赏性（图4-78）。除了广州这一集团大本营以外，品牌已在北京、成都、重庆等多个一二线城市共拥有13家线下门店。此外，本来搭建了微信小程序官方商城，并入驻了天猫以及京东两大电商平台。

图4-78

本来品牌所在的公司为数字化驱动企业，已经实现了自研供应链协同平台以及自研商品数智化管理平台，并对企业发展带来了深刻影响。在艺术创意美学之外，柔性极速供应链是另一大核心竞争力，以人工智能结合大数据打造了数智化决策体系。在设计上，可视化设计加上数字化打板，让创意美学精准落地。此外，数智化作为生产供应端的底层设计，实现了智能化排产、生态化生产、常态化快返，确保其始终走在时尚流行设计的最前沿。

本来以"基本款"打开对话，将"实穿、舒适、得体"作为核心契机，与当下多元化群体结伴重组基本款，创造全员通用的高品质时尚。在打开更为广阔的色彩语境谱写色彩灵感集的同时，本来探寻可持续时尚的变革，将高品质与功能性根植于内核，构思中国风尚的全新演绎，诠释新一代基本款的无限可能。

开希米娜：高端毛衫"轻奢华，惠天下"

东莞市恒莱服饰有限公司是一家老牌综合性毛衣供应商。公司旗下目前拥有丰悦针织厂、恒莱针织厂、江苏九州纺织及自有商标开希米娜（CASHMELA），从纱线纺织到设计开发、生产销售，实现一站式服务（图4-79）。

公司目前约有1000名员工，其中丰悦针织500名，九州纺织300名，恒莱针织100名，并且有专业服装设计和纱线研发团队30余人。恒莱服饰旗下工厂通过WRAP、BSCI、供货商业道德交流（SEDEX）等验证，在自身持续发展的同时，兼顾社会责任以及环保理念。

九州纺织拥有3台（套）环锭纺和4台（套）走锭纺设备，可生产全毛、混纺和化纤等各类粗纺毛纱，以及30余台（套）三罗拉花式捻线机和辅助机械及6台（套）喷毛机械生产线，主要生产各类花式纱线和喷毛纱线，所产纱线除满足内部需求外，还面向国内外市场销售。

毛衫生产车间电脑横机近300台，缝盘机、绣花机、平车机、洗衣机等200余台，年产能500万件，设备齐全，实力雄厚。

公司拥有强大的设计团队，设计团队直接服务于全球品牌，精确把握潮流风向，源源不断带来最新理念、最新技术、最新产品、最新风格。每一季度的新开发，都由设计团队从纱线到布片到样品，全程把控，力求为客户提供最新的市场潮流。公司同时配备高效、快速的板房，可在3~10天迅速出板。与此同时，公司拥有高度灵活、弹性的生产线，可按客户需求迅速生产小批量产品。

公司产品覆盖了羊毛、羊绒、混纺纱、花式纱、意大利以及日本进口纱，可以满足多种消费者的需求。恒莱服饰全力以赴为广大客户提供优质的高档毛衫。公司主力提供3针到16针毛衫，包括多色提花、花式挂毛、扎染、印花、刺绣以及特殊水洗，并自主开发出多种织法。

经过多年发展，秉承"轻奢华，惠天下"的理念，恒莱服饰以优质的产品和高效的服务赢得了国内外客户的广泛支持和信任。公司年产50万件高档优质毛衫，产品销往欧洲大陆以及美国、加拿大、澳大利亚等各个国家和地区。

图4-79

安那迪：坚持原创与文化输出

东莞市奥盈纪元服饰有限公司（以下简称奥盈纪元）为意大利品牌"ANOTHER ONE"大中华区唯一运营商。奥盈纪元所属奥丽集团，经过多年积累和沉淀，在服装领域拥有百人以上品牌运营团队和研发团队。

ANOTHER ONE中文名"安那迪"，起源于意大利，融合了意式匠心品质与自我率性的浪漫表达，深受意大利社会名媛的青睐。安那迪倡导东西方文化融合的美学设计理念，演绎了"帅雅、高级"的意式名媛风。舒适利落的剪裁、高精富有质感的材质、微肌理及手工感等独具匠心的工艺，让每一处细节都彰显着名媛风范。做自己的灵魂缪斯，熠熠闪耀温柔且坚定的优雅光芒，自在展现当代女性既高贵典雅又率性自在的名媛质感。安那迪演绎的现代女性，以美诠释生活，以美唤醒心灵，精彩呈现多元自我，始终以悦己的姿态自我探寻。

"致你的闪耀时刻"是安那迪的品牌宣言，闪耀是一种炫丽的光芒，也是安那迪女性的自信状态，以及品牌承载的多元文化。致都市女性不被定义、熠熠生姿的每一个闪耀时刻（图4-80）。

新时代的女性在经济、文化、政治等诸多领域全面突破，现代名媛更像是一种生活态度，她们拥有时尚而充满自信的坚定内心，任何场合都从容得体，演绎了当代女性的时尚魅力与独立精神。这与安那迪一直以来宣扬的服装语言共通——述说优雅自信的生活态度，展现女性散发出的由内而外的美。名媛的赋意，使这个群体成为现代优秀女性的代名词。正如安那迪的品牌宣言——致你的闪耀时刻，让每一位身着安那迪的女性都瞩目闪耀。

安那迪曾多次参与国内时装周活动。2021年于广东时装周带来"半糖主义"主题大秀，以具有潮流前瞻性的设计表达与品质、匠心的缝制工艺，将中西文化相融的美学设计理念带到时装周的舞台上。设计总监在广东时装周活动上荣获广东十佳服装设计师奖，安那迪品牌荣获年度时尚魅力品牌奖、年度卓越设计品牌奖（图4-81）。

图4-80

图4-81

安那迪2023年秋季时装秀于深圳时装周惊喜亮相。本次时装秀以"名媛所致"为主题，演绎各色灵魂内核，扬起无边界、无定义的女性力潮。时装秀现场，以光为舞台，勾勒名媛身姿的边界与线条；时间与空间潺潺流动，形成婀娜的影像漂浮，虚实之间，优雅随性显像相生。每一束光影所到之处，映射多面投像，散发女性多元力量。

安那迪参与上海CHIC展，品牌展馆奢雅亮相，带来全新质感体验。轻奢高级的设计、简约大气的色彩组合凸显品牌调性，并获得了主办方的"CHIC市场潜力奖"。

品牌一直坚持原创与文化输出，联合鸦片战争博物馆进行城市文化联合合作。以"博物馆之夜"为主题，在鸦片战争博物馆主办的"挖出来的'汉东大国'——曾国青铜器精品展"开幕式上，举办了一场别出心裁的时装秀。

安那迪紧贴国际潮流，在设计端不断推进国际化，优化渠道布局。通过与齐白石艺术中心、艺术家许京甫、星际熊的跨界联名合作，在设计多元化、全渠道零售加速建设上全面提升品牌。

随着新一代消费群体的个性化发展，安那迪应用了明星矩阵的宣传策略，与多位明星进行合作推广，提升了品牌调性和品牌形象的建设。安那迪自2016年从意大利引入国内到现在，已经过了七年时间，门店也达到400多家，遍布全国一二线城市的文化街道和时尚商圈。其名媛女装的品牌形象也得到市场广泛认同。

奥盈纪元多年来不断加强科技创新，注重产品质量、品牌及市场开发，不断增强企业实力，推动集团产业转型升级，坚定不移推动产业高质量发展，加强品牌未来信息化战略、科技创新转化，不断提升品牌快速反应能力，在数字技术产业上，走向新变革、新技术、新模式、新业态。随着经济的发展，女性的消费习惯、结构、观念及消费行为正在发生巨大的改变，现在的消费者更加具有国际化的视野和眼界，对于审美和产品的判断有着更高的要求。奥盈纪元在建立现代化纺织产业体系的道路上，不断提升纺织纤维新材料技术、纺织先进工艺技术与装备、智能化生产等领域，引进高素质的管理人才、高素质的科技研发设计人才，不断完善品牌的现代化纺织产业发展，以打造中国名媛女装头部品牌为目标，以传播时尚服饰文化为己任，凝练出优秀的女装服饰文化。

衬衫老罗：立志成为中国男装第一

狄卡威服饰有限公司（以下简称衬衫老罗）是一家业内领先的集服装设计研发、生产制造、终端销售于一体的综合性企业。

衬衫老罗计划投资千万元引进智能制造设备及系统，打造智能生产车间，投产首年预计产量达500万件。依托现有体系扩展互联网运营业务、传媒信息业务、置业投资业务、品牌营销业务、电商/实体销售业务等。依托"32+亩"产业园，形成集直播大厦、智能生产制造、智能仓储物流、品牌孵化运营于一体的总部经济体。整合赣州市及周边相关上下游企业，聚合需求与资源，形成规模效应，打造标杆性龙头企业，预计创造年收益10亿元，就业岗位1000+个，税收1000万元以上。

目前旗下子公司刷新传媒已成为抖音官方授权品牌服务商，将依托自有品牌建设经验及极强的操盘团队为更多相关企业进行品牌代运营、全流程孵化服务，至2023年底，预计服务20+个品牌，服务账号抖音GMV达10亿元，GMV年增量达100%以上。

衬衫老罗品牌创始人老罗，成长于一个裁缝世家。他从小耳濡目染，深谙服装制作的传统工艺流程，在服装行业打拼了将近16年，经历了行业的跌宕起伏，致力于高端衬衫的设计研发和生产制造。衬衫，是男装领域中最为精细的品类。老罗改良了传统的制衣工艺，研究人体工程学的专业理论，采集了12000人的形体样本，运用立体剪裁的技术，调整了1300次板型，利用108道顶级工艺，打造了27个专属尺码，让中国男士穿上了更加舒适、更加彰显气质的高端衬衫。

历经三代人的努力，衬衫老罗如今已成为超1500万商务人士的选择，用户好评率达到99%，每三人购买，就有两人复购。衬衫老罗，不忘初心、砥砺前行，为中国男士打造了新一代高端衬衫。

为了打造更创新、更极致、更专业的差异化产品，衬衫老罗联合兰精（Lenzing）、索罗娜（Sorona）等巨头原料企业专研结合人体工程学设计爆款产品"总裁三代休闲裤""Sorona凉感无痕Polo衫""天丝莫代尔短袖衬衫""柔感系列圆领T恤"等。坚持优价

好物策略、衬衫为主导的爆品矩阵，多场域造势传播，打造数字化新零售业务，利他性的用户关怀、完善的会员管理体系，遵循一次成交、终生朋友的宗旨，为用户提供了更专业、更便利、更温暖的购物体验。

2022年衬衫老罗销售网络触达全国，一线及新一线城市为其用户核心集群区域，品牌潜在消费者皆为高净值人群，2022年总GMV和订单数以及店铺口碑获得傲人成绩。

2023年举办了衬衫老罗柔感系列发布会——见证柔的力量。老罗在现场给大家带来了衣服与面料、与色彩、与工艺的视听盛宴，并且邀请原料行业专家到场达成筑梦伙伴战略合作，将优质原料和专业设计工艺相融合，让一件简单的衣服不再简单，而是成为集柔软、舒适、剪裁、设计感于一体，性价比高，大众都能穿并且爱穿的单品（图4-82）。

"见证柔的力量"一上线，全场累计观看45.4万+，累计涨粉5.1万+，开播7分钟峰值观看3.22万+，转粉率11%+，话题播放量高达2297.7万+，并且带来了非常可观的首发销售成绩。

品牌影响力逐渐扩大，获《人民日报》、光明网、凤凰网、《环球时报》《中国日报》《每日经济新闻》以及第一财经等多家知名权威媒体报道。

衬衫老罗铺设全域电商渠道，抢占用户心智。抖音稳固TOP1、京东衬衫TOP1，淘宝、天猫、唯品会、有赞全渠道、全平台发展，让用户下单更便利，品牌服务更周到。铺设线下品牌店，构建线上线下数字化新零售体系，打造全新的交互式销售方式，做"看得见摸得着"的衬衫老罗。预计在全国一线城市中央商务区开设品牌直营形象店，在全国省会城市开设品牌旗舰店20家以上。同时，搭建衬衫老罗综合研究院，包括国内材料研发中心、国际面料研发中心、法国时尚设计中心，让衬衫老罗体系更完整、更专业。

衬衫老罗的品牌愿景是"让全世界奋斗中的男人穿上老罗设计的衬衫"，回望过去两年，是衬衫老罗经历最难的时候，同时也是短视频直播最好的时代，衬衫老罗抓住机会，顺势而上，将实体制造业和线上电

商相结合，让衬衫老罗的愿景更讲了 小步，往后衬
衫老罗仍会坚持本心，用心做好每一个产品，真心对

待每一位用户，未来属于新一代先进企业，衬衫老罗
立志成为中国男装第一。

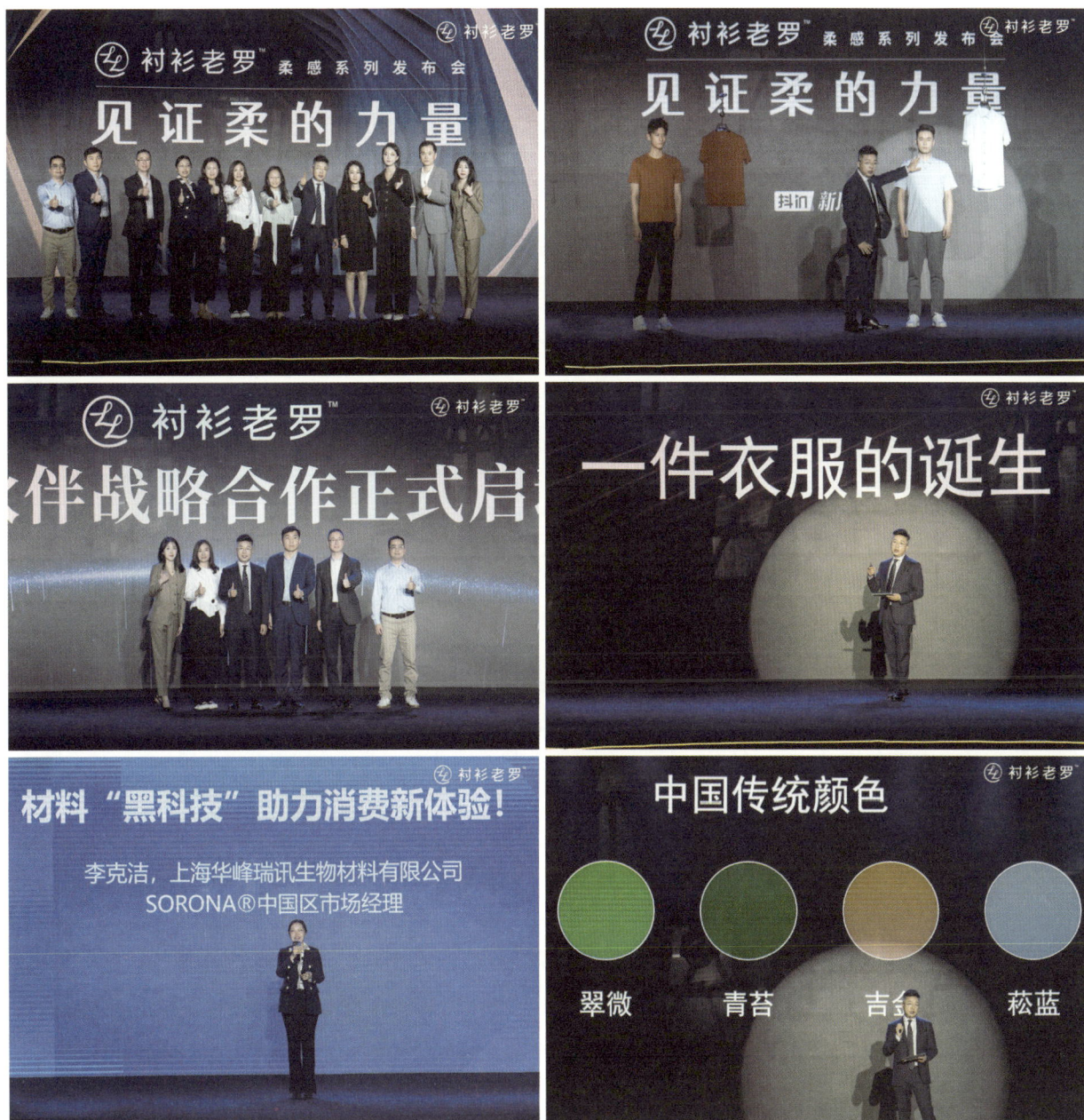

图4-82

云思木想：原创摩登中国风

云思木想创立于2013年，是一家原创摩登中国风品牌，其坚持以东方历史文化内核为创作灵感，通过独树一帜的设计风格，向世界传递国风美学。品牌取名源自《清平调》："云想衣裳花想容，春风拂槛露华浓。""云"代表变幻万千，"木"代表坚韧内敛，吞吐柔美与坚韧的力量，呈现当代女性自信多元的风貌（图4-83）。

十年来，云思木想电商发展势头迅猛，先后在淘宝、天猫、京东、唯品会、抖音建立电商渠道矩阵，从零开始，现已成为天猫、抖音平台中国风女装头部品牌。云思木想一直秉承用原创时尚致敬和传承中国文化，立志成为中国风时尚新主张倡导者，为追求消费极致体验的年轻一代提供摩登的中国风设计（图4-84）。

自2013年开始，云思木想在国风与时尚原创设计这条路上坚持了十年之久，品牌创始人兼总设计师丹丹仙一直坚持将中国元素融入衣裳，以东方历史文化内核为创作灵感，通过刺绣、印花、盘扣、流苏等工艺结合现代剪裁进行创新设计，打造一个独具特色的女装品牌：简约大方而不失都市女性的精致感，柔美优雅却充满力量。用时装致敬中国经典，用文化传递积极向上的精神，用摩登新中式美学展现东方女性的多样魅力。品牌出品服装图案均为"自主原创设计"，每款原创设计图案均获得《作品版权登记证书》（图4-85）。

云思木想一直以"摩登中国风"新潮独特的原创设计打破审美疲劳，让女性尽情释放出多面性的风采与魅力，重新演绎女性的时尚优雅。自创立以来，产品设计获得各界认可，其中部分包括：2016年创始人丹丹仙获"京东服饰年度设计师"，2017年发布云思木想×《三生三世十里桃花》联名系列，2017年创始人丹丹仙受邀央视《匠心智造》栏目组合作采访，2018年发布云思木想×《知否知否应是绿肥红瘦》联名系列，2019年发布云思木想×"Antoine+Manuel"欧洲设计大师联名系列，2023年创始人丹丹仙获"第22届广东十佳服装设计师"，2023年云思木想获"广东时装周—春季风尚设计品牌大奖"。

2023年广东时装周，云思木想作为本次时装周首个专场发布会品牌，吸引了众多时尚大咖与媒体。发布会上50套摩登国风时装惊艳全场，以"侠影霓裳"为主题，围绕"武侠"这一非常具有中国代表性的文化为载体，用时尚诠释国风新潮之美，在纷扰的武侠世界里感受英雄侠义的家国情怀，以及追寻自由、洒

图4-83

图4-84

图4-85

图4-86

脱的生活态度，传统与现代的碰撞掀起了一场强烈的视觉盛宴，用时装致敬和传承中华文化（图4-86）。

云思木想坚持以匠心的精神在时尚界传承中华文化，用中国元素重新解构服装的价值深蕴，将历史文化与人文精神巧妙结合，希望引领人们走进中国传统文化独特性和多样性的魅力中，精巧的工艺在衣物上点缀得恰到好处，让女性在新潮个性中保持着独立与优雅。

生活在左：传统手工艺的追寻者

生活在左服饰有限公司（以下简称生活在左）是广州市汇美时尚集团股份有限公司旗下高端女装品牌，2014年由林栖女士创立，以"人随物安定，物随人长久"为设计哲学，主张"不可复制的手工"，推崇在万物本真的前提下感受天然并具有生命力的舒适生活，强调感受手工与真实创造不可复制的真诚与喜悦。

生活在左自创立起，便致力于寻找失落的传统手工艺，同时希望能够通过电子商务平台，积极寻求各界对传统手工艺的关注。生活在左已分别在贵州施洞、西江、丹寨等地具有民族特色的手工作坊成功挂牌"生活在左手工研发基地"，共同参与产品的设计和研发。

生活在左作为传统手工艺的追寻者，仍在追寻那些即将被埋没的手工艺，助力传统工艺与现代审美完美融合，将不可复制的一针一线展现给世界。生活在左重视工艺，工艺感传达的是一种产品理念，多元化的工艺增加了产品的唯一性，研发工艺涵盖钩花、重绣、缎带绣等"不可复制的手工"。

作为"不可复制的手工"的号召者、传统手工艺的追寻者，"在不断对传统手工艺的寻迹中，我们发现传统手工的精髓多被埋藏在深山中的小作坊里。为了让世界上继续保有如此珍贵的手工技艺，他们代代相传，却得不到应有的重视，精美的手工制品也无法走出大山，让更多人感受这一份精致"。

生活在左身体力行，全面启动了传统手工共创计划，旨在通过与各地传统手工作坊共同研发新品，在传统手工精湛技艺的基础上，融合生活在左的创新设计理念，并利用生活在左成熟的平台，让传统手工工艺精品融入更多现代人的生活中，为传统手工工艺激发新的活力。

从2014年开始，生活在左团队踏遍了全国各地，寻找各地的手工艺人，先后在内蒙古、贵州、广东潮汕与当地手工艺人合作建成了手工艺基地，扶持当地非物质文化遗产文化的传承。已建成手工艺合作基地有内蒙古阿拉善羊绒基地、贵州施洞银器基地、贵州西江刺绣基地、贵州丹寨蜡染基地、广东潮汕手工钩花基地、广东揭阳潮绣基地。

苗绣是指苗族民间传承的刺绣技艺，是苗族历史文化中特有的表现形式之一，是苗族妇女勤劳智慧的结晶。主要流传在贵州省东南地区苗族聚集区，雷山、台江等地的苗族服饰至今仍保留着原汁原味的传统风格，精美绝伦的刺绣技艺和璀璨夺目的银饰让人赞叹不已。苗族服饰的刺绣工艺有其独特性，如双针锁绣、绉绣、辫绣、破纱绣、丝絮贴绣、锡绣等。刺绣的图案在形制和造型方面，大量运用各种变形和夸张手法，表现了苗族创世神话和传说，形成了苗绣独有的艺术风格和刺绣特色。生活在左团队奔赴贵州，辗转丹寨、施洞以及西江三地，和当地的手工作坊设立了生活在左手工研发基地，传承中国少数民族传统手工艺精髓，并帮助当地手工艺师改善创业和就业环境（图4-87）。生活在左积极寻求各界对苗绣的关注，将时装设计师、品牌与苗绣紧密连接，重新为世界展示了传统手工艺的魅力，促进了苗绣这一民族手工技艺的传承和发展。

图4-87

面对日渐消亡的手工艺，作为一个服装品牌，生活在左感受到了保护和弘扬传统手工艺的迫切性。其携手国染馆用中国色彩再现青色系列。整个系列以"蓝书"为主线，联合国家非遗传承人黄荣华老师，本着用手工智慧，汲取西方精华，弘扬中国最本源的

"中华之色"的原则，共同打造了一个穿梭于古今、游离于中外的系列，借此重现中国传统文化，弘扬传统手工艺。在中国传统色彩中，最初并无"蓝色"之说，蓝实为青色，是在后来的演变中才有了蓝色的说法。中国的青色，以蓝为主，涵盖了绿、蓝、灰、黑诸多颜色。是"青出于蓝而胜于蓝"在现代生活中的延续。生活在左希望通过"蓝书"天然植物染系列还原中国传统色彩中以蓝草为源所呈现的青色系的原貌，结合现代的审美与设计，让更多人能够了解传统色彩文化，感受传统色彩之美，让不可复制的传统手工技艺得以传承并展现给世界。

在时间轴线上，在记录中华青色成长的同时，亦放眼世界。在以"Amish的复兴"为核心的系列设计中呈现了东方世界的"桃花源"及西方世界的"乌托邦"，民族刺绣及宫廷领等的混搭使用，是东西文化在生活在左品牌中的自然相遇。用最高水平的素缎纺织工艺改良氅衣、马面裙、三蓝绣，让那些消失的物件重现在人们的视野中。既有继承，又有创新（图4-88）。

生活在左近几年也获得众多荣誉，2022年获评第十一届"省长杯"工业设计大赛优秀奖、广东非遗服装优秀案例（香云纱染整技艺），以及2023年马面裙制作技艺入选海珠区非遗代表性目录。

未来，生活在左会保持初心，致力于传统手工与现代审美的结合，继续将不可复制的一针一线展现给世界。

图4-88

幸棉：新锐内里穿搭品牌

幸棉（Luckmeey）自2020年成立以来，坚持"用户需求至上"的品牌理念，以产品为通路，回归用户真实的穿着痛点，聚焦他们的个性化造型诉求，通过创新的板型系统和科技面料，塑造贴身衣物的穿搭美感和舒适品质，为不同身材的消费者提供多元的型感体验，帮助他们通过内里穿搭找到更理想的自己。

幸棉凭借精准的品类洞察力和杰出的产品力，先后打造出"幸棉蜜桃杯外扩内衣""幸棉无肩带内衣""幸棉液体软支撑内衣""幸棉防静电家居服"等多款销量破千万的市场爆品，多次荣登天猫、京东、抖音等多渠道榜单TOP1。在成立的短短两年多时间里，幸棉已成为内衣服饰行业中备受瞩目的新力量，先后荣获"抖音年度服饰趋势品牌""毕马威新国货50企业""天猫金牌千万商家""天猫年度成长力内衣品牌 TOP1""抖音电商抖品牌商家""抖音电商年度金榜"等诸多大奖（图4-89）。

幸棉以场景化为切入点，从大胸显小、露肩美背、舒适无感、无痕极简等多系列出发，解决了各人群的特殊需求。幸棉避开竞争激烈的红海市场，深挖消费者穿搭微场景的细分痛点，通过对用户生活场景的极致洞察与新功能的注入和加持，开拓出全新的细分品类赛道，打造了许多兼具功能性的新舒适产品，为用户寻找到最优解。幸棉在产品研发中，讲究去繁就简，提供简约舒适的选择。幸棉的内衣与家居服，加入了对时尚贴身衣服的审美理解与结构设计，适合内搭、外穿、健身、聚会等多个场景，满足了消费者多元的穿搭需求。持续创新面料和工艺是幸棉的基因。幸棉

凭借精准的品类洞察力和杰出的产品力，多次打造出销量破千万的市场爆品，成立至今，已获得超 10 项国家级专利证书。幸棉以商品和订单为核心将内外部资源有效链接，同时打造多品类柔性供应链，极大缩减了返单周期，做到了更快、更深产出，创新打造了软支撑、防静电、香氛、恒温等新概念产品。

幸棉自创立起就致力于将可持续发展理念融合在产品创新当中，同时保证产品的卓越性能。幸棉将可持续材质与现代工艺科技融合，通过提升产品的绿色设计、选择环保材料等，在可持续发展方面作出初步的努力，推出 Nature 系列。另外，这种打造环保绿色服饰产品的想法，让可持续时尚的理念以更具象的方式走进人们的生活，让消费者对于"绿色""环保"有了更深的感知。幸棉采用环保面料和环保工艺，打造了源于自然更优于自然的贴身衣物产品。其中，推出的优可丝云感家居服套装和彩棉船袜，从选材到制衣各环节始终贯彻可持续理念，实现了原材料的零污染，从降解至完全融入自然环境仅需28天，且最终降解产物对环境无毒无害。同时，幸棉全品类产品包装盒均采用纸浆原料，兼具环保性和实用性，作为可以回归自然的环境友好型材料，可生物降解的同时还可以二次利用于收纳。

幸棉在坚守本心的同时，也在努力为社会贡献一份自己的力量。2022年2月，幸棉成立"LUCKY+公益关爱计划"，承诺自2022年起，未来十年，幸棉或其关联公司将每年按照幸棉上一年利润的1%，以金钱或等值物资的形式帮助深处泥沼的女性和儿童。

图4-89

墨话：让非遗变成行走的文化名片

墨话，创始人候晓琳，长期的海外居住史让她擅长将东方传统文化与西方精粹元素糅合创作，以衣为载体，用"非遗·原创·定制"中国手工刺绣、手工植物染和手工绘画来传承民族符号，探求时代趋势，诠释"穿在身上的文化故事"，用行动践行文化自信，讲好中国故事（图4-90）。

图4-90

墨话于2019年入选中国70周年"一带一路"全球巡展，多次获得"非遗创新""时尚非遗"奖。其中作品《中国刺绣手包》被哥斯达黎加前总统劳拉阁下收藏，《中国双面绣》被永久收藏于越南国家历史博物馆，《丝绣》被韩国博古尔博物馆收藏，其他作品分别被越南国会主席阮氏金银和越南、埃及大使馆大使收藏。

墨话非遗服饰创新文化生活馆坐落在广州市番禺区沙湾街紫泥堂文化创意园，现有多名刺绣、扎染、大漆、手绘等领域合作匠人，帮助一些偏远地区女性、残疾绣娘通过"指尖技艺"带来"指尖经济"，同时通过校企合作的方式为学生提供学习非遗技艺的机会，带动非遗文化爱好者创业，输出中华优秀传统文化，践行文化自信。

在政府的大力支持下，墨话采用实景秀的方式，将本地非遗文化融进服装服饰以及周边产品的设计中，在实景秀场中演绎城市文化，形式新颖、传播广泛，让非遗变成了行走的文化名片（图4-91）。

为了非遗能永久地传承，在未来发展中，墨话正在积极探索打造AI非遗传承人项目，共享开放给更多的设计师和非遗匠人，利用人工智能把各领域非遗文化在断代和消失之前更好地留存，为非遗传承贡献一份力量。

不忘初心，久久为功，善作善成。

图4-91

其用：物尽其用，用心设计

广州珍尚服装有限公司（以下简称珍尚）成立于2013年，是一家集研发、生产、销售于一体的专业服装公司，旗下现有"其用""Top Donna""阅前"三个中高端服装品牌（图4-92）。

图4-92

从成立以来，珍尚一直秉承着"用心生活、用心发现、用心设计"的匠人精神，采用高品质的天然面料，注重手工制作，且始终坚持以研发为主导，保证每个季度产品的独特创新。基于这样的理念，珍尚吸引了一大批志同道合、敢于拼搏的高素质人才，以强劲的原创动力与广阔的国际视野，捕捉前沿的时尚信息，并始终保持着严谨态度。

珍尚秉持绿色低碳的环保理念，坚持采用由棉、麻、丝、毛织造而成的天然纤维面料，期望减少化学纤维污染，生产上还省去大量用水，减少了温室气体排放。相较于大部分服装公司，珍尚采用品牌合伙人模式，设计部与商品部高层均为合伙人，充分保证了公司的活力。从成立到现在，珍尚平均三年孵化一个新的品牌："Top Donna"是珍尚成立的第一个品牌，意在打造新古典浪漫主义的轻奢调性，将服装作为载体，把精致浪漫作为信仰仪式融入日常，追求诗意与浪漫的情怀，让心灵回归自然与艺术，赋予顾客更细腻的生活表达。"其用"于2017年正式成立，是针对知性、有文艺内涵的都市成熟女性而塑造的具有都市文艺风格的原创设计师品牌，在设计上注重工艺的创新，且倡导"物尽其用"的朴实生活美学价值观。"阅前"作为最年轻的品牌，在2020年第一次亮相于大众

视野，在设计上注重使用富有品牌调性的原材料，搭配出"斜杠女性"的现代着装方式，在品质上精选天然和再生纤维面料，打造了三分盐、三分甜、三分趣味的现代个性女性形象（图4-93）。

图4-93

在营销网络上，珍尚坚持专卖及批发两个渠道同时进行，随着不断的积累，店铺已经遍布全国各大主要城市。近两年珍尚随时面临着未知的挑战，线下销售备受冲击，因此积极发展线上营销。设计部积极配合，输出搭配图片；销售部装点私域空间，积极配合客户需求，实现"零障碍"线上选款；与此同时，建立电商部门，积极与KOL合作，进行网红直播销售、短视频宣传，缓解线下销售压力。

通过数智化建设，珍尚在全国各大城市中布局前置仓，以缓解配货压力，大大提高了配货效率，同时减轻了疫情期间封控管理带来的困扰。通过仓储软件，一键生成销售数据，科学预测新一季度开发品类数量与下单数量，从而更早、更快调整开发方向与营销方针，提高工作效率。

珍尚倡导设计师将思维散发到销售端，不仅要将注意力汇聚在设计产品上，同时销售端也要具有设计师思维，从而更透彻地理解产品。通过公司各部门定期开分享会，实现开发端与销售端之间的有效交流。

JOOOYS：以"中国创造"的姿态行走在国际舞台上

JOOOYS是广东简绎服饰有限公司旗下的高级定制品牌。公司地处广东省潮州市，是由中国十佳时装设计师赵亚坤自主成立的设计创新型企业。公司以设计为主导，管理理念是从采购到样品制作及生产的各个环节均配合设计，通过科学合理的设计保证产品在款式、品质上的竞争力。公司通过了ISO9001质量管理体系认证，拥有多项发明专利、实用专利和外观专利，被评为广东省高新技术企业。公司仍坚持新品研发，营业额逐年增长翻倍，成为中国纺织建设规划院制定"十四五"纺织行业规划的主要调研及参与企业。

公司与北京服装学院、广东工业大学、西安美术学院、厦门理工学院、吉林工程技术师范学院等多所纺织高校合作，建立产学研项目，与广东工业大学共同创立广东省现代服装工程技术研究中心公司，针对抽纱、潮绣、珠绣等多项纺织非遗技艺进行传承、推广、创新研究项目。

公司拥有包括中国十佳时装设计师、深圳十佳时装设计师、香港制板师等设计研发人员90余名。公司非常注重服装设计与传统非遗技艺、设计与科技创新的融合，注重新材料、新工艺的研发，将发光纤维、发热纤维、变色纤维、功能性纤维材料运用到服装设计中，并将电子产品、感应芯片与服装设计相结合，注重服装的创新研究，并借助潮州的潮绣、抽纱、珠绣、电脑绣花、手钩等礼服产业的配套资源，充分发挥服装工艺设计面料及款式创新的优势，自主开发电脑绣花图案、数码印花图案、提花缎图案等，以"单独为每个客户开发新品保证客户款式的独一性、款式上追求创新、开发上做到高效率及高成功率，以及生产货期及质量的良好控制"等优势成为高端国际品牌客户的主要供应商。

时尚创新是公司发展的灵魂。公司深入研究消费升级，特别是针对主力消费人群年轻化、时尚化、个性化的趋势和要求，加大产品企划、创意设计和时尚运营力度，注重从穿着场景、使用舒适度、时尚美学、生态环保、自然健康等方面提升时尚体验，从创新设计、科技面料、时尚创意、文化融入、数字消费等方面满足消费需求，时尚供给能力和水平大幅提升。公司系列品牌推出的装有感应小灯系列、发光纤维系列、变色纤维系列服装深受时尚顾客的喜爱。公司还定期与高端手机、高端洗衣机等时尚电子产品、潮流IP等举办联合发布会、时尚沙龙等活动，推广时尚生活方式。

公司通过多年为国际高端品牌提供原始设计制造商（ODM）服务，细节化工艺设计是品牌的特点，匠心精神则是品牌永恒的追求，而高品质产品是公司的竞争力，公司采用高品质面料和精致的工艺来传达对品牌品质的承诺，保持产品的高端化并实现品牌化。简绎（J-SCARLETT）在国际相关领域具有一定的知名度，实现了公司的品牌化，逐渐创立了多个富有文化内涵的品牌。2010年创立JOOOYS（金绎）高级定制品牌，2017年开始推出JOOOYS成衣系列品牌，包括Joooys时尚礼服系列，Joooys Occasions社交场合系列，Miss Joooys时尚少女系列、Joooys Kids时尚童装系列。JOOOYS的商标已经在法国、美国等国家注册，志在让"中国制造"在中国设计师们的努力下，以"中国创造"的姿态行走在国际舞台上（图4-94）。

图4-94

通过必要商城专售的Elisa & Eliza品牌，作为必要商城唯一一个婚纱礼服品牌，在工艺和品质上达到了国际高端品牌的标准，配合公司的柔性供应链生产体系，订单逐年增长。公司自有品牌还有佐释、YAKUN ZHAO、ANAISE LEA、珇熠诗、Rosa Eliza、TRY to TRIAL等，分别通过国内国际线上平台、跨境电商平台等渠道进行销售。

公司在运营和管理上实现数字化，ERP系统根据公司以设计为主导的运营模式而设计研发，并且与SCM供应链管理系统、SaaS下单系统、CRM会员管理系统实现数据同步，实现数据统一管理，自动获取最新的订单数据、库存数据和变化情况等信息。如果需要对库存进行调整或更新，员工只需要在系统中进行调整即可，这个过程会自动更新到其他系统或软件中，实现数据的实时同步，提高准确性（图4-95）。

图4-95

JOOOYS品牌高级定制系列采用3D职能量体系统与生产管理系统相结合，形成了职能柔性供应链，构建起多品种、小批量、高品质、快速反应的生产体系，提高了高级定制的体验感，加快了高级定制的时效，提高了服务的同时降低了人工成本。

公司针对国际市场对环保和可持续发展的要求，提高环保意识，提高产品的"绿色竞争力"，以满足国际市场对低碳产品的需求，实现低碳化运营模式。在面料选择上主要选择亚麻面料和羊毛织物、丝绸、棉等碳排放量较低的天然纤维，所采用的面料均达到国际环保标准。面料的染色则以天然染料和工艺为主，在设计上运用非遗传统蜡染技艺、丝绸染织技艺、枫香印染技艺、香云纱染整技艺、扎染技艺等，并在传统技艺上进行创新。公司从设备、工艺、产品、管理等环节入手，提高资源利用效率，并通过数字赋能、提升工厂智能化程度等低碳减排方面的举措，提高企业的品牌价值和市场竞争力，获得固有客户、合作伙伴和终端消费者的支持。

公司的目标之一是让"中国美"成为"世界美"，创造和传播属于世界的中国时尚语言和风格，在世界时尚舞台独树一帜，发掘和彰显当代中国女性的时尚和精神风貌。JOOOYS系列品牌已在海外注册商标，并建立海外设计机构，构建海外营销网络，打造海外市场仓储中心、运营中心，并在很多国家的高端服装店、定制店进行销售。品牌还通过与国际知名设计、研发、品牌、管理等机构合作，逐渐扩大海外市场占有率，与国际知名赛事、电视节目合作，提高海外知名度。公司的跨境电商系列品牌则基于数字技术的深度应用，打造了从时尚需求捕捉到全产业快速反应的市场体系，优势是品质高、货期准和科学的售后服务，在海外拥有稳定增长的粉丝顾客。

企业创新案例：供应链篇

广州纺织工贸企业集团有限公司：构建贸实合一新格局，助力产业高质量发展

广州纺织工贸企业集团有限公司（以下简称"纺织公司"）成立于2003年1月28日，企业历史可追溯至1955年，是广州市最早的工贸合一的大型国有企业之一。公司现以"供应链集成服务"和"纺织服装"为双主业，构建贸实合一新格局。公司年营收超百亿元！被评为中国服务业企业500强、中国服装行业百强企业、广东服务业百强企业（图4-96）。

图4-96

2022年，作为广州市时尚产业集群纺织服装产业链"链主企业"，纺织公司围绕"供应链集成服务"和"纺织服装"双主业，坚持以全球化视野，依托数字化与信息化，推动上下游产业链资源夯实与协同，打造资源及销售国际化的全产业生态服务集成平台。2022年纺织公司营业收入增长3%，其中进出口业务增长14%，在复杂多变的外部环境下，不仅实现了自身的稳步发展，更以优质的供应链集成服务助力产业链安全平稳运行和高质量发展。

一、以智慧供应链集成服务助力产业高质量发展

纺织公司作为广州市时尚产业集群纺织服装分链

"链主"企业，致力于智慧供应链平台建设，多次携手广东省服装服饰行业协会，联合打造广东时装周，引领产业发展，推动行业进步（图4-97）。依托省级企业技术中心、TIT国际品牌研发中心等创新研发单位，源源不断为客户和合作伙伴提供优质的产品和服务。同时积极响应广州发展战略，率先转型升级，先后开发建成TIT创意园、TIT润政广场、TIT时代广场、TIT智慧园等TIT品牌系列园区，TIT科贸园、TIT产业园也在开发建设中，以大项目带动大发展。

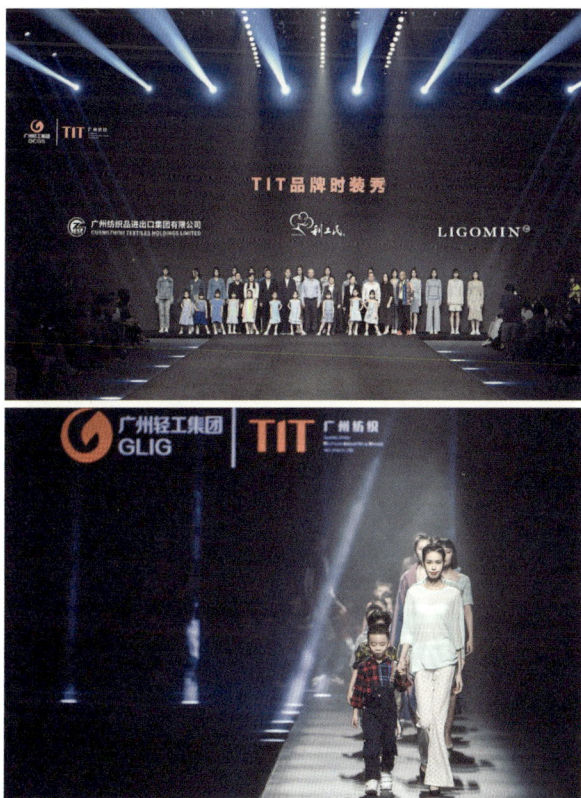

图4-97

2022年，产业发展备受冲击。纺织公司发挥多年来积累的国际化供应链整合能力和渠道优势，快速响应市场需求，最大限度地畅通了国内外需求和供应链

的对接，为行业平稳运行保驾护航。同时按照高质量发展的战略部署，坚持以创新驱动发展。一是持续加大投入，提升设计研发能力。除原有的位于TIT创意园的设计研发机构——TIT国际品牌研发中心外，增设TIT品牌中心共享研发基地，进一步增强设计研发力量。秉承绿色节能、低碳环保的经营理念，自主设计并向市场推出环保系列服装，引起市场较大反响。例如，以新型再生纤维素纤维面料为基底，推出环保抗菌系列服装，其中环保抗菌外套荣获由德国红点奖机构主办的国际化设计大奖——2022年当代好设计奖，同时获得2022年"广交会设计创新奖"时尚生活类铜奖（图4-98）。二是加快数字化转型步伐，结合数字技术，打造智慧供应链。2022年纺织公司持续迭代数字化运营管理平台，构建平台数据，赋能供应链业务全流程，并加快构建数字化营销新模式，充分运用数字化手段打造营销新矩阵。

二、倾力打造促百年老字号守正创新发展

纺织公司拥有TIT、利工民、熊猫、牛头等众多著名品牌，其中利工民被授予"中华老字号"称号。2022年，纺织公司坚持守正创新，从焕新品牌内涵、营销体系、发展内核等角度全面激活有着百年历史的中华老字号"利工民"品牌的发展，为消费者提供既秉承传统工艺，又紧贴时尚潮流的产品，在贴身服饰领域掀起了"新国潮"。为不断焕新品牌内涵，打造老字号新风尚，2022年隆重推出一个高品质时尚休闲品牌"LIGOMIN"，并登陆广东时装周，被授予"风尚品牌大奖"。2022年，利工民依靠高效市场反应和成熟的产品及物流系统，圆满完成应急保供业务，为广州市抗疫作出突出贡献，并再次获得"广州市救灾物资应急保障企业"资质。

图4-98

溢达："溢"往无前，引领行业向新定位发展

广东溢达纺织有限公司（以下简称"溢达"）是由香港溢达集团于1988年投资设立的大型产品出口型及高新技术型纺织企业（图4-99）。公司注册资本2.858亿美元，投资总额达7.6亿美元，业务范围涵盖纺纱、染色、织布、后整理、制衣厂等，下设6个分厂，以及水质净化中心、研发中心、实验室等机构。产品（高档全棉衬衣和T恤、全棉色织布及家纺产品）主要内销或出口日本、东南亚、欧美等地，是世界众多知名品牌的面料和成衣制造商。溢达全棉色织、针织面料被评为"国家免检产品"，全棉色织面料被评为中国第一家"出口免验产品"，在中国及全球纺织行业均享有极高盛誉。溢达建有国家级企业技术中心和博士后科研工作站，并组建了广东省棉染织、后整理工程技术研究开发中心，广东省企业重点实验室、广东省博士工作站及广东溢达纺织有限公司研究院，拥有AAA级企业信用等级，是出入境检验检疫信用管理AA级企业，首批"中国出口质量安全示范企业"，并荣获"佛山市政府质量奖"。当今纺织界，溢达集团在国际市场上名声远播，在核心技术、品牌质量等领域，广东溢达当属首屈一指。高质量的产品是企业的生命，而品牌的塑造对企业的持续发展同样具有举足轻重的作用。

图4-99

一、品牌设立

ESQUEL GROUP是溢达的主要服装品牌，Logo设计简洁、优雅、精练，取法自然，同时传递出黄金分割的数学美。中间的小写字母"e"是公司英文名称的首字母，优美的曲线令人想起花环和外层空间的螺旋星云。"e"的设计同时使人联想起亚洲艺术中风格化的云彩（代表好运、幸福和从容）和棉花（溢达事业的基础）。基于对自然的无限联想，这一设计象征着注册人坚实地立足于大地之上。同时"e"也代表了溢达的5e企业文化，即道德操守（Ethics）、环境保护意识（Environment）、开拓求新（Exploration）、卓越理念（Excellence）和学习精神（Education）。中文字"溢达"既是公司名称，也是主要品牌。

1. 纵向一体化的供应链

溢达在中国广东、新疆以及常州、宁波、桂林等省市拥有涵盖棉花种植、轧花、棉纺、织布、染整、制衣及制衣辅料的一条龙供应链。在纵向一体化的体系下，溢达的生产计划可以整体规划，产品品质得以有效控制，而且在新品研发、设计上变得更有效率，在整个生产过程中不断发挥出集群优势。公司的品牌客户有自己独特的创意和设计，而溢达总是可以从生产的角度提出很多建议，并且给出不同的修改意见供客户选择。一旦客户作出决定，溢达凭借纵向一体化供应链，能在较短的时间内将这些设计变成真正的样品，这是其他很多供应商做不到的。

2. 用科技改造传统产业

溢达非常重视生产过程中的流程改善。除此之外，信息化、自动化与工业的融合也是溢达竞争力的核心体现。依靠创新平台，公司主动转型升级，走创新驱动、绿色低碳、智能制造之路。经自主创新，研制自动化设备，使机织工序自动化覆盖率达到77%，既节省了人工，又提高了生产效率。同时，溢达生产管理系统主要通过自主研发。因为对流程了解，溢达的管理系统涵盖了从下单到出货的所有过程，每一道工序的生产状态、品质检验报告、出入仓情况等均可以通过内部局域网获得相应数据。工厂内部、工厂同集团、公司之间实现了真正意义上的实时信息共享，堪称纺织业内以信息技术改造传统产业的典范。

3. 打造"溢达"绿色生产纺织品牌

广东溢达以"建设生态文明、环境保护和实现可

持续发展"作为公司重要策略，投入大量资源、引进先进工艺，对印染废水进行深度处理，并回收用于生产，减少了碳排放和降低了资源消耗。2005年以来，溢达在能源管理方面累计投入超过1.5亿美元，通过科技创新和优良管理，截至2022年，公司全球生产水资源单耗降低67%，全球生产能源单耗降低46%，废水化学需氧量（COD）排放42mg/L，浓度远低于中国国家标准。在集团引领下，广东溢达的环保成果也获得广泛认可，先后被评为"绿色工厂""绿色供应链管理示范企业""重点用水企业水效（能效）领跑者"，连续多年获评广东省"绿牌"环保诚信企业，是国内首家通过"STeP可持续纺织品生产认证"企业，并获国际环保纺织协会（OEKO-TEX®）颁发"Level 3"等级认证证书，被香港工业总会及恒生银行授予"恒生珠三角环保金奖"（图4-100）。

图4-100

二、品牌保障推广

高质量的产品是企业的生命，而品牌的塑造对企业的持续发展同样具有举足轻重的作用。广东溢达30多年的发展，为当地经济的发展和纺织业的发展作出了突出的贡献。其主要产品溢达牌纯棉色织布也在这种发展中以可靠、稳定、环保、先进的后整理等高品质服务赢得越来越多的市场认可。

1. 多样化的品牌宣传

溢达公司十分重视品牌推广，利用多渠道媒体宣传资源，助力企业品牌宣传。近年来，公司通过社会公益活动、政府评比活动、与媒体互动等方式多渠道宣传和介绍，提升自身在社会上的影响力。在品牌的

宣传方面，营销团队参考网络营销手段策划了多样化的品牌传播及营销推广活动，以吸引消费者关注，彰显品牌的专业和品位。溢达有专业的销售团队，通过拜访客户、参加客户开发订货会等推广公司品牌与产品，赢得业务机会。

2. 个性化的产品和服务

溢达公司经常邀请产品、工艺、策划、推广等人员组成市场调研团队，深入市场调查了解市场流行趋势、顾客需求及经销商意见，并将搜集到的信息直接应用到产品开发、产品升级及产品营销规划中。得益于溢达纵向一体化供应链的支持，为客户提供一站式的解决方案，从样品设计开发、面料生产、成衣生产等方面提供全方位的服务。这个纵向一体化供应的优势体现在品牌运营上就是溢达可以及时响应各种个性化服务支持，包括定制绣花、印花、量体服务，以及特体定制等。

3. 及时快速的后反应

随着市场的发展，客户对订单周期要求越来越短。溢达自2019年开始，分别在机织产线和针织产线成立快速反应改善交期项目，将订单的交付时间从原来的70~120天缩短到30~60天，极大地提升了客户的满意度。溢达还设有专业客服团队应对日常咨询，并对客服回复及时性进行严格考核，保证了回复响应的及时性。

4. 重视客户投诉

溢达致力于建设统一的、一流的稳定服务体系，不断完善售后服务管理机制，快速响应客户的质量投诉，以最快响应周期提高客户满意度，最大范围地解决客户技术问题和生产问题。溢达专门设立质量保证客户服务组，负责对公司所有顾客投诉进行处理，并将处理情况反馈给顾客，同时将问题反馈到相关生产或检验工序，以及时纠正该问题；投诉相关的部门（包括生产计划部、生产部、技术部等）负责协助客户服务组处理投诉并执行相应的纠正改进措施，建立了一系列保障制度，如《客户投诉及质量问题处理作业指导》《客户质量投诉处理工作指引》等。

三、品牌成就

溢达为顾客提供周到细致的"一站式衬衣服务"，

不仅为官广生产优质的纯棉衬衫，还不断向客户提供更多更好的增值服务。广东溢达作为国内最大的全棉衬衫生产商及出口商，是中国纺织行业首屈一指的知名企业和龙头企业，在全国棉制色织衬衫出口额排名中连续15年名列第一，在全国色织布主营业务收入排名中连续3年位居第二名（图4-101）。目前公司拥有商标31件。溢达牌"色织布""针织面料"和"棉纱"三类产品，先后被评为"中国名牌产品"。其中全棉色织面料、全棉针织面料被评为"国家免检产品"，全棉色织面料获得"出口免验资格"，广东溢达也被众多客户评为"最佳品质供应商"。

核心技术、品牌的不断发展创新是溢达腾飞的翅膀，创新是溢达前进的动力，溢达要站在纺织业的最前沿，就必须维持创新的热情。历史永远没有停止，市场竞争、商业的发展也同样不会停止，只有持续创新才能确保不败。截至2023年5月，溢达已申请专利2316件，拥有有效授权专利1757件，在已授权中国专利中，发明专利626件。溢达被认定为"国家火炬计划重点高新技术企业""国家技术创新示范企业""国家知识产权示范企业""智能制造标杆企业（第二批）""广东省知识产权示范企业""广东省创新型企业""中国大企业创新能力100强""广东创新Top100""广东省加工贸易转型升级示范企业""佛山市自主创新示范企业""佛山市专利工作先进企业""佛山·脊梁企业"以及"2021年佛山市数字化智能化示范工厂"；2014~2022年，先后八年登上"佛山市专利富豪榜"，其中2014~2015年连续两年位列榜首。此外，2015年荣获国家级首批"中国出口质量安全示范企业""佛山市政府质量奖"及2022年"中国卓越管理公司"（图4-102）。

图4-101

图4-102

德永佳：创新不止步，以全球领先水平推动产业现代化

节能降碳是深入贯彻落实科学发展观、实现可持续发展的重要举措，是建设资源节约型、环境友好型社会的必然选择。东莞德永佳纺织制衣有限公司（以下简称"德永佳"）作为具有多年生产经验且极具社会责任感的纺织企业，始终坚持国家"双碳"节能的政策导向，大力推动节能减排，加快实现碳达峰、碳中和（图4-103）。

图4-103

一直以来，德永佳积极开展节能降碳工作，促进企业绿色转型。在绿色工厂标准体系完善行动方面，逐步建立并完善能源管理体系和环境管理体系，持续推进绿色制造技术、工艺、产品迭代升级，通过引进高效节能设备、优化工艺流程、减少能源浪费等措施，大力发展和推动绿色制造。在绿色供应链协同行动方面，积极打造绿色供应链体系，优选选择具有环保认证和符合环保标准的供应商，积极研发新型环保材料和生产工艺，加强与业内探讨绿色制造的技术和方法。在绿色低碳理念全面落实行动方面，对员工进行"节能环保"教育和培训，从源头优化员工环保意识，在内部积极举行绿色环保主题活动。

德永佳拥有国际领先水平的针织、染整设备和技术，是规模庞大的高档针织染整布及高档染整色纱的生产基地，在同行业中具有明显的竞争优势。通过不断地增置、升级更换先进的机器设备及提高生产工艺技术，维持高品质产品及高生产水平。目前，公司的主要生产设备产自德国、瑞士、意大利、日本等国家，部分设备是业内仅有，包括针织大圆机、纺纱自动化控制细纱机及粗纱机、染纱筒子翻纱机、微机控制高温筒子纱染色机、超低浴比高温染色机和新型液流染色机等，代表了纺织设备的全球领先水平。

德永佳注重产品、技术创新，每年投入大量资金用于新技术、新产品的研发，拥有庞大的研发实力，专门成立了研发中心，每年投入研发资金超1亿元，负责公司新技术、新产品的研发。目前，德永佳被认定为国家"高新技术企业"，拥有40多项有效专利、11个"高新技术产品"、6个"绿色设计产品"。同时，德永佳注重产品质量并充分把握市场的潮流趋势，不断提升研发与创新技术水准，严控生产过程中的产品质量，持续提供适应客户发展的潮流产品与优质服务，得到所有客户一致好评，产品获得生态纺织品（Oeko-Tex Standard 100）认证，纺织行业GOTS专业认证，KOHL's、JCPenney、PVH等颜色及品质认可认证等荣誉。

德永佳注重数字化转型，在数字化建设中投入大量精力，自设自动化控制、软件开发及数据分析团队，经过多年的建设和不断的发展完善，结合工业4.0、中国制造2025等国际先进的顶层规划思路以及现代数字化技术，迎合公司整体战略需求，设计整个公司的信息化规划及战略指导方针（图4-104）。

目前德永佳已拥有完善的网络及安全管理系统、成熟的ERP管理系统、MES制造执行系统、PLM产品生命周期管理系统、BI信息决策系统等，基本实现了主要管理流程全面自主开发，形成了适合自身发展的信息化体系，创建了具有行业特色的管理模式。

德永佳实现了信息化与各项业务之间的深度融合，特别是运用信息化在质量管理、制造执行系统与人事管理方面取得了质的提升，获得了ISO9001质量管理体系认证、ISO14001环境管理体系认证、ISO50001能源管理体系认证、两化融合管理体系认证等。

在应用系统方面，德永佳以自研开发为基础，并以先进的浏览器和服务器架构（B/S架构）进行软件开发，先后已自研开发PLM、MES、ERP、WMS、

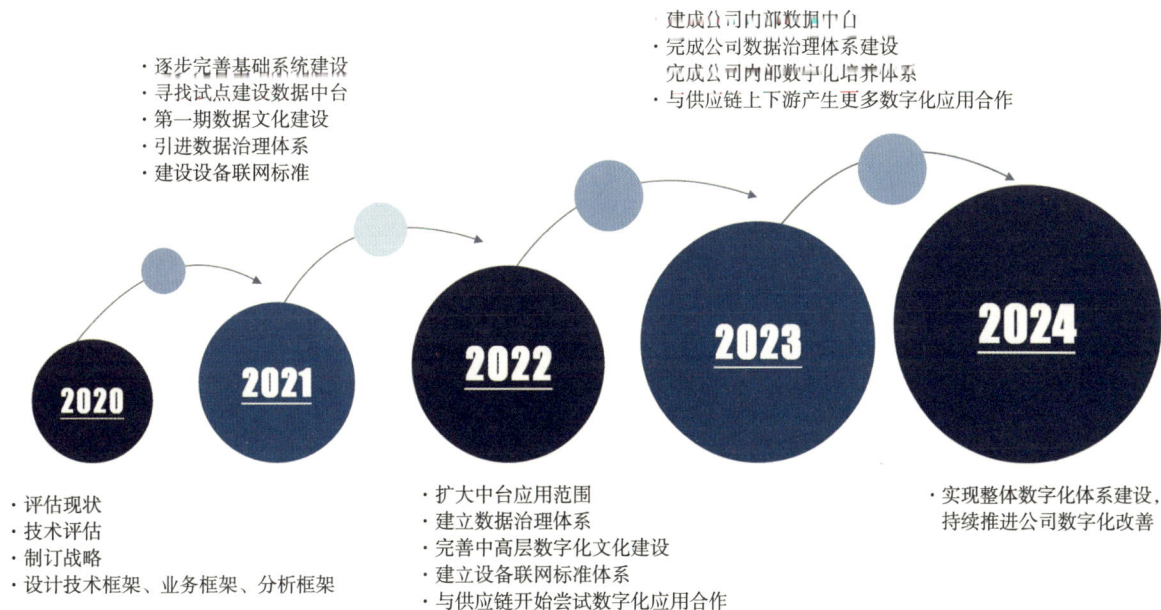

- 建成公司内部数据中台
- 完成公司数据治理体系建设
  完成公司内部数字化培养体系
- 与供应链上下游产生更多数字化应用合作

- 逐步完善基础系统建设
- 寻找试点建设数据中台
- 第一期数据文化建设
- 引进数据治理体系
- 建设设备联网标准

2020

2021

2022

2023

2024

- 评估现状
- 技术评估
- 制订战略
- 设计技术框架、业务框架、分析框架

- 扩大中台应用范围
- 建立数据治理体系
- 完善中高层数字化文化建设
- 建立设备联网标准体系
- 与供应链开始尝试数字化应用合作

- 实现整体数字化体系建设，
  持续推进公司数字化改善

图4-104

FI等多套系统，实现了核心关键流程的全部自控。其中，为了打通上下游供应链协同，德永佳自研CRM及SRM系统，提供标准接口，实现了与合作的品牌及供货商的上下游数据互联互通。2023年，结合新的技术趋势，除了在质量数字化管理上自建了QIS系统外，还引入了产品设计与仿真技术。通过以上系统，德永佳进一步通过制程结果标准化内部工艺关键条件库，从而标准化内部技术应用平台，实现了工艺技术、智能设计及生产标准的自动化输出。

同时，德永佳自2020年引入OA系统后，2022年开始引入BI系统及数据中台项目，实现了采购、计划、研发、生产、质量数据的可视化及审批流程的自动化，实现了端到端的数据应用决策分析以及支持多应用端数据决策，使管理决策不再受地域影响。

立尚服饰：做最专业的团体服装定制解决商

广州市立尚服饰有限公司（以下简称"立尚服饰"）是一家集设计、生产、销售于一体的专业服装企业。立尚服饰服务于国内一线男装品牌的贴牌加工生产，致力成为为企业提供服装定制方案的解决商。客户为机关事业单位及大型企业、上市公司，进行金融、地产、交通、学校等行业制服定制。

立尚服饰在运营上通过三个策略实现高端化。一是重新进行品牌定位。将品牌重新定位为"致力于做最专业的团体服装定制解决商"，定位的目标是为企业单位、学校等社会群体服务。二是产品规划。针对目标团购人群，开发出款式时尚、材质上乘，性价比高的系列，如西装、衬衣、职业装等。也需针对团体目标人群推出一些有特殊工艺和要求的商品，如品牌标志性图案的印花和绣花等。三是陈列区改造。将陈列区的氛围改造得更加具有高端感，布置上需考虑高端，营造出舒适优雅、明亮宽敞的感觉。咨询时，员工更应以上乘的服务质量、专业的知识素质服务，经过严格的形象识别教育与培训，追求"专业、高效、温馨"的服务享受感。

立尚服饰以服装个性化定制为主营业务，借助互联网、物联网、大数据挖掘与分析等技术手段，通过工业化大规模生产的方式制造出符合客户需求的个性化定制服装产品，切实践行工业化与信息化在制造领域的深度融合，是国内服装行业智能制造模式的领先者。公司在行业内具有较高的知名度，技术水平和产品质量处于领先水平，具有较强的综合竞争力。经过五年的积累，公司将信息化和大数据融入工业化生产当中，实现了服装的个性化定制，可进行职业装定制以批量生产个性化的产品，公司进入全新的从消费者到生产者（C2M）的个性化定制时代，做到了"一人一板/一人一款、柔性裁剪/智能生产"（图4-105）。

经过多年的常规服饰研发，自成立以来，立尚服饰决定放弃同质化严重的跟风式的潮流时尚设计手法，在设计中引入野生动植物保护概念，让环保时尚化和责任化，在不经意间使消费者关注环保，让消费者参与进来，用时尚一起为灭绝野生动植物发声。

在4月22日世界地球日，立尚服饰正式推进终止采购采自古老临危森林的黏胶织物和包装，并利用自身在供应链方面的优势优先推荐回收原料的解决方案，携手助力保护森林资源和地球家园。

在供应链合作方面，立尚服饰引领创新、造福全球森林，保护生物的多样性和稳定性，明确以"健康衬衣"打造一个环保、舒适、健康的产品。公司最大限度地使用再生纤维替代方案，若继续使用原木纤维，优先选择森林管理委员会（FSC）认证的木材，同时使用环境影响较小的包装替代方案中的再生纸包装。希望通过低碳合作，公司携手各方助力将商品更多转向可回收，将可持续发展的实践扩展到更广泛的市场，以助力保护森林资源、气候和环境（图4-106）。

图4-105

图4-106

圣恩服装：专注女裤25年

广州圣恩服装有限公司（以下简称"圣恩服装"）专注于打造高档典雅的精品女裤，是一家集研发、设计、生产于一体的服装企业。公司有着25年的服装生产经验，为国内外知名女装品牌提供ODM/OEM服务；拥有一支专业的设计团队，可以根据市场需求及客户要求，为客户提供创新的、具有竞争力的设计方案（图4-107）。

图4-107

圣恩服装的生产基地拥有一流的设备和先进的生产工艺，严格按照国际质量管理体系进行生产和管理。注重细节，重视品质和效率，确保每一个产品都经过严格的检测和核查，确保每一个客户都能够得到满意的服务（图4-108）。

图4-108

一、原创设计

圣恩服装拥有一支由时尚设计师构成的团队，能够按照客户的需求和市场趋势进行原创设计。公司注重体现文化内涵、个性化以及品牌价值，致力于为客户提供独特的设计风格，打造出独具特色的服装产品。

二、高性价比

圣恩服装注重控制成本，采用先进的设备和技术，利用自身多年的经验和信誉共同努力，使产品具备较高的性价比，在保证质量的前提下让客户得到更加经济实惠的产品。

三、定向开发

圣恩服装致力于为客户提供更加个性化的定制服务，可以根据客户需求以及市场需求进行针对性开发。可以根据客户的要求，定制适合其品牌风格和目标受众的服装产品，为客户提供更加有价值的服务。

四、充足产能

圣恩服装拥有先进的生产设备和充足的生产能力，能够满足不同客户的大批量订单需求。通过完善的管理系统和优秀的生产团队，能够保证在最短的时间内完成客户的订单，让客户得到更快速、更便捷的服务体验。

五、工厂设备

圣恩服装工厂现有员工100多人，现代化厂房2800平方米，拥有进口缝纫裁剪设备近100台，年生产力在80万件以上。

六、数字化转型

当前服装产业链管理模式老旧、资金匮乏、产能浪费、效率低下、工人招聘难、员工技能培养难等问题，让企业的生产经营步履维艰，给产业供应链升级带来极大压力，也成为制约服装行业高质量可持续发展的核心瓶颈，整个产业面临极大的转型机遇，而拥抱数字化和网络化变革能给企业带来更大的市场空间。

圣恩服装自2020年初建立系统工具SaaS管理平台，在商品企划、设计研发、产品生产、商品运营、供应链管理等业务环节实现数字化运营管理。

德贤：以德为先，以贤为本

德贤集团是一家集设计、生产、销售及售后于一体的专业服装企业，主要致力于行政西服、衬衣、职业制服、团体工衣、校服等系列服饰的设计与生产，以及服务于国内一线男装品牌进行贴牌加工生产。

德贤下属工厂生产线建立有一支400余人的产品开发及质量技术监督队伍，其中具有高中级技师职称的专业人员占20%以上，拥有10年以上服务国内一线品牌经验的员工达75%以上，拥有现代化的生产车间及全套日本和欧美进口的制衣设备、检测设备和整烫定型设备，年产西装15万套，衬衣60万件，以及其余服装（校服、学位服、军训服、团体工衣等）150万件。

一、时尚化

德贤一直致力于将时尚元素融入产品设计和市场策略中。公司拥有一支富有创造力的设计团队，不断追求时尚的潮流，并运用到产品的外观、包装和宣传中，公司产品具有高品质和功能性，具备时尚的外观和设计感，满足了现代人对品位和生活方式的追求。

二、高端化

为了满足日益增长的高端市场需求，德贤不断提升产品的品质和技术，引进最先进的生产设备和工艺，严格控制产品生产的每个环节，确保每一件产品都符合高端品质的标准。同时，公司注重创新和研发，不断推出符合高端消费者追求的新产品。

三、品牌化

德贤注重品牌建设和品牌形象提升，致力于打造一个强大、有影响力的品牌。公司推出了一系列广告、宣传活动和市场推广策略，积极塑造品牌形象，并与知名品牌合作，提升品牌的知名度和美誉度。通过不断创新和改进，公司在消费者心中树立了良好的品牌形象，获得了良好的口碑。

四、数智化

德贤注重数字化和信息化的发展，整厂运用自动缝制单元、缝纫设备数控及驱动系统、预缩黏合设备、拉布裁剪设备、熨整理设备、吊挂传输系统、包装设备等自动化服装生产线及解决方案自动导向车（AGV）、智慧物流，在生产、销售、供应链等各个环节应用了先进的信息技术和数据分析工具。通过数字化的管理和运营，公司实现了生产效率的提升、资源的合理利用和客户需求的精准满足。同时，通过大数据分析消费者行为和市场趋势，为公司的战略决策提供了有力支持。

五、低碳化

德贤积极响应低碳环保的号召，推行环保理念和绿色生产方式。德贤致力于减少二氧化碳排放和资源消耗，推广可再生能源的使用，并鼓励员工和合作伙伴参与节能减排行动，以多种形式对全体员工进行低碳教育宣传，强化员工的节能意识。德贤的产品设计中也考虑了材料的环保性和可循环利用性，以减少对环境的负面影响。

六、国际化

作为一个国际化的公司，德贤积极开拓海外市场，并与世界各地的合作伙伴建立了稳固的合作关系。德贤将产品的研发和制造标准与国际接轨，以适应不同国家和地区的需求。在国际市场上，德贤注重品牌形象的传播和营销策略的调整，以满足不同文化背景和消费习惯的消费者的需求。

德贤在时尚化、高端化、品牌化、数智化、低碳化和国际化等方面的创新发展成果非常显著。通过不断追求时尚潮流、提升产品品质、塑造品牌形象、运用信息技术、推行环保理念和开拓国际市场，德贤已经取得长足发展。在未来，德贤将继续努力，不断创新，以满足消费者的需求，推动公司的发展和进步（图4-109）。

图4-109

洛可西西：动见未来，重启运动生态

佛山市洛可西西服饰科技有限公司（以下简称"洛可西西"）于2014年设立研发中心（图4-110），于2016年10月24日成立生产中心，下属一家生产分厂，专注于研发、生产瑜伽运动品类服饰，承接运动品类ODM/OEM订单。公司具有专业设计研发团队40人，管理类人才及熟练员工300余人，拥有ETS智能吊挂生产线400个站位、电脑裁床，能实现多品类、多尺码、多款式同时生产，为小批量订单提供了可靠的15～30天快反的生产模式，为运动行业提供了无限可能。洛可西西因创新而专业。

图4-110

洛可西西坚持以质量为核心，从采购原材料到包装的整个生产工序均实施严格质量控制程序，且获得ISO9001：2015认证。公司始终致力于与全球客户建立长期的双赢合作伙伴关系，致力于为运动服饰行业提供无限可能。

洛可西西为加强管理的规范性，建立了一套完善的内部管理制度，覆盖了全业务流程。从各种文件的执行情况来看，各种文件制订有效合理，能够有效地对研发、生产、销售、管理进行指导和对员工行为规范进行约束，有效提高工作效率，为公司带来更大的经济效益。

2022年获得的部分荣誉：荣获广东省"高新技术"企业；佛山市"专精特新"企业称号；广东省"创新型"企业称号；佛山市南海区盐步内衣行业协会

"慈善爱心奖"；佛山市南海区盐步内衣行业协会"卓越成就奖"；南海区"制造业高质量发展标杆企业"；佛山市首批"数字化智能化示范车间"称号等。

一、营销模式

洛可西西采用"创新设计商业模式（IDM）+柔性供应链+快返模式"的营销模式，大大缩短了订单生产周期。

创新设计商业模式（IDM）：为客户提供从产品概念构思、原料到技术研发、生产制造的一站式服务。

柔性供应链：配套供应链完整，且与当地面料辅料等供应商一直保持良好合作关系。可根据客户需求马上做出响应，不仅可以提供适中的价格，还能为客户的新系列分享最流行的面料、装饰、工艺和创意。

快反模式：采用后拉式的生产模式，先小批量生产投放市场，再根据市场行情和客户需求，拉动后方的生产，从而避免了库存积压的风险。能够实现多品类、多尺码、多款式同时生产和为小批量订单提供可靠的15～30天快反的生产模式（图4-111）。

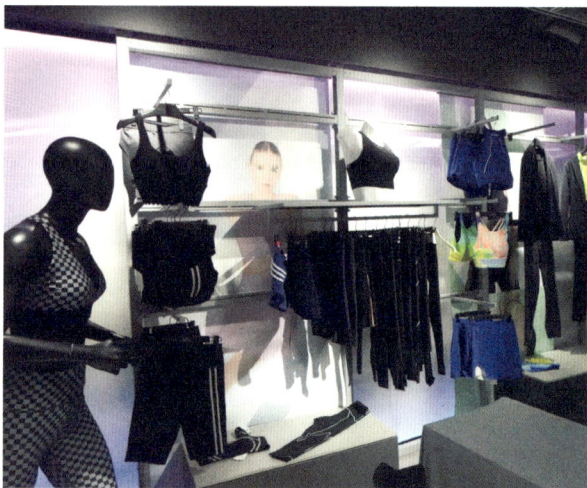

图4-111

二、企业优势

引入Style 3D系统，建立各种面料/辅料/成衣款式数据库，根据客人的要求，快速提供不同材料的成衣款式方案，提高了研发的时效性和缩短了开发周期（图4-112）。智能化数据化的生产模式：拥有电脑裁床、激光切割和ETS智能吊挂生产线400个站位，能实现多品类、多尺码、多款式同时生产和为小批量订单提供可靠的15~30天快反的生产模式。

图4-112

三、创新驱动

在洛可西西看来，创新驱动、企业转型和品牌提升，是服装企业未来发展的新方向。改变成本导向竞争和价格竞争模式，转向靠服务、靠产品质量提高和靠品牌附加值提升增强核心竞争力，赢得发展新优势，是传统产业转型升级的必由之路。

洛可西西积极推进"两化融合"和信息化建设，不断提升快速反应能力。目前，洛可西西信息系统已覆盖研发设计、生产过程、供应链管理、企业管理等关键业务环节，实现了从订单管理、原料检测、生产制造，到外发加工、仓储物流、营销服务等企业经营全过程的全面科学化管理，全员劳动生产率、物流周转速度、资金周转率、客户平均响应速度、产成品库存周转率、企业网上采购率、网上销售率等主要指标处于行业领先水平。

在此基础上，数字化、智能化技术成为洛可西西提升品牌势能的重要动力之一。洛可西西通过生产稳定的高质量产品，与市面上质量参差的产品形成差异化，随着品牌的增值，销量也逐渐增加（图4-113）。

图4-113

质品服饰：质于外，品于内

东莞市质品服饰有限公司成立于2011年9月，总部位于东莞市麻涌镇，是一家集制衣技术研发与创新、精工制造为一体的大型现代化服装制造企业。其凭借多年与全球顶级品牌合作的经验，以及长期推崇的精益求精的企业精神，正致力于打造一个现代智能化制衣标杆企业。

目前，公司旗下拥有贵州质品服饰有限公司、贵州星美服饰有限公司、湛江市质品服饰有限公司和质品服饰（越南）有限公司4家全资子公司，合计拥有职工约3000人。

公司专注于针织和机织产品，主要为国内知名的运动品牌提供高品质、高性价比的服装产品。公司拥有一支高素质的设计和技术团队，以及先进的设备和工艺技术，从面料、设计、制板、裁剪、车缝、整烫、包装等各个环节进行全程质控，确保产品质量的稳定、可靠。为了满足消费者对时尚和个性化的需求，公司积极研发新工艺，以提高产品的舒适度和减少缝制工序等，研发的产品已申请国内专利20项，其中已获得专利授权15项。通过过硬的开发能力和精湛的生产技术及优质的服务，赢得了众多品牌客户的信任和支持，已与多个知名品牌商合作，建立了良好的供应链和品牌合作关系。

随着时代的发展，数智化已成为企业发展的必经之路。在此背景下，公司也开始了数字化转型，引进了先进的ERP系统，可实现全面的信息化管理，包括ETS、IGST实时数据生产管理系统、车缝工序标准化系统和SCM物料协同供应链系统等。通过数智化系统的应用，可以实现过程的全面监控，并通过数据分析预测实现精细化管理，提高生产效率和降低成本。

受地缘政治、国内生产制造成本上升等诸多因素的影响，国内制衣企业已大量迁往东南亚地区或将出口订单转移到东南亚国家生产，为保持公司与品牌客户的合作关系以及获取更多的海外订单，公司于2022年在越南投资设立分支机构——质品服饰（越南）有限公司，以承接海外客户订单，为品牌客户提供更优质的服务和产品。

经过多年发展，公司已取得了卓有成效的成绩，为中国服装产业的发展作出了重要贡献。未来，公司将继续秉承高品质、高效率、高服务的理念，不断提升自身实力和品牌形象，为客户创造更大的价值。同时，公司将继续深化数字化转型，不断提高自身的竞争力，为打造现代智能化制衣标杆企业而奋斗（图4-114）。

图4-114

影尚：专注服装电商供应链

东莞市影尚服饰有限公司位于中国时装之都广东虎门，是一家集产品开发、生产于一体的大型现代化服装企业（图4-115）。

图4-115

公司参股或控股包括绣花厂、印花厂、数码印花厂、白黑直喷厂、钉珠厂、烫钻厂等。完善的生产供应链为客户提供全方位的研发设计、供应链管理、生产跟单等服务。公司有厂房、宿舍面积近40000平方米，现有员工1600多人，开发产品达10000款，年生产服装3500万件（图4-116）。

图4-116

早在2009年，影尚便已转型升级发展电商，开拓线上销售市场。多年来，影尚服饰专注服装电商供应链，专为电商知名品牌、网红直播、潮牌男女装、跨境电商供货。同时，与众多互联网品牌女装保持良好的战略合作关系并深度合作，共同打造了一个O2O完整的服装供应链，为全国各地的电商买家及卖家提供了优质的货源。

如今，影尚拥有服装电商销售、直播带货、跨境电商、潮牌合作四大流量支柱。2020年以来，电商、直播等线上销售迎来新一波机遇，影尚的订单也顺势增长。

虎门衣品同创跨境电商产业园隶属于广东影领时尚科技产业有限公司（图4-117），园区占地面积66380平方米，总建筑面积150000平方米，是虎门镇规模最大、配套最完善、拥有产业赋能经营理念的跨境电商产业园。园区由5栋公寓楼和5栋甲级写字楼组成，计划引进婴童服饰、家居服饰、男女时装、箱包饰品、设计机构、金融机构、休闲娱乐综合配套设施等；设立校企联合人才培育基地、短视频＋直播赋能中心、产业链共享中心：共享板房、共享数字裁床、共享成品仓、共享后整、共享原材料集采等，助力入驻企业快速稳健发展。

图4-117

虎门衣品同创跨境电商产业园通过园区物理空间载体和全产业链服务，以服饰品牌商家为核心，以全产业链服务为中轴，以赋能中心、共享中心为两翼，以跨境电商为引擎；通过前瞻的商业策略和产业高度，打造临街高端品牌展厅＋品牌总部写字楼无缝衔接的创新型产商融合跨境电商园区，从而实现高价值增长。

元一智造："智"做服企最佳伙伴

广东元一智造服饰科技有限公司（以下简称元一智造）成立于2019年，公司坐落于中国针织休闲服装名镇——广东省中山市沙溪镇，是一家集市场研究、研发设计、生产制造于一身，专注于服装设计研发、5G应用、传统制造与互联融合的现代化综合性领先企业（图4-118）。该公司成立的初衷是承接其关联公司中山市元一服饰有限公司的高端品牌业务，加快数字化建设，实现行业内的快速升级转型，带动全部关联企业实现高质量发展，致力成为行业内数智化建设及高端服装制造的标杆企业。公司员工队伍现有1200多人，其中研发团队过百人，每年开发各类服装新产品SKU过万，年产销量超千万件。目前，公司战略合作的品牌有10多家，其中包括国民男装品牌海澜之家、顶尖运动潮牌斐乐等。

图4-118

为了实现"智造中国一流企业，构筑员工幸福家园"的企业愿景，落实"做一流服装品牌忠实伙伴、做优质供应链亲密伙伴"的企业定位，为公司的可持续发展奠定坚实的基础，2020年10月，元一智造在地方党委和政府的大力支持和领导下，总投资2.86亿元、建筑面积60330平方米的5G高端产业园破土动工，历时13个月，园区于2021年落成并投入使用。高标准工业园的落成和投产使用，奠定了元一智造在行业中的地位，为其实现高质量发展注入了活力和动力，真正驶上了数字化建设的快车道。目前，园区为自主建设的高标准5G工业园，新增了大量的自动化生产设备和智能化设备，配套中央冷气车间、三星级酒店式员工

公寓及餐厅，公园式的绿化环境及时尚现代的建筑风格将园区打造得特别出彩和与众不同。

一、建立信息化数据管理系统

通过对生产环节中的流程和工序进行详细分解，实现共性工序的统一，将其规范成为可用时间计算的标准化工序，并尽可能地将生产、管理中的标准化流程及各类数据，通过服务器的各类计算机系统进行管理，并建立互通共享的数据库。数据管理部门通过各类子系统在共享数据库里面提取不同的数据信息，通过比对分析的手段，发现生产管理中存在的问题及共性数据。后台管理部门利用电子信息技术，将结果推送到相关部门，为公司提供高效管理决策和大数据支持（图4-119）。

图4-119

二、建立数字智能化生产系统

引入包括智能载床、数字化生产线、自动分检系统，打通与各品牌客户的仓储和销售系统，完成从生产到客户销售数据的实时同步，实现产品从生产计划、入库、销售一键代发的全流程智能数字化升级。

三、升级改造智能模板生产技术

通过持续不断的技术改造和工艺升级，对工艺复杂、技术要求高的生产工序，研发智能模板机并进行生产，实现复杂工艺简单化生产的技术升级。

四、加快5G、AI智能技术的应用

部分流程实现AI质检技术。持续推进5G技术在AI质量检测、安全风险控制预警以及行为规范等领域的开发应用。引入AI智能验布机替代人工检验，形成质检报告和数据分析实时得出结果，并逐步拓展裁片、成品检验的AI技术研发。

实行AGV无人小车应用。所有生产区域均已完成5G信号覆盖，应用AGV无人小车实现货物跨部门、楼层搬运的高效精准流转，为5G智能应用迈出第一步（图4-120）。

图4-120

五、对数字化系统升级改造

已经实现所有业务流程线上系统操作管理。采用智能生产流水线，辅以全面而严谨的资深专业针织服装技术支持，完美为国际一流品牌提服装ODM、OEM产品赋能。开发手机端小程序，将数字化系统应用到所有一线工人，实现线上业务一键办理。对已建立的EPR、MES、WMS、CRM及数据中台等系统工具及时升级更新，确保实时进行各业务流程的数据分析，为高效管理决策提供数据支持。

六、技术创新与人才保障

公司鼓励和大力支持技术创新与研发能力，建立健全企业相关技术升级、工艺改进、质量检测等方面的管理执行标准，已经获得多项专利授权和软件著作权（图4-121）。多年来，公司与国内多所高校建立企校合作伙伴关系，为企业高质量发展提供人才培养和人才输送机制。

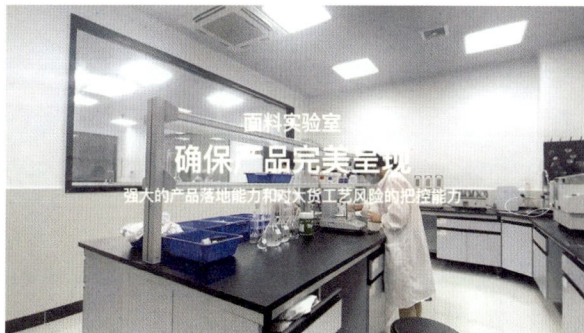

图4-121

元一智造通过多年的数智化转型、升级改造及项目建设，现成果斐然，实现了"服装空中走、全程不落地"的智能化生产经营模式，"智慧工厂"雏形已经呈现，通过数字化吊挂生产线，将传统的缝纫设备串联起来，把每道生产工序之间的步骤导入MES系统，全程基本由设备自主完成，实现服装生产全流程自动化、数字化、智能化。特别是高标准5G智慧工业园落成投产后，生产效率、裁剪精度、产品品质都有质的飞跃，精准裁剪让原材料的损耗只有过去的1/10，3D设计打样系统让研发效率和打样成功率提升30%，AI智能验布机让效率提高了1倍且产品合格率提升30%，服装生产缝制环节的生产效率提高20%……更重要的是，以前请裁剪工和缝纫工，没有10年的工作经验不敢让他们上国际大牌生产线。现在只要有一定的数智化设备操控基础，几天甚至几小时就能上线生产，产品质量甚至可以与老师傅相媲美，这就是数智化转型给企业带来的新的竞争力。

金鼎智造：将每一件T恤做专做好

广东金鼎智造服装科技有限公司（以下简称"金鼎智造"）位于广东中山市沙溪镇，成立于2004年，是一家集研发、设计、生产和供应链管理于一体的服装智能制造企业（图4-122）。公司秉承"喜悦智造，卓越共赢"的企业使命，以专注研发、精心设计、规范管理、严格品控为准则，致力成为"中国T恤研发生产最值得信赖的供应链企业"。公司重视技术创新、人才培养和现代化管理，每年投入专项经费对生产系统和智能设备进行升级改造。从事ODM产业生产以来，相继通过了ISO9001质量认证体系、ISO14001环境认证体系、GRS全球回收标准认证、卓越绩效认证以及高新技术认证。

图4-122

金鼎智造现有厂房面积10万平方米，管理精英团队200人，各层次、各岗位技能人才团队1500多人，与国内多个服装品牌建立起密切牢固的合作关系。公司时刻关注当前流行趋势及市场定位，专注于满足客户需求的产品设计研发，并且致力于规范化、现代化的管理，以"质"赢得市场的良好信誉。

为了满足公司发展壮大的人力资源需求，金鼎智造非常重视人才的培养，针对生产人员技能提升和管理人员能力素质的提升，开展各类课程的学习，与技术学校合作开展技能培训班，与第三方培训机构合作成立金鼎商学院，通过线上、线下混合式教学，让更多的金鼎员工得到学习和提升的机会，为公司更进一步的发展做好人力资源储备（图4-123）。

图4-123

金鼎智造自成立以来，产值快速上升，各项指标均名列沙溪服装行业前茅。为了满足不断发展的需要，公司于2023年建成投产金鼎智造工业园，引进国内外先进的智能化设备，全力打造全新的服装智能化制造企业，着力推动服装制造企业数字化转型升级，更好、更快、更智能地为客户创造价值（图4-124）。

图4-124

金鼎智造工业园为全数字化智能化产业园区，打造主轨长达90米的智能吊挂系统，实现单层工厂全流程生产，同时建设立体仓库，实现面料自动化出入库，效率提升近50%。工业园设计开发了全新的系统，包含"六大模块"设计开发、样板制作、业务、采购、生产、计划、面料仓储、辅料仓储、财务、外协等业务模块，打通所有业务部门，解决了"数据孤岛"现象，在同一个平台管理数据，实时更新数据（图4-125）。

图4-125

引进自动化面料立库、搬运机器人（AGV），结合5G+工业互联技术，实现面料仓储和配送自动化、数据化管理，仓储能力提升60%，人力成本降低30%。

裁剪车间大量引进意大利进口设备，裁剪效率提升40%，裁片合格率提升30%。裁片超市结合自动搬运AGV，实现裁片存储、检验、配送自动化，提升裁片周转速度，降低裁片库存20%，减少搬运人员60%。

引进一体式智能吊挂、自动分码装箱系统，实现一排到库的生产理念，从裁片挂片到成衣出货仅10多分钟，不堆积不落地，减少半成品堆积50%，减少搬运人员30%，实现按需生产的柔性制造理念。同时，车间大量使用进口衣车设备、自动开筒机、自动下摆机、花样机、包装机等自动化缝制设备，优化生产工艺，降低生产成本。

金鼎智造工业园通过信息化、数据化、智能化的转型升级，结合5G+工业互联网技术，实现生产过程的可视化、数据精确化、工作规范化。同时，推动产前准备、快速换款、多技能员工、生产线平衡等精益生产的执行，实行U型站立式流水线，推动单件流水线的实施，解决小单快反中款式复杂、订单量小的行业痛点，实现企业向精益化转型，达到"喜悦智造，卓越共赢"。

金鼎智造在稳步发展的同时，也密切关注社会公益事业，多年来为省内外多家心智家园学校捐赠校服、设立"金鼎奖教奖学金"；积极参加沙溪村镇的各项慈善活动捐款捐物，定期探访孤寡老人、走访并帮助困难家庭，以"博爱"感召每一位金鼎人。

波特邦威：致力于时尚男装生态链的建设，让时尚触手可及

中山市波特邦威服饰有限公司是一家以直播零售和实体批发为导向的多品牌时尚服饰公司，以"致力于时尚男装生态链的建设，让时尚触手可及"为使命，以"活出我的个性"为品牌主张，为消费者提供中等价位的优质时尚服饰（图4-126）。

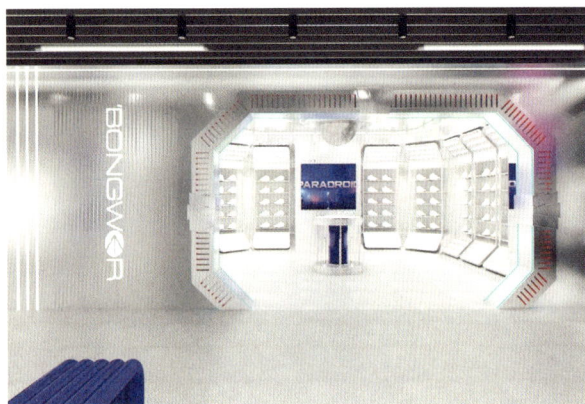

图4-126

2002年，陈锦康先生以象征活力、快乐、自由和个性的方向标符号为原型，创建了波特邦威（BONGWOR）品牌。

公司创建多年来，一直实施梯队品牌发展战略，拥有波特邦威男装、依时利（YISHILI）/美式休闲男装、L2风尚男装、问道男装、VKV轻奢男装、COCOBAR情侣亲子装、FEEL100柏仙多格等多个品牌。各品牌针对差异化的细分市场，在目标消费群、品牌定位及产品设计等方面相互补充，满足日益细分的消费群体的多元需求。

公司实施时尚化战略，高度注重产品研发设计，将当下流行时尚元素和品牌风格融于产品设计中，造就强大的产品竞争力。目前已拥有一支具有高素质、国际视野的研发设计团队。公司每年向市场推出高达6000多款新品。

公司采取直播零售与实体批发为主，代理直播销售为辅相结合的销售模式，拥有遍布全国多个省、自治区和直辖市的广大内销市场，成衣年产销超过700万件。公司积极发展直播电商业务，将线上和线下销售有机结合，实现了直播电商与线下销售的同步快速发展（图4-127）。

图4-127

公司核心品牌波特邦威男装，先后获得中国著名品牌、中国名优产品、中国优秀绿色环保产品认证、中国民营制造500强企业等多个中国纺织服装行业的荣誉称号。

公司的抖音直播电商项目是广东省服装服饰产业集群的标杆和明星品牌，多次日播销售额过千万。与抖音平台的多位头部达人和商家达成长期的战略合作。

2023年，公司的直播电商推动"科技+时尚+爆品"的营销策略。深耕服装产业链，运用软件运营服务（SaaS）ERP，实时掌控商品在设计、生产、销售、仓储、运输、客户服务等多个方面的消费者需求，优化和改善相关的工作流程和细节，让产品供应更快捷、更高效；极大地满足和增强了广大消费者的商品体验感，为公司多品牌战略的发展增添了新助力。

品韩惠：展现牛仔世界的另一面

中山市品韩惠服饰有限公司创立于2011年3月，是一家集研发设计、制衣、洗水、销售服务为一体的牛仔服饰企业。企业坐落在牛仔服装重镇——中山市大涌镇，拥有丰富的产业资源和成熟的牛仔洗水工艺，坚持"款式多，质量优，货源充足"的独特经营理念，深受合作伙伴的信赖（图4-128）。

品韩惠品牌创始人安小辉，是从学习洗水工艺开始接触服装行业的，对洗水技术有着充分的了解。他通过不断的学习和深入研究，在洗水、制衣、线上销售等都有着自己的独特见解，最终打造了一个具备自主开发设计能力、特色快反生产能力、规范高效仓储能力、多样创新销售渠道的牛仔服装供应链。满足客户小单快返、散单快返、爆单快返的需求，品韩惠争取做到现货当天发货，订单款3天内打样、5～7天出货，大大地提高了企业的核心竞争力。

近年来，电商行业面临重大变革，原本传统的电商平台已不再满足消费者的需求。随着直播电商的崛起，面对布料供应紧张、工人工价上涨、物流间歇性停滞等困难和阻碍，企业想要发展、走得更远，就必须改变原有的销售模式。品韩惠抓住机遇，积极引进信息化管理系统，除了与上游供应商建立数字化、智能化的良性合作关系外，还在车间生产、洗水环节购置自动化设备，大大降低了生产成本，提高了企业效益。同时，在抖音、快手等直播平台开设直播账号，打造直播场地、培养直播人才，打开了品牌知名度，并同国内各大平台的头部主播建立了合作关系。通过与客户打通数字化生产管理系统，由专业的生产团队、运营客服团队为客户提供选款、铺货、下单、质检、发货等一站式服务，得到了很多客户的赞赏和信赖，真正做到"合作源于品质，高于服务"。

展望未来，为了支持国家的"双碳"发展政策，响应政府的号召，品韩惠将大力发展绿色可持续牛仔服装产业，不断引进新技术、新设备、新材料，降低能耗和污染，支持绿色洗水工艺的推进。

图4-128

通伟：提升品牌价值，成就精致品质

中山市通伟服装有限公司（以下简称"通伟公司"）成立于1992年，是沙溪镇服装制造龙头企业（图4-129）。通伟公司专注针织服装制造三十年，拥有最先进的智能吊挂生产线、电脑自动裁床车间、无缝科技等生产线，产品涵盖了针织圆领、T恤、运动装等产品，是一家集服装设计、生产、销售于一体的现代化大型制衣企业，主要设有电脑车花、服装制造与加工生产等综合性业务。

图4-129

通伟公司工厂面积达5万多平方米，员工近2000人，年产量达2000万件。2021年实现销售4.5亿元，上缴税金2000多万元。公司在2018年1月通过了ISO 9001：2015质量管理体系标准认证，公司运行CSC 9000T中国纺织企业社会责任管理体系。

公司注重产品的设计研发、新型销售模式的开发等，先后荣获：市级企业技术中心、广东省清洁生产企业、中山市科学技术奖励二等奖、中山市优秀企业、纳税信用A级纳税人、中山市百佳雇主、广东省五一劳动奖状、技术创新奖、纳税贡献奖等荣誉。除此之外，公司还大力推行自主品牌的创新开发，拥有自有品牌"简思哲"及"东方儿女"，"简思哲"荣获广东省著名商标称号（图4-130）。

公司以"提升品牌价值，成就精致品质"为使命，以成为"全中国服装制造品质第一的公司"为愿景，赢得了广大客户的信赖，实力已在同行中名列前茅，产品销售遍及国内市场以及日本、欧美等国际市

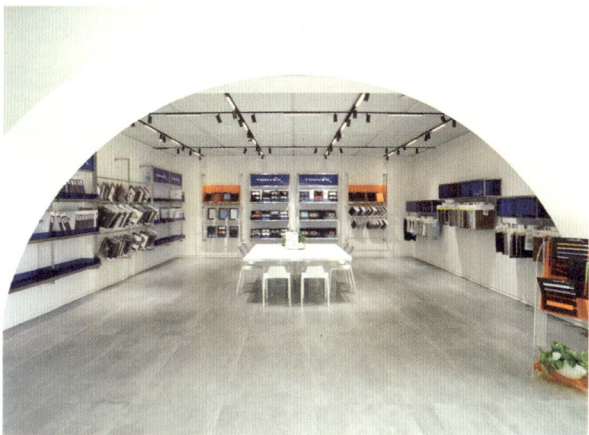

图4-130

场，公司现为安踏、斐乐、优衣库、迪卡侬、大嘴猴、茵宝、彪马、全棉时代等国内外知名服装品牌的战略生产供应商，企业实力和生产品质均名列供应商体系前茅。

为提高生产效率和产品质量，公司先后自研烫衣投影、ERP管理、排产调度、裁片排唛、品质红绿灯以及质检录入等系统。

烫衣投影系统利用投影技术进行尺寸控制，通过投影设备和App结合显示所烫码数的衫身轮廓。扫描二维码可以从云端服务器中获取设计图片，并通过高清多媒体接口（HDMI）线输出到投影仪上投影到烫位工作台上，工人可以通过对比实物尺寸来有效控制成衣尺寸问题。这个系统不仅提高了烫衣的准确性，还大幅度降低了错误操作和烫坏的风险，从而提高了产品的质量和工作效率（图4-131）。

图4-131

ERP管理系统是公司数字化智能化生产的核心。该系统能够实时抓取数据，并对各环节的异常数据进行监控和预警。通过ERP系统，生产管理者可以实时了解生产线上的生产情况，包括订单状态、生产进度、工人的生产数量等。系统还能够自动生成报表，为管理者提供更直观的数据分析和决策依据。此外，ERP系统与公司的其他系统（如MES系统和APS系统）无缝对接，实现生产过程的整体优化和协同。通过ERP管理系统，公司能够更加高效地安排生产计划、优化资源配置，并及时调整排产，以最大限度地提高生产效率（图4-132）。

图4-132

排产调度系统基于MES系统提供的历史数据和生产效率曲线，可以为工人安排最合适的款式和工序，以实现生产效率的最大化。同时，排产调度系统还能预测生产线可能出现的瓶颈位置，并根据实时生产数据进行工位的生产调整，消除瓶颈，实现生产线的平衡。这种智能化的排产调度方案不仅提高了生产效率，还大幅度降低了排产过程中的人为误差和成本浪费。

裁片排唛系统是另一个关键的系统。通过RFID技术和IC技术，该系统能够读取和写入每个衣架上的RFID信息，包括订单、数量、颜色和尺码等。这使得生产线能够自主地进行读卡进出站，并实现自动分拣，从而提供了生产现场的实时数据，确保排单的准确性和可调整性。该系统还结合传感器实时收集每个工位的生产数据，动态计算裁片的流向，从而节省了裁片的物流时间和工人移动裁片的时间，生产效率提高20%（图4-133）。

图4-133

品质红绿灯系统可以监测生产过程中的质量状况，当出现异常时会显示红色警示，并及时进行处理。质检录入系统则用于记录和管理产品的质检结果，包括检验员、检验时间、不良品数量等信息。这些系统的引入和运用，使得通伟公司在生产过程中能够更好地掌握产品的质量情况，及时发现问题并采取相应措施，从而提升产品的质量水平。

沙溪镇是服装制造名镇，有着"休闲服装看沙溪"的美誉，作为中山市沙溪镇首家斩获"数字化智能化示范车间"的服装企业，通伟公司将在数字化智能化制造方面继续做足功夫，将5G+工业互联网技术进行全面铺开，与上下游供应商形成闭环，将效率、品质、货期等同步共享，增强市场竞争力，为服装产业的高质量发展而不懈努力。

忠华集团：从一根纱线到纺纱金钻

忠华集团有限公司成立于2001年，位于广东省清远市，是一家集设计、研发、生产、销售于一体的纺纱现代化民营企业。公司注册资本1亿元，厂区占地面积20万平方米，拥有环锭纺生产线20万锭（图4-134）。

图4-134

公司扎根纺织产业二十多年，投资规模大，起点高，配备了世界先进的环锭纺精梳、粗细络联设备生产线以及气流纺生产线，技术力量雄厚，具备较强的产品研发和创新能力，生产各类高品质的环锭纺和气流纺纱线，特别是在针织及牛仔用纱领域具有独特的开发能力。

公司先后通过了ISO9001：2015、ISO14001：2015、ISO45001：2018、3A标准化良好行为企业认证，公司诚信规范经营赢得了良好的社会声誉，2007～2020年连续14年被评为中国纺织服装企业竞争力100强企业，通过国家级高新技术企业认定和国家级绿色工厂认定，连续多年荣获"广东省企业500强""广东省民营企业100强""广东省制造业100强"称号，公司企业技术中心被认定为"省级企业技术中心"、企业功能性纺织纤维混纺纱线工程研究中心被认定为"广东省工程技术研究中心"，被国家税务总局清远市税务局、广东省清远市地方税务局评定为"A级纳税人"，获"中国棉纺织行业'十三五'高质量发展示范企业""2021年中国棉纺织行业绿色制造创新型棉纺织企业""广东省中小企业信息化示范企业""清远市优秀企业""首届清远制造十大名片企业"等称号。

公司坚持清洁生产，建设绿色企业，被认定为国家级绿色工厂，被授予"2021年中国棉纺织行业绿色制造创新型棉纺织企业"称号，参与《棉纺织行业绿色工厂评价要求》（T/CNTAC 85—2021）等多项行业标准制定，部分产品首创行业标准，在针织及牛仔用纱开发新品领域处于领跑地位，现为广东最大的牛仔用纱生产企业，是行业的风向标（图4-135）。

图4-135

公司坚持"自主创新，科学纺纱"的产品创新理念，十分关注纱线的特性，以客户对面料风格的追求为出发点，从面料的手感、特性、质量档次、后处理方法等方面改进纺纱工艺，改变纺纱技术。通过纺织新原料，从改善手感、提升吸色能力、增强纹路清晰度、增加视觉感官效果等方面开发出高附加值、绿色环保的新产品，已拥有十多项发明专利。其中"一种不掉纤维的棉纱及制备方法"发明专利中所提供的不掉纤维的棉纱的制备方法，适用于10～32S的低支棉纱，通过对原料的优选及纺纱工艺的调整，得到既能保持柔软手感，又能不掉纤维或少掉纤维的棉纱。通过本专利技术生产的产品推向市场后，使用效果好，质量稳定，为公司创造了较大利润。该专利技术属于《国家重点支持的高新技术领域》中新材料—高分子材料—新型纤维及复合材料制备技术。本专利与公司主营产品的核心技术完全相符，具有较大的支持作用。

公司通过了GRS全球回收标准认证，并在环保回收棉系列纱线开发中有着技术上的优势，通过使用消费前回收棉或消费后回收棉与棉混纺、回收棉与回收涤混纺、回收棉与有机棉混纺、回收棉与天丝混纺等配棉方法，开发一系统的环保回收产品，来满足客户和市场的需求。还开发出复古风格纱线、仿麻效果的点子纱线等新产品。通过一些纺专器材的优化，解决回收棉生产过程效率较低的难题，以及布面疵点较多的问题，从而达到低生产成本，高生产效率，良好的布面风格，客户返单率高等目的。在通过环保回收棉系列纱线开发，利用研发的核心技术成果转化成一项新的环保回收棉系列纱线，推向市场后，产品质量可靠，使用效果好，得到了客户的一致认可，并为公司创造了较大的利润。同时，环保回收棉系列纱线的开发，能最大限度地利用消费前、后的回收棉和棉混纺，使有用资源得到有效应用。

公司已与国内多所一流纺织院校，如东华大学、江南大学等，建立产学研合作，与下游客户、终端品牌形成产业链深度产品开发合作，从而保证企业新产品研发周期短、新产品生产制造快、新产品质量稳定，售后反应快，以满足客户需求。根据客户与市场的需求，公司开发出抗菌、抑菌系列纱线产品，即利用大麻纤维中含有的大麻酚破坏菌体的结构，抑制微生物

的生长繁殖，使菌体死亡，极其微量大麻酚类物质的存在就足以灭杀霉菌类微生物。大麻纤维比表面积大、孔洞大、多缝隙、孔隙率高，又因其中腔较大，里面富含氧气，使生存于无氧环境下的真菌无法生存。大麻纤维是一种天然防霉抗菌效果极好的纤维，它对金黄色葡萄球菌、大肠杆菌、绿脓杆菌和白色念珠菌有较明显的抑制和杀灭作用，不管是对厌氧菌还是需氧菌都有抑制和灭杀作用，具有优异的抗菌特性。大麻纤维与棉纤维混纺可取其优势，弥补双方的劣势，在满足客户穿着舒适性的需求上，增加抗菌、抑菌、防霉等功能（图4-136）。

当今的制造业是一个信息化完整高效的离散制造车间数据采集及其分析处理系统，是实现离散车间信息化的基础，因此，公司自主研发智慧纺织大数据平台，将车间的各种离散数据完整、实时地采集到车间数据库中，并进行初步的分析处理，将车间生产的信息实时准确地反馈到车间的管理层，加强管理人员对车间生产现场的监控和管理，并为管理人员制订生产计划提供依据。制造过程中的各种信息实时有效地集成，使产能得到充分利用，提升了产量的经济效益。

图4-136

胜宏衬布：走向高端化、定制化、绿色低碳之路

广州市胜宏衬布有限公司（以下简称"胜宏"）是一家专业从事纺织品研发、生产、销售的集团公司，集团拥有织造、染色、定型、涂层全产业链。产品主要包括服装衬布、里布及汽车内饰革针织基布（图4-137）。

胜宏2003年成立至今，已成为行业领军企业。公司以成为工匠精神企业为目标；以为客户提供最佳产品应用方案和服务，持续为客户创造最大价值为使命，以同团队共成长共发展为愿景。董事长高强是中国服装协会理事、中国衬布分会副会长、广东省服装服饰行业协会副会长、江苏省工商联纺织服装协会副会长。

胜宏作为全国知名衬布企业和广东省衬布龙头企业，紧跟时尚潮流趋势，不断开发设计出衬布和里布的新产品，成为广东省优质供应链企业、广东时装周官方指定衬布机构和深圳时装周供应赞助商。

经过二十年的技术沉淀和品牌经营，凭着先进的核心技术和配套生产设备，胜宏的产品不断走向高端化、定制化，与如意集团、哥弟、比音勒芬、赢家、优衣库、H&M等国内和国际服装知名品牌企业建立合作关系。胜宏拥有专业的技术研发团队、生产团队、销售团队，为服装品牌合作伙伴提供最佳的产品应用方案，为其量身定制产品。

随着科技的发展，尤其是以移动互联网、云计算、大数据、人工智能、物联网和区块链等为代表的新一代信息技术集群式、交互化发展，掀起的集成式创新引发了一场浩荡的数智化革新。胜宏引进了在线生产管理系统、瑕疵自动检测系统和即时能源管控系统（EMS），极大地提升了生产力和运行效率。

基于绿色低碳理念，胜宏推出多款再生纤维衬布，成功推向市场并获得良好的市场反馈。胜宏是全国首家进行GRS认证的衬布企业。

胜宏的产品一直远销海外多个国家和地区，集团拥有广州生产基地、南通生产基地、安徽生产基地，并于2023年在越南设立新的生产基地。新的生产基地实现胜宏集团产业链条的延伸和业务规模的扩大，完善全球产品开发、销售渠道，同时大大提升了企业国际化管理和运营水平，提升企业在经济全球化大环境下的核心竞争力。

图4-137

山木无感标：持续创新为全球时尚产业服务

广州山木新材料科技有限公司（以下简称"山木"）成立于2009年，从2007年开始研发无感标签技术，是一家具有13年无感标签研发及生产经验的企业，专注于纺织品热转印标签和烫画事业。自2009年正式投入市场以来，山木一直致力于为全球近万个品牌提供标签及烫画服务，客户涉及纺织品的各个领域，如内衣、内裤、T恤、家居、保暖、运动、户外、保暖衣、鞋袜、箱包等（图4-138）。凭借专业性强的产品和服务，以及全套自主知识产权的研发技术与设备，山木已经逐渐成长为全球热转印无感标签的领军企业，是众多品牌客户的固定供应商，服务于全球近万个服饰品牌。

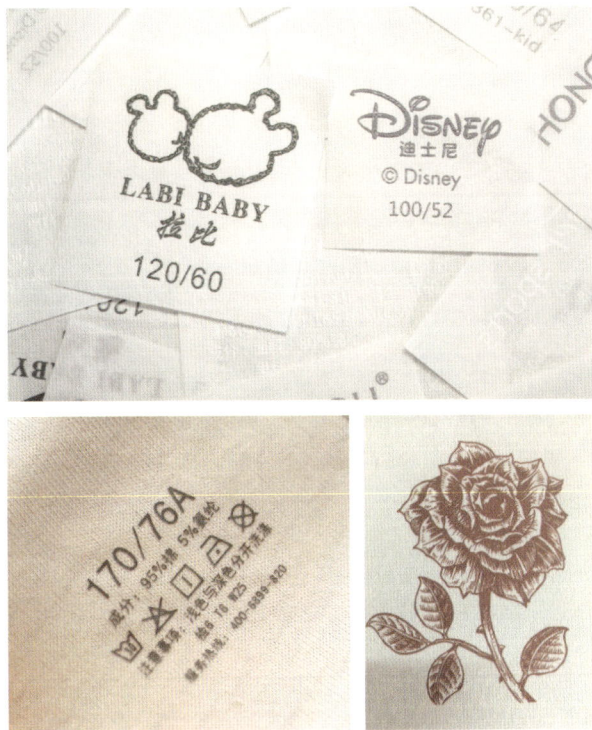

图4-138

一、稳固产品质量，坚持走绿色环保可持续发展路线

山木全面做好质量管控工作，在产品生产上，山木采用健康环保的水性油墨，不含有害物质，自主研发新型纺织品环保无感标签技术，将消费者的健康安全置于首位，带给消费者完美体验。山木以多个核心技术通过国家高新技术企业认证，产品经受住了市场和客户的严格考验，并连续12年通过全球纺织行业公认的权威性生态纺织标准——欧洲纺织品协会OEKO-TEX Standard 1类婴儿级认证，是高品质的保证。山木以环保材料和工艺响应国家环保公益事业，部分产品还改良使用纸片载体，进一步降低对环境的影响。

二、科技赋能，打造高新技术企业

作为国家高新技术企业，山木是专门从事纺织品用热转印无感标签的研发、生产和销售的科创型公司。在企业发展中，山木始终坚持创新的经营理念，加大技术资金的投入力度，提高自身的研发能力，对标签产品进行优化升级，使产品的质量更加可靠、美观、环保。

2017年山木成立了纳米材料实验室，用于研发替代进口的纺织品数码打印颜料墨水，经过数年潜心研发，于2022年7月将马橙牌数码印花墨水成功推向市场。马橙牌数码印花墨水由广州山木独家实验室自主研发，历经五年实验室测试及三年终端市场检验，验证了墨水打印流畅，连续打印不堵头、白度高，遮盖力强、弹性好，耐拉伸、不反油。其适用于市面上所有主流喷头，匹配度极高，发展潜力巨大，满足了客户对创新材料的需求。同时，依托于公司实验室自主研发的新型载墨离型纸，山木推出新款白墨烫画打印方案——用纸代替PET膜。此外，山木还根据客户要求开发新产品，如16色7阶温感标等，不断满足市场需求，保持竞争力（图4-139）。

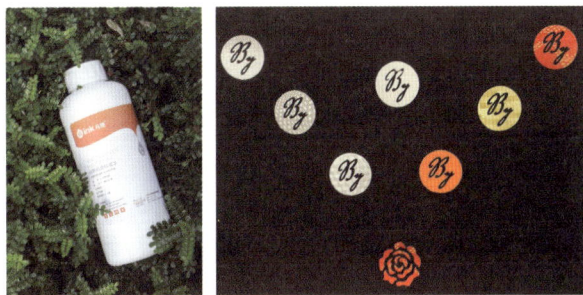

图4-139

在《2022年专精特新中小企业和2019年到期

复核通过企业名单》公示中，山木通过2022广东省专精特新企业认定，是有关政府部门对山木在技术、产品、服务及未来发展前景上的充分认可及高度肯定，也是山木十五年发展路程上严把品质、精益求精、不断创新的实质性证明。未来公司将会加大在研发等方面的投入力度，以保证产品品质的稳定性和前瞻性。

三、时尚与智能融合，引领服装行业变革

元宇宙、人工智能概念大热，山木在未来企业的发展中，也将深入探讨人工智能在时尚和服装行业中的应用，并在以下方面取得更多创新成果（图4-140）。

图4-140

1. 智能设计和个性化定制

借助人工智能技术，山木将致力于开发智能设计工具和算法，为设计师和消费者提供更多个性化定制的选择。通过深度学习和数据分析，公司可以实现对消费者喜好和趋势的预测，为他们提供定制化的产品设计和推荐，满足不同人群的时尚需求。

2. 智能供应链和物流管理

山木将整合人工智能技术于供应链和物流管理中，实现全程可追溯、高效协同的供应链运作。通过智能算法和数据分析，山木可以实现库存管理的精确预测和优化，降低库存成本和缺货风险。同时，智能物流系统可以实现订单的智能分拣和快速配送，提升客户体验和满意度。

3. 智能营销和消费者互动

山木将利用人工智能技术改进营销策略和消费者互动体验。通过数据分析和机器学习，山木可以深入了解消费者行为和偏好，精准定位目标客户群体，并提供个性化的推广和营销方案。同时，山木将利用智能语音助手和聊天机器人等技术与消费者进行互动，以提供实时的客户服务和支持。

4. 智能质量控制和产品检测

山木将引入人工智能技术来改进产品质量控制和检测过程。通过图像识别和机器学习算法，山木可以实现对产品质量的自动检测和判定，减少人为误差和提高产品质量稳定性。智能质量控制系统将帮助山木更好地满足客户的质量要求，提升品牌声誉和市场竞争力。

和利达环保皮草：专注"可持续"的温暖

和利达环保皮草成立于2006年，秉持"创新、自我超越"的品牌发展理念，专注环保皮草领域的研发和产品升级。深耕市场匠心精造，开创环保皮草行业之先河，锐意进取、持续优化，建立环保皮草、仿皮毛一体类别行业标准（图4-141）。

图4-141

品牌关注环保可持续发展，倡导低碳时尚生活方式，通过精湛的后整工艺，实现自然生态的保护与再生资源利用，打造高端质感、科技创新的人造毛皮一体时尚面料。产品曾多次获得业界殊荣，在中国纺织工业联合会主办的中国国际面料设计大赛中两次获得了"最佳市场应用"大奖。2022年被中国流行色协会授予"中国流行色协会纺织创新企业"称号（图4-142）。

在公司未来战略规划中，产品不仅仅对野生动物友好，在支持环保方面更是大力推广GRS再生资源利用，2022年公司通过了GRS认证。创新演绎人造皮毛一体面料的实用主义、可持续、舒适暖冬的时尚潮流，积极为国内一线服装品牌提供科技、环保、绿色皮毛一体人造毛绒及环保皮草。

图4-142

冠康隆纺织：做最好的牛仔面料

佛山市冠康隆纺织有限公司（GKLDENIM）是一家为全球客户提供研发、设计和制造一站式牛仔面料的创新服务理念公司（图4-143）。本公司配置了全球先进的现代化生产设备，其中包括从比利时引进的PICANOL-OPTIMAX设备，实现生产运营一体化，产能达3000万码。

图4-143

经过30多年的发展，公司不断专注产品的研发和创新，产品系列覆盖了男装、女装、童装系列牛仔面料，从传统原味牛仔到时尚功能性牛仔，从轻薄牛仔到重磅牛仔，紧贴市场最新潮流趋势，在传统基础上应用了各种新纤维和新材料，在展现外观美感的同时，更提供了健康舒适的穿着体验。

2016年公司开始认识到自主品牌的重要性，创立GKL DENIM牛仔面料品牌，在国内外具有较高知名度，远销韩国、孟加拉国、欧美、东南亚等市场，市场占有率遥遥领先。其中一些国际知名品牌也是我们的合作单位，如ZARA、C&A、NEW YORKER、JACK&JONES、BESTSELLER、TOM TAILOR、YMI、VERVET（图4-144）。

公司在ISO9001：2015质量管理体系的基础上，加大深入力度，打造绿色工厂，2022年公司通过STEP BY OEKO-Tex认证，形成了公司的核心竞争力和发展优势。公司还加入良好棉花发展协会（Better Cotton Initiative，BCI），获得GRS认证确保本公司产品相比同行拥有更优品质，领先于行业。

图4-144

公司的社会及商业信用良好，2020年获广东省"重信用守合同"企业称号，为企业融资增加有力的支持。冠康隆纺织也是国家高新技术企业，拥有9项实用新型专利技术和1项发明专利（图4-145）。2022年公司与广东职业技术学院达成校企合作，培育优秀创新人才，学院授予"优秀校友培育基地"称号。

图4-145

公司致力于通过创新实践，利用ERP、WMS等系统，推动传统工业数智化转型，充分发挥设备先进性能，强化生产过程的管理，提高产品质量、生产效率和管理水平，智能数字化生产将减少劳动密集问题，提质增效，很大程度上实现企业的可持续发展和社会责任。

"环保之路，我们永不止步"。公司一直注重环保方面的研发，开发了一系列"环保牛仔布系列""变废为宝牛仔布""运动牛仔布""塑型牛仔布"产品，其中Crazy Repreve® Denim选用世界上最有保证的、可追踪的再生纤维之一的循环再生纤维（Repreve）应用到产品当中，结合先进设备工艺和优质原料，研发出"生态、绿色、低碳"的产品。各项的创新环保产品得到了有机棉含量标准认证（The Organic Content Standard，OCS）、OEKO-TEX Standard 100认证等。

全球制造业正经历深刻变革，面对新的贸易环境和国际竞争，公司进一步把握自力更生、自主创新，牛仔产品向精细化、功能化、高档化方向发展，随着新型纤维、差别化纤维的开发、生产工艺的优化，多种纤维混纺和交织的牛仔面料有效地发挥了各种纤维的性能，达到功能性、舒适性及外观手感的最佳结合。2022年公司秉承绿色环保、节能减排的理念，采用新型特殊技术，打破传统季节性面料界限，打造了"变频智控牛仔"和"Eco-Cooler|酷乐牛仔"。变频智控牛仔是一种一体式双质感混合高科技牛仔，在炎热的环境中，能够快速吸湿排汗，使穿着者保持凉爽舒适的穿着体验。而在寒冷的环境中，又能形成一个保暖的空间，能在外界气温下降时保持恰到好处的温度，让穿着者始终有温暖舒适的体验。"Eco-Cooler|酷乐牛仔"采用植物提取出来的绿色纤维，高效持久性抑菌，融入凉感纤维面料，可快速吸收皮肤表层的湿气及汗水，并传输扩散至衣料表面，避免过多的湿气残留，让肌肤可以长效保持凉感，一经穿着，体验瞬间凉感，告别闷热，清新透气抗菌。

公司继续不断创新改变牛仔的面貌，让牛仔面料能创造令人兴奋的可能性，同时最大限度地减少其对环境的影响，在实现绿色环保可持续发展愿景的同时，质造更优的牛仔面料。未来我们将加大企业品牌建设，减少OEM比例至20%，公司将资源增加10%投入研究与试验发展，销售额达到3亿元，争创广东名牌企业（图4-146）。

图4-146

益弘宝：烫钻行业的领先者

广东益弘宝水晶饰品有限公司是一家集研发、生产、销售中东烫钻于一体化的服装饰品公司。公司面积约16000平方米，现有员工140多人，拥有一支多年从事烫钻研发的精英团队。

益弘宝公司作为烫钻行业的领先者，一直以来致力于研发、设计及创新。公司拥有自主品牌YHB（图4-147）。YHB是烫钻业内家喻户晓的品牌，公司从德国、捷克引进先进的玻璃切割技术，拥有精密的设备仪器和雄厚的技术力量，并拥有一支由行业内资深的管理、工艺、技术以及市场人才组成的精英团队，确保YHB烫钻的产品工艺做到精益求精，并采用德国、捷克的原材料，使产品在行业内拥有绝对的品质优势，做到真正的国际品质。凭借着稳定的、高质量的产品，YHB品牌烫钻在业内打出了一片天（图4-148）。销售网络遍布全国各大中城市，国外业务也扩展到印度、北美、南美、欧洲等国家和地区，获得国内外客户普遍认可，被视为高品质的象征。

YHB拥有30多项国家专利，获得国家相关质量体系认证，如ISO9001和ISO14001等国际纺织品行业的权威认证证书。

凭借德国进口设备、精湛的技术和对原材料及产品的严格把控，益弘宝公司逐渐发展成为烫钻行业的领军企业（图4-149）。

图4-149

经营范围包括各式烫钻、平底石、珍珠烫钻、异型石以及最新研发的烫图系列产品，可应用于服装鞋帽、礼品首饰、美甲等方面。

展望未来，YHB将继续深耕烫钻行业，热忱欢迎海内外朋友与公司携手共进，YHB将以优惠的价格，优良的服务和一流的品质为您的事业助力。

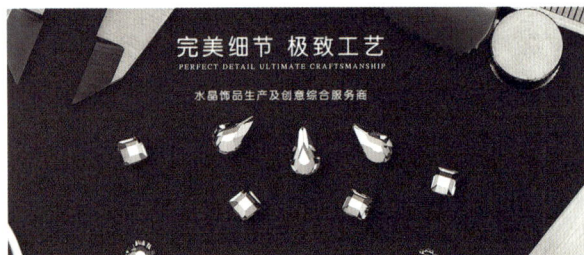

图4-147

图4-148

海帝股份：数字化打造之路

定位于"时尚精彩，绿海定制"的广东海帝隽绣东方实业股份有限公司，近年来，一直在探索与逐步实施全流程数字化改造的道路上，砥砺前行！

服装行业的市场环境越发凸显"快"与"变"两个关键字。作为服装行业的供应链环节之一，如何改造自身工艺流程，如何利用数字化完善各工艺环节的数据互通，成为行业内数字化变革的旗帜，一直是海帝股份努力的方向。从2014年开始，海帝股份就在数字化转型的征途上披荆斩棘，书写新篇章（图4-150）。

图4-150

一、接触数字化，打造数字化车间

2014年开始和北京大豪科技有限公司开展数字化车间建设的合作；从整个网络功能架构进行的研讨开始，通过双方不断的努力，历经15个月，完成了电脑绣花数字化车间1.0的搭建；以敢于尝试、突破传统为己任，电脑绣花数字化车间系统的初步打造树立了海帝股份在行业内的数字化领先地位，也为公司成为专精特新企业打下了坚实的基础。

二、深入数字化，行业内首家全流程ERP落地

数字化车间的打造解决了单纯的车间生产数字化问题，但是如何解决整个电脑绣花产业链的数字化

问题又成为摆在海帝股份在数字化道路上前进的新问题。

海帝股份未雨绸缪，在进行车间数字化改造的同时，就与福建依时利软件股份有限公司合作，进行电脑绣花全流程ERP系统开发。通过双方的共同努力，在北京大豪科技有限公司的配合下，海帝股份是行业内首家实现ERP系统与电脑绣花操作系统的数据互联的企业，为今后实现两化融合打下了坚实的基础（图4-151）。

图4-151

三、利用数字化，实现"快"与"变"

作为服装产业链的一员，实现"快"与"变"是海帝股份不断的追求。海帝股份提出利用广州的区域优势，将花都打造为整个集团的研发基地与销售中心；充分利用潮阳的电脑绣花生产基地优势，利用好数字化资源，带动潮阳电脑绣花产业的升级。

2019年，海帝股份正式启动两化融合改造工作，期间克服诸多不利因素，于2021年获得了两化融合初级认证，并于2022年升级通过赛宝体系认证（中国）有限公司的两化融合A级认证（图4-152）。两化融合认证的成功通过，使得公司具备了实现公司整体数字化改造的基础条件。公司将充分利用云平台、5G网络，通过产学研结合等举措，尝试打造一个以花都总部为中心的电脑绣花产业集团（图4-153）。

图4-152

图4-153

四、拥抱数字化，逐梦新赛道

冲出单纯的电脑绣花加工领域，实现"时尚精彩，绿海定制"是海帝股份一直以来追逐的梦想。电脑绣花加工领域只是服装产业链上游的一个环节，品牌影响力很能影响到终端客户。随着直播等新的运营模式的出现，加之人们对于个性化服装的追求，给海帝股份利用自身优势，将"绿海"品牌影响力向终端客户拓展的可能性。未来，海帝股份将通过小红书、抖音直播等新媒体，普及、推广人们对于电脑绣花产品的认识；通过企业庞大的产品数据库，为客户提供个性化图案选择；通过数字化平台，实现DIY服装的无限可能。

企业创新案例：数智化篇

远望谷：助推物联，享受生活

远望谷是中国物联网产业的代表企业，是全球领先的射频识别技术（RFID）和物联网技术解决方案供应商，是国内首家RFID行业上市公司、第一批国家高新技术企业、国家863计划项目承担单位、国家高新技术产业发展项目承担单位、广东省战略性新兴产业骨干企业、广东省百强创新型企业、广东省"守合同重信用"企业、广东省知识产权优势企业、广东省知识产权示范企业、深圳市第一批自主创新行业龙头企业、知识产权优势企业、重点软件企业。远望谷曾连续两年被列入福布斯最具潜力中小企业榜，并荣获"中国中小板上市公司价值五十强"称号。

远望谷专注于研发RFID和物联网核心技术及解决方案。公司拥有自主研发的RFID芯片、电子标签、读写器、手持设备等产品达100多种；公司设有深圳市射频识别工程技术研究开发中心、基于RFID技术的物联网应用工程实验室、企业博士后科研工作站、射频设备检测实验室；拥有全球最先进的电子标签生产工艺和设备；建有全球领先的RFID产品动态性能测试中心，可为大规模的物联网建设提供RFID技术、产品和解决方案服务。公司累计获得授权的专利和专有技术数量超500项，其中发明专利83项，实用新型专利269项，外观设计专利88项；公司参与制定并正式发布的行业标准超30项，其中国家标准5项、行业标准17项、地方标准3项、联盟标准7项；公司发布的企业标准累计156项。

在物联网行业，远望谷聚焦铁路、图书文旅、零售三大业务，同时大力发展智慧医疗、智慧电力、烟酒管理及其他新兴行业RFID物联网垂直应用领域，提供高性能的RFID技术、产品和整体解决方案。

在铁路领域，远望谷参与的中国铁路车号自动识别系统是亚洲最大的RFID物联网工程之一，开创了国内RFID技术规模化应用的先河，使中国铁路运输的管理水平跃入世界先进行列，目前公司铁路市场占有率超过50%。

在图书领域，作为全球领先的RFID智能图书管理解决方案提供商，远望谷致力于为全球图书馆客户提供先进、可靠的图书管理智能解决方案。公司开超高频智慧图书馆解决方案之先河，基于物联网、大数据和SaaS构架的图书馆管理服务云平台，更将为实现图书馆行业业态的变革和提升、更有效地促进出版商、图书馆和读者之间的交互连接提供支持。公司以RFID射频识别技术为核心，集多媒体、安防弱电、人工智能、云计算、增强现实（AR）/虚拟现实（VR）、元宇宙等前沿技术，推出智慧图书馆整体建设解决方案，提供建筑设计、布局规划、空间设计、方案定制、产品销售、项目实施、运维物流、售后服务等一条龙服务。

在文旅领域，面对旅游业创新不足，缺乏优质的产品和服务的现状，通过先进的物联网技术，远望谷开创的智慧文旅整体解决方案，包含RFID护照游历系统、入园证服务、数字多媒体系统、特色智慧文创，集防伪、互动体验、全域游历探秘、数据交互等功能于一体，区别于传统的旅游产品，承载了文化IP运营，带给游客娱乐性与沉浸式的个性化互动体验，增添旅途美好回忆，针对性、多样性的创新产品组合，为景区打造出专属的文化名片，提升景区品牌美誉度与吸引力。

在零售服饰领域，远望谷是全球领先的服装零售物联网解决方案供应商，公司研发的单品级零售供应链与门店管理物联网应用解决方案，着力于数字化供应链和智慧门店的搭建，已在国内外诸多大型服装企业成功落地实施，助力服饰企业早日实现数字化转型升级。在零售商超领域，远望谷利用无人零售解决方案核心技术，已助力大型商场——天虹打造出深圳首家基于UHF RFID技术的无人零售便利店Well-Go，以及零售新物种——全球in选，助力海航供销大集打造海南首家无人便利店酷铺（CCOOP），对无人超市行业起到技术引领和示范作用。

目前远望谷已建立以深圳为总部，覆盖中国、新加坡、美国、韩国以及欧洲、澳洲等国内外大部分地区的全球营销网络，为全球客户提供高性能的产品和解决方案（图4-154）。

图4-154

仙库3D: 看懂自己的无限可能

深圳仙库智能有限公司（以下简称"仙库"）是一家专注于3D人体体征数据采集、分析及应用服务的国家高新技术企业。仙库是全球领先的3D精准体征数据运营服务商，开创了3D数智化形体美学全新品类。

拥有自研3D量体间、3D体测镜、3D足测仪等一系列3D人体扫描硬件产品，结合独家的3D体征自适应测量算法、AI制衣算法、净体预估算法等技术优势，提供体型诊断、健康塑形、服装定制、人体工学等领域的一站式人体数据服务解决方案。通过"3D形体诊断+AI处方推荐"模式，为美容院、产康机构、形体中心、鞋服零售等场景，提供数字化营销解决方案，助力服务专业性和业绩提升，赋能服装、健身、美业、医疗等行业数字化转型升级。

仙库研发团队来自独角兽奥比中光，拥有多个超过20年经验的行业资深研发专家。深耕人体数据产业化超过3年，积累了广泛的行业应用数据优势，建立了"硬件+算法+软件+供应链+运营+数据"的全方位壁垒，已经完成设备运营创造持续营收的验证。

在服装领域，仙库将3D红外扫描技术同服装行业相结合，通过自研3D智能量体硬件（仙库3D量体间、仙库3D体测镜），快速获取精准的人体身材数据；身材数据自动打通仙库"一云四端"服装C2M数字化管理平台及服装CAD软件、3D设计软件、生产MES系统等，实现以数据驱动消费端到设计端、生产端等服装产业全流程，真正实现服装行业C2M全链数字化，真正实现一人一板柔性制造，实现消费者前端量体、工厂后端自动生产的服装行业消费互联网和工业互联网（图4-155）。

通过仙库"3D智能量体硬件+SaaS管理系统+柔性供应链"模式的服装C2M全链数字化方案，可以助力服装上下游企业实现标准化智能精准量体、顾客体型精确诊断与服装精准营销、智能生成成衣尺寸、CAD自动生成个性化纸样、基于真实人台的3D个性化设计、工厂自动生产等，助力服装产业降本增效，降低库存，甚至零库存。

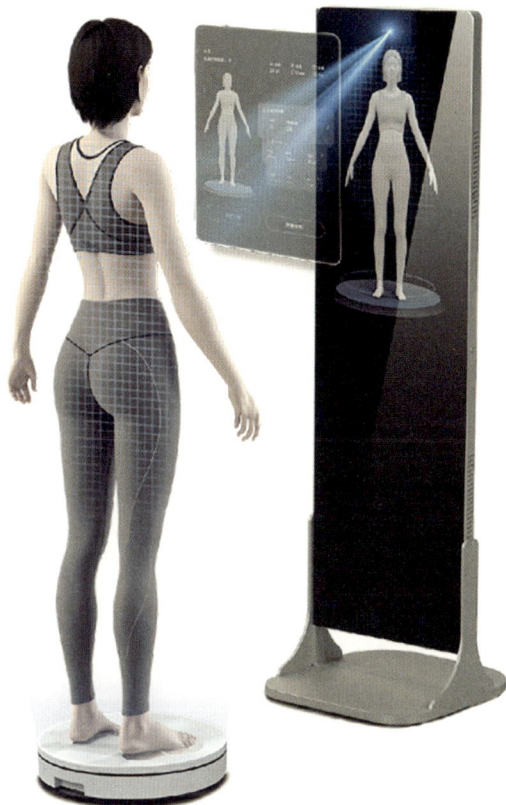

图4-155

仙库已成为全国首个打通服装行业消费互联网与工业互联网的数字化方案商，全国首个实现服装行业全链数字化、一人一板柔性制造的C2M工业互联网平台。仙库已经帮助赢家、报喜鸟、奶糖派等5家行业头部企业进行数字化转型，为中小企业打造数字化转型样板。例如，服务深圳市赢家服饰有限公司旗下著名高级定制品牌"正宫"和"赢智尚"实现C2M柔性制造，其线下门店通过部署3D量体间实现顾客3D精准量体，然后将量体数据与门店SaaS管理系统、供应链管理系统、CAD软件、服装生产MES系统打通，实现C2M全链数字化。从成效看，助力赢家量体时间从10～15分钟缩短为20秒，量体数据AI智能生成成衣数据，智能形成个性化纸样；助力赢家生成真实人台，实现一人一板，并打通消费端到生产端数据链路，实现C2M柔性制造；助力赢家降低售后、降低库存、增加成交率，经过一年时间，综合营收提升约20%（图4-156）。

同时，仙库根据中小企业的实际情况，采用模块化服务，向中小企业提供量体硬件——仙库3D量体间、仙库3D体测镜；提供软件及服务——仙库门店SaaS、品牌管理系统、仙库供应链管理系统；提供体系化供应链服务——鲁泰纺织、报喜鸟等，实现仙库软硬件同服装CAD软件、3D设计软件、生产MES系统等行业软硬件的数据、功能互通，一站式满足中小企业对精准量体、精准营销、门店、品牌数字化管理、供应链及其数字化管理的需求；一站式满足中小企业对CAD、3D设计、MES等行业前后端软硬件互通的需求。仙库目前已帮助中小企业实现旗下门店硬件及管理、品牌管理、供应链管理、生产系统数字化普及与改造总计3000个点位，覆盖全国城市75个。仙库所帮助的中小企业根据其实际情况实现了门店硬件及管理、品牌管理、供应链管理系统数字化，在成本可接受的前提下，快速推进其数字化转型进程（图4-157）。

图4-156

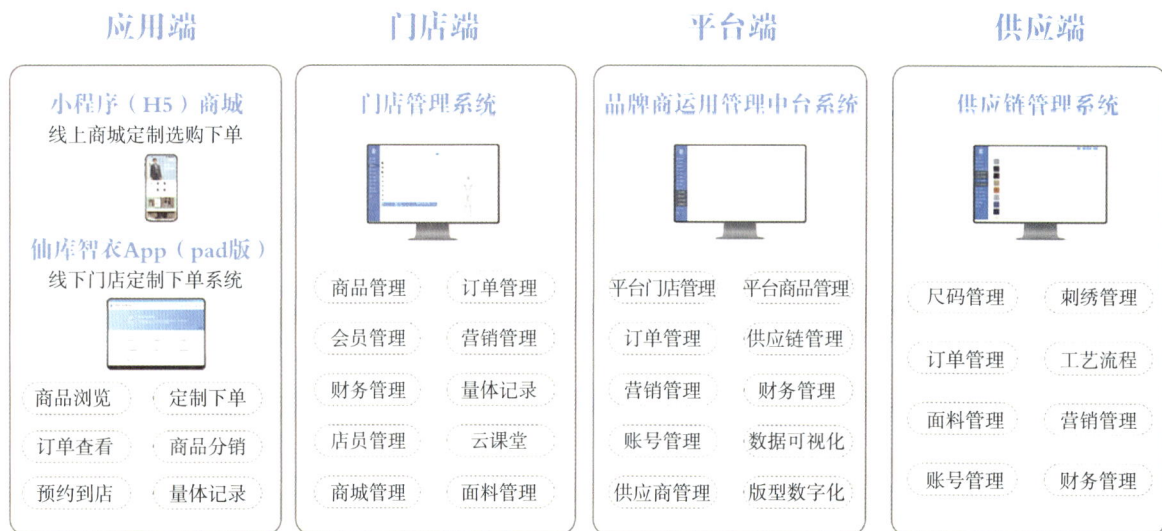

图4-157

匡博智造：以人机交互助力生产

广东匡敦科技有限公司（以下简称"匡敦科技"）为溢达集团独立创建的专属自动化科技研发及销售企业，现有品牌"匡博智造"（Qonvolv Systems），来源于一个数学术语：Convolution（卷积）。意指将两个函数结合并相互作用，产生一个新函数。寓意人与机器智能相互配合，以引领新时代的创新演变。

匡敦科技立志为客户提供时尚业全产业链的数智化解决方案，助力行业实现数字化转型。凭借着40余年深耕时尚业生产制造的经验，匡敦科技深刻了解行业生产过程中的瓶颈和挑战，在服务高端客户的制造场景中积累了丰富的实践经验，能够在时尚业全供应链应用场景下实现信息化、自动化、数字化和智能化的目标。

匡敦科技拥有的专业品牌"匡博智造"，提供多方位的数智化产品，覆盖纺织、家纺、制衣、辅料等领域，在人机交互的操作层面实现了生产设备的自动化和智能化。此外，还提供包含管理咨询、人员培训及个性化软硬件集成的解决方案，以满足客户多样化的需求。在自动化设备和数智化制造领域，匡敦科技拥有超过600项国家专利，在行业科技创新方面居于领先地位（图4-158）。

作为一家负责任的企业，匡敦科技特别关注时尚产业人力资源的可持续发展。匡敦科技积极利用自身的科技创新能力，重新定义人与机器的关系，将依赖劳动技能和强度的工人转变为管理技术和机器的操作员。通过这种方式，匡敦科技能够解决关键工序的生产瓶颈，提升产品质量和生产节奏的稳定性，并实现生产效率的提升。匡敦科技致力于实现生产的高度自动化和智能化，通过智能技术的融合，将人员与设备紧密结合，推动行业进入高质量可持续发展的新纪元。

在时尚业数字化转型中，匡敦科技愿与企业携手同行，提供先进的数智化解决方案，助力实现高效、智能化的生产，为迈向可持续发展的未来铺平道路。

目前已有多家企业选择匡敦科技作为合作伙伴，匡敦科技会利用自身的丰富经验和行业知识，与客户共同开创自动化和智能化之路（图4-159）。

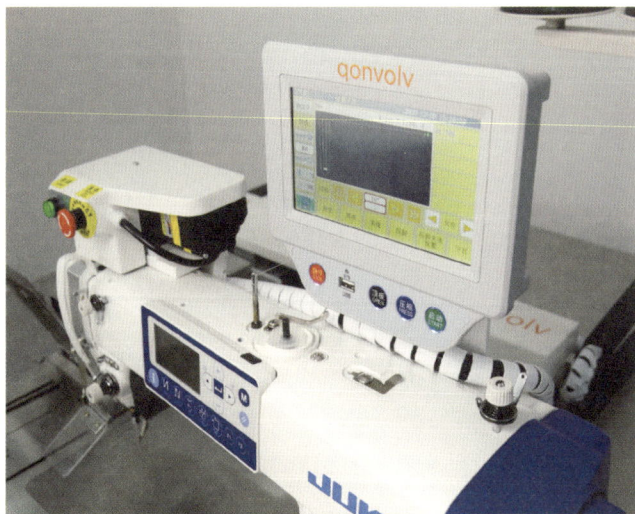

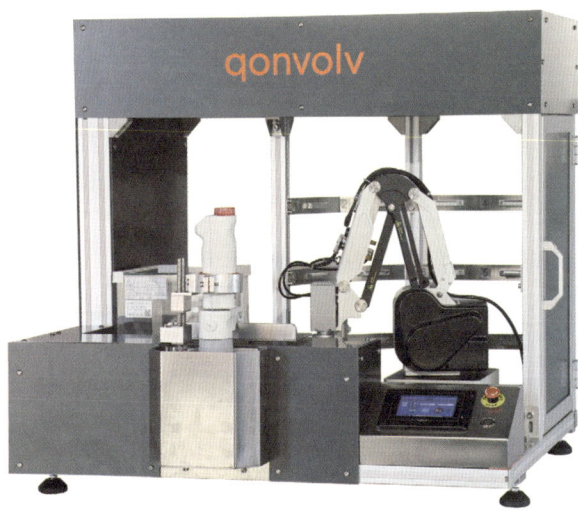

图4-158

XPQ1000
通用缝纫工作站

KA002A
自动辘罗纹袖口机

TO004
自动分线机

KA005A
半自动辘领机

KA008A
自动网脚机

KA009A
自动驳橡筋机

KC001A
全自动驳罗纹领机

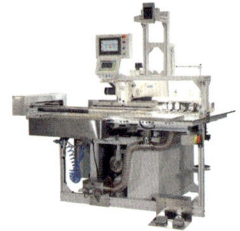

WC001系列
自动运领平缝机

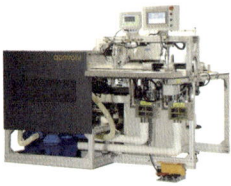

WC003系列
自动落下级连切止口机

WS005系列
自动袖侧平缝机

WS007A
全自动袖口包朴机

图4-159

康特斯：用科技与服企共织幸福生活

广东康特斯织造装备有限公司（以下简称"康特斯"）位于佛山市高明区，始创于1992年，于2000年转制成立广东丰凯机械制造有限公司，并于2007年引入联想集团投资，顺利完成股份制改造；2015年，公司股权重组，成立广东康特斯织造装备有限公司，专注于智能织造装备的研发、生产、销售和技术服务。现有员工200多名，具备年产织机2000台的产能规模（图4-160）。

图4-160

公司以"金德KINGTEX"为核心品牌，是国内知名的智能化织造装备制造商，是中国纺织机械行业骨干，公司以剑杆织机和喷气织机为主导产品，整机技术已达到国内领先、国际先进水平，产品型号包括提花织机、毛巾织机、商标织机、产业用布织机、绒布织机等，织物范围包括服装、家纺、产业用布等领域，其中剑杆织机的市场占有率连续多年位居前列。

康特斯是中国纺织机械行业骨干重点企业，获得国家高新技术企业、广东省"专精特新"中小企业、广东省战略性新兴产业培育企业、佛山市细分行业龙头企业、佛山市隐形冠军培育企业等诸多荣誉（图4-161）。

图4-161

目前，康特斯已获得授权专利/著作权50多项，产品技术已达到国内领先、国际先进水平，产品在国内市场占有率位居前三，并远销海外。

2022~2023年，康特斯不断推动工厂数字化转型升级。在康特斯加工车间，多台智能的精密加工中心正在高速运转，依托精密加工中心，现在公司一些关键零部件以及需要技术保密的零部件都是自主加工生产，确保供应安全。现时工厂提高自主加工能力，有效提高了加工精度和配套效率，生产效率提升了10%~20%。

2023年5月，康特斯召开了数字化项目启动大会。该数字化项目主要是通过优化升级上线MES、WMS、SRM等管理系统，提升工厂的数字化管理水平。为扩大产能，康特斯计划投入几千万元对二期厂房进行数字化智能化改造，二期厂房面积近2万平方米，预计在2024年上半年建设完成，投产后，康特斯产能可以提高30%~40%。

前为仪器：助力传统纺织实验室升级为数智化

广东前为仪器有限公司（ChiuVention）品牌于欧洲、美国注册成立，其前身为成立于2010年的TESTEX，总部位于中国东莞，是一家提供纺织品智能测试仪器和解决方案的企业，深耕国际市场十余年，热销全球42个国家和地区。2020年品牌全面升级为前为智能纺织检测仪器，并于意大利米兰国际纺织机械展览会（ITMA 2023）首次亮相，实现新品牌的全球发布。在ITMA 2023，应安踏要求开发的智能水洗配液机，与德永佳集团合作开发的智能缩水率测试仪等一系列革命性创新仪器，以及SmarTexLab智能实验室系统获得了行业标杆品牌，如阿迪达斯（Adidas），迪卡侬和各大学术机构、标准机构的极大关注（图4-162）。

前为一经面世，便在国际上获得了广泛认可。其在过去服务于第三方检测机构，如BV、SGS、Intertek，以及运动品牌，如安德玛、耐克、阿迪达斯、迪卡侬等获得良好声誉，并与国际纺织、材料协会，如美国纺织化学师与印染师协会（AATCC）、美国材料与试验协会（ASTM）等密切合作。如今数字化时代，在国际上首推智能实验室系统和智能仪器，在不远的未来，通过和各大国际国内时尚品牌密切合作，必将助力传统纺织实验室升级为数字化、智能化，进而引领纺织服装立于科技及时尚前沿。

广东前为仪器有限公司将前沿的RFID、视觉检测等技术及多种传感器，结合AI算法，将传统纺织实验室仪器数字化智能化，通过IoT技术将仪器和手机及电脑端SmarTexLab系统链接，并与工厂ERP或实验室LIMS接通，让实验室测试更透明，让服装品牌及各级采购买家能实时掌控供应链企业品质控制；将实验室检测时间缩短约30%，大大缩短总生产周期，让传统制造跟上快时尚速度；降低实验室人工成本约40%；数字化传输实现无纸化，助力时尚品牌实现测试环节的可持续性（图4-163）。

广东前为仪器有限公司研发的SmarTexLab系统，高效实现了多台智能纺织测试仪器和样品制备设备的联动及自动化、数字化。客户只需在手机端安装SmarTexLab应用程序，就能轻松主导和掌控系列测试，快速获得和分享测试结果。这样一来，纺织实验

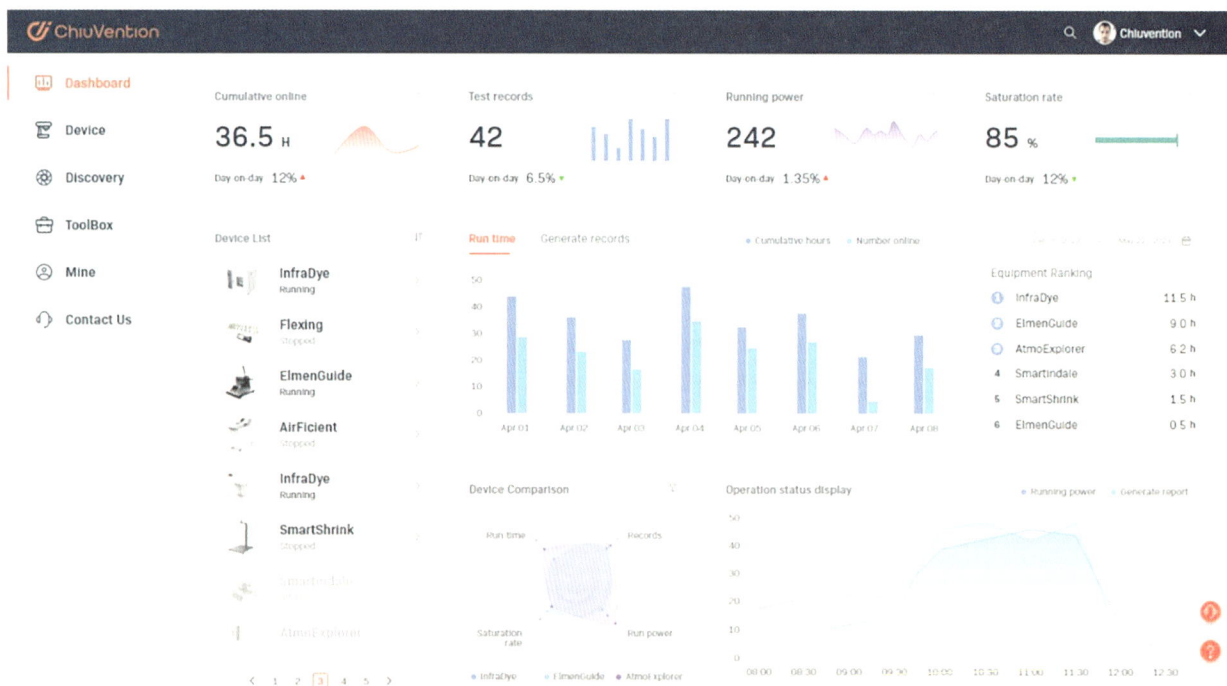

图4-162

室就可以自动识别样品、自动切割样品、并将每台仪器中同一样品的测试结果自动传送到中央电脑，然后就可以在测试完成后获得一份汇总报告，该报告可以快速在线共享给质检部门或客户。这对传统纺织业来说，是一项颠覆性的创新，能实现测试过程的透明化，测试结果的各方共同认可，从而优化纺织供应链管理，增强品牌方和制造企业的合作信任，更快、更有效地推动纺织品品牌和生产的高速运转，带来更广泛、高效的经济效益。

随着数字时代的到来和中产阶级规模的扩大，市场对服装和时尚产品的需求越来越多样化，给纺织品行业带来了挑战，包括产品多样化、小批量订单、快速更新等。相应地，能助力纺织行业快速地以更低成本获得更准确、更可靠的测试结果的智能纺织检测方案无疑具有不可替代的战略价值，前为这一次站在了纺织测试数字化的风口，将顺势而为，助力中国纺织行业迭代升级（图4-164）。

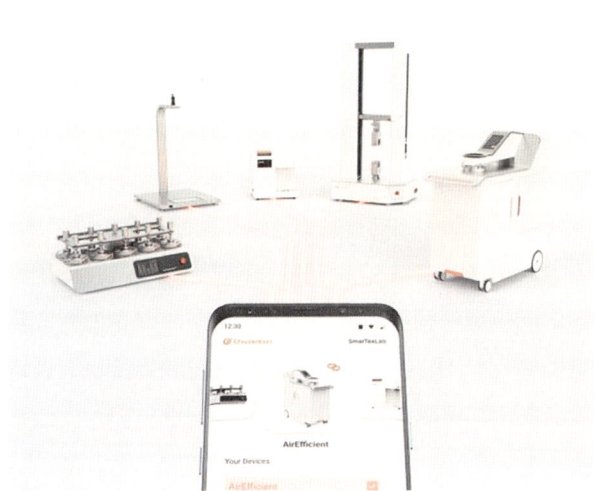

图4-163

图4-164

测科仪器：专注于生产和研发纺织品测试设备

广东测科仪器有限公司成立于2013年，是一家高速成长的以出口为主的高科技实验室设备研发生产公司，于2017年获得国家高新技术企业认定，专注于生产和研发纺织品测试设备，产品销往全球各国实验室、大学研究所及国际检测机构，如SGS, TUV 等。

主要经营范围：仪器仪表、通用设备、五金配件、电子产品、塑胶制品、自动化设备、口罩机、超声波机械；产销：日用口罩（非医用）、纺织服装及辅料、无纺布、第二类医疗器械（医用口罩、防护用品）、第三类医疗器械；产品质量检测；计量服务；企业管理咨询服务；商务信息咨询服务；货物或技术进出口。广东测科仪器有限公司一直以注重研究开发新产品，配合客户要求，务求客户能于合理成本，限度降低人工成本，以得到设备来迎合市场为目标。

广东测科仪器有限公司"TESTEX"品牌仪器90%销往欧美及亚洲国家，近年来赢得海外客户，特别是西方国家客户的广泛赞誉。自2013年设立工厂以来即坚持在技术研发、企业管理及人才培养方面大力投资，提升在纺织品测试设备制造领域的技术水平（图4-165）。

公司近几年立项25个科研项目，共有23项科技成果转化，年均科技成果转化达8项。其中有多项技术成果直接转化形成新的产品，或用于生产中。公司非常重视研发和创新，特别专注于纺织品测试设备方向的研究，制订了《产学研合作管理办法》，以利用科研院所的技术资源与公司的产业化实现无缝对接。公司不但拥有自己的核心研究队伍，而且重视与科研院校的合作，积极走产、学、研道路，使本公司的技术实力及研发实力在国内同行业拥有领先地位。

近年来，主要从事纺织品测试设备研发，向国家知识产权局和国家版权局申请专利技术保护的有实用新型专利15项、发明专利1项，均已获得授权，且均为自主研发获得（图4-166）。

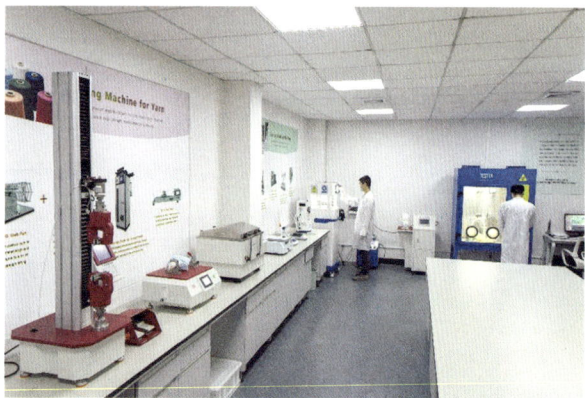

图4-165

图4-166

华阳缝纫机：重构随需应变的敏捷供应链

中山市华阳缝纫机有限公司（以下简称"华阳集团"）创立于1994年，现已形成涵盖华阳、华辰、汉羽三家公司的集团公司。29年来，作为国内外领先的工业缝纫整体解决方案运营商，华阳拥有全球各细分领域最优设备的品牌资源，为国内外客户提供最为独到和领先的工业缝纫解决方案，普获业内认同。华辰机电科技有限公司和汉羽科技（广东）有限公司作为华阳集团旗下的生产研发公司，聚焦于皮革厚料缝制领域的解决方案，以及缝制智能联动产线及单元自动化研发、生产和服务。

华阳集团秉承为商业伙伴提供"重构随需应变的敏捷供应链"的服务理念，致力于通过"智慧生产"帮助客户实现持续的品牌价值增长。在过去的几年的创新发展重中取得了令人瞩目的成果，特别是在数智化、低碳化、品牌化、高端化及国际化等方面的发展。

在数智化发展方面，华阳集团通过为客户建立智能制造平台，实现生产过程的数字化、信息化和智能化管理，以及利用数据驱动进行生产优化。平台整合了生产数据、设备状态、生产计划等关键信息，通过实时监控和数据分析，优化生产调度和资源利用，提高生产效率和质量。利用大数据和人工智能技术，对生产过程进行深入分析和预测，实现精细化的生产优化。通过收集和分析设备运行数据、产品质量数据等关键指标，及时调整生产参数、提高设备利用率，实现生产过程的优化和持续改进。

为了能够提供更优质的客户定制化服务，适应智能制造的发展趋势，华阳集团在2021年成立了"技术方案中心"部门。该部门以模板机、智能裁剪、智能缝纫、智能物流和数码印花5个技术板块为核心，主要目标是提升客户技术方案服务，帮助客户实现智能制造的转型，并激发设备的价值。技术方案中心通过为客户提供最全面的方案团队，帮助客户进行顾问式定制整厂规划，覆盖了模板机械、智能裁剪系统、智能缝纫设备、智能物流系统和数码印花技术等领域。

"丹宁未来"牛仔整厂规划项目是华阳集团与北江智联纺织股份有限公司合作的一个典型案例。该项目

可以提供从面料到成衣的一条龙服务，并解决品牌客户端快速反应的需求。华阳集团在项目合作过程中，从图纸设计到最终的设备落地，持续为客户提供专业化服务，通过引入智能化设备，特别是先进的单层自动裁床，使整体效率提升了近3倍。这一改进不仅提高了生产效率，同时也节省了50%的人力资源，并大幅降低了员工的劳动强度。在制衣车间和裁缝车间中，采用了吊挂系统，减少了搬运过程中产生的人工浪费。此外，这些智能化设备为整个智能制造数据采集提供了良好的硬件基础。

在低碳化发展方面，华阳集团致力于研发和生产环保节能产品，以降低对环境的影响。例如，公司推出了新一代节能型缝纫机，采用高效节能电机和智能节能控制系统，降低了能耗和碳排放。公司还会积极践行循环经济理念，通过提高产品的可维修性和可再生性，减少资源的消耗和废弃物的排放，为客户提供专业的设备维修服务，延长设备的使用寿命，同时通过废弃物回收和再利用，实现资源的循环利用；通过与环保优先的供应商紧密合作，推动绿色供应链管理的实践，优化物料选择和采购过程，减少环境污染和资源浪费，确保产品的可持续发展。

此外，华阳集团还在纺织印染方面取得了重要突破，随着"小单快反"的需求不断加大，他们认识到数码印花技术的潜力，并投入大量资源进行研发和实践，同时还引进兄弟公司的数码直喷设备，为客户提供更多的设计自由度和快速响应能力。数码印花技术的引入不仅提升了产品的附加值，还减少了对传统印花工艺的依赖，减少了环境污染和资源浪费。

华辰机电科技有限公司是一家集研、产、销于一体的综合送料智能缝制设备制造企业，六十余款机型可满足沙发、汽车座椅、家纺等类型工厂的缝制需求，填补了多项国产同类产品的空白。公司致力于建设完善的销售和服务网络，产品远销全球30多个国家，受到众多国外专业买家的认可。作为集团旗下"汉羽"牌厚料缝纫机的生产基地，充分发挥了领先的机械模块化设计及研发能力、电控系统的联合开发能力。合

作的主要客户有敏华控股、顾家家居、皇朝家居、美克·美家、库斯家具、吉斯家具等。

华阳集团在2022年成功推出第二代数字化智能缝制平台"P10",并首次将IOT物联网的概念引入缝制设备中,成功实现了设备与企业数字化系统的数据互通,对标日本、德国知名缝制设备品牌,成功跻身国内厚料品牌的第一梯队,并由传统的沙发缝制产业向汽车缝制产业进军。

针对目前服装行业小批量快反的需求持续上升、行业熟手工人招聘困难、用人成本高、车缝质量稳定性受限、部分工艺生产效率低等痛点,汉羽科技(广东)有限公司软硬件结合开发缝制智能联动设备,其机械设计、核心零件加工、电气编程、安装调试都由公司研发团队独立自主完成,通过硬件稳定性升级和实用功能的人性化设计,有效去技能化。并从软件上帮助客户解决现场管理遇到的问题,如排单不及时,车工KPI监测管理困难,更换工艺通知、培训耗时长,高层无法实时了解车间数据等。

汉羽科技主要针对针织、内衣裤、牛仔、非服装四大类产品进行研发,聚焦缝制智能联动产线及单元自动化的研发、生产和服务。在设备的研发上具有创新优势,避免过度同质化的竞争。在研发市场上已经流通的存量设备时,注重于寻找并解决痛点,在工艺工序与质量上做出创新;而对于没能通过市场考验的设备,进行积极创新,加大研发投入,力求制造生产出更优、更快、更适合客户使用的产品。

研发方向以缝中的自动化设备为主,由于柔性生产需求和柔性材料使缝中的自动化研发难度大。目前公司自研设备量产3台,即将量产在研设备2台,研发阶段设备1台,效率提升50%~300%,且质量稳定,对工人不再有技能需求。

华阳集团在数智化和低碳化方面的创新发展成果为行业树立了典范。通过数智化生产和智能制造的应用,提高了生产效率、产品质量和客户满意度;公司通过低碳化发展,减少了对环境的负面影响;通过利用自主创新研发能力,为客户提供定制化研发服务。未来,华阳集团将继续致力于创新研发,推动行业的可持续发展,成为更加环保和智能化的领军企业。

设界：以产业服务驱动产业发展

设界于2017年成立，是以服务设计为切入口的时尚产业连接器及创研孵化加速器。基于大数据和人工智能的POP服装趋势信息服务平台，通过运用大数据和人工智能技术，建设拥有30万图案库+2万大牌服装图案，适用于印花生产的矢量图案大数据库平台，能够为服装企业实现提前6～18个月预测未来流行趋势，让企业更早洞悉未来流行款式，帮助企业做出设计决策，让其设计生产的产品更贴合未来市场需求；通过提供在线3D智能设计服务，实现在360度3D全景下，将面料和花型图模拟到服饰成品模型上看效果，并且可以针对不同部位裁片进行面料和图案更换，而且可以上传本地面料和图案进行效果模拟，生成的效果图支持一键下载。极大程度地缩减了设计时间，提升了设计效率。POP服装趋势信息服务平台以三大方面推动服务贸易创新发展（图4-167）。

图4-167

一、以生产性服务业引领的产业铁三角

旗下拥有数据趋势、智能设计——POP全球趋势平台；柔性供应、在线交易——优料宝展销平台；分享链接、产学一体——时创教育学院；品牌孵化、展销融合——YIWAY新品制造局；拥有500多名员工，

专注运营时尚产业服务的互联网平台，涉及服装、家纺、首饰、鞋履、箱包、纺织品等6个领域。从趋势资讯、智能设计、人才培训、供应链B2B、知识版权交易等方面提供线上的产业服务，注册会员60万企业、128万设计师，囊括90%的国内品牌。从互联网运作、产业资源积累、从线上转向线下进行产业载体落地、深度运营服务发展，到现在已实现了线上广度与线下深度优势互补的创新赋能载体，一个"产业服务+科技互联网+空间载体"的新型时尚产业创意设计的综合服务平台。

二、树立综合体示范效应及推动产学院融合

获得工信部纺织服装创意设计示范平台、进博会"6天+365天"常年交易服务平台（唯一对接国际时尚创意产业）、长三角时尚产业联盟设计力量会长单位、中国纺织教育学会认定四大"产学研基地"之一等多项荣誉，法国男装协会/法国女装协会海外区独家代表单位，与海内外118家时尚机构及高校进行产学研战略合作。

三、招才引智，汇聚生产性服务能力，提高区域转型升级效率

以"园区服务赋能+精英人才游牧办公+产业孵化培育"的创意创业深度服务为特色，促活升级各地园区，改善有招商无运营的现状，并且形成以"设计"为杠杆，聚合撬动当地产业资源能量的新型模式。通过共享研发、共享供应链、共享数据、共享办公，整合时尚资讯、面料交易、共创空间、时尚教育等环节，打造一个设计服务共享枢纽，以产业服务驱动产业发展。

丽晶：打造完美新零售格局的必备利器

广州丽晶软件科技股份有限公司（以下简称"丽晶"）深耕零售信息化服务27载，以产品和服务为先，成为1万+品牌、20万+终端的共同选择（图4-168）。公司在全国拥有30多个服务支持中心，含20家直营及10多家渠道代理，服务网络覆盖全国各地。

丽晶秉承渴望与尊重的人才观，汇聚了来自清华大学、北京邮电大学、华南理工大学、中山大学、香港中文大学，以及英国伯明翰大学、华威大学等知名高校人才，建立横跨零售行业与IT互联网行业的人才架构。

2020年，丽晶入选腾讯SaaS加速器二期项目，成为智慧零售、腾讯云、企业微信、微信支付、腾讯广告、云Mall的ISV服务商。先后获得腾讯、英诺天使基金、清控银杏的投资。

经过阶段性发展，丽晶所服务的客户从时尚行业，延伸至泛零售行业，获颁"腾讯智慧零售千域计划2021年度认证合作伙伴"。入选2022年广东省"专精特新"中小企业。

丽晶以"数智门店""智慧营销""智能制造""企业中台""ERP"5大解决方案为基石，帮助企业构建C2M全链路产业互联网，全业务产品线贯穿供应链、品牌、门店会员顾客等环节。在销售端打造数智门店私域运营，在供给端打造B2B全链路产业互联网，链接产业链上下游实现C2M产销协同，让前端需求驱动商品供给，提高库存效率，优化门店坪效。

主营产品有：Nebula星云、智慧终端e-POS、导购助手、小程序营销矩阵、全微BI、企业中台、MyRegent时尚ERP、King Shop3.0全渠道电商ERP、e-SCM云供应链（图4-169）。

丽晶资深研发团队运用云计算技术、移动互联网

图4-168

丽晶软件全链路产品图

- 智慧终端 -
线下门店全渠道智慧收银终端
赋能新零售

- 智慧门店 -
赋予门店智慧、数字互动营销
会员精准营销

- 云供应链 -
服装工厂的智慧生产管家
瞬间提升工厂效率

- 导购助手 -
赋能门店导购的服务工具
与消费者互动
查看工作业绩和佣金

- 小程序商城 -
进入微信小程序时代
抢占新零售最大风口
快人一步实现新零售

+

- 小程序直播 -
「从直播到卖货」闭环
购物体验流畅
销售转化率高

- 全微BI -
覆盖所有管理层的移动BI
有微信就能看报表

企业中台

FashionFlow 企业中台 登录

业务中台
档案中心 订单中心 商品中心 物流中心
会员中心 促销中心 结算中心 数据中心

八大业务中心
支持业务的快速迭代

数据中台 链接全域数据

建立企业内PAAS平台，实现
生态微信实现移动链接
平台微服务Spring Cloud

技术中台

图4-169

技术、.NET技术和JAVA等技术，向大中小等不同服饰及泛零售企业提供专业的企业管理软件产品及服务（图4-170）。

图4-170

技术通过了华为云鲲鹏技术认证和麒麟软件NeoCertify认证，实现信息国产化，保障信息安全，同时通过了第三方检测机构检测。具备功能性、安全性、可靠性、维护性、易用性、可移植性，达到系统功能要求。目前，已经申请了发明专利3项，授权发明专利1项，各功能模块申请了软件著作权65项。

制造业领域的数字化工程项目实施能力包括：项目准备，即售前组交接、安装系统、制订计划；制订蓝图，即现状调研、演示预配置功能、客户评估、设计方案；上线准备，即用户培训、压力测试、集成测试、数据转移；上线后优化，即运维验收移交、系统运行监测、用户辅助支持。

公司销售服务网络划分为华南、华北、华东、华中、上海、福建、浙江、深莞、西南9个区域，并由专人负责不同区域的市场推广、软件销售和服务实施，并设立了10多家渠道代理，进一步拓展市场。以本土化的服务模式保证方便、准确、快捷地解决客户的问题，有效提升销售和服务的效率。

环思智慧：为纺织企业提供智慧生产一体化解决方案

2002年，创立上海环思信息技术有限公司，立足纺织细分领域，从零起步。2005年，成立绍兴环思智慧科技有限公司，实现全产业链发展（图4-171）。2014年，销售突破千万元。2015年，完成股份制改造，更名环思智慧科技股份有限公司（以下简称"环思"）。2016年，登陆新三板资本交易市场。2017年，与迪卡侬战略合作打造品牌供应链生态。2018年，销售额突破亿元，开拓东南亚市场。2019年成立杭州云联科技有限公司，布局产业互联网平台。2021年获近亿元融资并成立广州环思智慧科技有限公司，加快构建纺织服装产业互联网。

图4-171

环思致力于智慧科技相关软硬件产品的开发，计算机、纺织科技的技术开发、技术转让、技术咨询、技术服务，计算机软件的开发及销售，通信设备、机械设备、电脑及配件批发零售，企业管理咨询，为纺织企业提供智慧生产一体化解决方案。

20多年来，环思一直保持着稳定增长态势，已累计4000多家纺织服装企业信息化案例，其中包括鄂尔多斯、山东如意、罗莱家纺、雅戈尔、安踏等近50家纺织上市公司，100多家纺织500强企业，200多家综合性纺织大中型集团企业。环思是能提供纺纱、织造、印染、服装以及贸易等整个产业链成熟的软硬件一体化解决方案的提供商。

在大型企业数字化转型标杆打造部分，基于自有的云计算、物联网、大数据等技术，结合双中台的先进架构与方法论，利用先进技术赋能传统工业企业，

不断在平台上沉淀工业的知识与经验，目前已经成功服务了黑牡丹（集团）股份有限公司、盛虹控股集团有限公司、浙江迎丰科技股份有限公司、青岛即发集团股份有限公司、孚日集团股份有限公司、青岛迦南美地家居用品有限公司、内蒙古鄂尔多斯羊绒集团等数十家工业细分领域的龙头企业，帮助企业创造利润数亿元。

通过链入"1+N"工业互联网平台，专注于纺织印染服装行业互联网平台建设，目前已与杭州余杭区、湖州织里镇、嘉兴海宁市、江西九江市等多地开展纺织、印染、服装行业级平台落地建设工作。

围绕纺织服装产业链，携手阿里云计算有限公司联合打造工业互联网标识解析二级节点，为工业互联网连接的对象提供统一的身份标识和解析服务，通过物理空间与数字空间，支撑实现全产业链、全领域广泛互联，促进信息资源集成共享。

环思现有员工400多人，创新研发中心队伍成员近300名，技术和管理团队核心人员均有数十年以上的行业从业经验，同时与中国纺织工业联合会、阿里巴巴等机构展开技术人才交流和研发合作。现已拥有专利15项，软著100余项，通过ISO9001、ISO14001、ISO45001、ISO20000、ISO27001等体系认证，并先后获得高新技术企业、纺织行业智能制造优秀解决方案、浙江省行业云应用示范平台等荣誉称号。

21年砥砺奋进，环思在不断创造性地诠释纺织智能智造，持续聚集的能量中心，全方位的能力中心，产业链全覆盖，100个研发基地，1000个纺织专家，连接10000家企业将成为环思可见的现实和事实。环思立足技术超越技术、立足纺织超越纺织、立足软件超越软件的三个超越指导思想，将使环思能顺应"互联网+"、工业4.0和工业制造2025的大趋势，实现环思在两化融合以及智能智联化更高层次的发展。环思已然成为纺织行业智慧型产业的先行者，公司在北京、上海、广州、杭州、绍兴、泉州、青岛、盛泽与海外都有分公司与服务中心。

尚捷云：让服装供应链SaaS化

广州尚捷智慧云网络科技有限公司（以下简称"尚捷科技"或"公司"）是一家专注于时尚产业供应链解决方案的科技型综合服务商，总部设在广州，由行业资深的供应链专家团队和专业的互联网技术团队组成。公司以"打通企业上下游的交易协同，助力企业实现敏捷智造、数智供应"为愿景，以"供应链+互联网"的协同管理模式，运用AI智能+APS自动排单+敏捷智造体系为时尚产业的企业提供数字化快反智能制造的云产品MES，赋能企业内外管理，实现产业上下游协同，提升效率，实现13579的快反模式，帮助企业实现跨组织、跨业务、跨区域的产业链优质资源协同，推动企业走上数智化转型之路，加速产业升级，实现业绩倍增。

尚捷科技深耕数字化快反供应链业务，核心团队积累了21年供应链管理经验。应用大数据及AI算法技术赋能柔性供应链，多项技术填补了国内空白。其中，产品数据管理（PDM）软件、供应链管理（SCM）软件、制造执行系统（MES）软件等在行业中占据重要位置，成为1000+大中型企业的共同选择，是广东省服装服饰行业协会企业数字化综合服务商，阿里巴巴新制造智能工厂数字化综合服务商及供应链服务商，浙江省国资委未来工厂数字化综合服务商以及工艺大数据平台开发和服务商，广州国际纺织服装供应链工业博览会全链路数字化快反应链服务商。

一、主要业务和产品

1. 主要业务

纺织行业的企业内部信息化管理，企业外部资源信息化管理，企业供应链咨询，企业精益生产咨询，企业管理咨询策划承接服务等。尚捷科技成立以来，一直致力于为服装行业、国营和民营企业及服装专业院校的服装知识培训、管理和可持续发展提供系统服务。

2. 主要产品及用途

B2B综合交易平台。强化链接、销售、服务、数据驱动的能力，实现业务在线化、数字化，提升交易效率，降低交易成本。包括板块：云尚智品协同企业内的智慧产品，关联产业内的资源共享平台，如产品外发、设计外发、打样外发等；云尚智链协同企业内的智慧供应链，关联产业内的资源共享平台，如整单外发、加工外发、物料外发采购等；云尚智造协同企业内的智慧车间，关联产业内的资源共享平台，如整单外发、工段外发、特殊工艺外发、工厂招募等（图4-172）。

PDM软件。尚捷产品管理PDM软件提供企划、设计、研发、工艺、成本、样衣的集成管理和协同作业，实现高效研发，快速生产。帮助企划师、设计师、

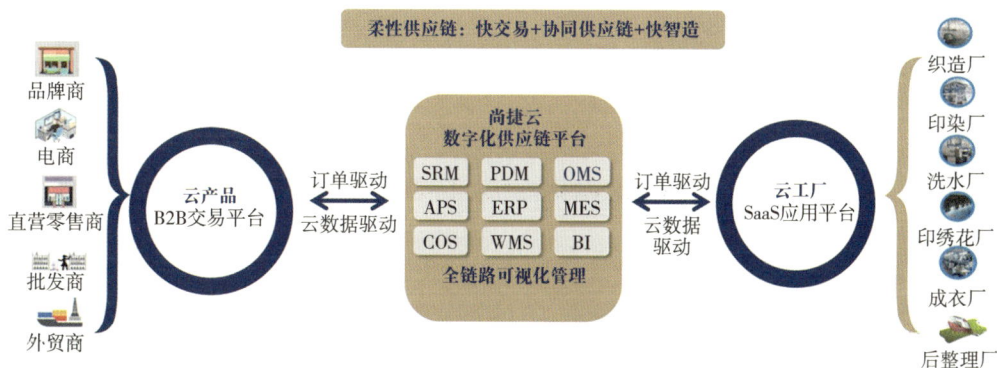

产业化布局，平台化架构，生态化远景
国内第一款可以平台化的供应链管理软件

图4-172

制板师、工艺师等人员实现在线协同作业，通过对产品的企划、设计、打板、工艺、面料、样衣等实现全面数字化，再延伸到成本核算、物料清单（BOM）管理、工艺数据库、板型管理，外发车印花联动商品企划中的时间节点规划，达到对研发各环节事件进行跟踪和管控，形成产品综合大数据（图4-173）。

SCM软件。尚捷智慧供应链SCM软件是基于云端的快反供应协同平台，为各人员、各部门、客户、伙伴等开设管理门户，使供应链各环节的人员都参与快反管理过程，每一层级的管理者和执行者在数据的辅助下高效、实时、精准地协作和决策，建立高效的

协作体系。帮助时尚企业解决供应链管理过程中的订单动态分配、产品质量全程追溯、生产计划排期、生产委外和进度把控、物料齐备追踪、仓储物流管理等问题，助力时尚企业实现供应链的强大快发能力（图4-174）。

MES软件。尚捷执行制造MES软件基于精益生产理念，结合数字化和信息化，采用最前沿的数据分析处理技术，是一款为制造业量身打造的实时监控和管理协同工具。基于AI智能、APS智能排单、移动端应用程序（App）和模块化的业务组件、工具集成了制造企业各部门实时信息的采集、呈现、预警、分析和

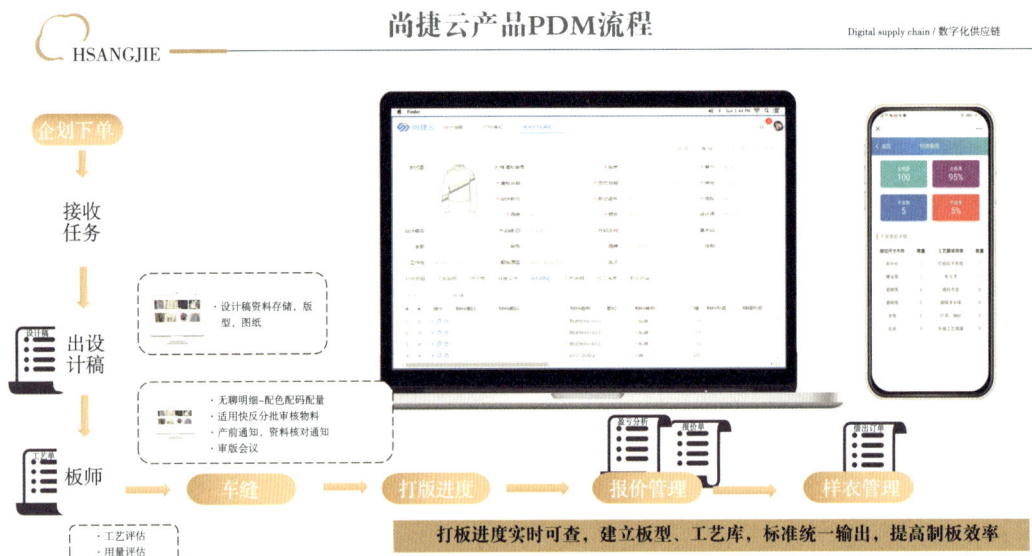

图4-173

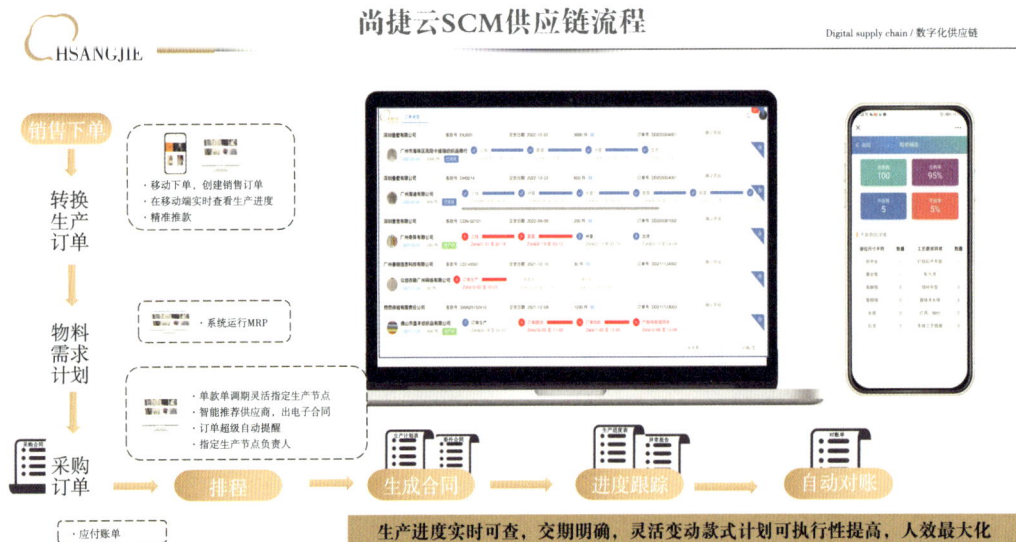

图4-174

检索等功能，帮助工厂管理人员实时、透明、精准地掌握规划、生产、质量、物流、设备等多维立体的数据，让管理人员基于对自身情况的全方位了解，有的放矢地把资源投入最迫切需要变革的生产环节，帮助制造企业提高生产效率、降低制造成本，实现数据实时驱动决策。

尚捷企业资源管理软件（ERP）。尚捷ERP是管理服装企业的物料采购和库存的软件，主要包括物料档案、采购需求、采购申请、采购合同、物料入库管理、物料出库管理、物料库存管理、物料盘点管理等模块和功能，技术特点是通过上游订单和产品管理模块实现自动计算所需物料，进行采购申请和与供应商衔接。

二、研发创新能力

本平台为服务企业提供基于云端的协同管理平台。云端部署运行于台式或笔记本电脑、手机、平板电脑等，覆盖研发、订单、采购、计划、物料、生产、成品等核心流程，同时探索AI赋能供应链模式，逐步形成服装产业"全链路数字化运营+全流程服装供应链数字化服务"，实现数据实时驱动决策，提高生产柔性、缩短交付周期，提升供应链反应能力。

本平台创建全链路服装供应链环的目的是，方便企业在运营过程中，开发实时监管生产成本和财务数据功能，这些财务数据包括款式成本、订单报价、客户与供应商的应收应付等。"业财一体化"功能的实现，有助于企业整合运营过程中的财务和业务管理，形成财务与业务的无缝对接和协同运营。通过该功能，企业可细化成本核算对象，促进采购成本降低，保证公司成本和利润核算，实现资金合理分配和运用。

服装工人通过平台App登录系统，操作相应的业务，系统通过业务的单据和工人汇报的数据，自动计算工人的技能效率、质量。服装行业全链路数字化快速反应供应链协同平台沉淀产业内现有企业每个岗位的员工画像，包括员工技能矩阵、员工效率、员工质量等。

平台在研发过程中，为了提高实际功能的使用便捷性、效率、精准度等需求，研发了部分智能化组件或功能。

春晓科技：20年领航时尚行业标准化解决方案

春晓科技成立于2006年，是一家专业从事服装IE（工业工程）/GST（工艺设计）软件研发和服务的高新技术企业，致力为服装企业打造工业化生产的基础能力和构建企业数字化和智能化升级的基础设施，春晓科技的工艺分析软件和标准工时软件在行业中一直处于领导地位，市场占有率远超同行。春晓科技拥有一支由高能力、高素质的行业资深技术专家组成的顾问团队，为自主创新研发铺下基石（图4-175）。

全新一代IE(工业工程）智能化协同管理平台
全面助力服装产业
实现生产的精益化、标准化、数字化、智能化

图4-175

春晓科技目前主要有GST 3.0工艺分析软件、GST 4.0个性化定制智能制造系统、GST 5.0工业工程数字化协同软件、iGST 供应链协同工艺数字化平台等软件产品。春晓GST系统是针对缝制品行业的生产型企业而研发的专用于工艺分析和标准工时分析的系统，采用行业通用的动作标准，可对缝制品行业的裁床、车缝、手工、整烫、检验、包装等生产环节进行动作分析及时间研究，形成企业管理所需的工艺数据，以及技术标准和工时标准，为企业推行精益标准化生产提供有力的数据支持及便捷的管理工具，同时春晓系统融入云计算、人工智能、生产仿真、图形识别、智能翻译、机联网等新技术，可以为企业提供更多的智能化应用场景，从而帮助企业实现智能报价、智能排单、智能派工、智能教学、智能产线调优等场景的智能化，为企业的全面智能化生产打下坚实的基础（图4-176）。

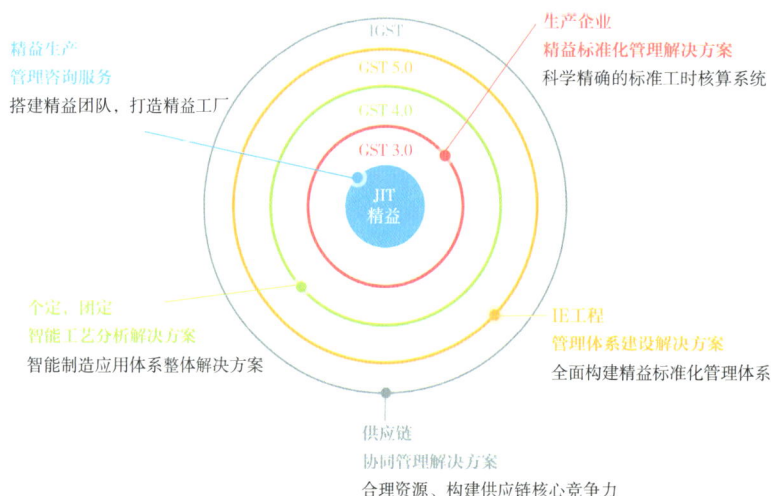

图4-176

春晓科技产品目前服务的客户同时覆盖品牌公司、贸易公司和制造型企业，客户范围分布也比较广泛。10多年来，已经为安踏、李宁、特步、乔丹、361°、雅戈尔、劲霸、九牧王、七匹狼、才子、卡宾、圣得西等上千家大型服装企业提供软件产品和服务，并获得广大客户的高度认可。

公司拥有专业的研发团队，具备丰富的研发技术和管理经验。团队成员包括技术研发人员、技术工程师、售后服务人员等，研发人员专业涵盖服装设计、工艺设计、计算机应用技术、软件技术等领域，公司通过自主研发创新获得7项发明专利和45项软件著作权及软件产品测试报告，同时，公司将与各行业领域专家保持紧密合作，确保公司的运营管理高效有序，提升产品和服务的质量与创新性。

随着智能互联时代的到来，数字化、智能化已经成为缝制品行业未来发展的主要方向，新产品、新技术成为驱动市场效益增长的主要动能，尤其是智能化解决方案需求的兴起，将为行业深入实施结构调整、智能化转型和迈向价值链中高端提供重要机遇。

春晓科技通过人工智能以及大数据算法赋能服装制造企业与品牌企业，为服装企业提供供应链流程优化、智能研发体系建设、智能制造体系建设、生产精益标准化建设、工艺标准大数据建设与服务，大幅提升了企业的生产效率与管理效率（图4-177）。

春晓GST作为工业化和数字化的基础设施，是企业转型升级不可或缺的基础条件。春晓科技专门针对生产型企业研发工艺分析和标准工时分析系统，采用行业通用的动作标准，可对缝制品行业的裁床、车缝、手工、烫、检验、包装等生产环节进行动作分析及时间研究，形成企业管理所需的技术标准和工时标准。为企业推行精益标准化生产提供有力的数据支持及便捷的管理工具。未来，春晓科技致力推动服装智能制造技术高质量发展，为企业构建数字化和智能化升级设施，打造国际顶尖时尚产业链工业工程（IE）数据化、工艺数字化解决方案，通过数字化将人、机、料、法四要素有机结合，全面推动企业IE的深度应用，协助企业构建强大的工业化生产体系，实现生产的精益化、标准化、数字化、智能化。

作为20年专注于时尚行业标准工时、工艺分析标准化解决方案的领航者，春晓科技注重技术研发及创新，在公司成立之后，迅速组建一支高能力、高素质的行业资深技术专家顾问团队，专注于技术研发，为产品的创新及开发奠定基础。

图4-177

恒康科技：助力服企"开源节流"

广州恒康信息科技有限公司（以下简称"恒康科技"）成立于2010年，是一家专注为连锁品牌零售型企业提供一站式企业数字化、智能化解决方案的科技服务公司（图4-178）。从商品企划到选款、订货，以及会员私域运营、小程序商城、智慧零售、全渠道销售、商品智能配补调、仓储管理、商业智能分析等，提供完整的一体化解决方案；全系列产品基于"云计算+微服务"技术实现，并与华为云、阿里云、微软Azure云等厂商成为战略合作伙伴。除传统的软件销售服务模式外，恒康科技采用SaaS模式的系统运营服务，不仅帮助客户快速实现从传统零售到智慧零售及全渠道销售的升级，而且大大降低了企业实现数据化、智能化的成本和风险。

恒康科技总部位于广州，同时在北京、上海、成都、台北成立了分公司，目前公司团队成员有近160名，其中核心团队成员均来自上市品牌零售企业，拥有近20年的品牌零售行业企业数字化规划和建设实践经验，坚持以"创新、专业、诚信、荣誉"的服务理念，为客户提供优质的"互联网+智能化"新零售解决方案。服务涵盖服饰、鞋品、箱包、母婴、书店、时尚家居、美妆、百货、宠物等行业；服务的标杆客户有胜道体育、九牧王、361°、UR、江博士·健康鞋（Dr. Kong）、足力健老人鞋、凯乐石、方所书店、孕婴世界等知名品牌；服务的市场范围覆盖我国两岸三地及东南亚地区。

在数字经济时代下，人、货、场的重构正在颠覆传统商业逻辑，零售企业需要采用数字化转型升级新零售模式，才能紧跟市场变化，创新业务模式，从而提升企业竞争力。

为了助力中国更多的零售企业实现数字化转型，恒康科技积极拥抱技术革命，并结合自身20多年对行业的深刻洞察，打造了一系列线上线下一体化、全渠道覆盖和采用新零售、商品数据化运营模式的解决方案，高效率低成本地解决品牌零售企业当前难题，适应快速变化的赛道（图4-179）。

图4-178

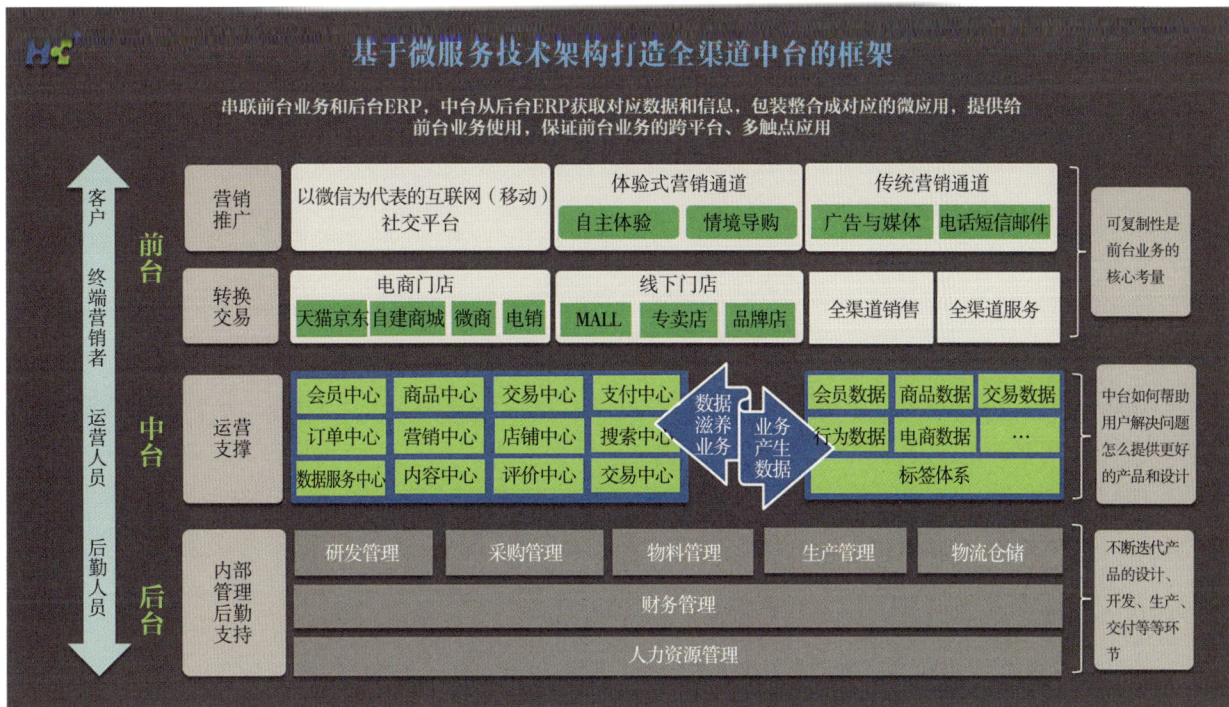

图4-179

一、销售端

在销售端，恒康科技凭借多年的数字化运营经验，积极推动门店数智化、全渠道私域运营落地，帮助零售企业实现线上线下融合、数据实时互通、营销精准推送及全渠道销售。

1. Dr. Kong江博士&恒康智慧零售解决方案

Dr.Kong江博士品牌于1999年建立，门店870多家，遍布全国各地及海外20多个国家，会员人数逾500万，旧系统已无法满足企业发展的需求。为此，从2012年开始，Dr.Kong江博士（中国及海外）全面使用恒康科技分销、零售、加盟商、会员、财务、人力、电商、仓储、微信、订货会、商业智能（BI）、店铺智能导购、智能销售终端（POS）等系统，并实现了集团化、多货币、多语言的业务场景及线上线下、业务财务一体化。其中每年一次的客户关系管理（CRM）全渠道营销活动，单次可实现新增品牌会员100万人，单次实现广东会员营销30天发送30万个红包券，直接拉动销售业绩近1亿元。

2. 方所&恒康智慧零售系统

2021年9月，方所成功上线恒康科技智慧零售系统。借助恒康科技提供的ERP系统、CRM会员管理系统、商场管理系统、移动货品管理App等解决方案，

实现全国门店数字化经营管理，打造数字化文化空间。至此，方所的"书店+"模式不仅扩展了服务的边界、提升了门店的颜值、优化了门店的调性、打造了体验场景、增加了利润来源，还为读者提供了阅读及关联体验的一站式服务。

二、供给端

在供给端，恒康科技以数据驱动的方式链接商品运营全流程，实现供需双方精准对接、个性化定制；通过数据分析与挖掘，更好地满足零售企业在商品开发、生产、物流等环节的个性化需求，从而及时调整产品策略，提高市场竞争力。同时，恒康科技还将通过数字化手段优化仓储物流管理，降低库存成本，提高物流效率，进一步提升企业整体运营效率。

1. 九牧王&恒康科技商品数据化运营项目

九牧王是全球销量领先的男裤专家，专注男裤领域34年，积累1200万人体数据，成为中国男裤标准参与制定者。2022年2月，九牧王&恒康科技携手拉开了"九牧王智能配补调项目"合作帷幕。通过恒康科技智能配补调系统，实现九牧王商品数据化运营，解决人工操作导致的粗放运营与计划决策要求错配的痛点，提高选品、订补货、商品流转等业务场景运营能

力，实现运营的自动化和智能化，为平台和终端店铺赋能。将商品人员从大量的手工表单作业中解脱出来，从而有更多的精力钻研商品运营管理，让企业沉淀出一套行之有效的、符合自身特点的、成熟的商品经营策略。

2. 凯乐石&恒康科技的商品数据化项目

凯乐石是全球三大全系攀登品牌之一，在全国有10多家分公司，200多家加盟商，线下门店已超过500家，围绕着人、货、场三者进行数字化转型升级。在充分理解凯乐石的核心需求后，恒康科技利用自身数字化商品管理产品的优势，为凯乐石打造了一套全面、专业、高效、灵活的数字化商品运营管理系统解决方案，覆盖凯乐石品牌下直营、加盟两种体系下的商品管理相关业务，帮助凯乐石完成商品运营管理数字化转型升级，打造高效敏捷的商品运营管理体系。

恒康科技通过自动化和智能化的工具和方法，简化和优化凯乐石的商品运营流程，降低人工干预和错误率，提高工作效率和质量。在配补货等高频业务操作方面，提升50%以上工作效率。同时，通过数据预测和智能店货关系匹配，优化商品结构，减少无效库存导致的积压和滞销风险。通过数据洞察和智能匹配，将合适的商品安排在合适的店铺，实现差异化商品结构，满足不同层次客户的需求，提升对顾客的吸引力与品牌形象，增强商品竞争力，在一定程度上提高客户忠诚度。

近年来，恒康科技已牵手胜道体育、UR、361°、方所书店、凯乐石、皮尔·卡丹等品牌，迈入精益化运营新阶段。未来，恒康科技将进一步深化数字化转型工作，持续致力于赋能每个零售企业，助力合作伙伴把握新零售机遇，实现业务的可持续增长。

秦丝科技：进销存软件行业的领导者

深圳市秦丝科技有限公司（以下简称"秦丝"）成立于2014年8月，是一家中小商户信息化解决方案研发与服务商，专注于为实体批发零售制造商提供数字化及全渠道经营管理提升解决方案（图4-180）。秦丝主要业务包括"进销存管理数字化+全渠道经营管理提升+配套商用硬件+商家生态服务"四大板块。秦丝采用"免费+硬件/增值"的创新收费模式，使广大商家能零成本或极低成本实现管理数字化，极大地加快数字化在中小商家群体中的普及。截至目前，已有注册商户超200万家，其中在服装领域注册商户约150万家。根据各大主流应用市场统计数据，秦丝产品目前全网下载量超6000万，秦丝进销存、秦丝生意通等产品在华为应用商城、苹果商城等进销存App领域长期排名前列，在行业内具备良好的口碑和品牌效应。

历经9年的发展，秦丝成为进销存软件行业的领导者，在中小实体商户SaaS领域具有领先的技术优势。目前已掌握百万元级订单实时处理弹性架构技术、多终端适配混合开发技术、基于服装行业大数据的智能分析决策技术、数据同步及安全存储技术等核心技术。

通过这些核心技术，为商户SaaS产品的研发和功能升级提供了有力的技术支持，能用较低的开发成本、较短的时间响应满足更多的商户需求，实现产品不断创新。同时能保障在商户数量不断增加、数据量不断增大的情况下系统仍能流畅运行，并获得了信息系统安全3级等级保护备案（最高等级）。

秦丝建立起以进销存系统为核心，一体化管理线下门店以及全渠道经营管理的产品体系框架。通过"十字型"产品策略，主线服务于服装、鞋、帽、箱包行业，辅线覆盖各类批发零售行业。同时，秦丝致力于以数据驱动产业链上下游联合，促使二者联合后产生"1+1＞2"的效果。以进销存基础数据、生产资料为核心要素，通过社交分享进行数据授权和信息连通，贯穿将工厂、批发、零售、消费者四大产业链节点，实现厂家、经销商在库存、商品等数据方面共享和协同管理。工厂可以查看下游库存与销售情况，快速调整生产策略，打造柔性快反供应链。同时下游能同步生产物料信息、生产进度等，提升经营管理效率。

秦丝旗下主要产品之一——秦丝生产供应链管理

图4-180

系统，是一种专门为服装生产企业设计的生产管理软件，可以帮助企业实现采购管理、库存管理、生产计划、订单管理、成本核算等功能，适用于手机、平板、电脑等全终端。该系统解决了多方数据同步与校验、权限互认等问题，打通工厂生产端与进销存销售端，实现产销数据一体化，销售端可根据生产在途数量提前销售，生产端可根据历史销量提前补单，使跨商户、多渠道数据同步和上下游协同成为可能，不同企业主体可共享数据，实现供应链上下游的采销数据互通。传统软件由于只关注单个企业、本地部署等，没有实现产业链或多经营渠道的数据和管理打通，未能发挥中小商户群体量大、分工协作的优势。该系统实现跨商户、跨渠道对接打通，迭代出成熟的同步和对接技术优势，带来了产业链效益提升优势和网络效应优势，

构建了服装生产供应全链路打通、软硬件一体、线下线上一体的快反体系。同时该系统利用容器化弹性分布式技术解决海量商户低成本、高性能诉求问题，将进销存SaaS化，单套价格不到1万元，与传统ERP动辄几万元甚至几十万元的价格相比，降低了商户使用门槛，商家能以极低的成本实现数字化经营。其操作简单方便，降低了使用者访问门槛，对普及数字化有明显促进作用。

秦丝总部位于深圳，下辖广州、武汉、苏州、成都、杭州、西安、济南、郑州、沈阳等20多个直营分部，以及近300个代理服务点，渠道代理人员近600人，共超过700名专业顾问，为200多万个商家和超过600万名员工提供高效率的工作方式。

定制加：X工厂，复制柔性高效生产

定制加（深圳）科技有限公司（以下简称"定制加"）成立于2016年6月，是国家级高新技术企业。定制加从成立之初，就一直致力于为时尚行业提供最具价值的数字化解决方案，让管理更简单。公司基于多年来全球最佳业务实践，为时尚品牌提供全球最先进的SAP ERP咨询及实施服务，为企业管理赋能，带来以销定产、库存一体化、业财一体化、税负平衡、阿米巴经营模式转变，最大化实现管理价值。

数字化管理可通过实时数据及模型动态计算作业计划，通过移动终端与设备集成采集实时数据，显示实时作业单处理状态及透明化指令看板，简化管理流程，提高响应速度及生产效率。基于行业环境和多年顶级客户服务的经验总结及方案积累，定制加研发了面向工厂和品牌运营的解决方案：X工厂。

定制加X工厂的核心方案包括智能排程系统（APS），制造执行系统（MES）及生产设备控制系统（MCS）。除此之外，为了高效验证方案的有效性，定制加投入研发基于独有的智能协同管理机器人（Collaborative Agents for Business Automation，CABA）的智能制造仿真模型框架和工业可视化框架（Manufacturing Visualization Framework，MVF）。

X工厂是为时尚行业制造工厂提供高效管理的数字化软件。其核心功能是智能排程、灵活派工、手机报工、看板监控、可视化分析、硬件集成等。主要功能模块有以下6部分。

APS智能排程：其主要目的是根据需求及产能合理制订供应计划，具有柔性生产、切合实际、提高效率的业务价值，其核心功能是自动计划、手工调整、锁定与解锁，具备多级计划、齐料检查、自动聚单的特点。

MES制造执行：其主要目的是根据生产线的实际情况派工、报工，具有指令灵活、操作简单、自动高效的业务价值，其核心功能是完成生产订单、工段工序、派工报工，具有可配置、关注效率、实时看板等特点。

MCS设备控制：其主要目的是具备全自动硬件控制系统，进行自动数据采集，具有智能路由、快速搬运、高效吞吐的业务价值，其核心功能是产线控制、存储配对及流量控制，具有云平台、智能算法、实时可控的特点。

报表图表：其主要目的是提供作业清单及可视化分析，具有作业提示、问题提醒、量化分析的业务价值，其核心功能是展现作业清单、在线报表，可进行图表交互，具备操作简单、数据明了、可移动的特点。

CABA AI仿真：其主要目的是替代或模拟多人操作，具有减少操作成本、加快结果验证的业务价值，其核心功能是推理机、流程管理及通信协同，具有可配置、可交互、可集成的特点。

动态看板：其主要目的是实现连续实时状态展示，具有呈现状态、发现问题、展示成因的业务价值，其核心功能是派工看板、供应计划、产线看板、实时数据动态展示。

定制加X工厂方案具有集成、智能、可视的特点。方案全部源自顶级品牌的落地方案，有超过8年业界领先案例实施经验，蕴含品牌管理智慧及业务实践，具有扎实的基础。平台基于SAP逻辑流程框架，具有极强的可扩展性，借助SAP权威级市场影响力，平台增值空间大，支持服装、珠宝、家居等细分行业拓展，具有优秀的框架。方案采用先进的微服务平台即服务（PaaS）技术架构，多租户管理，支持功能逻辑扩展及高并发应用，可做公有云或私有云部署，架构十分领先。方案提供企业级、端到端、系统整合方案，集成CAD、工艺管理、ERP、产品生命周期管理（PLM）、MES、仓储管理系统（WMS）、CRM等系统应用，具有开放集成的特点。方案可融合大货业务，做增量业务，即"定制+"核心业务理念，可以植入现有业务架构，进行业务融合。基于AI算法的智能排程和柔性生产调度算法，提供全自动数据、业务、逻辑处理。通过机器学习算法解决智能部件、材料搭配建议，实现人工智能。

定制加APS已成功在安奈儿、报喜鸟、赢家、柏堡龙、特步、鹏泰以及一些中小型工厂产生了积极的成果。X工厂自推出以来不断迭代升级，通过简单的操作和自动化的算法，为时尚工厂实现可复制的柔性高效生产，为行业提供小单快返及大规模定制所需的供应链能力。公司开发了预配置软件解决方案及配套的硬件设备，实现项目快速实施，借以推动企业的消费者到企业（C2B）及智能制造场景有效落地，最终实现大规模定制的商业价值（图4-181）。

基于SAP优秀的平台架构，定制加完成了产业互联网平台所需要的基本架构，并且与智能制造平台架构集成。该平台能够帮助企业快速完成数字化转型，为企业带来巨大的数字化机遇，为消费者提供个性化的产品，满足客户的极致需求，如个人风格、个人品位及个人尺寸，并真正为企业实现零库存模式。

产业互联网平台是从企业级（内部）到平台级（外部）的跨越式发展路径。平台的目的是快速整合资源，提高竞争力，增加销售机会，实现利益透明共享。在服装行业，产业互联网及智能制造平台可以有效整合品牌商、零售商、设计师、制造商、面辅料供应商的能力、需求、资源和利益，把分散的设计才能、产能、渠道和创新高效利用起来，为消费者带来极致的体验。

通过定制加的"智能制造+工业互联网"项目建设，可以帮助企业构建大规模智能制造模式，实现"以销定产"经营模式的转变。这个转变可以带动企业融入创新，化解产能过剩，促进供给侧结构性改革。

图4-181

佛山高勋：无水染色新技术产业化

高勋集团于1997年在香港成立，是集研发、生产、销售、服务、染整工艺于一体的智能化染整装备、系统供应商，现已成为国家高新技术企业、广东省"专精特新"中小企业、国家级专精特新"小巨人"企业、中国节能环保染整装备的龙头企业之一。高勋集团产品广销于全球50多个国家和地区，其中纱线染色机在中国的市场占有率达60%，居国内第一。

2019年7月，高勋集团选址高明，创立高勋绿色智能装备（佛山）有限公司（以下简称"佛山高勋"），同年佛山高勋一期厂房全面投入生产，建筑面积近2万平方米，月产能可达80台（套）纱缸及布缸。2021年佛山高勋二期厂房启动建设，建筑面积约1.8万平方米。近几年来，佛山高勋发展势头良好，2022年产值同比增长30%，预计2023年产值将同比提升30%左右。

一、打造数字化、智能化工厂

佛山高勋二期厂房目标是打造成智能生产车间，投入一批智能化设备，提高无人化水准。

二期厂房投用后，佛山高勋智能化设备占比将达80%左右。现时二期厂房建设已基本完成，预计2023年底可全面投入生产，年产能纱缸、布缸、后整理定型机设备预计可达1000标准台套，年销售额预计可增长50%（图4-182）。

图4-182

二、无水染色新技术产业化

我国是纺织印染大国，印染行业一直以水为溶剂，对各类织物印染的同时需要排放大量的废水。印染废水是我国工业系统中的主要污染源之一，其有机污染物含量高、色度深，很难有效回收，开展环境保护的成本很高。佛山高勋历经近4年研发投入，创新推出可适用无水染色技术。此技术已应用于溢达、绿宇纺织等印染工厂，正在逐步实现产业化（图4-183）。

图4-183

绿色低碳是纺织印染行业高质量发展方向，无水染色是市场要求，为提高市场竞争力，近年来，佛山高勋在制造超低浴比设备的基础上，致力于应用与推广染整智能化工厂、无人工厂和智能控制系统等，加大研发投入力度，抓住行业风口。

公司以创新引领未来、科技造就品牌为使命，致力于由中国制造变为中国创造，实现绿色低碳设备在全球应用；承担社会责任，为相关行业、客户和员工创造最大价值与利益。

服装教育产学研创新案例 \\\\\

华南农业大学艺术学院服装系：服务大湾区地方经济，助力乡村振兴

华南农业大学艺术学院服装与服饰设计专业2021年被评为广东省一流本科专业，以服务国家"粤港澳大湾区""一带一路"和乡村振兴战略，凝练出农工艺交叉融合，以服饰文化传承和生态设计为特色，培养适应大湾区经济发展的高水平复合创新型服装人才，服务大湾区服装产业。

在粤港澳大湾区国家战略指导下，广东服装产业迎来新的机遇，同时面临新的挑战。服装产业的转型升级有以下三个特点：以创新驱动科技发展，带动纺织产业发展；以文化引领时尚产业发展；以责任为导向，打造时尚生活与绿色生态的产业新格局。

作为大湾区服装产业中服装设计人才输出端口，培养适应大湾区服装设计创新发展的高水平复合创新型服装人才，服务并推进大湾区服装产业创新发展，需要解决的教学问题包括：如何立足大湾区精准定位人才培养目标，对标大湾区服装产业人才需求，对服装设计专业人才培养目标进行细分，提高服装设计人才培养的高效性；如何依托地方特色文化，突出办学特色，构建专业课程体系；如何以服务大湾区、"一带一路"、乡村振兴战略构建育人模式，如何以价值引领为导向，全面提升学生的综合素养。

针对以上问题，华南农业大学艺术学院服装与服饰设计专业从教学和课程改革方面汇聚大湾区学科、产业优势，形成"产学研创协同育人""课程为基双创融合"的办学特色，构建了"三室一地"育人模式，并以习近平文化思想为指导方针，以适应大湾区经济新发展与服装专业人才需求为目标，推动服装与服饰设计专业高质量发展，提出以下改革举措。

第一，建立以服务需求、强化实践教学、提升专业内涵为本的课程体系，构建大思政格局。以"宽方向，厚基础，重实践"为宗旨融合专业知识与思政教育，深化专业改革。以教育部教指委发布的教学标准为基础，以培养结果为导向，与行业专家合作建立以价值引领为导向的课程思政体系。

第二，深化学科融合，完善课程资源。以国家一流课程为标杆，构建一流专业课程群，建设生态与文化传承创新的特色课程群，助力粤港澳大湾区服装产业升级与发展。利用政府、企业和社会机构的资源，完善课程资源，探索新的协同路径，扩大产学合作协同育人成果。

第三，优化师资队伍，构建"三室一地"协同育人模式。建设"双师"团队，优化教师团队结构，借粤港澳大湾区服装产业优势，聘用国内外知名企业专家形成优势互补的"双师"教学团队。持续邀请国外知名专家举办专业学术活动，开拓师生国际视野。建立实验室、学生创新工作室、导师工作室和实习实践基地"三室一地"协同育人模式，建设服装虚拟仿真等实验室10个，学生创新工作室4个，导师工作室6个。

经过了两年的教学改革实践与建设，在2022年度获得良好成效。

第一，在培养适应大湾区经济发展的高水平、复合型、创新型服装人才上，精准制定培养目标，优化人才培养方案，从整体上把握课程资源开发、课程计划完善、课程实施规划、课程文化构建等多方面进行研究与探索，加大实践教育力度，拓展学生受益面。

第二，专业建设方面，本专业经历了27年的建设，已成为粤港澳大湾区服装领域的优势特色专业，在2021年被广东省教育厅评为广东省一流本科专业，从教学和课程改革方面汇聚大湾区学科、产业优势，教师团队为专业的建设不断努力，其中《基于3D虚拟数字化服装设计技术的创新研究》《文创产品开发设计

推广应用》两个项目获得2022年广东省科技创新战略专项资金立项，《粤北客家女红艺术研究》项目获得2022年广东省哲学社会科学立项，除此以外，积极申报教学改革项目，共立项7项。

第三，在完善课程资源方面，推动产学研创协同育人、深化校企联动。教师团队积极申报教育部产学合作协同育人项目，建设特色教学实践基地，与地方政府及企业建立校企合作项目。

第四，服务大湾区、"一带一路"和乡村振兴方面，注重育项目、聚资源，建设协创平台。依托广东民族服装服饰艺术博物馆优化课程教学大纲，依托广东省服装创新设计工程技术研究中心结合实验室、学生创新工作室、导师工作室，学生创新能力显著增强，积极推动学生参加专业大赛及大学生创新创业项目。2022年教师指导学生参赛获得国家级奖项共计7项，其中获得未来设计师一等奖1项、中国时装设计新人奖入围1项、中国国际大学生时装周可持续时尚奖1项；教师指导大创项目获得国家级立项项目2项、省级立项目2项（图4-184）。

2022年华南农业大学艺术学院服装与服饰设计专业以大湾区服装产业发展需求为导向，注重产学研合作，深化协同育人模式，同时注重人才培养的应用性，服务于大湾区地方经济，为助力乡村振兴做出了一定的贡献。

图4-184

供稿人：华南农业大学艺术学院院长　金　惠
华南农业大学艺术学院服装与服饰设计专业主任　杨翠钰
华南农业大学艺术学院服装与服饰设计专业副主任　谢雪君

广东工业大学：国际合作、跨界交流、数字时尚赋能乡村建设

广东工业大学艺术与设计学院时尚设计与展演系服装与服饰设计专业2019年获广东省质量工程特色专业，2020年获广东省一流本科专业建设点，2022年入选国家级一流本科专业建设点，2022年软科中国大学专业排名位列全国第8。时尚设计与展演系目前专职教师20人，高级职称7人，获得博士学位8人，省级人才1人，珠江学者1人，在读博士2人。服装与服饰设计专业依托工科院校背景和粤港澳大湾区时尚产业优势，培养服装高质量发展需要的"宽视野、强能力、崇时尚"的创新型应用人才。

一、拓宽国际视野，发展跨界交流

服装与服饰设计专业秉承学科交叉融合的建设理念，以服务国家战略和社会需求为导向，推进"1+2+3"攀撑计划学科提升工程，培养粤港澳大湾区服装高质量发展所需要的立足广东、辐射全国、放眼世界的创新型人才。广东工业大学艺术与设计学院注重国际化交流与合作，常态国际化教学已经成为学院的重要特色与优势。学院拥有高度国际化的专业教师队伍，来自美国、英国、德国、澳大利亚、西班

牙、芬兰、日本等国家的全职和短期外籍教师20余人，还有国家高层次人才2人，英国皇家工程院院士1人，日本工程院院士1人。每年共开设全英文国际工作坊课程15~20门，并在省内率先实施了国际讲座和国际工作坊常态化学分制（图4-185）。时尚设计与展演系服装与服饰设计专业、表演专业一直注重学生的国际化交流与合作，广东工业大学主办的国家艺术基金"丝绸之路国际时装周"海外巡展，受新华社、人民日报等65家国内外媒体报道，与芬兰、法国、俄罗斯、意大利等国际知名服装院校建立长期合作与交流。

二、服务地方经济，乡村振兴社会实践

在实施乡村振兴战略的背景下，表演专业于倩倩老师带领学生在乡村进行多次实践，从艺术、时尚设计的角度赋能乡村振兴，在南沙区榄核镇滗湄村开展以"生生不息——香云纱时尚霓裳"为主题的礼仪课程、非遗手工课程及时尚展演，让村民发现生活之美、感受艺术力量，以更潮流的方式留住生活印记，顺应农民群众增长的精神文化需求和农村文化发展实际，

图4-185

温润乡村精气神，激发农民自发自觉的内驱力，唤醒乡村新活力，并引导农民群众参与文化创新，赋能乡村文化与时尚文化产业高质量发展，助力我国文化自信力提升（图4-186）。

2022年为南沙明珠农业公园、黄阁镇政府分别设计香蕉IP和非遗麒麟IP的卡通形象，并进行了周边设计及文创开发，该香蕉IP设计作品被南沙录用为乡村振兴形象代言人。以"走田"为主题，以乡村振兴时尚传播官的称号，带领学生走增城丝苗米之乡、走河源蓝莓之乡、走肇庆丰收节、走四会兰花基地、走香云纱产地榄核、走韶关兰花基地、走大岗镇十八罗汉山，与乡村音乐会跨界，与非遗展演融合，为城乡融合发展、构建城乡共同体做出了贡献（图4-187）。

图4-186

图4-187

服务地方经济，2022年3月，艺术与设计院与河南夏邑县人民政府签订了共建"夏邑纺织服装产业协同创新研究院"战略合作框架协议，为了加强企业和学校的协同创新及科技成果转化、促进中部地区与珠三角地区纺织服装产业的协同联动，汇聚人才和智库资源，专家团队多次前往河南夏邑县进行产业调研和交流合作，并针对夏邑县纺织服装产业的实际情况，在产业发展规划和招商引资方面，为政府、企业出谋划策（图4-188）。

图4-188

三、创新人才培养，学生屡次获奖

2022年，时尚设计与展演系学子们参加国内外行业大赛中，屡次获得不同等级的奖项，代表性奖项有：服装设计作品获2022"中华杯·太酷"银奖，第七届"包豪斯奖"国际设计大赛院校组金奖，米兰设计周一中国高校设计学科师生优秀作品展全国二等奖和全国三等奖，安徒生（国际）艺术奖。表演专业学子荣获Esee英模超级模特大赛2023年全国总决赛季军，第72届世界小姐广州赛区冠军、广东省赛区亚军，第34届MANHUNT世界男模大赛广州赛区冠军。

供稿人：广东工业大学艺术与设计学院时尚设计与展演系主任
卢新燕

广东白云学院JIWENBO国际时尚设计学院：校企协同育人，深化产教融合，培养高质量人才助力大湾区时尚产业发展

广东白云学院JIWENBO国际时尚设计学院（以下简称"学院"）秉承"入学即入行"的教育理念，以国际化、差异化、创新型、应用型的培养视域，通过引入真实企业项目，校企"双导师"共同指导，采用策划、设计、制作、展示、推广等一站式学习和实战，聚焦教学改革与创新，结合企业资源、国际资源及大湾区特色，培养出具有创新意识、工匠精神、国际视野和实践能力的高素质应用型人才，助力大湾区时尚产业发展。创新案例通过围绕2023年学院开展的教学活动，阐述学院开展校企协同育人、深化产教融合的具体呈现。

一、焕新出彩：千年商都实现高质量传承发展

学院作为大湾区时尚创新教育的践行者，在著名服装设计师计文波院长的带领和指导下，结合课程项目，由专业教师带领2021级学生一同创作，学校模特团队参与表演，以"焕新出彩：千年商都实现高质量传承发展"为主题，通过时尚与非遗的碰撞，将服装、舞蹈、绘画（名画《南国商都》）、朗诵等进行跨界融合，呈现一场精彩的时尚文化盛宴（图4-189、图4 190）。本次展演以岭南人文历史长卷《南国商都》为背景，以两大系列呈现广绣、香云纱等岭南元素组成的素雅飘逸国风系列，并以醒狮文化与岭南元素相结合组成的国潮系列，形成独特的岭南服饰风采。

学院践行"入学即入行"的教学理念，整合东西方优质教学资源与设计力量，助力大湾区时尚产业发展，在广交会的时尚平台绽放光彩。师生的创意设计作品在时尚舞台的精彩演绎下，吸引了国内外展商和嘉宾，法国商人选购了学生的设计作品，中国中央电视台、广东广播电视台、广州日报等相继报道，呈现出产教融合的教育特色。通过师生的设计实践与创新，培养了学生的设计能力、组织策划能力、创新实践能力，使其加强了对时尚行业的了解，坚定了文化自信，弘扬了中华民族传统文化的创作意识。

二、开展项目化教学，打造创新特色课程

学院自创办以来，致力于深入整合国内外产教融合资源，协同育人，积极开展校企合作，并融合多元化项目教学形成了独特的教学特色与创新理念。"大湾区时尚导论""服装项目设计"等课程秉承着"入学即入行"的教学理念，是为教学精心设计、全力打造的创新课程（图4-191）。

图4-189

图4-190

图4-191

三、深化产教融合，校企协同育人

结合"服装项目设计"课程，学院联合广州松田职业学院、广州市白云工商技师学院举办了一场产教融合成果发布会，在2023中国（广东）大学生时装周院校发布会压轴登场。本次发布会为课程中的真实校企合作项目，并结合企业品牌，如JWB、孙贵填（SUNGUITIAN）、一琢、匠蔓延、初语、生活在左、吾玛、莨莊、靛蓝纹学，分别呈现了"Z世代潮酷""青春""非遗新造""丛迹""唤醒""醒视"等主题系列，展现学院师生原创设计、时尚元素的灵活运用能力、非遗文化与现代设计的创新设计能力。

本次发布会充分体现了学院深入推进产教融合，通过引入真实企业项目，校企"双导师"共同指导，从策划到设计、制作、展示、推广等一站式的学习和实战，为师生搭建了研究创作、项目实践、技能竞赛、创业孵化、作品展示等平台，以赛促教，以赛促学，带动学生专业水平提升及教学模式创新（图4-192、图4-193）。

图4-192

图4-193

四、践行课程国际化、教学一体化

学院高度重视国际交流与合作，并通过创新专业人才培养模式，融合东西方顶级教学资源，突出"国际+设计"的办学特色，坚持走"课程国际化、教学一体化、实践多元化、就业高端化"的办学路径。本次大赛结合"时尚传播""服装项目设计"等课程，邀请巴黎高等艺术与奢侈品文化学院（ISAL）共同参与，以时尚资讯手册和系列成衣等参赛形式作品为主，线上邀请中法两国专家评委团阵容，结合"元宇宙概念虚拟秀场"呈现技术，共同探讨"双元制"和"学徒制"教育教学体系，开展从作品到产品"真学真做"的全球国际化大赛形式，积极面向全球展现学院高水准国际时尚课程成果和形象（图4-194）。

学院教师团队在人才培养方面独具匠心，始终走在时代前沿，致力于以学生为中心、以市场为导向的教学模式，未来将继续深化改革、持续推进，走出适应区域发展特色的创新道路，培养出具有创新意识、工匠精神、国际视野和实践能力的高素质创新型应用人才，助力大湾区时尚产业发展（图4-195）。

图4-194

图4-195

供稿人：广东白云学院JIWENBO国际时尚设计学院常务副院长　陈贤昌
广东白云学院JIWENBO国际时尚设计学院副院长　江　平
广东白云学院JIWENBO国际时尚设计学院教师　何一帆

广州新华学院服装与服饰设计专业：以美育人，以文化人

广州新华学院艺术设计与传媒学院服装与服饰设计专业经过 14 年的发展，目前在校人数329人，已有十一届毕业生，人数1010人（图4-196）。广州新华学院拥有学术水平高、教学经验丰富、工作责任心强、业界知名度高的专职教师及部分兼职教师，特聘各大名校的教授、副教授以及来自专业团队的双师型高级人才担任专业教师，其博学多才，有较高的教学水平和教学技巧，可保证人才的培养质量。

一、高等教育全球化：向国际市场输送高端服装人才

服装与服饰设计专业参与高等教育全球化进程，通过"3+1""3+2"等多种方式分享国际优质教育资源，结合国外高校先进的教育理念，培养出具有国际视野的本科应用型人才，为国家在全球经济发展和竞争中输送适应国际市场需求的专门人才。其下设三个专业方向，分别是服装设计方向、服装设计与工程方向、服装买手与管理方向。服装设计方向致力于培养能掌握相应的设计思维、表达、沟通和管理技能，以及服装设计、服装材料基本理论和基础知识，了解服装CAD软件的操作和应用，熟悉服装材料的结构性能，具备从选择材料到成品服装制作的全流程运作能力的人才。服装设计与工程方向致力于培养能掌握服装结构设计、服装材料、服装工艺基本理论和基础知识，具备从选择服装材料到成品服装制作的全工艺流程的实际运作能力，掌握生产工艺技术和设备，具有服装工业生产规程制定、产品质量控制、服装纸样设计、样衣制作的基本能力，了解服装CAD的基本原理，具有熟练使用主流服装CAD系统能力的人才。服装买手与管理方向致力于培养能掌握服装营销、品牌策划与管理、服装ERP应用与管理、服装电子商务及服装经营管理基本理论和基础知识的人才。

近年来，服装与服饰设计专业教师赵苗提升自身教学能力，引导学生以赛促学，先后获得2021"裘都杯"中国裘皮服装服饰创意设计大赛、2021顺德（国际）香云纱服装设计大赛、"尚无境 织未来"2022针织新锐设计师大赛等多项赛事的优秀指导老师奖。院校学生在老师的带领下，基于自身的努力，在中国（广东）大学生时装周指定面料团体创意设计大赛中分别荣获最佳舞台效果奖和最佳工艺制作奖。

二、美美与共，创新办展：呈现艺术教育新成果

为深入贯彻落实党的二十大对教育高质量发展作出的部署与要求，2023年4月4日，由广州新华学院、

图4-196

广东省文化馆、广东省许钦松艺术基金会主办,广州新华学院艺术设计与传媒学院、广州新华学院霖霖书院、广东南岸至尚美术馆承办的"美美与共——广州新华学院师生艺术作品展"在广东省文化馆举办。展览集中展示了广州新华学院师生的艺术作品共计80余件,涵盖中国画、水彩画、钢笔画、专业设计作品与服装实体作品等,展现了学校的美育成果和新华师生执着的艺术追求(图4-197)。

展览分为"探寻根基:赏与学""艺海拾贝:游与思""巧夺天工:技与艺"三个篇章,集中展示了创作者对中华优秀传统艺术的探寻学习、对当今社会生活的观察思考与美好愿望(图4-198)。

为了让更多的群众能够真切地感受艺术品之精、品鉴艺术品之雅,学校采用"线上+线下"的展览模式进行"云直播"导览讲解,融入专业解读来全面展示艺术作品的蕴意和创作背后的故事。

图4-197

图4-198

一、践行新时代教学理念：以美育人，以文化人

为践行"以美育人，以文化人"的教学理念，推动校园文化繁荣发展，2023年5月28日晚，广州新华学院艺术设计与传媒学院2019级毕业作品展在东莞校区体育馆举办（图4-199）。

艺术设计与传媒学院副院长杨贤春在发言中表示，过去的四年里，服装与服饰设计专业的学子们刻苦钻研、锐意创新，夯实了基础，锤炼了本领。在本次毕业设计的创作过程中，同学们历经无数的打磨，用辛勤与付出，为大学阶段的学习生涯画上了圆满的句号。杨贤春对学子们的学习成果给予了充分的肯定，并祝愿学子们得偿所愿，前程似锦。

"中国有礼仪之大，故称夏；有服章之美，谓之华。"展演第一部分为中式服装表演，2019级服装与服饰设计专业学子从中国优秀传统文化中汲取灵感，将民族元素和天马行空的创意融入作品中，使作品与中华民族的灿烂文化交相辉映，绘就一幅波澜壮阔的中华文明长卷。

展演第二部分展出了学子们结合自身丰富的想象力、创造力创作而成的服装作品。独具匠心、别有风味，倾注了设计者大量心血的服装逐一呈现，作品巧妙、大胆的设计让全场观众大开眼界，其背后内涵也值得细细品读（图4-200）。

展演除了毕业作品的展示，更有学子们的音乐、舞蹈等表演，使观众感受服饰美、文化美与音乐美，三者结合，融会贯通，为现场观众带来视觉和精神上的双重享受。

图4-199

图4-200

供稿人：广州新华学院艺术设计与传媒学院服装与服饰设计专业副主任　邵诗茹

广东轻工职业技术学院：技精艺湛，道通衣尚，做最懂科技的时尚定制者

广东轻工职业技术学院创建于1933年，前身是"广东省立第一职业学校"，至今已有九十年职业教育历史，是省属唯一国家示范性高等职业院校、中国特色高水平职业学校和高水平专业群（"双高计划"）建设单位。学校全面实施"纵向延伸，横向拓展"协同育人模式，秉承"德能兼备，学以成之"的校训和"自强、敬业、求实、创新"的广轻精神，落实立德树人根本任务，为党育人、为国育才，为社会培养了20多万名高素质高技能应用型人才，毕业生遍布30多个国家。艺术设计学院前身是设立于1975年的广东工艺美术学校，1980年开始探索现代设计教育，到现在已经拥有服装与服饰设计等21个专业与方向，在校学生规模约5000人，其中产品艺术设计专业群为国家高水平专业群，服装与服饰设计专业群为广东省高水平专业群。2022年第三方评价机构"金平果"全国高职院校同类专业排名，艺术设计学院有四个专业位居全国第一。

服装与服饰设计专业创办于2003年，立足粤港澳大湾区，依托广州"定制之都"，全球面辅料一站式采购中心——广州国际轻纺城等区位优势，精准对接文化创意和设计服务产业，顺应"云物大智"新一代信息技术发展趋势，借力广轻数字技术协同中心，面向时尚创意设计、高级定制服务与数字技术相融合的文化创意和设计服务产业转型升级，按照"服装与服饰定制设计数字化升级"思路，对接产品规划、服装/服饰/首饰设计与定制服务、定制体验、智能制造，践行服装与服饰定制设计与数字技术相融合的专业改革。经过两年的广东省高水平专业群建设，共产生省级及以上成果69项，专业群教师参与获得国家教学成果奖1项、广东省教学成果奖1项，获广东省技术能手4人，全国教学能力竞赛一等奖1人，省级教学能力竞赛一等

奖4人，省职业技能大赛一等奖4人，立项"广东省建设培育产教融合型企业"3项等。

一、数字化融入"工学商一体化"项目制课程，打通人才培养与市场需求最后一千米

广东省服装与服饰设计高水平专业群建设，课程体系与教学实践应具有引领性与前瞻性。以往注重手工操作的传统教学手段难以适应现代数字化设计和生产的需求，需要将数字化、智能化、信息化技术手段与专业倡导的"工学商一体化"项目制课程相融合，才能打破时间、空间对创意思维的限制，创造人机互动、三维数字化设计的教学环境，为粤港澳大湾区培养满足智能时代发展需求创意设计人才。结合企业实际项目，构建以"数字制造工程技术中心"为代表的真实生产实训平台，以真实商业化运用流程作为参考，深度优化服装与服饰设计专业课程对接，满足学生智能化、数字化、虚拟化技能训练、专项技能轮岗训练、综合能力顶岗实习等实践教学的需要，最大化利用教学资源，实现培养高素质复合型技术技能人才的目的。借助先进的三维人体扫描系统、三维面料纹理采集系统、面料物理属性采集系统、纸样读图仪、纸样喷墨打印机、智能单层裁床、服装3D虚拟仿真、建模、渲染、走秀系统、MTM服装定制系统、服装CAD系统、服装陈列系统等，进行全数字化、智能化、无纸化设计、制板、生产等实训教学，在培养学生使用三维系统、智能设备进行创意设计、制板、制造等能力的同时，融入企业项目，能够设计出合理、规范、符合市场的各类服装服饰产品，使"作品=商品"成为现实，充分体现"工学商一体化"项目制课程的教学特色，打通人才培养与市场需求的"最后一千米"（图4-201）。

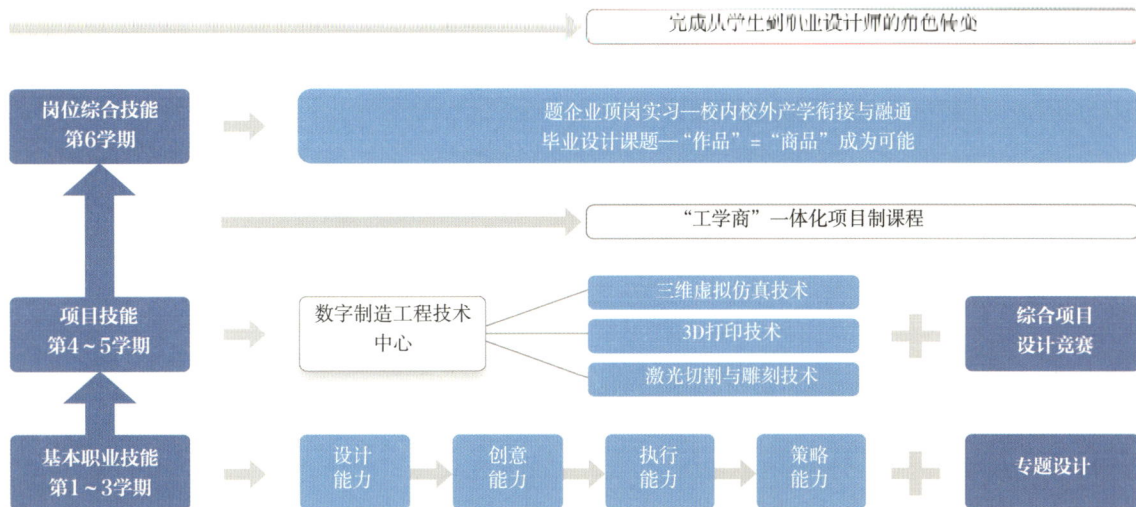

图4-201

二、打造数字化产教科实践基地，培养"通衣道、精技艺、懂科技"数字化复合型技术技能人才

积极整合政校行企各方资源，遵循"企业对接专业，生产对接教学，岗位对接课程"三对接原则，全面打造面向行业企业的数字化、智能化、信息化产教科实践基地，以职业能力培养为主导，用项目驱动教学，提升服装与服饰设计专业群办学规模和效益，充分发挥职业教育对区域经济和社会发展的辐射带动作用，助力服装服饰产业转型升级，真正实现"专业项目就是设计公司、指导教师就是设计主管、项目作业就是产品成果"，为粤港澳大湾区培养"通衣道、精技艺、懂科技"数字化复合型技术技能人才。

1.企业对接专业

服装服饰产品落地离不开企业的标准与工作流程，企业可以赋能专业，大大提升专业产品的转化率。专业与企业签订权、责、利明晰的校企合作协议，共同研发新产品和解决企业实际问题。校企可以与专业共享共建职业文化内涵。一方面可以在校内营造企业文化氛围，粘贴行业发展前景、合作企业宣传、职业行为规范、操作规范、管理制度等文化板，通过定期举办企业文化专题讲座，让学生更好地了解企业文化；另一方面在专业实践教学过程中，加强职业素养培养，把文明安全生产习惯、操作规范和职业素养纳入实训考核中，制订具体的评价指标。通过显性环境氛围营造和隐形职业素养渗透式教学相结合，提高学生的职业素质。

2.生产对接教学

校企双方共建人才培养模式、构建课程体系、开发实训项目、制订实训指导手册，并融合企业的生产管理、技术、服务等，以工作过程为导向，以典型工作任务为载体，以培养学生职业能力为核心，使教学过程与生产需求相结合，从而使学生的职业技能得到锻炼和提高。根据服装与服饰设计专业的特点，产教融合要与创意设计完整的工作过程相融合，包括服装服饰数字化设计、虚拟建模、3D打印样品、激光切割与雕刻加工、服装服饰产品试营销等环节，在实践基地实现"全数字化设计流程与智能制造"的生产过程，并在生产过程中完成教学任务，实现学中产，产中学。

3.岗位对接课程

校企共建共享课程资源库，服务未来服装服饰设计岗位。共同为岗位创建优质课程资源、行业标准库、培训资源库、案例库等（图4-202）。

三、"工学商一体，产教科联合"典型案例

按照"资源共享、优势互补、合作双赢"理念，数字化产教科实践基地与广州市洛卡蒂诺服饰科技有限公司、广州千一文化有限公司、广州市珈钰服装设计有限公司、广东省博物馆、西汉南越王博物馆等十多家单位签订校企合作协议，建立稳定的合作关系，以"工学商一体"项目制课程为载体，利用数字化产教科实践基地虚拟仿真、3D打印、激光切割等设备，

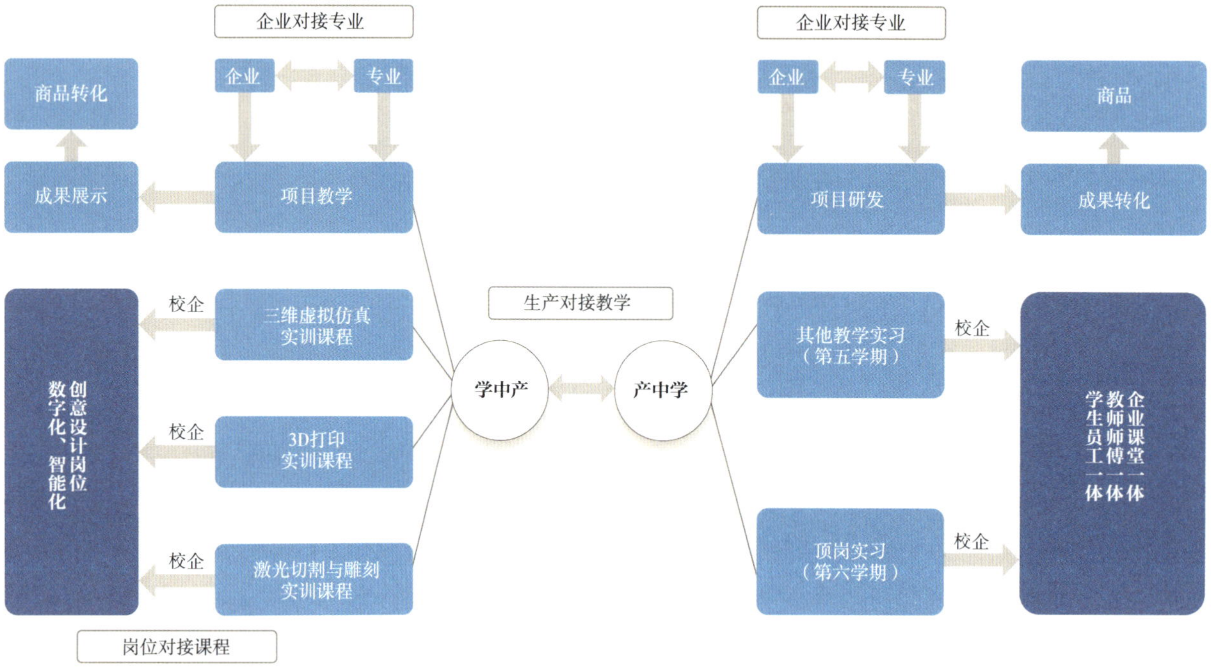

图4-202

以横向课题合作的方式，共同研发与制造包括服装、服饰、文创、皮具、首饰等创意产品，形成"工学商一体，产教科联合"典型案例。图4-203为与深圳琥珀数字时尚科技有限公司一起为恒源祥品牌制作元宇宙数字旗袍资产。图4-204为与浙江凌迪数字科技有限公司一起为阿里天猫"我的试衣间"项目进行品牌服装虚拟制作。

图4-204

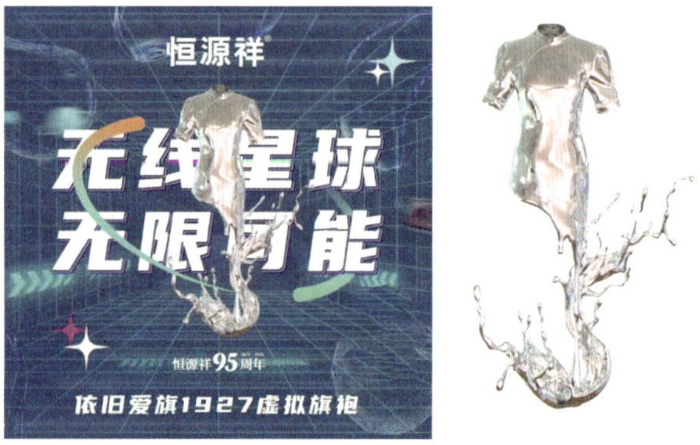

图4-203

供稿单位：广东轻工职业技术学院服装与服饰设计专业

广东文艺职业学院设计与工艺美术学院服装与服饰设计专业：承非遗技艺之美，创非遗时尚之路

广东文艺职业学院设计与工艺美术学院围绕培养"承匠心之道、传文化之美、创艺术之新"的高素质复合型创新型技术技能人才的目标，实施文体传承+设计创新+智能科技的人才培养模式，立足广东，面向粤港澳大湾区，辐射"一带一路"，服务文旅产业发展，传承岭南传统工艺，践行创新与数字技术相融合的教育改革，以工艺美术品设计专业群建设为核心，实现多个专业融合发展，围绕服务文旅产业，振兴工艺、文旅融合的"一个产业两条主线"的思路构建专业群，精准对接粤港澳大湾区文旅产业需求，深化传统技艺与现代设计相融合的人才培养模式改革，培养"精工艺、通技术、新设计、擅传承"的新时代高素质复合型工艺美术技术技能人才，为粤港澳大湾区文旅产业转型升级提供人才支撑与智力支持。将专业群建设成为广东工艺美术高素质复合型技术技能人才培养高地、技术技能创新服务高地、岭南传统工艺保护传承与创新高地、粤港澳大湾区文化生态的实践者，成为具有岭南特色、广东一流的高水平专业群，依托大师技艺优势，打造技艺特色课，精进学生工艺技艺，形成"活态传承+科技赋能"的人才培养模式。

服装与服饰设计专业围绕学院人才培养目标及专业建设核心，聘请非遗技能大师，将非遗传承项目化，通过非遗项目打造特色工作室，将技艺传承引入课堂，实现从技艺传承到拓展设计贯穿整个项目教学中。组织学生从认知、了解、技艺学习、设计、制作、展示，全面实践"技艺+时尚"的核心理念，探索非遗技艺项目教学的多元素、新方向，进一步实现非遗技艺在时尚道路上的多元化发展。

一、广东纺织服装非遗（潮绣）传承振兴工作站

共建单位：广东省服装服饰行业协会、广东文艺职业学院设计与工艺美术学院

共建项目：潮绣——国家级非物质文化遗产

为积极响应《中国传统工艺振兴计划》和《广东省传统工艺振兴计划》文件精神，推动中华优秀传统文化创造性转化、创新性发展，广东省服装服饰行业协会与广东文艺职业学院共建"广东纺织服装非遗传承振兴工作站"（以下简称"工作站"）。

工作站着眼于中国四大名绣之一广绣的重要分支——潮绣的传承与保护研究，邀请潮绣研究所詹惠娜老师作为技术传承导师，到设计与工艺美术学院传授技艺，依托学院高质量发展建设，结合工作室特色建设，开展工作室项目课程，开设潮绣专题讲座及沙龙，着重培养技能人才及传统技艺设计研发人才。

协同广东省服装服饰行业协会，整合具备非遗课题研究、设计开发、产品销售、展示体验等资源，推动潮绣非遗技艺保护、传承与振兴，并促进潮绣在纺织服装产品上的时尚化创新研发应用（图4-205）。

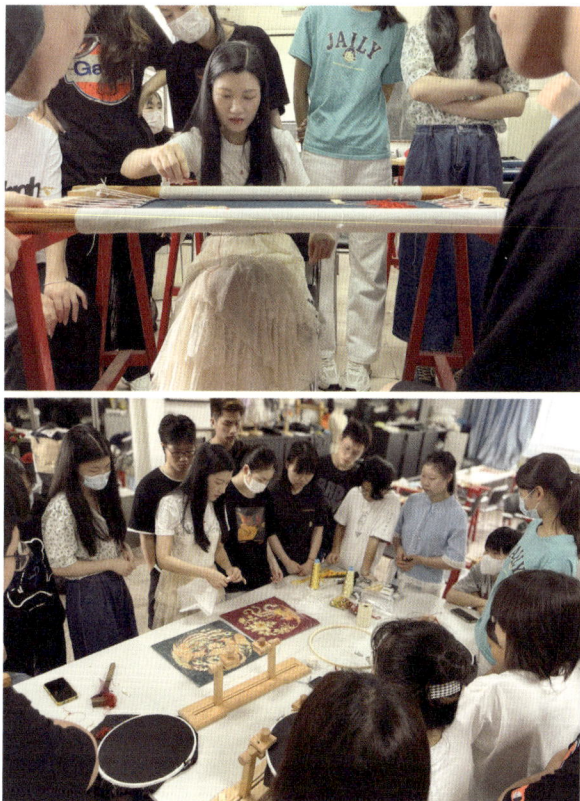

图4-205

提升专业建设水平，打造特色实践型工作站：工作站依托于设计与工艺美术学院服装与服饰专业"绣·色工作室"，面向服装与服饰专业全体学生，打造"传统技艺+新型专业教育"的特色专业教学模式。

打破单一教师类型局面，打造多元教师团队，提升教师协作能力：发展"工艺美术大师+艺术设计专业教师"为基本协作模式，围绕传统技艺开展设计开发项目，延伸普通专业课程，探讨"传统技艺+现代设计+项目教学"新模式。

有亮点、有特色的突出成果：以服装服饰为主要类型作品，展现多种类型、多种层次的工作站项目教学成果。体现专业融通，体现新技艺人才的培养，体现传承与创新理念的尝试，体现旧技艺新道路的探索（图4-206）。

图4-206

二、蔡赛花（抽纱）技能大师工作室

工作室项目：抽纱——国家级非物质文化遗产代表性项目

技能大师：蔡赛花，国家级非物质文化遗产代表性传承人/高级工艺美术师

蔡赛花技能大师工作室成立于2022年（图4-207）。为传承岭南文化精髓，建设具有岭南特色的高水平专业群，学院于2021年底正式引入国家级非物质文化遗产传承人蔡赛花大师为学院技能大师，成立"蔡赛花（抽纱）技能大师工作室"（以下简称"工作室"）。

图4-207

工作室立足于潮州抽纱活态性传承，发挥蔡赛花大师在抽纱技艺传承中的引领作用；对接纤维艺术设计、工艺品设计、视觉传达、服装与服饰设计与手工工艺等高技能人才队伍建设，打造多元化教学团队，培养"民间新艺人"。

工作室定期开展"潮州抽纱非遗工作坊"活动，通过大师课形式传授潮州抽纱技艺，通过开展讲座、沙龙等探讨传统技艺的新发展，以传承与创新为核心思想，以传承抽纱技艺为基础，合理利用抽纱技艺开发新图形、新产品（图4-208）。

图4-208

专业群建设提升，打造矩阵型的实践性工作室，"蔡赛花（抽纱）技能大师工作室"依托于设计与工艺美术学院"绣·色工作室"，矩阵数字创意设计系工作室，面向设计与工艺美术学院全体学生，打造传统与新技术新理念的专业相互融通的专业群。

教师团队协作能力提升：以蔡赛花大师为传统抽纱技能核心，以"工艺美术大师+艺术设计专业教师"

为基本协作模式，以项目打通专业壁垒，延伸工作室项目课程，探讨各专业领域教师之间及与工艺美术大师之间更有效的协作方式。

有亮点、有特色的突出成果：以矩阵项目的形式展现多种类型，多种层次的工作坊项目教学成果。体现专业融通，体现新技艺人才的培养，体现传承与创新理念的尝试，体现旧技艺新道路的探索（图4-209）。

文化创意产品（扇面与方巾）
抽纱图形设计

图4-209

供稿人：广东文艺职业学院服装与服饰设计专业教师　蔡丹丹

教研室主任　李文娟

广东文艺职业学院设计与工艺美术学院党总支书记　陈少炜

副院长　吴永坚

中山职业技术学院：政校企协同、十年磨一剑，打造沙溪纺织服装学院省示范性产业学院

一、学院简介

沙溪纺织服装学院是中山职业技术学院与中山市沙溪镇人民政府协同共建的产业学院。学院成立于2012年12月，2013年9月正式投入办学，学院以服装与服饰设计专业主导办学。学院办学十余载，紧贴中山产业发展需求，通过"镇校企"协同创新育人项目合作，构建了"政校企"多元协同育人机制，打造了"广东省首批协同育人基地""广东省高等职业教育实训教学基地""广东省应用技术协同创新中心""广东省产教融合协同创新平台""广东省示范性产业学院""广东省示范性社区教育基地"等诸多重要项目平台；获得了"广东省重点专业""广东省一类品牌专业""广东省高水平专业群建设专业"、国家教学成果奖二等奖、广东省教学成果奖一等奖、全国职业技能大赛一等奖、广东省青年教师教学能力大赛特等奖等10多项国家级标志性成果以及70多项省级标志性成果，打造形成了国内具有广泛影响力的特色产业学院。

学院现有全日制在校学生人数480人，专兼职教师46人。其中，专职教师21人（博士1人、硕士10人、教授1人、副教授8人、中国十佳时装设计师1人、广东十佳时装设计师3人、广东省教学名师1人、广东省工艺美术大师1人、广东省五一劳动奖获得者1人、广东省技术能手1人）。学院服装与服饰设计专业涵盖普通高职教育、中高职3+2衔接教育、高本3+2协同培养、现代学徒制教育、自主招生、成人教育、培训教育等多元化人才培养形式。

二、专业创新改革举措

1.政校企合作共建产业学院协同育人平台

中山职业技术学院服装与服饰设计专业将专业办到产业镇区，与"中国休闲服装名镇"沙溪镇人民政府、沙溪服装龙头企业等合作共建沙溪纺织服装产业学院，吸引服装设计、印花、电商等众多企业项目入驻，共同创建省级"沙溪服装专业镇产业学院协同育人基地""纺织服装产业协同创新中心""服装3D设计

制版智能化产教融合创新平台"等技术赋能平台。构建共同创新、专业共建、人才共育、师资共培、资源共享、实习就业共推"六共"多元育人机制。建立学校教师与企业设计人员互兼互聘、教师企业岗位实践、企业项目共同开发、产教成果相互转化等教师实践能力提升平台，解决专业发展与产业转型升级需求脱节的问题。

2.优化教学手段与方法

结合服装行业时尚创新的特点与当地休闲T恤、印花、牛仔等产业集群优势，有机融合"粤绣（雪花针法）""醉龙""鹤舞"等非遗文化项目，将专业设计文化与优秀传统文化相结合，将非遗项目引进课堂，融入创新项目。引入巨邦集团有限公司T恤产品开发、顺怡公司数字印花设计、斯菲比尔公司激光牛仔洗水等企业实际生产项目及其标准规范，将企业生产任务引入教学过程；建设由技能大师、教学名师、学生创新创业工作室等25个多类型工作室，建构双境、双导师、双主体、双评价的"四双融合"课堂教学形态（图4-210）；建立校内企业生产场景、校外企业教学场景，构建实战化教学情境，实施线上线下混合式教学和多元化评价方式改革，推动"课室展赛"多载体联动（图4-211）。解决教学实践与企业生产运营脱节的问题。

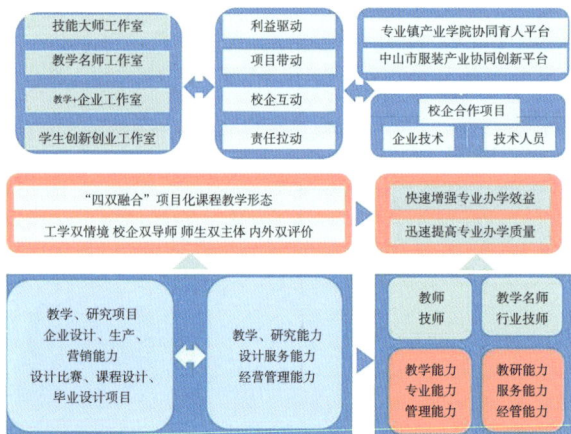

图4-210

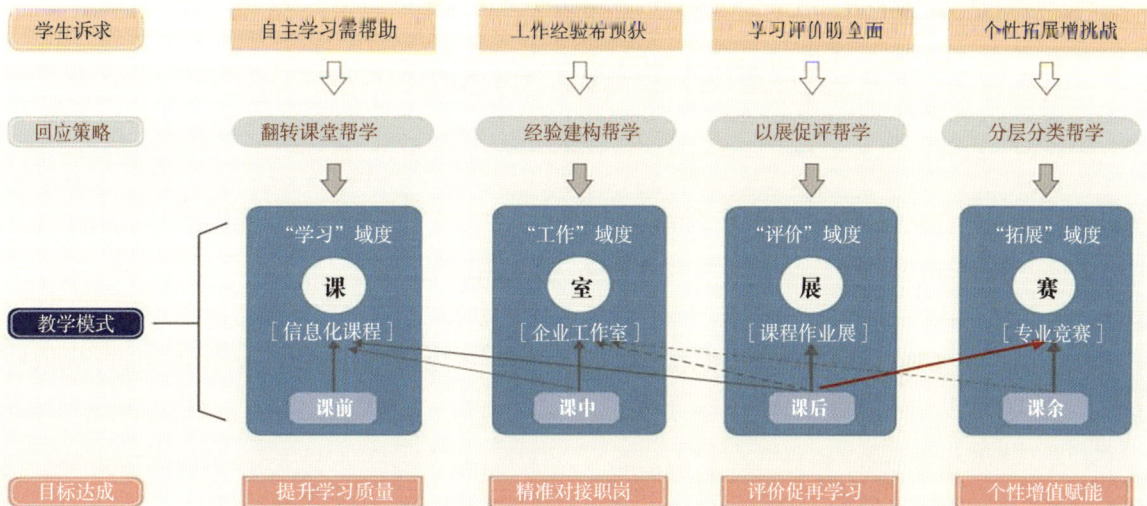

图4-211

3.结合产业发展和人才市场需要重构专业课程体系

针对中山休闲服装产业发展的要求和专业岗位人才要求变化，专业通过参与全国服装与服饰设计专业教学标准项目研制，广东省服装与服饰设计专业中高职衔接3+2一体化教学标准项目研制，参与全国专业教学资源库项目建设、省级精品资源共享课程建设等举措。同时，通过引入全国职业技能竞赛标准，推动标准引领、项目驱动、岗位需求相结合，重构能力核心专业课程体系，解决课程体系与岗位能力要求脱节的问题。

三、学院未来发展展望

以省级示范性产业学院项目建设为引领，创新学院体制机制建设和人才培养模式，打造高水平专业群。坚持"产教融合，工学结合"办学理念，注重立德树能，深入推动"产、学、研、创、用"多元项目融合；大力推进创意设计、数字技术、市场管理等能力融合；有效促进行业大师、专业教师、企业名师教学融合，提高专业群专业的教学质量与水平。

以学校"双高校"创建和省域高水平专业群项目建设为驱动，着力打造产教融合协同创新平台、企业服务平台。依托沙溪纺织服学院已创建的各类协同创新和育人平台，不断创新产教融合机制，加强平台设施建设，以建设更高层次项目平台为目标，深入推进沙溪纺织服学院各项改革与专业发展。

以服务服装产业数字化转型升级为依托，打造产业数字化人才培养基地。结合中山服装产业数字化转

型需要，积极引进服装数字化技术，以服装3D设计、AI设计、服装企业SCM管理技术等为数字技术主要载体，依托沙溪纺织服装学院协同育人基地，构建服装产业数字化人才培养基地，为产业数字化转型升级提供人才支撑（图4-212、图4-213）。

图4-212

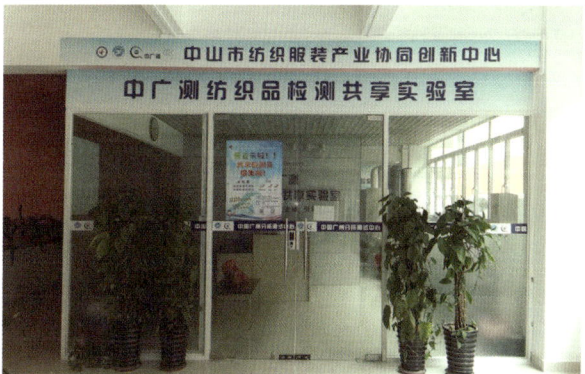

图4-213

供稿人：中山职业技术学院艺术设计学院副院长　刘周海

东莞职业技术学院：课程思政，赛创融合，
助力学生全面发展

"坚定信念，博学精专"，作为职业教育的专任教师有责任和义务深入贯彻 习近平总书记关于职业教育的重要指示，落实《国家职业教育改革实施方案》等部署，结合服装行业"十四五"发展指导意见和2035远景目标，围绕立德树人根本任务，推进专业教学改革，坚持以学生为中心，深化"课程思政""双创教育"建设，勇担为党育人、为国育人使命。

一、打造课程思政示范课程，推动课堂革命，落实立德树人

专业课程是思政、双创融合育人的载体，课堂是教师育人的阵地。坚持以学生为中心，对接企业岗位需求，融入课程思政，创新赛创融合的课程改革路径，依托大朗毛织产业学院、双创工作室等多个平台，以"高职服装设计专业项目化教学设计研究"等省级教改课题、"山艺女装设计"等多个校企协同项目、"服装设计与工艺职业技能大赛"等多个专业技能竞赛、"挑战杯大学生课外学术竞赛"等多个双创竞赛为载体，将工匠精神、中华优秀美学和服饰文化、双创素养等融入专业课程教学中，明确教与学的责任与使命，打造赛创深度融合的课程，推动课程改革与课堂革命。立项校级课程思政示范课建设项目1项，获得中国纺织工业联合会纺织职业教育教学改革成果奖二等奖2项，立项广东省课堂革命典型案例2项（图4-214）。

图4-214

二、以赛促学，以赛促创，提升学生双创素养和专业自信

竞赛是服装与服饰设计专业提高学生专业竞争力、专业自信度的主要方法之一，以竞赛项目为双创设计实践载体，实现赛创研融合。组织学生参与挑战杯、"互联网＋"、职业技能大赛、非遗创新设计赛等多个双创竞赛项目，获得"创青春"中国青年文旅创意设计大赛银奖、第十七届"挑战杯"广东大学生课外学术科技作品竞赛特等奖、数字创意设计大赛全国一等奖等多个奖项，累计获奖50余项；助力学生完成企业双创项目12项（图4-215）。结合学情特点，创新竞赛设计，将竞赛考核知识、能力、素养等融入课程人才培养目标中，优化课程项目任务教学设计，促进课程内容改革，推动教学成果转化，实现以赛促学、以赛促创，增强学生的双创素养和专业自信。

图4-215

三、创立非遗工作室，参与大学生时装周，提升文化自信和专业影响力

学校及学院积极践行习近平总书记关于传承中华优秀传统文化的要求，成立非遗大师工作室，并依托非遗大师工作室，以岭南客家服饰、粤绣、东莞非遗等多个非遗传承与创新设计项目为载体，深入挖掘中华优秀传统服饰文化和手工艺中蕴含的设计审美、文

化内涵，通过服装与服饰创新设计，提升学生对中华优秀传统文化和手工艺的埋解，实现以美化人（图4-216）。积极参与广东省大学生时装周、粤港澳大湾区双年展、全国数字艺术设计大赛优秀作品展演、米兰设计周、东莞市非遗项目进校园等多个专业活动。其中，入选广东大学生时装周学校专场作品22个系列，共计120余套，学生在项目实施过程中，提升了对专

业知识的理解、激发了学习兴趣。同时，借助广东大学生时装周舞台扩展了师生的专业视野，提升了学校的专业影响力。

四、不忘初心，牢记使命

作为新时代的党员教师，在培养学生的同时，不断提升专业教学水平，积极参与教学能力大师和专业技能大赛，深入科研，为学生树立榜样。2022～2023年，获得广东省职业院校技能教学能力比赛一等奖1项、东莞职业技术学院教学能力大赛一等奖 1 项、广东省青年教师教学能力大赛二等奖1项等，累计获奖10余项，完成省市级课题5项，获得广东省大学生时装、全国数字艺术设计大赛等多个竞赛活动优秀指导教师荣誉。丰富的教学竞赛与科研实践，不断提升教学质量，推动专业课程改革与课堂革命，助力思政融通、赛创融合的专业育人实践，坚持以学生为中心，为落实立德树人根本任务，促进学生全面发展而不懈努力（图4-217）。

图4-216

图4-217

供稿人：刘梦　亓晓丽

广州大学美术与设计学院：让非遗走向世界，打造国际化服装设计人才

近几年，广州大学美术与设计学院快速发展，并取得了显著成效。现拥有美术学（师范）专业国家一流专业建设点，产品设计省级一流专业建设点。同时，学院拥有力量雄厚、经验丰富的师资团队，学院现有教职工102人，其中享受国务院特殊津贴专家1人、教授12人、副教授26人、博士生导师2人、博士后合作导师8人、硕士生导师43人，80%以上的教师具有博士、硕士学位，还聘请非遗传承人、行业大师、艺术家等12人为校外导师。学院教师主持、国家社会科学基金项目、教育部人文社会科学项目、国家艺术基金项目共13项（含国家社会科学基金艺术学重点项目2项），主持省级、厅级科研项目44项。学院先后与德国、英国、意大利等国的知名艺术院校签订了各类交流合作项目，与广州轻工集团、珠江电影集团、广东省广告集团、广东省美术家协会、广东省动漫艺术家协会、广州市美术家协会、广东华培教育装备有限公司、广东网演文旅数字科技有限公司、广州卓远虚拟现实科技有限公司等广东省多家文化和企事业单位签订了产学研合作协议。

一、立足广东省面向国际化，培养高素质复合型人才

学院服装设计专业创办于1987年，是广州地区较早建立的同类专业，也是原广州大学艺术设计系最早建立的专业之一。2000年，广州大学成立了美术与设计学院，服装设计专业隶属于该学院设计系。2013年，新增服装表演与设计专业方向。2018年，根据教育部人才培养方案，将服装与服饰专业归入产品设计专业。产品设计专业立足广东省，依托粤港澳大湾区制造业的优势和人工智能产业发展趋势，以"高素质、强基础、重创新、国际化"的产品设计人才规格定位，培养以消费市场和用户需求为设计目标，具备创造性

发现问题、分析问题、解决问题的设计能力和服务于粤港澳大湾区工业制造企业及面向未来的创新型产品设计人才。

专业秉承广州大学"立德树人、专通相融、体艺见长、个性发展"的人才培养理念，培养学生掌握扎实设计理论知识、创新思维能力、综合造型基础、设计方法与程序、设计表现技能、科技工艺手段；培养具有国际视野、人文情怀、艺术修养、社会责任感和时代使命感的专业化、复合型、创新型产品设计人才，面向当代社会、科技发展、服务消费者需求，能够在工业制造企业、设计院校和设计公司从事产品设计、市场调研，用户调研、设计咨询、设计教育和设计管理等单位胜任工作的产品设计专业人才。曾培养优秀校友中国十佳时装设计师屈汀南先生、中国十佳时装设计师王江女士，广东省十佳时装设计师冼裔东先生、周立华先生等。

二、打造科艺融合创新平台，开展非遗教育实践活动

学院"岭南文化艺术与科技融合创新平台（实验室）"获批2022~2026年度广东省科普教育基地。由广州市文化广电旅游局批准支持建设的"广州市广绣非遗工作站"经专家现场评估荣获"优秀"等级。此外，为深入贯彻落实习近平总书记关于教育的重要论述和全国教育大会精神，学院开展"三下乡"社会调研实践活动，结合美育浸润计划，组建七彩艺社暑假社会实践队，招募学院学生志愿者开展关于汕尾泥塑、皮影、纸扎非遗文化调研，以及组织红色文化基地和乡村振兴示范村参观，并将调研成果做成课程转化，将非遗文化带入学校，走进课堂，让更多学生进一步了解中华民族优秀传统文化，为推广中华民族非遗文化贡献一分力量。图4-218为广州大学美术与设计学院暑期社会实践汕尾市非遗调研。

图4-218

学院服装设计导师获得2022年度广东省教学质量与教学改革工程和高等教育教学改革项目立项，教育部产学合作协同育人项目优秀成果"粤剧服饰面谱展"于2023年在广州粤剧院成功展出，该成果服务于第31届中国戏剧梅花奖粤剧"文成公主"。图4-219为广州粤剧院"粤剧服饰面谱展"。

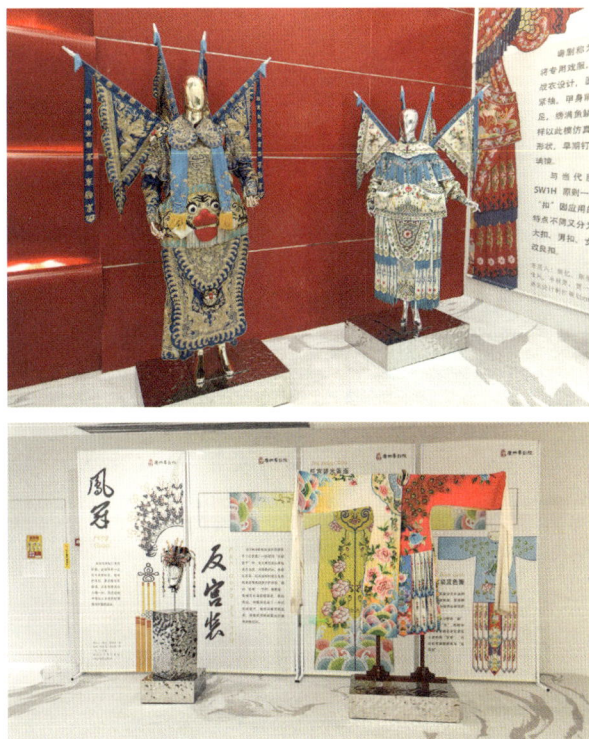

图4-219

三、受邀参展伦敦时装周，取得丰硕教育成果

学院导师和研究生及服装设计本科生组成创新创业研发团队的不断努力，创新创业环保面料设计项目受邀参展"2022伦敦设计节·可持续中国展Dilemma（进退维谷）"。伦敦设计节一直是世界备受瞩目的设计盛事，是全球最有影响力之一的设计活动，自2003年创立以来，20年的时间汇集了来自全球各地的设计师、建筑师、艺术家等，使伦敦成为世界设计之都，也为世界讲述了数百个设计故事。学院荣幸成为伦敦设计节受邀参展的唯一的国内院校（图4-220）。

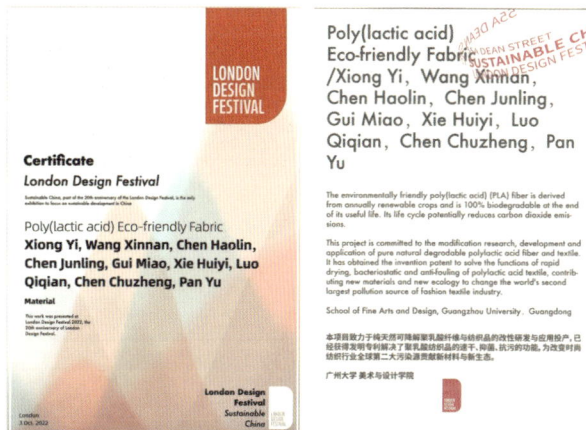

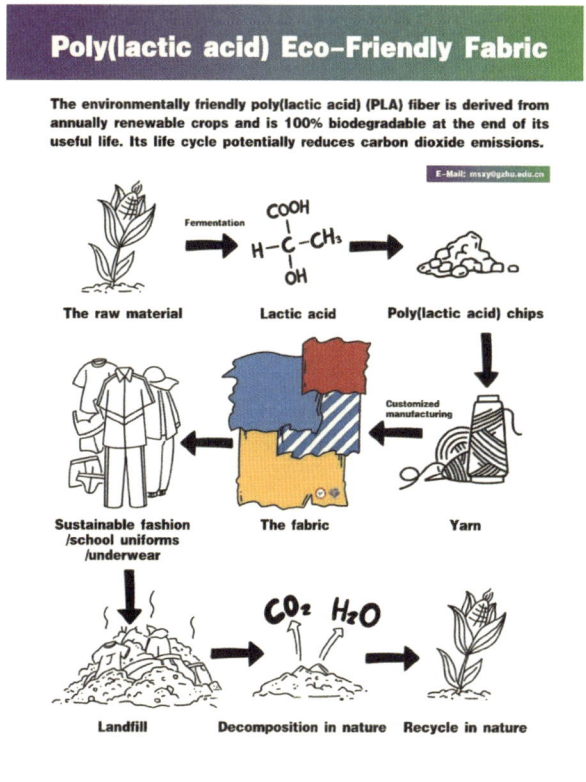

图4-220

此外，学院服装设计的学生取得了优秀的成果，包括发表高水平文章十余篇；获得发明专利授权3项、软件著作权4项、外观专利13项；获得各类国际设计奖项60余项，第二十八届中国"真维斯杯"休闲装设计大赛金奖，第二十一届"虎门杯"国际青年设计（女装）大赛总决赛金奖（图4-221），第七届中国国际"互联网+大学生创新创业"大赛国赛银奖1项、省赛2金2银，第八届"建行杯"中国国际"互联网+"大学生创新创业大赛广东省分赛银奖（图4-222）、2020届毕业生作品《樂·歌》参与谭盾《敦煌·慈悲颂》2020巡演。学生还通过课程作业和项目拓展，7人在国际赛事中获得优秀奖，11人获得英国剑桥大学、英国帝国理工学院、香港理工大学、巴黎国际时装艺术学院等知名院校的硕士晋升机会。

图4-221

图4-222

供稿单位：广州大学美术与设计学院

广州市白云工商技师学院：世赛领引下的服装专业建设

广州市白云工商技师学院服装设计与工程专业是广州市技工院校第一批重点专业，该专业以市场为导向，服务于粤港澳大湾区服装、服饰产业。目前已经形成了以服装设计与工程为龙头，服装设计与制作、服装设计与品牌策划、时装技术几个专业协同发展的专业的服装专业群，在校生人数近千人。办学30多年来，为行业培养了数以万计的高素质技能人才，在社会上具有良好的口碑。

学校自2014年接触世赛技能大赛，2019年获得第45届世界技能大赛（时装技术项目）冠军以来，紧扣重点专业建设目标，积极发挥专业带头人的作用，以一体化教学为基础，以世赛转化为提升，积极开展相关学术交流，培养专业建设骨干，建设精品课程，加速教学改革（图4-223）。

图4-223

一、世赛领引下专业建设工作情况

学校积极开展时装技术世赛项目研究，建设了一个基于世界技能大赛标准的课程体系，其中包含专业能力和通用能力。结合其企业对员工的基本素质要求及世界技能大赛的标准，形成了综合职业能力的培养体系。

1. 人才方案与世赛标准对接

依托世赛成果转化，通过专业建设确定了人才培养目标，即服装设计与工程专业培养懂结构、会工艺、精设计的综合实力较强的复合型高技能人才。形成以服装设计与工程为龙头专业的服装专业群。同时，在国家人力资源社会保障部办公厅指导下，学校参与了世赛转化的课题研究，形成了"世赛引领、技艺结合、三个课堂、四方协同"的"1234"特色人才培养模式。剖析世赛时装技术项目各项文件，与核心课程对接。把世赛时装技术项目的内容转化为学习内容，按世赛要求规范化、标准化，注重学生综合能力的培养以及工匠精神的培育。

2. 课程标准与世赛标准对接

学校依据人才培养目标定位，结合世赛时装技术项目的技术要求，构建了科学合理的课程体系，明确了课程的定位。以就业为导向，在世赛专家、企业实践专家、课程专家的共同指导下，对服装设计师助理以及服装设计师职业开展典型工作任务分析，以典型工作任务所包含具体实际工作任务为引领，以职业能力为本位；基于服装设计人员岗位工作应具备的职业能力设置课程内容。

3. 教学评价与世赛标准对接

剖析世赛时装项目各项文件，世赛标准中把工作过程的规范以及工具的使用、安全防护措施的执行、工作报告的撰写、环保意识等，这种通过对完成任务的过程进行全面细致考察而形成评价结果的方法，具有很强的科学性和先进性，对学校技能人才的评价有很好的借鉴作用。

4. 注重学习场地建设和学习环境、学习氛围的营造

学习场地建设。本专业按照工学一体化的建设思路建有一体的校内服装实训中心，是第44届、45届、46届世赛时装技术项目中国集训基地，也是广州市高技能人才公共实训鉴定基地（图4-224）。

图4-224

学习环境、学习氛围营造。学校有效利用企业资

源建立校外实践基地，让学生接受真实工作环境的训练，尽早感受和体验一线工作，积累从业经验。学校不只是注重学生专业技术的培养，更加关注心理健康和职业素养的习惯养成，如以"创新驱动发展、科技引领未来"为主题，通过世赛项目的转化提炼"冠军精神""工匠精神"等内容开展一系列的讲座和活动，为学生专业学习营造良好的氛围（图4-225）。

图4-225

二、世赛效应下专业建设工作成果

1.深化人才培养模式改革，提高人才培养质量

依据广州市技工院校重点和特色专业建设工作方案以及广州市技工院校高质量发展行动计划等文件精神，以培养具有人文素养、职业技能、创新精神和实践能力的双高人才为宗旨，以世赛时装技术项目为载体，依据《一体化课程开发技术规程》，以促进学生自主学习和探究学习为目标，紧密结合实际，不断改革，积极探索，构建了能力本位、工学一体的课程体系。

2.开发精品课程，优化学习资源

学校以精品课程建设引领课程规范化建设与管理，有效提高了课程建设的水平。服装设计与工程专业"服装结构设计"课程通过广州市技工院校精品建设课程验收，目前正在建设广东省精品课程。

学校借鉴世赛场地的建设，将各一体化课程的学习工作站的功能进行了分区，如各学习项目的教学场所、讨论区、演示区、成果展示区，加强了对职业环境的营造。

3.注重课程思政和特色创新

世赛项目除了评价选手的技术能力外，也重视对职业素养的考核，这与技工院校的人才培养的目标是契合的。学校专业教师在任务的实施中融入了劳动精神、劳模精神与工匠精神内涵，同时体现了"广东技工"的特色，更加注重团队意识、安全意识和质量意识的锻炼，形成了课程思政和职业素养两套教学资源开展素质活动，培养日常行为规范。

4.积极开展世赛成果转化

通过对世赛的研讨、交流，开展对世赛技术文件、评分标准、集训样题的成果转化。一是应对市场需求，将世赛技术标准要求嵌入对社会发展产生作用的产品中，通过行业推行比赛中优秀工法，提高企业生产力。二是通过科研和学术总结，辐射相关院校，以论文和专利的方式总结训练中的经验和感悟。以点代面，做好专业建设和课程建设。

三、结束语

技能大赛是职业教育发展的"风向标"，是营造学习技能人才、尊重技能人才、争当技能工匠良好社会氛围的重要窗口，技工院校作为培养高技能人才的主阵地，要贴近企业培养高端技能人才，对新时代推进高技能人才队伍建设有着重要意义。

供稿单位：广州市白云工商技师学院

广东科技学院服装设计与工程专业：广东省第二家通过 IEET国际工程教育认证的专业

广东科技学院服装设计与工程专业，在2022年11月进行了中华工程教育学会（IEET）国际工程教育认证远程访视验收，于2023年2月正式获得IEET 认证委员会工程教育认证执行委员会（EAC）认证结果报告书，是广东省第二个通过IEET认证的服装设计与工程专业。专业通过认证意味着人才培养质量得到欧美及世界上大多数国家的认可（图4-226）。

广东科技学院服装设计与工程专业是广东省教育厅验收通过的特色专业（项目主持人为谭立平教授），也是广科第一个省级特色专业。2022年，陈思云副教授主持的"服装工艺基础"课程获得了广东省一流课程建设立项。程晓莉副教授获得广东省青年教师讲课比赛一等奖，成为广科当年唯一一位获一等奖的青年教师（图4-227）。

服装设计与工程专业拥有一支年龄、职称结构合理的优秀师资队伍。队伍中有博士、教授，也有充满活力的青年教师。教学名师、教学标兵、教学拔尖人才成为专业的中流砥柱。专业建设支撑着广科高质量、快速发展。本专业在近几年发生了深刻变化，得益于广东科技学院优秀校园文化和人才培养环境，得益于服装优秀团队文化、敬业精神和形成的核心竞争力。

广东科技学院服装设计与工程专业立足东莞纺织服装产业，面向粤港澳大湾区，培养适应地方服装产业转型升级的高素质应用创新型专门人才。经过近十年的发展，目前已经成为广东省特色专业，广科应用型人才培养示范专业、一流专业、实验教学示范中心，在2022年艾瑞深校友会公布的专业排名中，位列全国应用型大学专业排名第9，广东第2，专业星级5星，专业档次A。

学院通过实施"德智体美劳"五育并举的育人模式，促进了学生全面发展。通过落实人职匹配、因材施教、分类培养之教育举措，助力学生成长成才。通过不断加强学科专业建设，提高了学生专业素养。学院大力开展立足粤港澳大湾区产业与技术发展的创新创业教育，培养学生创新思维能力。根据OBE理念和东莞服装产业转型升级对服装专门人才的要求，学院调整了服装专门人才培养目标，制订了适合学生发展的人才培养方案。通过不断优化人才培养机制和课程体系，不断提高人才培养质量，将毕业生应具备的核心能力落到实处。通过不断凝练、提升专业内涵，加

图4-226

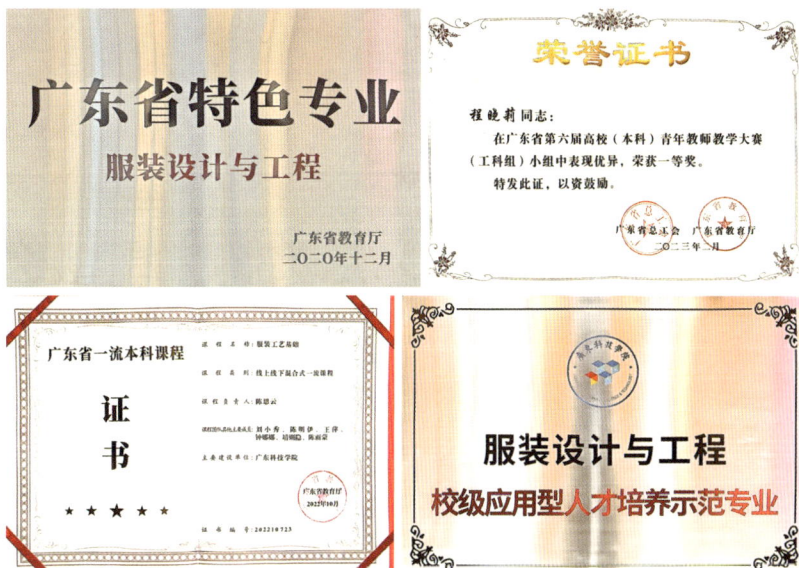

图4-227

强校企协同等多种渠道和方式，持续改善毕业生核心能力培育及评量机制，以确保所设定的专业教育目标得到有效执行。针对评量结果及毕业生问卷调查，每年采取外部咨询委员会、教师与学生代表座谈会、毕业生座谈会、用人单位座谈会等形式对其评量结果进行定期检讨，确保毕业生核心能力培养持续改善。通过改善课程与教学之机制，形成了"专业+项目+工作室"的三位一体的人才培养模式。课程与教学之执行成效得到了改善。学院按"市场导向、职业能力导向、就业导向"将企业岗位技能标准与课程教学标准结合起来。建立了多级、多点的质量监督和保证体系，保

障教学工作持续改进、人才培养质量稳步提高。随着学院搬迁松山湖校区，建立了东莞最大的艺术设计实验实训中心。服装设计与工程专业专用设备达到270万元，拥有先进的服装缝制设备、电脑绣花机、各种特种缝纫设备、服装材料检测设备、计算机辅助设计系统、影像制作系统等。

经过IEET工程认证，专业目标更加清晰，专业建设内涵得到了提升。学院将一如既往地改善专业办学条件，提升专业办学质量和水平，将广科服装专业建设成为国内一流的应用型专业。

供稿单位：广东科技学院服装设计与工程专业

佛山市纺织服装行业协会

佛山市纺织服装行业协会（以下简称"协会"）成立于2003年，目前有一级和二级会员1200多家，其中一级会员120多家，行业范围涵盖棉纺、织造、印染、色织、纺织、丝绸、服装、化纤、纺机、教育、贸易等各个领域。佛山市内比较大型的纺织企业以及专业镇协会（商会）及各区的协会（商会）多数加入协会并分别担任会长、副会长、理事单位，会员企业大部分为民营企业。

佛山的纺织服装业在飞速的发展中，形成了自身的产业特色，产业分布呈明显的集群特征，产业门类齐全，形成较为完善的产、供、销体系，并逐步实现了生产方面的优势和上、下游产业链的配套发展。同时，专业的市场网络与产业集群相互拉动效应显著，形成了以张槎针织、盐步内衣、西樵面料、均安牛仔、环市童服、里水袜子等为代表的纺织服装产业基地。在产业集群基础上形成的专业市场对全国的市场有着很强的影响力。

2022年，协会秘书处组织会员单位走进名企活动，共计走访68家企业和协会（商会），秘书处共计接待54家单位和个人，以会员单位实际需求为抓手，全面贯彻"走出去"和"迎进来"相结合的办事宗旨，促进多方交流，助推各方发展。推动纺织服装产业链上、下游互动，为延长产业链、深度融合发展、打造佛山纺织闪亮招牌出谋划策。

2021年，9家纺织服装企业被成功评选为佛山市数字化智能化示范车间，其中包括5家协会会员单位，分别是会长单位广东浪登服装有限公司（图4-228），副会长单位佛山大唐纺织印染服装面料有限公司，副会长单位广东新怡内衣集团有限公司，理事单位佛山市顺德金纺集团有限公司，理事单位佛山市南海泰源印染有限公司。2022年，佛山市纺织服装行业获评佛山市数字化智能化示范车间项目的企业共计9家，其中包括协会监事长单位佛山市名杰纺织有限公司，理事

单位广东前进牛仔布有限公司，会员单位佛山市新光针织有限公司、佛山市马大生纺织有限公司。

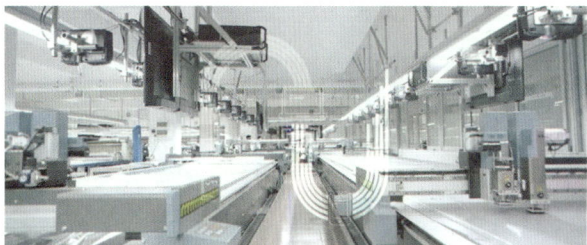

图4-228

一、协会活动，联动各方

2022年6月，为更好地贯彻《佛山市推进制造业数智化智能化转型发展若干措施》《佛山市制造能力升级行动方案》等政策文件精神，协会积极推动落实佛山三年百亿奖补惠及更多的印染企业，同时结合产教融合实际探讨校企合作模式的创新路径，推动产业集群以及高职院校发挥专业平台的服务优势，促进纺织印染数字化工厂、车间、产业集群工作的推进。

在佛山市工业和信息化局的指导下，佛山市纺织服装行业协会联合佛山技研智联科技有限公司在南海西樵共同主办构建数智化转型新业态，助推纺织行业数字化发展"佛山纺织印染产业集群政策宣讲及构建校企合作平台交流会"活动（图4-229）。

2022年8月，由佛山市市场监督管理局、佛山市纺织服装行业协会联合主办纺织服装协同创新高质量提升培训会，吹响了以标准化和数字化促进纺织服装行业质量共治、协同创新高质量提升的号角。活动吸引了40多家纺织服装企业近100人参与（图4-230）。

近年来，为推进产品质量社会共治，推动佛山市制造业高质量发展，协会一直致力于开展多样化的培训活动，目的在于推进纺织服装产业链融合创新，加速推动纺织服装领域关键技术、前沿技术创新突破，

加大高技术含量、高附加值产品研发，提高产业链各环节创新增值能力，加速科研成果的落地应用。

图4-229

图4-230

二、建立标准，举荐优秀

2022年，协会在市监局、市质量和标准化研究院的指导下，参与编写TFSS 57—2022 佛山标准衬衫和TFSS 58—2022 针织T恤衫两项团体标准。随着佛山GDP迈入万亿俱乐部，佛山产业发展也由"增量"迈入"提质"阶段，打造"佛山标准"引领佛山制造业高质量发展正当其时。希望通过打造"佛山标准"，引导更多佛山优质产品走向全国、全球高端市场。佛山市市场监督管理局副局长谷办才表示，打造"佛山标准"产品，建立更好信誉，创建知名品牌，是打造"佛山标准"的主要目的，即围绕佛山重点优势产品制定先进标准，推动企业实施高标准，对标生产优质产品，在高端市场中获取更多利润，从而构建"优标优质优价"的良性市场环境。

禅城张槎针织区域品牌所属园区丝光棉针织服装产业产值达225.7亿元，日棉纱交易超1万吨，年棉纱交易量占全国1/4。

制定衬衫和T恤衫佛山标准能够把"佛山制造"的"好产品"塑造成为"名品牌""畅销品"，让高质量产品彰显品牌价值，推动全市从"质量经济"迈向"品牌经济"，将"佛山制造"打造成为"中国制造"最高品质。

协会秘书处协助全国纺织工业先进集体劳动模范和先进工作者评选工作，协会14个企业代表及企业入选。其中：全国纺织工业劳动模范有谢正华（佛山市全顺来针织有限公司生产总监）、杨斌（佛山市致兴纺织服装有限公司董事副总经理）、汤运强（佛山市高明盈夏纺织有限公司董事长）、王宗文（女）（广东前进牛仔布有限公司总经理）、程涛（广东工信科技服务有限公司总经理）、陈冠杰（佛山中纺联检验技术服务有限公司研发部高级经理），全国纺织工业优秀集体有佛山标美服饰有限公司缝纫先锋班、佛山市南海区盐步内衣行业协会，全国纺织工业优秀个人有蔡淑琼（佛山市安东尼针织有限公司设计总监）、庞浩林（佛山市新东郡纺织有限公司副总经理）、何紫君（佛山市紫兰蒂服饰有限公司设计总监）、蔡振雄（佛山市嘉谦纺织有限公司副总经理）、申长法（佛山市丰泽纺织有限公司工艺师、质量中心主管）和苏优（佛山市三水联润染整有限公司主管）（图4-231）。

图4-231

佛山市南海区盐步内衣行业协会

一、积极推动产业集群发展

佛山市南海区盐步内衣行业协会（以下简称"协会"）积极推动行业质量规范建设，牵头组织制订了行业团体标准，包括《盐步内衣集体商标使用管理规范》等。协会还组织企业签订质量共治承诺书，开展行业质量共建共治行动。此外，在盐步成立的天纺标（广东）检测科技有限公司作为国家级的专业检测平台，为行业产品质量保驾护航，每年服务500多家内衣企业，覆盖整个大湾区。获评2022年度中国纺织产业集群试点地区优质服务竞赛"先进服务机构"（图4-232）。

图4-232

协会积极推动内衣产业数字化转型升级，推动建设数字化产业集群，引导企业开展数字化改造、建设数字化车间。例如，广东新怡内衣集团有限公司大力进行数字化智能的投入与建设，先后在系统及软件、缝纫机、缝纫辅助自动化设备、自动裁剪设备、数控机床（CNC）设备等方面投入了1100多万元，打通了系统模块和数据传输，实现设备联网，实现从订单、裁剪、缝制到成品全过程实时数据采集和质量分析并生成日、周、月报表等，以大数据管理看板展示每个订单生产进度、生产效率、生产品质管理数据等，使工厂管理可视化、数据化、智能化。此外，2022年佛山市洛可西西服饰科技有限公司获评佛山市数字化智能化示范车间。

协会积极组织引导企业与国内顶尖电商平台、多

频道网络（MCN）机构以及跨境电商平台等进行交流互动，加强合作。目前开展电商直播业务的企业超过100家，涌现一批优质电商企业，如广东新怡内衣集团有限公司、广东美思内衣有限公司等。其中，2022年佛山市南海川之尚服饰有限公司成立了直播产业基地项目，在电子商务领域的业绩突出，被纳入南海区政府第一批电子商务扶持企业名单，并与抖音官方平台强强联合，成为佛山、揭阳内衣产业抖音服务商和佛山亲子产业抖音服务商。此外，广东美思内衣有限公司建立了智能仓储系统，采用半自动化流水线模式和传统拣配模式相结合，第一期占地面积约1.1万平方米，既满足了直播发货需求，也可满足日常店铺流量订单发货。

协会积极推动"中国·盐步内衣指数"的运作发展，通过对200多家采样单位采集数据，定期形成《内衣指数运行报告》，帮助各市场参与者、政府、行业协会等把控产业发展态势。

二、组织开展丰富行业活动

为提升盐步内衣行业整体设计水平，促进盐步内衣设计高质量发展，助力盐步内衣数字化转型提升，协会与新加坡布络维科技公司达成战略合作协议，引进服装数字化3D设计应用技术，成立"布络维3D服装数字化（华南）研究中心""盐步内衣3D设计应用推广中心"，首批上线企业80多家。协会开设3D设计师培训班并组织会员企业进行培训学习，通过3D设计系统的应用，内衣设计过程更加高效、快捷，设计师们能够更好地表达自己的创意和设计理念。同时，3D设计系统提供了更直观的展示和评估平台，使得设计师与客户之间的沟通更加顺畅，进一步推动了盐步内衣行业的创新与升级。协会着眼未来，在佛山市南海区理工职业技术学校建立培训基地，持续不断为盐步内衣行业输送新生设计人才，并积极筹备"全国3D设计应用大赛"，将"盐步设计"推向国际化舞台。

为进一步宣传大沥镇的招商环境及打造"盐步内衣"区域品牌，深化"创建全国内衣产业知名品牌示

范区"，提升"盐步内衣"的知名度和影响力。2022年8月10—12日，协会以组团形式，参加中国内衣文化周暨第十七届中国（深圳）国际品牌内衣展，作为国内主要的内衣产业集群之一，"盐步内衣"区域品牌以产业集群形象参展的代表企业有佛山市依黛丽内衣有限公司、广东新怡内衣集团有限公司、佛山市姐妹花内衣有限公司、广东奥丽侬内衣集团有限公司、广东美思内衣有限公司等12家，展馆面积195平方米，独立参展的会员企业有11家，参展面积704平方米，集中展示了"盐步内衣"区域品牌形象（图4-233）。

2022年12月18日，"数智领航，质享未来"2022首届盐步内衣博览会、"同心共力，智创未来"盐步内衣行业协会第五届会员大会第二次会议、2023年盐步内衣行业迎春联谊晚会在佛山大沥南海国际会展中心隆重举行。这是协会在大沥镇经济发展办公室的指导下举办的第一届小型精品展览会，未来还将以更开放的姿态，广交天下客。"走出去，引进来"一直是协会坚持的思想，希望借助本次博览会能让更多优秀的面辅料、新设备、新技术的企业参与到盐步内衣行业的发展中来（图4-234）。

图4-233

图4-234

佛山市高明区纺织（服装）协会

佛山市高明区纺织（服装）协会（以下简称"协会"）是经高明区民政局批准成立的民间社团组织，成立于2002年8月，具有独立的法人资格（图4-235）。近年来，协会在区民政局及区工商联的关心指导下，在协会理事会的领导下，实实在在开展工作，以协会的宗旨作为指导思想，协助会员企业解决实际工作中遇到的问题，充分发挥协会作为政府与企业之间桥梁纽带的作用。目前有会员企业68家，从业人员达到3万多人。

经过二十多年的发展，高明区的纺织服装行业成为珠江三角洲地区重要的纺织品及成衣生产、出口基地之一，全区纺织、服装行业已发展成为棉纺、机织、针织、染整、化纤、家纺、服装（含牛仔、羽绒、休闲服、内衣、羊毛衫、T恤、衬衣、西装）纺织机械、纺织用材、纺织流通贸易等门类齐全的纺织产业体系，传统产业结构得到了优化调整，服装行业的市场竞争力得到了进一步提高。纺织服装行业一直是高明区占工业比重较大的行业之一，为高明区的经济社会发展作出重要贡献。在高明目前"2+4+N"的产业发展定位中，纺织服装产业正加快企业数字化智能化升级，

提升研发水平，实现绿色生产，厚积薄发的领先技术或为纺织服装行业的发展带来颠覆性改变。

一、强链补链，推进纺织服装产业集群集约发展

通过集约发展，协会积极为会员企业搭建交流服务平台，助力企业展示自身的产品和服务，增加市场曝光度，拓展客户资源。以产业宣传等方式结合高明的产业优势，提升高明纺织服装产业竞争力。

推动牛仔纺织服装产品、棉针织产品等细分领域强链补链。全面提升从纤维、纺纱、织造、印染到服装、家纺、产业用纺织品、纺织机械、纺织服装辅料、纺织印染助剂等全产业链的发展水平。

集约发展，建设特色产业园区。2022年，由佛山市高明盈夏纺织有限公司投资建设、总投资超10亿元的秋盈产业园正式投产。目前，秋盈产业园已进驻12家印染企业，招商率达九成，通过集约用地、工厂上楼、集中供水供热、集中治污等模式，形成了产业集聚效应，提升了亩均效益水平，更推动了传统产业"绿色"升级。

图4-235

一、引导企业品牌化、智能化、标准化发展

品牌带动经济，智能化标准引领发展。为落实国家品牌建设战略、推动区域品牌竞争力提升、培育百亿级品牌价值产业集群，协会企业充分调动行业资源，做好标准化服务工作，充分发挥"标准化+"效应，推动佛山市高明区纺织服装产业高质量发展。坚持以"高标准"引领行业品质发展，开展广泛的标准化交流活动，推动产业提档升级，让标准逐渐成为企业的无形资产，并且推动专利转化为标准，为经济高质量发展提供有力的技术支撑。商标权也是企业经营中重要的知识资本，下一步高明区纺织服装行业将着力打造区域集体品牌（图4-236、图4-237）。

图4-236

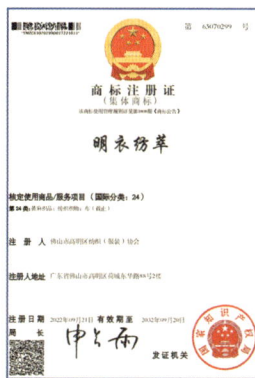

图4-237

三、走低碳绿色循环经济之路，以国际领先技术引领行业低碳发展

《佛山市高明区产业发展规划（2022—2030年）》提出，要围绕本地纺织服装产业基础，着力提升纺织服装企业加工技术，扩充产品品类，升级贸

易模式，支持纺织服装企业拓展文化创意类产业领域，推进特色商业与本地文化相结合，形成大湾区时尚产业发展新坐标。高明区纺织服装产业坚定走绿色低碳发展之路，以节能降碳和绿色转型为牵引，让传统产业走上了绿色发展之路，推动形成了协同共进、建设绿色低碳的新局面。在产业低碳化、智能化发展趋势下，广东溢达纺织有限公司、佛山市高明盈夏纺织有限公司等本地纺织服装龙头企业逐步寻求数字化转型发展方向，以搭建工业互联网平台、打造智慧工厂等措施转变传统发展模式，并逐渐向行业内中小企业输出先进技术及设备，加速推动上下游产业链集聚。

四、大力弘扬劳模精神，彰显劳模榜样的力量

佛山市高明盈夏纺织有限公司董事长汤运强、佛山市特耐家纺实业有限公司技术总监陈中伟荣获劳动模范，摩力克研发中心荣获"全国纺织行业优秀集体"，协会3家常务副会长单位荣获国家级荣誉称号。

五、加强政企沟通交流，激发企业高质量发展内动力

协会积极向政府及相关部门献言献策，为行业发声，围绕纺织服装行业组织企业参与区政府行业座谈，政企面对面沟通，点对点解难。2022年向区政府部门提交"推动我区纺织服装行业高质量发展的意见和建议"，2023年2月组织纺织企业参加"新春茶话会"，2023年5月协助区政府组织由杨永泰书记主持的纺织服装专题沙龙圆桌会议等。

协会致力于做好政府助手，促进校政企交流，进一步优化完善企业生产经营政策、措施，稳定工业增长、促进经济发展，让企业充分享受到政策红利。针对企业非业务、经营问题造成的生产经营困难，坚持"一企一策""一地一策""一业一策"，协助区政府加大跟踪服务和协调，确保产业链供应链稳定；能源、环保部门科学、合理、适度做好能耗、环保监督检查执法，推进"执法+服务"一体化，继而推动企业发展壮大。

六、促进校企合作，定期举行培训班，提升行业人才技能

协会联合广东职业技术学院、企业推动职业院校在企业设立实习实训基地、企业在职业院校建设培育培训基地。通过校企深度合作，在纺织服装行业和轻纺领域打造产教融合新型载体，提升人才培养质量，促进高质量就业。

七、齐心聚力，组织会员企业参观活动

为加强会员企业之间的沟通交流以及更好地了解会员企业的生产经营状况及其发展需求，促进会员企业之间的资源共享和对接，2022年10月，协会会长林万明带领会员企业前往佛山市南金纺织有限公司、高勋绿色智能装备（佛山）有限公司参观交流（图4-238）。

八、增强协会法制建设

协会聘请广东熊何律师事务所李长春律师担任常年法律顾问，增强协会法制建设，为会员企业经营决策提供准备、思考和保障，确保法律顾问服务的质量和效果，为会员企业经济和社会发展保驾护航。

为进一步增强高明区纺织服装行业竞争力，促进产业链上下游商家间的友好合作交流，支持溢达纺织龙头企业、纺织企业、印染企业、服装企业，使供应链集成服务企业构建生产、加工、分销、出口、仓储物流、金融、信息咨询、采购等资源高度集成、与产业链供应链上下游中小微企业共荣共生共享的贸易生态服务平台，助推区纺织服装产业集群化、数字化、品牌化发展，切实推动高明区纺织服装产业高质量发展，提升高明区纺织服装行业的知名度及市场竞争力，促进高明区经济发展。

图4-238

中山市大涌镇商会

中山市大涌镇商会成立于1994年，是中山市最早成立的镇区商会之一，并于2007年2月经中山市民政局登记为非营利性社团组织，2022年10月被认定为中山市工商联2022年度"四好"商会。大涌镇商会在大涌镇人民政府的指导下，充分发挥桥梁纽带和助手作用，以企业需求为导向，努力为会员企业提供优质高效服务，团结引导会员履行好社会责任，积极参与社会民生、公益慈善事业（图4-239）。

图4-239

大涌镇商会为持续更好地推动服装产业高质量发展，以服装企业发展需求为导向，为大涌镇服装企业提供个性化服务。

一、团队服务专业化

与金融、法律、检测、展会等机构建立长效合作机制，为大涌镇商会会员企业的发展提供高效服务。保持与各部门之间的紧密沟通，重点与经信科技局、市场监管局、税务等相关部门沟通，搭建信息收集、风险防范应对、业务联通推进以及政策宣传辅导的大平台，持续"护苗成长"，帮助中小服装企业稳发展、行长远。

二、项目管理精细化

定期跟踪抱团发展企业生产经营状况、产品投入产出情况、疫情对企业经营的影响以及未来发展方向，对镇"小巨人"企业开展金融直通服务，有效发挥金融政策优势，为企业纾困解难。

三、辅导宣传特色化

充分利用线上线下渠道开展精准宣传，帮助服装企业减少因政策理解不到位、不及时造成的损失，特别是对于降低企业成本负担、各类减税降费等方面的惠企政策，大涌镇商会利用多种手段和渠道进行广泛宣传，确保惠企政策在企业家喻户晓，提高企业发展效益。

四、服务方式新颖化

大涌镇商会一直注重开展银企对接活动，努力搭建企业融资平台，加强企业与银行之间的沟通和交流，与中山农村商业银行授信商会服装企业会员，实现金融资本与企业需求的有效对接，帮助企业解决融资难题，缓解企业压力，助推企业发展，实现银企互利双赢，更好地推动大涌镇民营经济转型跨越式发展（图4-240）。

图4-240

中山市小榄镇商会

为打造享誉全国的"中国内衣名镇"国家级产业集群，小榄镇人民政府主动作为，中山市小榄镇商会积极贯彻落实，做好政企合作互利共赢"大文章"，协同发力，助推小榄内衣产业高质量发展。商会荣获2022年度中国纺织产业集群试点地区优质服务竞赛"先进服务机构"（图4-241）。

图4-241

作为党和政府联系企业的"连心桥"、服务民营经济的"排头兵"、民营企业的"娘家人"，中山市小榄镇商会不断创新、优化服务职能，利用信息共享、优势互补，进一步实现资源整合、技术连接、抱团发展，实现协会与会员企业的共同跨越式发展，引领内衣行业企业转型升级，助推经济高质量发展。

一、搭建培训平台，赋能企业高质量发展

由镇党委、镇政府指导，中山市小榄镇商会主办"菊城商学堂"，至今已举办"推动产业转型升级"等10场专题培训讲座，有效为广大民营经济人士搭建学习成长平台，加速聚力赋能，在服务和融入新发展格局上展现新担当、新作为。此外，继续办好"中山商会大学堂——企业家赋能计划"系列培训班，结合中山市推动企业数字智能化转型升级中心工作，加强对中山市小榄镇商会民营企业家的教育培训，进一步提升综合素质，拓宽战备视野。

二、激发产业新动能，加快数字化智能化转型升级

1. 为产业发展提供政策支持

商会通过各类会议及惠企政策专场宣讲沙龙，结合企业发展现状及需要，围绕企业关心、关注的政策热点，如数字化智能化转型、促进龙头骨干企业发展、技术改造、高新技术企业认定等，开展惠企政策宣讲，指导企业用足、用好各类惠企暖企政策，进一步推动企业发展壮大（图4-242）。

图4-242

2. 举办宣传推广会，为企业发展提供平台

商会携手整合了内衣产业三大源头专利技术和两大数字化软件系统的深圳市润谷科技有限公司，为企业面对面举行"2023年小榄内衣产业数字化建设推广会"，共同打造内衣产业数字化平台和源头技术赋能平台。

3. 走进标杆，对标先进

商会组织内衣行业联会会员企业前往广东元一智造服饰科技有限公司等标杆企业进行参观考察。通过现场观摩、座谈交流等形式，取经问道"数字"密码，探讨企业在数字化智能化转型上的解决方案和实践经验，引导管理者改变思维模式，推动工业互联网、5G、人工智能、大数据等数字技术和实体经济深度融合，为企业发展赋能添翼，为"小榄智造"转型升级注入新动能。

三、抱团参展观展抓机遇，助力产业集群品牌推广

中山市小榄镇商会每年以"中国内衣名镇""小榄智造"等区域品牌抱团参展，展示整体实力，为会员企业提供统一装修，以统一形象迎接各届客商，并向组团参展的企业争取团购优惠价，最大限度发挥展会的效果，让企业争取更大的市场份额，为会员开拓市场的同时也为会员降低成本。2023年4月，商会组织了内衣行业联会企业代表参观第18届中国（深圳）国际品牌内衣展，通过本次观展活动，让会员企业体会到内衣行业技术发展，了解智能设备、设计、新材料、自动化等行业的发展趋势，有助于为企业产品创新继续蓄能、赋能，助力企业转型升级，为小榄高质量发展注入动力。

四、制订标准化，为企业发展保驾护航

商会推动成立团体标准化技术委员会，以标准化为手段，为行业起草制订符合和引领行业高质量发展的团体标准，做好标准宣传和推广，为企业赋能、创造价值，提升小榄内衣区域品牌知名度，加速推动小榄内衣行业高质量发展。2023年5月5日，中山市小榄镇商会团体标准化技术委员会正式成立，其成立真真实实为企业赋能、创造价值，提升小榄内衣区域品牌知名度，加速推动小榄内衣行业高质量发展（图4-243）。

五、聚"智"找"魂"，开创政企协作新模式

2023年2月28日，《中山市小榄镇经济高质量发展战略》报告会召开，上千位政商界人士，共同见证"精造小榄、雅致菊城"的蝶变之路。接下来，商会将紧密对接镇政府和智纲智库，认真梳理来之不易的战略成果，将这份民间智慧结晶充分融入企业服务工作当中，让企业家们的美好期盼和宝贵意见充分体现在高质量发展战略规划中，商企同心，共谋发展蓝图（图4-244）。

供稿人：中山市小榄镇商会执行会长　欧钜伦

图4-243

图4-244

第五部分

行业荣誉

第22届广东十佳服装设计师

人才是第一生产力。2000年，广东省服装服饰行业协会、广东省服装设计师协会推出了首届"广东十佳服装设计师"，紧盯产业发展需求，强化服装产业人才支撑。

多年来，"广东十佳服装设计师"推选活动始终倡导行业重视设计创新、重视设计人才，服装产业发展的不同历史阶段，都对广东省服装设计创新发展都起到了积极的推动作用。其历经21届的积淀，为中国服装产业培养了许许多多顶尖设计人才和品牌领军人物，孕育出诸如邓兆萍、林姿含为代表的设计名师，以及比音勒芬、以纯和歌莉娅等为代表的知名品牌。

在《关于进一步推动广东纺织服装产业高质量发展的实施意见》发布的背景下，"广东十佳服装设计师"推选活动将成为挖掘和培育高层次设计人才的重要手段，为现代化服装产业发展提供人才支撑，以人才兴助产业强。

2023年3月28日，2023广东时装周一春季闭幕式上，王丹红、关亚争、李小裁（李霞）、张玉容、瞿德刚、侯东美、严碧虹、李填、张语惜、薛峰成为第22届广东十佳服装设计师。作为新一届的"广东十佳服装设计师"，他们将背负新的使命与责任，继续砥砺前行，为广东服装行业，乃至整个时尚行业增光添彩，为推动行业的高质量发展贡献属于自己的创意力量（图5-1）。

图5-1

王丹红

云思木想品牌创始人、设计师

个人简介

毕业于西安工程大学（服装设计与工程专业），在英国伦敦皇家艺术学院以及英国伦敦时装大学进修，被认为是摩登中国风风格开创者，2021年以"丹丹仙"——云思木想品牌主理人身份走进直播间，迅速收获53万粉丝。

品牌理念

云思木想创立于2013年，源于互联网新零售时代，是一家原创设计摩登中国风服装品牌，10年来坚持以东方历史文化内核为创作灵感，通过独树一帜的设计风格，向世界传播新中式国风美学。传统与现代的碰撞，将现代剪裁和传统工艺完美融合。

设计主题

"侠影霓裳"春夏系列新品发布以三大篇章"纸鸢东飞""巾帼女将""宫廷武会"来塑造当代独立女性摩登的造型和内敛的气质，展现中国女性刚柔并济的东方之美，时装中融入多样化图案和传统精致的刺绣工艺，共同勾勒出中国"侠"文化神秘又浪漫的色彩。云思木想用流行化、多元化的方式让国风走进更多女性的日常生活，令中国风也能穿出潮流范。

关亚争

关雎品牌主理人兼设计总监
华服设计师
非遗传承设计师

个人简介

毕业于浙江理工大学服装学院，致
力于新国风时尚服饰设计、国风文化传
播与推广。

品牌理念

关雎（GUANJU）品牌致力于对国风文化的艺术提炼及对中华服饰时代发展中民间文化习俗的传承与创新。以服装为载体，通过文化表达、设计赋能、科技支撑、非遗传承、IP打造等不同表现形式，以国风时尚、国风日常、国风礼服三大系列对应不同场合的着装需求，倡导新国风时尚穿衣哲学。

设计主题

此次新品发布，"关亚争·诗画同源"系列国风礼服运用中国现代织锦创立人、"国礼大师"浙江理工大学李加林教授的科研成果——现代织锦艺术，以宋代画卷《千里江山图》与《瑞鹤图》为设计灵感。礼服图案生动呈现《千里江山图》之浩渺烟波、烟雨江河、层叠山峦、渔村野市、水榭亭台、茅庵草舍、水磨长桥之静态美，穿插结合垂钓捕鱼、驶船航行、游玩观赏、飞鸟翱翔之动态美，结合传统旗袍、鱼尾拖摆、修身A字型等时尚经典礼服廓型，以盘滚镶嵌、钉珠编结、对丝抽纱、手绣珠绣、提花织锦、褶皱拼接等民间服饰传统非遗工艺融合现代科技制作工艺，展现出举目青山画舫、烟雨江南、盘丝系腕、罗锦飘香之东方女子古典时尚交融之美。

李小彩（李霞）

LIXIAOCAI品牌主理人兼设计总监

个人简介

曾在赫基集团任职10余年，担任MISS SIXTY设计部经理，规划创作和设计品牌标志性的天使系列，最高单季销售额达5000万元，并带领团队参与品牌整体风格把控、其他系列主题故事制作和款式设计，创下优秀业绩。

品牌理念

做自己的生活艺术家。以纯粹、造型、自由、手作来表达流动的艺术和品位，产品不关乎年龄、性别限制，永远行走在自由之路上。设计师李霞怀揣着对传承传统技艺的坚定信念与美好愿景，致力于将LIXIAOCAI塑造为一个甜酷轻文艺品牌。

设计主题

本次2023年春季系列以"奇遇"为主题，设计灵感源于人与自然环境的个性融合，突破对织带的传统观念，取材于露营野餐等户外生活场景，灵活运用织带的功能性与流行性，将灵动与沉稳进行结合。仿佛有着既定的节奏，遵循着某种规律。或细密编织，将织带以线化面，重合、碰撞、缠绕，将穿针引线的织带结构成型，以宣泄的线条去勾勒的立体画面，让人感受户外畅游山水之间的舒适情绪；形成了绝美的层次感，展现隐酝之美。

张玉容

针织花型设计师

个人简介

毕业于武汉纺织大学，多年来专注针织服装的设计、研发，将横机常用的色纱创造性地运用在圆机上，开发出28针无缝超细针织智造系列。

发布系列

由意大利罗纳地家族全资控股的圣东尼（上海），中国针织行业一站式综合服务平台的盈云科技，以及具有"中国驰名商标"称号的时尚集团宝娜斯，三方针织行业龙头，共同倾力，研发了28针无缝超细针织智造系列，结合欧洲的前沿针织制造技术、时尚理念，将针织制造向产业智造升级，帮助企业实现更高效能，全品类制造，覆盖全年产品，练好针织企业既快又好的产品内功。

技术介绍

28针无缝超细针织智造圆机，摒除了成本痛点，实现生产一体式成形，时间从40~60分钟，即刻断崖式降为仅需4~7分钟，10倍的提速，大大提升了生产效能，也降低了人工制作时长，产出的针织面料肉眼可见更细腻、手感更棉柔，能产出多种立体感花型、拼接花型、通透感花型，色彩丰富、肌理多变，可以实现更多时尚潮流想法，是中游针织制造业降本提质增效的必然优选方式。

瞿德刚

广川悟蓝手作民间工艺品集成工坊联合创始人

广州蜂在南方服装设计工作室主理人

中国工艺美术专业委员会会员

贵州省工艺美术协会会员

国家艺术基金——自贡扎染创新人才储备人才

个人简介

从事服装设计10年，曾获首届贵州省工艺美术展览三等奖、2020年中国（浙江）畲族服饰设计展演最佳设计创意奖等多项荣誉，设计作品被畲族民族博物馆永久收藏。

品牌理念

悟，即领悟、明白、觉醒；蓝，即为天空、大地之色，青出于蓝而胜于蓝。悟蓝手作，寻找在忙碌的生活中的一份恬静之意，同时也极具个人性格的体现，在展现传统文化之美的同时，结合现代技术，不断发掘、传承、创新。悟蓝作品效果古朴典雅、别具一格，打造舒适自然、时尚国风新潮流。主要通过扎染、蜡染的方法，采用缝缀、画蜡等工艺流程，对织物进行特定的制作设计，产品为女装、男装、包包、装饰等类型，采用天然植物古法染色，区别于现代工业染料，使每件作品更加天然、健康，使其融入生活，感受传统技艺带来的绿色生活方式。

设计主题

悟蓝手作2023春季新品发布主题为"自由自在"，从中国传统吉祥图案"鱼"中获取灵感，中国的"鱼文化"博大精深、源远流长。鱼在中国文化的语境中有生殖繁盛、福泽绵绵的含义，在文人士大夫的心目中，鱼悠游自在，是精神自由的象征。鱼的造型、纹路，以及鱼鳞、鱼尾巴的造型和纹路，不仅生动有趣，洋溢着对生活的热爱，并且寓意美好，是吉庆、富裕、前途美好和幸运的象征。整个系列运用鱼作为情愫贯穿，结合悟蓝手作基因将蓝染结合扎染、蜡染、枫香染等印染工艺，表现在服装产品的工艺上。

侯东美

鹿颜国际服饰（广州）有限公司董事长

诺蔓琦品牌创始人

广东省服装服饰行业协会常务副会长

公司简介

鹿颜国际服饰（广州）有限公司总部位于"花城"广州番禺万博CBD中心商务区，拥有5000平方米的设计中心，旗下品牌LCOAMAXY（朗蔻）、RMK（诺蔓琦）、RYK，覆盖全国23个省市，VIP会员遍布全国各地，产品远销中东国家及地区。

品牌理念

诺蔓琦创立于1999年，取自法语"Romantique"。二十几年的风雨磨砺让诺蔓琦逐渐形成高性价比的高级时装品牌形象。诺蔓琦不忘初心使命，把握时代脉搏，演绎现代都市女性对时尚的追求，坚持以消费者需求为导向，不断追求品质创新，匠心制造率性洒脱、精致奢华的高级时装，打造完美舒适的产品体验，把服务做到极致。

设计主题

诺蔓琦以"为寻找时尚的生活态度而设计"为理念，持续提升产品研发能力。塑造"女权主义的天使"，打造多元时尚衣橱。设计师团队倾力呈现黑白经典系列，旨在向经典致敬，传递永恒、乐观、独立、自由的理念。

严稚虹

广州珂莱丽思服饰公司总经理
珂莱丽思品牌创始人兼设计总监

个人简介

24年的实战经验，使她熟悉女装针毛织品消费环境，深耕莱赛尔天丝女装细分市场，设计产品触达终端市场实现业绩倍增，年产量达50万件以上。

品牌理念

"珂莱"即客来的意思；"丽"即为绚丽、活力之色；"思"意为丝，100%莱赛尔天丝，全面发扬"环保生活"理念，以都市女性着装为依托，运用纯天然、亲肤透气的木浆纤维，结合现代服装工艺融合创新，形成别具一格的新风尚，倡导健康、绿色、创新、发展、朴素的生活理念。

设计主题

珂莱丽思（Koraliss）2023春季新品发布主题为"都市节拍"，从都市女性对生活和工作场合的装要求的不断提升，品牌选择了更加舒适和轻快的设计元素，为女性提供更彰显个性和轻松的生活工作节奏，表现在产品的款式以及面料的环保轻盈感。

李填

服装设计高级工艺美术师

服装高级讲师

服装设计定制工高级技师

第一批广州市技师院校专业带头人

广州市职业技能鉴定中心服装专业类专家

广东省职业技能等级认定"服装制板师"工种题库开发主持人

个人简介

现为广州市工贸技师学院服装专业带头人，长期从事服装专业教学、教研工作，作品多次获得全国服装类大赛金奖、银奖，教科研成果显著。出版《服装流行色应用与创新》《服装流行趋势研究与应用》《新媒体时代的服装色彩营销》《服装板型设计原理与应用》《服装立体裁剪》《华服小当家》《时装画技法》7本专著，获得全国教科研类成果评选一等奖5个，取得5项国家专利授权。

品牌理念

广州市工贸技师学院原创品牌摩迪莲姿，简洁流畅的线条、细致优雅的质感和田园的人文气息，对时尚内涵的深度把握及从容演绎，强调服饰的系列性和搭配性。

设计主题

广州市工贸技师学院共发布原创品牌摩迪莲姿的"时尚优雅""时尚甜美""高级定制"三个系列服装设计作品，线条简洁流畅、质感细致优雅，简约中彰显知性大气，清新中展现个性活力，将意式浪漫风情与传统东方韵味的流行风格相结合，使休闲与甜美并存，迎合都市时尚女性的审美品位，体现她们甜美、知性、优雅与感性的本色，满足她们不同生活方式的着装需求。

张语惜

云水芳华品牌主理人

个人简介

来自十三朝古都西安的设计师张语惜，以中国元素为灵魂，将中国古典文化与时尚结合，遵循东方女性的气质及形体特征，将传统服饰元素与现代审美融合，运用素雅自然的色系，舒适讲究的材质，突出服装的品质感、原创性以及务实的设计价值。

品牌理念

云水芳华品牌于2021年由设计师张语惜创立于古都西安。品牌立足中国传统文化，借鉴传统服饰的元素，结合现代时装特点，以舒适、随性、时尚、典雅为理念，倡导优雅文艺的高品质生活方式，致力于为现代都市女性提供兼具传统、符合审美及高品质的穿着体验。

设计主题

新国风要在"原汁原味"的基础上进行创新，不能"离经叛道"。只有这样才能打造符合现代社会心理和时代审美的国风，增进社会大众对国风的亲近感。云水芳华的设计，遵循东方女性的气质及形体特征，注重传统服饰元素的融合以及素雅自然色系的运用，在材质上讲究穿着的舒适性，坚持使用丝、棉等天然可降解纤维面料，突出服装的品质感、舒适感。

薛峰

优布（广州）纺织品有限公司设计总监

个人简介

优布是一家基于工业化数码印花，赋能全球服装品牌的企业。通过打造设计选品中心、创新研发中心、星链工厂三位一体核心基地，为服装跨境电商、直播电商、独立服装品牌，提供从面料到成衣的一站式采购体验。通过建立弹性和绿色的清洁生产交付能力，满足服装快时尚产业小单快反、散单快反、爆单快反供应链需求。

薛峰负责管理优布商品中心，指导数码技术转印和直喷工艺运用，通过花型图案设计、纺织产品研发、面料成衣制板，形成标准化一站式数码印花产品研发运用柔性供应链平台。

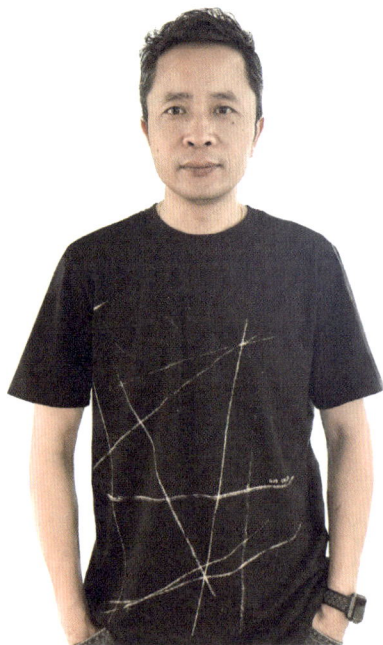

品牌理念

让设计被看见、让创意可实现、让柔性更简单。

设计主题

本次"智·作"时装发布，以优布公司为主，牵手时装原创设计机构、品牌渠道两端的"智·作"时装秀，是一次服装柔性供应链企业服务、赋能新锐服装设计师、提升品牌活力的大胆创新与尝试。利用数字生产技术，链接源源不断的设计资源，赋能更多的新锐设计人才，将设计师的原创设计最大化地展现出来，赋予品牌新的元素与活力，真正让设计被看见是优布筑梦师创新研发中心的使命。

第六部分 产业政策汇编

商务部等14部门办公厅（室）关于公布内外贸一体化试点地区名单的通知

商办建函〔2022〕318号

扫描二维码可查看原文

广东省工业和信息化厅关于印发《关于进一步推动纺织服装产业高质量发展的实施意见》的通知

粤工信消费函〔2023〕2号

扫描二维码可查看原文

广东省工业和信息化厅等9部门关于印发《广东省实施消费品工业"数字三品"三年行动方案》的通知

粤工信消费函〔2023〕5号

扫描二维码可查看原文

广东省工业和信息化厅 广东省商务厅关于印发《2022—2023"粤造粤强 粤贸全球"广货促消费联合行动工作方案》的通知

粤工信消费函〔2022〕11号

扫描二维码可查看原文

广东省工业和信息化厅关于印发《纺织服装和家具行业数字化转型指引》的通知

粤工信消费函〔2023〕7号

扫描二维码可查看原文

广州市工业和信息化局 广州市商务局关于印发《广州市时尚产业集群高质量发展三年行动计划》的通知

穗工信函〔2022〕200号

扫描二维码可查看原文

深圳市工业和信息化局关于印发《深圳市现代时尚产业集群数字化转型实施方案（2023—2025年）》的通知

扫描二维码可查看原文

清远市工业和信息化局关于印发《清远市扶持广清纺织服装产业有序转移园建设、培育现代轻工纺织战略性产业集群发展若干政策》的通知

清工信〔2023〕28号

扫描二维码可查看原文

东莞市虎门镇人民政府关于印发《实施虎门服装服饰业"四名工程"推动产业高质量发展的若干措施（试行）》的通知

虎府〔2022〕25号

扫描二维码可查看原文

开平市人民政府关于印发《开平市支持纺织服装产业发展九条措施》的通知

开府函〔2022〕48号

扫描二维码可查看原文

珠海市香洲区人民政府关于印发《珠海市香洲区支持时尚产业高质量发展办法》的通知

珠香府办〔2023〕2号

扫描二维码可查看原文

附　录

附录一 中国纺织工业联合会纺织产业集群共建试点名单
（广东省）

（2022年12月）

中国纺织产业基地市（县）

1. 广东省开平市　中国纺织产业基地市
2. 广东省普宁市　中国纺织产业基地市
3. 广东省汕头市　中国纺织服装产业基地市

中国纺织产业特色名城

1. 广东省广州市越秀区　中国服装商贸名城
2. 广东省广州市海珠区　中国纺织时尚名城
3. 广东省潮州市　中国婚纱礼服名城
4. 广东省汕头市澄海区　中国工艺毛衫名城
5. 广东省汕头市潮南区　中国内衣家居服装名城

纺织产业特色名镇

1. 广东省东莞市大朗镇　中国羊毛衫名镇、世界级毛织产业集群先行区
2. 广东省东莞市虎门镇　中国女装名镇、中国童装名镇、世界级服装产业集群先行区

3. 广东省开平市三埠街道　中国牛仔服装名镇
4. 广东省中山市沙溪镇　中国休闲服装名镇
5. 广东省中山市大涌镇　中国牛仔服装名镇
6. 广东省中山市小榄镇　中国内衣名镇
7. 广东省普宁市流沙东街道　中国内衣名镇
8. 广东省深圳市龙华区大浪时尚小镇　中国品牌服装名镇、世界级时尚小镇先行区
9. 广东省佛山市南海区西樵镇　中国面料名镇
10. 广东省佛山市南海区大沥镇　中国内衣名镇
11. 广东省佛山市禅城区张槎街道　中国针织名镇
12. 广东省佛山市禅城区祖庙街道　中国童装名镇
13. 广东省佛山市顺德区均安镇　中国牛仔服装名镇
14. 广东省汕头市潮阳区谷饶镇　中国针织内衣名镇
15. 广东省汕头市潮南区峡山街道　中国家居服装名镇
16. 广东省汕头市潮南区陈店镇　中国内衣名镇
17. 广东省汕头市潮南区两英镇　中国针织名镇
18. 广东省博罗县园洲镇　中国休闲服装名镇

附录二 /// 广东省各地纺织服装商协会名录

1. 广东省服装服饰行业协会
2. 广东省服装设计师协会
3. 广州服装行业协会
4. 广州市服装制版技术学会
5. 广州市越秀区服装商会
6. 广州市海珠区中大国际创新生态谷纺织产业联合会
7. 广州市海珠中大纺织产业商会
8. 广州市荔湾区儿童服装用品商会
9. 广州市白云区服装服饰产业促进会
10. 广州市白云区服装皮具鞋业商会
11. 广州市白云区裘皮协会
12. 广州市增城区新塘商会
13. 广州白马服装商会
14. 深圳市服装行业协会
15. 深圳市时装设计师协会
16. 珠海市服装服饰行业协会
17. 汕头市纺织服装产业协会
18. 汕头市澄海区纺织品与服装协会
19. 佛山市纺织服装行业协会
20. 佛山市禅城区张槎针织服装行业协会
21. 佛山市南海区纺织行业协会
22. 佛山市南海区盐步内衣行业协会

23. 佛山市顺德区纺织商会
24. 佛山市顺德区纺织服装协会
25. 佛山市高明区纺织（服装）协会
26. 博罗县园洲纺织服装行业协会
27. 东莞市服装服饰行业协会
28. 东莞市毛纺织行业协会
29. 东莞市毛织服装设计师协会
30. 东莞市虎门服装设计师协会
31. 东莞市虎门服装服饰行业协会
32. 东莞市虎门童装品牌企业联合会
33. 东莞市茶山纺织服装行业协会
34. 中山市纺织服装行业协会
35. 中山市服装设计师协会
36. 中山市沙溪服装行业协会
37. 中山市沙溪镇直播电商协会
38. 中山市小榄镇商会
39. 中山市大涌镇商会
40. 阳江市服装鞋帽行业商会
41. 潮州市服装行业协会
42. 普宁市服装纺织协会
43. 普宁服装商会
44. 清远市纺织服装行业协会

附录三 \\\ 主板上市服装公司名录（广东）

序号	单位名称	股票名	股票代码	交易所
1	搜于特集团股份有限公司	搜于特	002503	SZ
2	金发拉比妇婴童用品股份有限公司	金发拉比	002762	SZ
3	深圳汇洁集团股份有限公司	汇洁股份	002763	SZ
4	比音勒芬服饰股份有限公司	比音勒芬	002832	SZ
5	深圳市安奈儿股份有限公司	安奈儿	002875	SZ
6	广东洪兴实业股份有限公司	洪兴股份	001209	SZ
7	深圳歌力思服饰股份有限公司	歌力思	603808	SH
8	卡宾服饰有限公司	卡宾	02030	HK
9	赢家时尚控投有限公司	赢家时尚	03709	HK
10	都市丽人（中国）控股有限公司	都市丽人	02298	HK
11	广东柏堡龙股份有限公司	ST柏龙	002776	SZ
12	摩登大道时尚集团股份有限公司	ST摩登	002656	SZ
13	稳健医疗用品股份有限公司	稳健医疗	300888	SZ

附录四 ◥◥◥ 2022年中国服装行业百强企业名单（广东）

2022年服装行业"营业收入"百强企业名单（广东）

广州纺织工贸企业集团有限公司

深圳华丝企业股份有限公司

富绅集团有限公司

广州市汇美时尚集团股份有限公司

广州迪柯尼服饰股份有限公司

2022年服装行业"利润总额"百强企业名单（广东）

比音勒芬服饰股份有限公司

广州迪柯尼服饰股份有限公司

富绅集团有限公司

深圳华丝企业股份有限公司

广州市汇美时尚集团股份有限公司

2022年服装行业"营业收入利润率"百强企业名单（广东）

比音勒芬服饰股份有限公司

广州迪柯尼服饰股份有限公司

富绅集团有限公司

广州市汇美时尚集团股份有限公司

深圳华丝企业股份有限公司

附录五 \\\\ 2022年度广东省重点商标保护名录名单

（按单位首字母排序）

序号	申请人	商标名称	商标注册号	国际分类
1	比音勒芬服饰股份有限公司	Biem lfdlkk 及图	40375582	25
2	比音勒芬服饰股份有限公司	CARNAVAL DE VENISE 及图形	32438217	18
3	陈尔越	LUOFU	6784495	25
4	广东爱华仕箱包集团有限公司	爱华仕	7099937	18
5	广东波顿时装有限公司	BOTON 及图	1661186	25
6	广东咏声动漫股份有限公司	猪猪侠	13240931	25
7	广州迪柯尼服饰股份有限公司	DIKENI	38485482	25
8	广州赫斯汀服饰有限公司	MISS SIXTY	G794649B	25
9	广州市朵以服饰有限公司	朵以 +DUOYI	45614288	25
10	广州市赫莲娜服饰实业有限公司	HR	8975770	18
11	广州市赫莲娜服饰实业有限公司	HR	8975807	25
12	摩登大道时尚集团股份有限公司	卡奴迪路 CANUDILO	1301044	25
13	深圳减字科技有限公司	蕉下	16394672	25
14	珠海无用文化创意有限公司	无用 wuyong	12346396	25

附录六 ▨▨▨ 广东省服装与服饰设计专业院校开设基本情况

序号	院校	层次	类型	所在地	所在学院
1	华南理工大学	本科	985/211/双一流	广州	设计学院
2	华南农业大学	本科	双一流	广州	艺术学院
3	广州美术学院	本科	公办	广州	工业设计学院
4	五邑大学	本科	公办	江门	艺术设计学院
5	广东工业大学	本科	公办	广州	艺术与设计学院
6	广东技术师范大学	本科	公办	广州	美术学院
7	惠州学院	本科	公办	惠州	旭日广东服装学院
8	岭南师范学院	本科	公办	湛江	美术与艺术学院
9	广东白云学院	本科	民办	广州	艺术设计学院
10	广东培正学院	本科	民办	广州	艺术学院
11	广东科技学院	本科	民办	东莞	艺术设计学院
12	湛江科技学院	本科	民办	湛江	美术与设计学院
13	广州城市理工学院	本科	民办	广州	珠宝学院
14	华南农业大学珠江学院	本科	独立学院	广州	设计学院
15	广东理工学院	本科	民办	广州	艺术系
16	广州新华学院	本科	民办	广州	艺术设计与传媒学院
17	北京理工大学珠海学院	本科	独立学院	珠海	设计与艺术学院
18	广东轻工职业技术学院	高职（专科）	公办	广州	艺术设计学院
19	广东生态工程职业学院	高职（专科）	公办	广州	艺术与设计学院
20	广东女子职业技术学院	高职（专科）	公办	广州	应用设计学院
21	广州科技贸易职业学院	高职（专科）	公办	广州	艺术设计学院
22	广东文艺职业学院	高职（专科）	公办	广州	设计与工艺美术学院
23	广州工程技术职业学院	高职（专科）	公办	广州	艺术与设计学院
24	深圳职业技术学院	高职（专科）	公办	深圳	艺术设计学院
25	广东职业技术学院	高职（专科）	公办	佛山	服装学院、纺织学院
26	中山职业技术学院	高职（专科）	公办	中山	艺术设计学院
27	惠州城市职业学院	高职（专科）	公办	惠州	艺术学院

续表

序号	院校	层次	类型	所在地	所在学院
28	东莞职业技术学院	高职（专科）	公办	东莞	创意设计学院
29	河源职业技术学院	高职（专科）	公办	河源	人文艺术学院
30	汕头职业技术学院	高职（专科）	公办	汕头	艺术体育系
31	揭阳职业技术学院	高职（专科）	公办	揭阳	艺术与体育系
32	私立华联学院	高职（专科）	民办	广州	应用设计系
33	广州南洋理工职业学院	高职（专科）	民办	广州	数字艺术与设计学院
34	广州华立科技职业学院	高职（专科）	民办	广州	艺术与传媒学院
35	广东岭南职业技术学院	高职（专科）	民办	广州	艺术与传媒学院
36	广州涉外经济职业技术学院	高职（专科）	民办	广州	艺术与教育学院
37	广州城建职业学院	高职（专科）	民办	广州	艺术与设计学院
38	广东创新科技职业学院	高职（专科）	民办	东莞	建筑与设计学院
39	广东文理职业学院	高职（专科）	民办	湛江	建筑与艺术传媒学院
40	广州大学	本科	公办	广州	美术与设计学院
41	广州市白云工商技师学院	高技	民办	广州	服装系
42	广东省轻工业技师学院	高技	公办	广州	服装设计系
43	广州市工贸技师学院	高技	公办	广州	文化创意产业系
44	华南师范大学	本科	公办	广州	美术学院
45	深圳大学	本科	公办	深圳	艺术学院
46	广东海洋大学	本科	公办	湛江	中歌艺术学院
47	珠海科技学院	本科	民办	珠海	美术与设计学院
48	广州大学纺织服装学院	高职（专科）	民办	广州	服装系、纺织工程系
49	广东南华工商职业学院	高职（专科）	公办	广州	建筑与艺术设计学院
50	惠州经济职业技术学院	高职（专科）	民办	惠州	艺术与设计学院
51	东莞市技师学院	高技	公办	东莞	
52	广州市广播电视大学纺织服装分校	高职	公办	广州	
53	香港服装学院	高职	民办	深圳	
54	广州市秀丽服装学院	高职	民办	广州	

附录七 个人荣誉名录

中国时装设计"金顶奖"获奖者名录（广东）
（以获奖时间为序）

张肇达、刘洋、房莹、计文波、罗峥、梁子、李小燕、杨紫明、王玉涛、刘勇、赵卉洲、邓兆萍

中国十佳时装设计师名录（广东）
（以获奖时间为序）

张肇达、刘洋、马可、计文波、刘洋、房莹、曾维、黄谷穗、王鸿鹰、鲁莹、梁子、邓皓、范晓玉、罗峥、屈汀南、方健夫、王宝元、李小燕、林姿含、金憓、王玉涛、邓兆萍、刘勇、刘霖、邓庆云、邱伟、颜加华、张维国、赵亚坤、丁勇、赵黎霞、刘星、赵卉洲、吴飞燕、陈非儿、董怀光、刘星、黄皆明、林进亮、袁冰、蔡中涵、庄淦然、董文梅、林栖、黄刚、高捡平、徐花、徐妃妃、黄光辰、杨宇、孙贵填

历届广东十佳服装设计师名录

第一届
十佳：黄谷穗、阳丹、童春晖、邹凯媚、叶桂燕、钟小敏、刘云、高山、张兆梅、鲍燕华

第二届
十佳：梁子、黄征敏、林晓洁、方建夫、张建中、黄赛、李玉英、郑妙华、吴艳芬、黄菊

第三届
协会奖：邓兆萍
十佳：蔡蕾、朱丽君、程飞、肖南、吴思璁、李永康、黄艳、甘健甫、崔可、林强盛

第四届
十佳：陈建华、江平、陈玉清、陈倩姿、冼裔冬、殷望星、徐建芳、黄启泉、蔡宝来、蔡涵

第五届
十佳：曹美媚、陈季红、彭莹、李杏梧、陈章成、郑小江、李贵洲、刘艺、何建华、冯璐

第六届
协会奖：周强、许素明、赵黎霞
十佳：赵黎霞、张维国、刘莎、姚璎格、赵亚坤、许素明、周懿、彭薇、周强、周向前

第七届

协会奖：曾翔、黄刚、陈玉玲

十佳：曾翔、黄刚、陈玉玲、黄清、卢一、李超、刘亮、陈志军、沈建英、张帆

第八届

协会奖：陈非儿、吴飞燕、卢伟星

十佳：陈非儿、吴飞燕、卢伟星、孙恩乐、孙月斌、刘健君、阿荣、彭秋丽、丁力、唐思

第九届

协会奖：郑立红、董怀光、颜启明

十佳：朱志灵、黄丽珊、董怀光、方惠娟、郑立红、颜启明、常静、谭国亮、魏延晓、王淑芳

第十届

协会奖：赵思凡、谢秉政、马映淑

十佳：赵思凡、谢秉政、马映淑、吴魏瑜、李爱燕、胡文静、林永建、刘泓君、黄海峰、黄荣秀

第十一届

协会奖：赵嘉乐、王曦晨、刘宇

十佳：王曦晨、丁伟、罗丽芬、范敏娜、赵嘉乐、谢群娣、刘宇、谢秀红、王炜、于小容

第十二届

协会奖：施明聪、郭慧画、郑浩宁

十佳：施明聪、郭慧画、郑浩宁、方杰俊、杨珊、邵诗茹、谭振航、谢堂仁、阎华英、文妙

第十三届

协会奖：蔡中涵、季青松、高武愿

十佳：郑浩宁、蔡中涵、王郁鑫、高武愿、季青松、凌红莲、林紫薇、司徒健、林伟生、李若涵

第十四届

协会奖：陈伟雄、唐新宇、林子琪、徐英豪

十佳：陈伟雄、唐新宇、林子琪、徐英豪、欧阳丽、周伊凡、钟选蓉、宋庆庆、康乐、阮志雄

第十五届

协会奖：张馨匀、沈忆、左坤友、段艳玲

十佳：张馨匀、郑玲玲、朱珍斐、沈忆、施圣洁、周艳云、郑蓓娜、左坤友、段艳玲、詹文同

第十六届

赵梦葳、张美丽、卡文、熊英、王荣、洛羲、马彬、俞秀、袁誉、黄思贤

第十七届

张恩、徐晓、韩银月、成晓琴、黄国利、朱珺钺、许师敏、陶文娟、蔡政乾、史勇、张宏侠

第十八届

邓薇薇、胡文伟、齐立良、闫春辉、倪进方、高佳杰、陈和斌、徐茵、王浩林、刘平

第十九届

高洪艳、陈乔、张允浩、陈文婷、刘家兆、严月娥、徐璐、王晨、郑衍旭、高烁珊

第二十届

唐志茹、何莲、梁蕊琛、杨盈盈、张丽莉、曹镕麟、张玉荣、杨龙、刘思佳、刘海东、米继斌、钟才

第二十一届

邓晓明、墨话（候晓琳）、李冠忠、张杰、吴晓蕾、胡浩然、刘祝余、谭靖榆、池坊婷、彭佩仪、帅桂英（帅常英）

第二十二届

侯东美、王丹红、关亚争、李小裁、张玉荣、瞿德刚、严碧虹、李填、张语惜、薛峰

附录八 第十一届"省长杯"工业设计大赛现代轻工纺织类专项赛获奖名单

产品设计组

奖项	作品名称	申报单位	主创设计师	团队成员
一等奖	"8000GT"连体登山羽绒服	广州凯乐石运动用品有限公司	钟承湛	朱海燕、梁靖、王碧琴、张一、程蔚、尹乐
二等奖	无界	我的衣服（广州）服装设计有限公司	王培娜	—
	Mixmind 秋冬服装系列设计	珠海建轩服装有限公司	张梓巍	李宇、李国强、张莉梅、陈湘燕、陈雪莹、周照珍、程美燊、刘淞宇、朱春英
	棉及混纺面料材质立体POLO：挺拔与舒适的新版型	比音勒芬服饰股份有限公司	冯玲玲	—
	防紫外线抗菌透气连衣裙	深圳市娜尔思时装有限公司	陈玉梅	陈嘉欣
	小熊·人·自然·未来 – 数字藏品服装	恒信东方儿童（广州）文化产业发展有限公司	邓帼瑶	张翼、丘鸿、麦婉怡、林芷怡、黄健强、陈辉荣、邹德福、梁燕华、邱靖
三等奖	极简室内智能锁	广东名门锁业有限公司	白冰	赵建平、袁平、徐相如、钟俭良、周园、周崇伟、李业
	滋源睡眠塑型氨基酸系列	广州环亚化妆品科技股份有限公司	刘飞	—
	山海经皮雕功能箱系列设计	广州番禺职业技术学院	麦竣然	关霓
	设计款钉珠礼服裙	广东凯琪服饰有限公司	佘可燕	—
	宋妆里的故人	私立华联学院	陈萍	李红、周夏妮、高洁
	千角灯（3D金属拼图）	东莞市微石义化科技有限公司	叶祖威	—
	蓝月亮免洗抑菌洗手液	广州蓝月亮实业有限公司	白利鹏	黄仕玲、张义珊
	南粤科学星酒泉发射出征服	广东普丽衣曼实业有限责任公司	何冬雯	刘欣、沈丹
	儿童3D打印学步鞋	佛山御小兔科技有限公司	杨勇	许方雷、鲁琪、贾小卜、霍彤、李亚琦、于嘉鹏、张淑琴

概念设计组

奖项	作品名称	申报单位	主创设计师	团队成员
一等奖	"化物"系列服装设计	珠海建轩服装有限公司	张莉梅	李宇、李国强、张梓巍、陈雪莹、陈湘燕、周照珍、程美燊、刘淞宇、朱春英
二等奖	Carbon base 碳	广东轻工职业技术学院	罗岐熟	张祥磊、宋杰、张长敏、赖晓玲、刘存宇、乔冉、梁子浩、陈晓斌
	释·燃	广东省粤东技师学院（金新校区）	戴佳惠	陈泽迅、黄丹丹、陈锦云、陈淇、陈翠锦
	水墨云烟	广东轻工职业技术学院	张祥磊	罗岐熟、徐禹、赖晓玲、张长敏、熊晓燕、黄丹璇、梁嫒嫚、卢诗韵
	虚拟新世界	北京师范大学珠海校分校	陈嘉琪	—
	跳跃万花筒	东莞市荣耀纺织有限公司	唐军军	—
三等奖	百鸟朝凤	—	吴炜佳	—
	环卫工人日常工作服的改良设计——以珠海市为例	北京理工大学珠海学院	黄芯琦	何芷莹、曾品睿
	客家妹青花瓷盘	嘉应学院林风眠美术学院	张鸿飞	杨伟志
	侧腰侧腿部无裁剪、反缝工艺、多位置开合一片全开式易穿脱护理服	—	卢亚芳	—
	航天回收材料手表"祝融"	东莞得利钟表有限公司	陈洁雯	王香云、李迪峰
	枯木逢春	东莞职业技术学院	杨百合	—
	咖啡杯润唇球容器	汕头市恒一五金塑料有限公司	蔡彦纯	—
	探索未知的世界	广州新华学院	彭蕾	—
	多规格扳手	合锐文化创意（温州）有限公司	董骐铭	—

附录九 2023年广东服装名牌名企入选名录

2023年广东服装名牌名企项目入库名单（服装消费品牌）

类型	地市	公司名称	品牌名称
领军品牌	广州市	比音勒芬服饰股份有限公司	比音勒芬
	广州市	广州市卡宾服饰有限公司	CABBEEN 卡宾
	广州市	广州市汇美时尚集团股份有限公司	茵曼
	广州市	广州市例外服饰有限公司	例外
	广州市	广州市格风服饰有限公司	歌莉娅
	广州市	广州迪柯尼服饰股份有限公司	迪柯尼
	广州市	快尚时装（广州）有限公司	UR
	深圳市	深圳市珂莱蒂尔服饰有限公司	Koradior
	深圳市	深圳歌力思服饰股份有限公司	ELLASSAY 歌力思
成就品牌	广州市	广东秋鹿实业有限公司	秋鹿
	广州市	广东群豪服饰有限公司	群豪
	广州市	广州市佛伦斯实业有限责任公司	佛伦斯
	广州市	广州市莱克斯顿服饰有限公司	莱克斯顿
	广州市	广州铠琪有限公司	KAISERIN 铠琪
	广州市	鹿颜国际服饰（广州）有限公司	诺蔓琦
	深圳市	深圳市玮言服饰股份有限公司	EIN
	佛山市	佛山市顺德金纺集团有限公司	Goldtex 金纺
	珠海市	珠海市卡索发展有限公司	卡索 Castle
	珠海市	珠海市奥伦提时装有限公司	oritick
	惠州市	富绅集团有限公司	富绅
	潮州市	广东名瑞（集团）股份有限公司	名瑞
先锋品牌	广州市	广州尚睿服饰有限公司	SANI
	广州市	快尚时装（广州）有限公司	本来
	东莞市	东莞市恒莱服饰有限公司	开希米娜
	东莞市	东莞市奥盈纪元服饰有限公司	ANOTHER ONE 安那迪
先锋电商品牌	广州市	狄卡威服饰有限公司	衬衫老罗
	广州市	广州云思木想企业管理有限公司	云思木想
	广州市	广州市生活在左服饰有限公司	生活在左
	广州市	广州幸棉网络科技有限公司	Luckmeey 幸棉
先锋设计师品牌	广州市	广州墨话通服饰有限公司	MOHUA 墨话
	深圳市	深圳珍尚服装有限公司	其用
	潮州市	广东简绎服饰有限公司	JOOOYS

2023年广东服装名牌名企项目入库名单（供应链品牌）

类型	地市	公司名称	品牌名称
供应链标杆企业	广州市	广州纺织工贸企业集团有限公司	TIT
	佛山市	广东溢达纺织有限公司	溢达
	东莞市	东莞德永佳纺织制衣有限公司	TEXWINCA
供应链优质企业	广州市	广州市立尚服饰有限公司	SUITSPLY
	广州市	广州圣恩服装有限公司	圣恩服装
	广州市	广州德贤服装有限公司	JABULANI
	佛山市	佛山市洛可西西服饰科技有限公司	洛可西西
	东莞市	东莞市质品服饰有限公司	质品服饰
	东莞市	东莞市影尚服饰有限公司	影尚
	中山市	广东元一智造服饰科技有限公司	元一智造
	中山市	广东金鼎智造服装科技有限公司	金鼎智造
	中山市	中山市波特邦威服饰有限公司	波特邦威
	中山市	中山市品韩惠服饰有限公司	品韩惠
	中山市	中山市通伟服装有限公司	简思哲
	清远市	忠华集团有限公司	忠华
供应链优质企业（面辅料类）	广州市	广州市胜宏衬布有限公司	胜宏衬布
	广州市	广州山木新材料科技有限公司	山木无感标
	广州市	广州和利达纺织有限公司	和利达环保皮草
	佛山市	佛山市冠康隆纺织有限公司	GKLDENIM
	江门市	广东益弘宝水晶饰品有限公司	YHB

2023年广东服装名牌名企项目入库名单（数字化服务商）

类型	地市	公司名称
硬件类	深圳市	深圳市远望谷信息技术股份有限公司
	深圳市	深圳仙库智能有限公司
	佛山市	广东匡敦科技有限公司
	佛山市	广东康特斯织造装备有限公司
	东莞市	广东前为仪器有限公司
	东莞市	广东测科仪器有限公司
	中山市	中山市华阳缝纫机有限公司
软件类	广州市	广州设界科技有限公司
	广州市	广州丽晶软件科技股份有限公司
	广州市	广州环思智慧科技有限公司
软件类	广州市	广州尚捷智慧云网络科技有限公司
	广州市	广州春晓信息科技有限公司
	广州市	广州恒康信息科技有限公司
	深圳市	深圳市秦丝科技有限公司
	深圳市	定制加（深圳）科技有限公司

编著单位简介

广东省服装服饰行业协会

广东省服装服饰行业协会于1990年经广东省民政厅批准成立。32年的发展历程，积淀了省服协坚实的行业基础，以"提供服务、反应诉求、规范行为"为己任，依法办公、规范运作，自身建设逐步完善，行业服务能力不断提升，较好地发挥了桥梁作用，得到了政府部门、服装企业、设计师、媒体及社会大众的一致认可和好评，在行业内建立广泛的凝聚力、公信力和影响力。2010年获广东省民政厅认定为首批省级"5A级"社会组织之一。

近年来，协会严格按照《广东省行业协会条例》要求，以省委省政府《关于发挥行业协会商会作用的决定》《关于发展和规范我省社会组织的意见》等有关文件为指导，遵守法律、法规，依照章程开展各项工作。协会以推动广东服装产业高质量发展为宗旨，坚守"科技、时尚、绿色"的产业新定位，以提升产业素质为己任，为政府、行业、企业及社会提供与服装业相关的各类服务，在建设公共服务平台、发展品牌、培育人才、国内外交流、非遗时尚推广等方面，都取得了一定的成效，培育了广东时装周（已办 31 届）、中国（广东）大学生时装周（已办 18 届）、红棉国际男装周（已办10届）、"虎门杯"国际青年设计（女装）大赛（已办22届）等品牌活动，并积极推进服装产业集群建设。协会建立了广东纺织服装非遗传承振兴基地，被广东省文化和旅游厅认定为"广东省非物质文化遗产工作站（服装服饰工作站）"，被中国纺织工业联合会非遗办认定为"广东工作站"（全国仅设二个）；同时，被广东省商务厅认定为"广东省外贸转型升级基地工作站联盟纺织服装专业委员会主任委员单位"；被广州市委、市政府认定为时尚产业集群服装产业链"链主"单位；先后荣获了"全国纺织工业先进集体"、广东省首批"AAAAA 级社会组织""全省性社会组织先进党组织""全国先进民间组织"和"全省先进民间组织"等荣誉称号。

协会于2009年8月率先成立了党支部，是全省首批 5 个成立党支部的省级协会之一，坚持党建工作走在前列，政治立场坚定，党支部按照《关于加强全省社会组织党建工作的实施意见》，积极开展各项工作，发挥战斗堡垒和先锋模范作用，多次荣获中共广东省社会组织委员会颁发的"全省性社会组织先进党组织"荣誉称号，2017年被认定为第一批全省性社会组织党建工作示范点创建培育单位。

协会积极履行社会责任，倡议会员服务社会公众，提出共建"湾区时尚创新走廊"，推动粤港澳大湾区时尚产业协同发展，倡议会员企业积极参与抗疫捐赠，组建广东省防护服企业联盟参与驰援疫情防控。2020年在新冠肺炎突发疫情公共事件中，协会第一时间成立"广东省特别项目指挥部辅料指挥中心"，在政府和行业中发挥了重要桥梁作用，一声动员、多方响应，充分体现了协会在紧急时刻的责任担当和行业凝聚力，荣获广东省新冠肺炎防控指挥办物资保障一组颁发的"广东省新冠肺炎疫情防控物资保障工作重要贡献企业"。2021年11月，协会荣获人力资源社会保障部、中国纺织工业联合会颁发的"全国纺织工业先进集体"荣誉称号。

广东省服装设计师协会

广东省服装设计师协会（Guangdong Fashion Designers Association）自2003年成立以来，一直致力于推动广东服装和时尚产业的持续发展。该协会是具有社团法人资格的全省性行业组织，由从事服装设计、研究、教学、品牌管理和织造、针织、印染设计的专业人士及时尚界的专业机构的单位和个人自愿组成。

广东省服装设计师协会的宗旨是按照章程的规定和政府部门的委托，遵守宪法、法律和国家政策，遵守社会道德风尚，面向市场，面向世界，面向未来，加强横向联合，开展服饰文化艺术交流，规范职业标准，推动设计转化。协会始终坚持这一宗旨，致力于为设计师提供专业的服务和支持，促进广东服装产业的繁荣发展。

在近20年的发展中，广东省服装设计师协会积极开展行业服务工作，取得了一系列显著的成效。首先，协会搭建了完整的服装设计人才培养体系，通过多种方式为设计师提供专业培训和实践机会。这包括举办设计大赛、时尚论坛、专业讲座等丰富多彩的活动，为设计师们提供展示才华和交流学习的平台。同时，协会还与广东省内的知名高校和职业培训机构合作，共同开设了多期专业培训班和研修班，帮助设计师们提升专业素养和技能水平。

其次，协会通过一系列具有重大影响力的品牌活动，如广东时装周、中国（广东）大学生时装周等，为设计师提供了展示才华的舞台，也推动了广东服装设计的原创发展。这些活动不仅吸引了来自全球的众多设计师和时尚爱好者参与其中，还为广东乃至中国时尚产业培养了一大批优秀的年轻设计师。通过这些活动，设计师们不仅可以展示自己的作品和才华，还可以与业内同行和时尚爱好者交流学习，拓展人脉资源和发展机会。

此外，协会还承担了"省长杯"工业设计大赛现代轻工纺织专项赛的承办工作。这一赛事旨在发掘和培养优秀的服装设计师和设计作品，为广东省的工业设计领域注入新的活力和创意。通过这一平台，设计师们不仅可以展示自己的设计成果，还可以获得专业的指导和评选意见，进一步提升自己的设计水平和竞争力。同时，协会还通过"广东十佳服装设计师"推荐活动为中国服装设计师队伍发掘和培育出了超过220位享誉业内的广东十佳服装设计师。这些设计师在行业中发挥着引领和示范作用，推动着广东服装设计的进步和发展。他们不仅为广东省的服装产业带来了巨大的贡献，也为中国时尚产业培养了一批批优秀的设计人才。

展望未来，广东省服装设计师协会将始终前瞻引领产业的高质量发展，致力于为广东服装产业的持续发展注入新的活力。一是将继续发挥职能作用，不断提升设计师队伍的素质和能力水平；二是将积极响应政府政策，推动广东服装产业向更高层次、更广阔领域发展；三是将加强与国内外其他服装设计师协会和时尚机构的交流合作，共同为促进全国乃至全球时尚产业的发展贡献广东服装设计力量。

广东省时尚服饰产业经济研究院

广东省时尚服饰产业经济研究院成立于2010年5月，是在广东省民政厅登记成立的民办非企业单位，举办者是广东省服装服饰行业协会。作为中国领衔的时尚产业经济与商业研究咨询新智库，本研究院由来自服装企业、行业组织、教育机构、研究机构、金融机构、出版机构以及社会各界的海内外优秀研究人员组成，采用"双智库"模式，汇聚了粤港澳大湾区产业经济博士团队，建立了纺织服装行业资深专家智库。以独立客观、开放宽松的态度开展产业经济、商业模式、企业战略、品牌经营、科技创新、产业规划、产业数字化等方面规划及研究，拥有丰富的产业研究规划经验，为行业发展与企业竞争提供理论支持和最具实效性的战略咨询服务。

服务范围包括：承接服装及相关产业研究规划、标准制定；开展产业合作、企业管理及技术咨询服务、质量认证管理咨询，市场调查、知识产权咨询；承接政府采购咨询服务，政府公共服务管理咨询，政府财政绩效评审与评价服务，社会公益项目绩效研究与评估服务；开展会议及培训服务；编辑出版相关刊物。

与国内传统的研究机构不同的是，广东省时尚服饰产业经济研究院作为一个产业智库，将会吸引越来越多新一代富有创造力的研究者加入，目前研究院拥有一支近30位研究员、副研究员、博士等高素质人才组成的研究队伍。他们大部分人有在研究机构、政府部门、金融机构、大型企业工作的经历，对区域经济运作、企业经营管理有着切身的体会和实践经验，对内配合政府及行业机构有计划地出具行业经济研究报告、产业规划报告及各类调研情报输出，对外开展商业项目、学术课题研究和咨询服务，既着重把握行业的宏观环境，着眼于区域的长远发展，提高其可持续的竞争能力，又强调国际惯例与中国实际国情相结合，使咨询服务具有"中国特色"，提供的咨询方案强调有针对性和可操作性。

广东省时尚服饰产业经济研究院也是研究成果发布平台，发布形式包括：区域政府产业规划白皮书，每年度产业竞争力研究报告，定期产业经济动态简报，专属行业网站与权威财经媒体发布，培训、讲座、论坛、峰会发布等。

本研究院自成立以来，已取得了显著的研究成果。如编撰《广东服装产业"十四五"发展规划报告》《广东服装行业"十三五"发展规划报告》，宣贯国家相关政策，指导服装企业发展。同时，引导区域产业协同发展，受广西岑溪、广东清远、广东阳江等产业转移承接地委托编制《西部（岑溪）创业园纺织服装产业2021—2030年发展规划》《岑溪产业创新中心项目可行性研究报告》《清远华侨工业园纺织服装产业基地规划》《阳江高新技术产业开发区服装（鞋帽）产业发展规划》；协助政府规划，受广州市番禺区人民政府委托编制了《番禺区广州铁路新客运站商旅经济圈规划》；促进产业集群高质量发展，受中山市沙溪镇、惠州市园洲镇、东莞市茶山镇等镇政府委托编制了《沙溪服装产业发展规划》《园洲纺织服装产业发展规划》《茶山服装产业发展规划》。研究院还定期发布《广东服装产业研究》《首脑智库》《服装产业经济运行情况分析报告》等，帮助区域政府编制《产业规划白皮书》等，举办行业培训、专家讲座、主题论坛、研讨峰会等学术活动，为企业解读政府政策，为政府、企业发展提供决策参考，得到了行业的高度肯定。

广东国际时尚艺术研究院

广东国际时尚艺术研究院（以下简称"艺术研究院"）是经广东省民政厅批准成立的非营利性科研机构，是广东首家具备独立法人资格的时尚艺术研究机构。艺术研究院本着"推动时尚、接轨国际、趋势研究、优势互补、全面合作、共同发展"的原则，整合各地设计师力量，联合国内外相关服装、品牌研究机构，发挥各级专业人才优势，面向社会、企业提供设计研究服务，以建成"中国时尚创意产业开发和科技成果转化平台""中国时尚创意企业的服务平台"和"中国时尚服饰产业人才培养平台"三大平台为目标，汇聚时尚的创新力量，提升时尚产业内涵魅力，为行业的发展提出科学的产业规划，以广东时尚服饰产业集群的优势推动中国时尚创意产业的跨越和持续发展。

聚集时尚创新力量，科学制定产业规划。艺术研究院将通过校企合作、设计大赛、时尚产业创新研究等途径，聚集海内外服装设计、品牌策划、营销创新、产业规划等方面的专家学者和时尚创新力量，科学系统地研究中国时尚产业市场发展走向、品牌扩张目标、服饰文化创新等事关行业科学、理性、健康发展的问题。

开创时尚产业研究，提升服装内涵魅力。由艺术研究院研究员主导，与优秀时尚服饰品牌合作，在国际时尚大师及专家指导下，通过精准品牌文化定位，创建个性服务风格，帮助、引导企业提炼品牌时尚基因，注入有灵魂的文化精髓；通过鲜明商品风格价值，提升品牌亲和力手段，在打造品牌独一无二的个性符号、满足欲望消费需求中，创建品牌的核心竞争内涵。

深度培养设计人才，加大行业创新力度及，构建国际时尚产业交流的平台。组织专家、学者、企业家与高校合作加强课题研究，通过开展服饰设计大赛、设立服饰创新奖学金、进行服饰创新人才订单培养、合作设计开发市场新产品等，为服饰行业的创新注入活力。

转换商业经营模式，加快企业发展节奏。艺术研究院作为产业发展市场调查、新商业模式研究、企业发展指导、时尚品牌创新服务科研机构，指导企业在做专做精做强做出个性优势的同时，引导时尚服饰产业链各环节建设，推动以国际时尚、社会知名度高的品牌为龙头，以时尚艺术水平高、制造能力强的企业为产业基地的广东国际时尚产业快速成长。

内 容 提 要

　　本年鉴全面、客观、真实地记述了2022年广东服装行业年度大事、要事、新事、特事。特设"特邀撰稿"类目，邀请行业专家、企业家、新生代设计师等代表，发布年度观点文章；"年度关注"类目，重点收录非遗新造、外贸升级、集群创新、重大活动等分目；"年度创新案例"类目，面向产业项目、服装企业、服装院校、行业商协会等方向进行征稿，以图文并茂的方式收录上述主体在改革与发展中的新变化、新风采、新成果；"行业荣誉"类目，重点收录第22届广东十佳服装设计师等。

图书在版编目（CIP）数据

　　广东服装年鉴. 2023 / 广东省服装服饰行业协会，广东省服装设计师协会编著. —— 北京：中国纺织出版社有限公司，2023.12
　　ISBN 978-7-5229-1221-9

　　Ⅰ. ①广… Ⅱ. ①广… ②广… Ⅲ. ①服装工业－广东－2023－年鉴 Ⅳ. ① F426.86-54

　　中国国家版本馆 CIP 数据核字（2023）第 213942 号

GUANGDONG FUZHUANG NIANJIAN 2023
————————————————————————————
责任编辑：郭　沫　魏　萌　　责任校对：高　涵
责任印制：王艳丽
————————————————————————————
中国纺织出版社有限公司出版发行
地址：北京市朝阳区百子湾东里 A407 号楼　邮政编码：100124
销售电话：010—67004422　传真：010—87155801
http://www.c-textilep.com
中国纺织出版社天猫旗舰店
官方微博 http://weibo.com/2119887771
北京华联印刷有限公司印刷　各地新华书店经销
2023 年 12 月第 1 版第 1 次印刷
开本：889×1194　1/16　印张：22.25
字数：516 千字　定价：298.00 元
————————————————————————————
凡购本书，如有缺页、倒页、脱页，由本社图书营销中心调换